新工业国

[美] 约翰·肯尼思·加尔布雷思 著
John Kenneth Galbraith
杨玉蕙 译

THE NEW
INDUSTRIAL
STATE

中信出版集团 | 北京

图书在版编目（CIP）数据

新工业国 /（美）约翰·肯尼思·加尔布雷思著；杨玉蕙译. -- 北京：中信出版社，2023.9
书名原文：The New Industrial State
ISBN 978-7-5217-5692-0

Ⅰ.①新… Ⅱ.①约…②杨… Ⅲ.①经济－研究－美国 Ⅳ.① F171.2

中国国家版本馆 CIP 数据核字（2023）第 088138 号

The New Industrial State
by John Kenneth Galbraith
Copyright © 1967, 1971, 1978, 1985 by John Kenneth Galbraith
Foreword © 2007 by James K. Galbraith
Simplified Chinese translation copyright © 2023
by CITIC Press Corporation
Published by arrangement with The Strothman Agency, LLC
through Bardon-Chinese Media Agency
ALL RIGHTS RESERVED
本书仅限中国大陆地区发行销售

新工业国
著者：　[美] 约翰·肯尼思·加尔布雷思
译者：　杨玉蕙
出版发行：中信出版集团股份有限公司
（北京市朝阳区东三环北路 27 号嘉铭中心　邮编　100020）
承印者：　宝蕾元仁浩（天津）印刷有限公司

开本：880mm×1230mm 1/32　　印张：15.75　　字数：380 千字
版次：2023 年 9 月第 1 版　　　　印次：2023 年 9 月第 1 次印刷
京权图字：01-2014-3546　　　　　书号：ISBN 978-7-5217-5692-0
定价：89.00 元

版权所有·侵权必究
如有印刷、装订问题，本公司负责调换。
服务热线：400-600-8099
投稿邮箱：author@citicpub.com

献给安德里亚·威廉姆斯

目 录

导读　约翰·肯尼思·加尔布雷思传略 / V

前言 / XXXIII

第四版导论　经济失调的利与弊 / XLVII

第 1 章　变革与计划体系 / 001

第 2 章　技术的紧要性 / 011

第 3 章　工业计划的本质 / 021

第 4 章　计划和资本供给 / 036

第 5 章　资本与权力 / 048

第 6 章　技术专家阶层 / 062

第 7 章　公司 / 076

第 8 章　企业家与技术专家阶层 / 093

第 9 章　社会主义制度下的公司 / 106

第 10 章　已认可的矛盾 / 118

第 11 章　动机通论 / 138

第 12 章　正确看待动机 / 150

第 13 章　动机与技术专家阶层 / 159

第 14 章　一致性原则 / 170

第 15 章　计划体系的目标 / 177

第 16 章　计划体系中的价格 / 190

第 17 章　计划体系中的价格（续）/ 200

第 18 章　特定需求的管理 / 209

第 19 章　修正序列 / 223

第 20 章　对总需求的调控 / 232

第 21 章　就业和失业的本质 / 245

第 22 章　对工资-价格螺旋式上升的控制 / 258

第 23 章　计划体系与工会 1 / 272

第 24 章　计划体系与工会 2：部级工会 / 285

第 25 章　科教领域 / 294

第 26 章　计划体系与政府 1 / 308

第 27 章　计划体系与政府 2 / 319

第 28 章　进一步的总结 / 330

第 29 章 　计划体系与军备竞赛 / 337

第 30 章 　深层次的维度 / 355

第 31 章 　计划的缺漏 / 367

第 32 章 　辛勤劳作 / 377

第 33 章 　教育与解放 / 385

第 34 章 　政治领导 / 393

第 35 章 　计划体系的未来 / 402

附录　关于经济学方法和社会争论本质的补遗 / 415

致谢 / 429

导 读

约翰·肯尼思·加尔布雷思传略[①]

詹姆斯·K. 加尔布雷思[②]

从权力的实践中获得教育

我的父亲算不上一个"受过多少教育的人"。除了英语，他不懂别的语言，没有学过高等数学，对音乐一窍不通，也不是很感兴趣。他本科学的是畜牧学，博士期间的专业是农业经济学，论文研究的是加利福尼亚州县政府的开支模式。文学方面，他喜欢的是英国作家特罗洛普、毛姆以及加拿大安大略偏远乡村的吟游诗人罗伯逊·戴维斯（Robertson Davies）。他精心收藏了一系列他那个年代

[①] 本文改编自《经济学报》期刊（*Acta Oeconomica*，2018）中的《约翰·肯尼思·加尔布雷思的实用主义》一文，是以 2018 年初在俄罗斯联邦举办的一系列讲座为基础所著。

[②] 詹姆斯·K. 加尔布雷思为得克萨斯大学奥斯汀分校林登·B. 约翰逊公共事务学院"劳埃德·本特森"政府与商业关系讲席教授、政府学教授，意大利猞猁之眼国家科学院、葡萄牙里斯本科学院以及俄罗斯科学院成员，本书作者约翰·肯尼思·加尔布雷思之子。——编者注

的经济学经典著作，其中包括马歇尔、陶西格、凡勃仑、熊彼特与凯恩斯的著作。他在多大程度上追随过这些人——除了马歇尔与凡勃仑——谁也猜不准。在人生中的最后几年里，他曾同我说过"熊彼特就是个骗子"。我能感觉到他对此人装腔作势的做派难以忍受。

  他在农场中长大。马匹、牛群以及当时的机械设备都是他习以为常的东西。同样让他再熟悉不过的还有先进的南安大略农业所处的更大的经济环境——一个有着营销集体企业与政府推广机构的世界，一个处于汽车与拖拉机变革时代的自我完善的世界。他的父亲，也就是我的爷爷，兼任一家保险公司的董事，同时也是自由党派的地方领袖。他们住在一座大房子里，它并不奢华，但很坚固，直至今天还在那里。但他们也算不上是农民阶级。

  他开始学着写作，最开始是为安大略省伦敦市的地方小报撰写一些关于农业问题的文章，之后在圭尔夫的安大略农学院英语系学习，后进入加州大学伯克利分校，同时研究养蜂经济与类似主题。他研究的都是实际问题。他很幸运，因为在大萧条时期，农业危机是重中之重。当时的纽约州州长富兰克林·罗斯福深知这一点。于是在1934年，我父亲突然被调到华盛顿的农业调整局，这为他进入哈佛大学执教奠定了基础，因为当时学校需要一位懂农业政策的专家。也就是从这时起，他的兴趣范围被大大地拓宽了，他开始关注产业集中、普遍失业的问题，并因此进入剑桥大学学习了一年。在剑桥，他读到了凯恩斯的理论，但还没有见过凯恩斯本人，同时在这里与尼古拉斯·卡尔多（Nicholas Kaldor）、琼·罗宾逊（Joan Robinson）这些同窗结为好友，不过还没有留下太多关于自己想法的痕迹。那时候他已经结婚，娶了一位精通外语的太太，两人一起周游欧洲大陆，特别是到了德国与意大利之后，他们亲眼见证了法西斯主义的兴起。在希特勒于政治上存在过失的大背景下，其治下德国经济的明显复苏没有逃过父亲的眼睛。

1938年回到哈佛之后，他成为"鼓动变革的年轻人"之一，想要把凯恩斯的现代经济学与彻底的变革带到那个最故步自封、自视甚高的机构中去。他力挺因为激进主义被逐出经济部门的艾伦·斯威齐（Alan Sweezy，保罗·斯威齐的哥哥），也为此立场失去了所有得到擢升的机会，后转而去了普林斯顿。这样的日子他并不喜欢。于是在机会出现的第一时间，他立刻就回到社会工作中去了。最初他进入了国防顾问委员会（National Defense Advisory Commission），为因即将到来的战争而备建的弹药厂选址——这件事我是在33年后，在五角大楼的部队图书馆中为一份本科论文找资料时才发现的。在这件事上，他的农业背景再次派上了用场：爆炸物所用的化学成分与化肥所用的一样，他们考虑将这个弹药厂在战后转为民用。

随后他被任命为物价管理与民用供应局［Office of Price Administration and Civilian Supply，后更名为物价管理局（OPA）］副主任——一个对整个美国经济都能够实施有效管控的职位。当时他33岁，成为一名美国公民已有3年。珍珠港事件发生后的那个周日，一个有关重要战争物资的会议召开了。据家人说，他们按照字母顺序排查一份清单，用了很长时间才到了字母"r"，也就是"橡胶"（rubber）的首字母。这个在农场长大的小伙子明白，橡胶是制造所有机械不可或缺的部分，而此时日本海军已屯兵马来半岛。我父亲与一名律师——戴维·金斯伯格（David Ginsburg）一起离开会议，起草了一份禁售橡胶轮胎的政令。由于没有签发政令的授权，他们辗转找到了（美国）战时生产委员会的人，匿名拿到了他们所需的批文，然后返回办公室呼叫了无线电台。次日清晨，美国民众已经无法买到橡胶轮胎了。

无论从宏观还是从微观角度来看，战时的价格管控此前是（现在也是）应用经济学中极为重要的一种做法。其关键在于要营造一种稳定心理，让消费者对货币与国债保持信心，不至于抛售本国货币或债券，转而投向任何能够买到的商品，导致政府不得不通过没收性税收或恶性通货膨胀来为战事提供资金。为此，将基础物资进行定额分配、完全停止许多非消耗性用品的供应，比如新车，这种做法要比让价格成为一种让人心生不安、焦虑与恐惧的东西更为高明。凯恩斯在《如何支付战争费用》(*How to Pay for the War*, 1940)这本文章合集中设想这个问题可以完全通过宏观措施解决，也就是他所说的"强制储蓄"，但我父亲最开始就认为要采取选择性的价格管控措施。此后，很多事打消了他的疑虑。1942年4月，实施全面管控的《全面最高限价条例》颁布，稍加调整后贯穿了整个战时。我曾经问父亲他是怎么找到17 000名公职人员来做这件事的，他回答说："通过赠地学院。① 我雇用了所有的经济学教授。"凯恩斯在1942年探访过物价管理局，他想要探讨的是粮肉价格周期波动，或者用他自己的话说，是"玉米和猪"的问题。

在过去，很多后来演变为美国战后自由主义政治运动的事都需要经过物价管理局。战后的保守主义经济学派沉迷于抹杀战时通胀政策所取得的成功，想要将"自由市场"与"自由价格"作为一种调节与平衡机制，或者说将其当作"自由"本身的代名词。这种做法对货币与国家稳定的影响在20世纪90年代的俄罗斯得到了最为

---

① 赠地学院是美国由国会指定的高等教育机构。1862年通过的《莫雷尔法案》规定，联邦政府向各州拨赠公共土地，并要求用这些土地的收益资助至少一所学校。——编者注

生动的诠释。反观中国，如德国经济学者伊莎贝拉·韦伯（Isabella Weber，2021）所述，中国的改革经济学家遵循了传统的稳定价格的做法——他们也读过并研究过美国在父亲实施价格管控时的经验，这些内容被写在了 1952 年出版的《价格控制理论》（The Theory of Price Control）一书中。

18 个月之后，就在斯大林格勒战役与战争结果不再有什么悬念时，价格管控政策击败了他，他被罢免回归个人生活。郁愤难当的他曾想过入伍，但两米的身高让他意识到自己不符合部队的要求。这时候，亨利·卢斯（Henry Luce）为他的人生提供了转机，请他去做《财富》杂志的编辑，这是当时美国时代公司的拳头产品，也是美国企业与金融系统的一扇窗，但凡透过它看过去，人们都不会觉得自己看到的是"自由市场"的景象。卢斯后来大概会说："我教给了加尔布雷思如何写作，但从那之后我就后悔了。"对我父亲来说，是《财富》打开了他 20 年后通往《新工业国》（1967）的道路。

1945 年，父亲接到了一项实务工作：牵头对美国给德国与日本的战略轰炸带来的经济影响做一个独立研究，也就是去做美国战略轰炸调查（USSBS）。为此，我父亲组建了一个有史以来人员跨度最大的经济学家团队：尼古拉斯·卡尔多（卡尔·波兰尼的女儿卡莉·波兰尼是他的助理，在本文撰写之时卡莉已年届 100 岁）、E. F. 舒马赫［E. F. Schumacher，后来写过《小的是美好的》（Small is Beautiful）, 当年他穿着美军制服出现在德国时，他的父母都不愿意认他］、E. F. 丹尼森（E. F. Denison, 后进入布鲁金斯学会），以及保罗·巴兰（Paul Baran），他被我父亲称为军队史上最糟糕的士兵："他从来不把衬衫披好，从来不擦自己的靴子，除了站在一起撒尿的时候,从来不会向军官敬礼。"按照家人的说法,伟大的经济理论家[葛兰西(Gramsci)的朋友]皮耶罗·斯拉法(Piero Sraffa)也在调查组中,但我没有找到相关的书面记录。

调查显示,轰炸造成了德国工业生产的重组,强化了德国对战争物资的重视,将劳动力从民用生产领域释放了出来,因为住房与工厂都被摧毁了,但没能破坏机械工具,也没有阻断铁路线。发生在汉堡与德累斯顿的燃烧弹轰炸是一场恐怖袭击,影响的主要是普通民众;针对德累斯顿的袭击也是意在向正在从东面逼近的苏联红军传递一种消息。这种本无必要的残暴行径成为父亲终其一生都挥之不去的困扰——不是很强烈的那种,只是每每触及这件事,父亲都会忧思重重。1945年,父亲在从柏林写给家里的信中提到,虽然守着元首地堡入口的那个士兵"可真是难收买,几乎令人遗憾",不过苏军士兵是非常廉洁、军纪严明的。

至于对广岛和长崎的原子弹轰炸,USSBS的调查结果非常明确:就算没有投下这两枚原子弹,日本也会投降。在一堂关于"讲真话的代价"的有益课堂上,调查组对于战略轰炸在军事效果上的反对意见很不受欢迎。1948年,美国陆军航空队(后称为美国空军)在哈佛大学的朋友几乎阻断了父亲返校担任终身教职的路,使得哈佛校长科南特(Conant)不得不以辞职作为威胁才摆平这一切。美国空军一位富有同情心的上校曾说道:"肯(肯尼思的昵称),你的问题就在于太实诚了。"而父亲会在自己参与的其他政治事务中继续将这份坦诚正直与基本的清醒头脑保持下去。他抵抗过,也熬过了这一切,打消了麦卡锡时代人们对其忠诚度的调查质疑。数十年后,联邦调查局已经累积起了一大摞关于他的卷宗。20世纪60年代,他在USSBS的这段经历也能够表明他对轰炸越南的反对立场。

到了20世纪40年代末与50年代，他的阅读兴趣转向组织理论与管理理论，集中在詹姆斯·伯纳姆（James Burnham）、赫伯特·西蒙（Herbert Simon）、阿道夫·A.伯利（Adolf A. Berle）与加德纳·米恩斯（Gardiner Means）这些人的理论上。他与实用主义经济学家保持着密切的联系，比如英国的尼古拉斯·卡尔多与托马斯·巴洛夫（Thomas Balogh）、瑞典的纲纳·缪达尔（Gunnar Myrdal），再远一些的如日本的都留重人（Shigeto Tsuru）以及苏联的斯坦尼斯拉夫·缅希科夫（Stanislav Menshikov）。在哈佛大学的经济学家中，与他关系最为亲密的朋友是苏联杰出的实用主义者瓦西里·里昂惕夫（Wassily Leontief）。20世纪50年代声名鹊起中的他与米尔顿·弗里德曼也形成了一种友好的学术对垒关系，后来与小威廉·法兰克·巴克利（William Frank Buckley Jr.）也是这样一种关系。政治上，在20世纪50年代共和党执政期间，他与1935年执教过的学生、此后担任过众议员与参议员的约翰·F.肯尼迪以及1940年他在弗吉尼亚州亚历山德里亚市的邻居、时任参议院多数党领袖的林登·约翰逊（Lyndon Johnson）都保持着密切的联系。在1960年的竞选中，参议员肯尼迪在出现一次小失败后有一次曾谈到父亲的作用："肯，关于农业政策的问题，我不想听除你之外任何人的说法。但就算从你这里，我也不想再听了。"

父亲赞成殖民地独立，（据近代史记载）曾在1957年把阿尔及利亚民族解放阵线（简称FLN，民阵党）的一位阿尔及利亚代表介绍给参议员约翰·肯尼迪，也曾苦苦反对1961年美国对古巴猪湾发动的入侵行动。肯尼迪把他派去印度担任外交大使，他从那里发来一条敦促美国承认中华人民共和国的电报，得到的仅是国务卿迪安·腊斯克（Dean Rusk）一句简短的回应："就算你的观点或许有那么一点道理，我们考虑之后，也已经否决了。"他努力阻止越南战争的发生，从 1961 年作为肯尼迪与约翰逊的顾问时就在私下劝阻，1965 年从事态开始大规模升级时起，就公开表达反战的态度。或许最重要的是，他把核时代的经济生活与生存问题关联了起来，并且致力于在资本主义制度与社会主义制度之间建立连接，以期寻求共存与融合。1963 年，肯尼迪曾问过他是否愿意担任美国驻莫斯科的大使。如果事情是这样发展的——如果肯尼迪没有被刺杀——冷战或许会提前 25 年结束吧！

我父亲既是那个时代的设计师，也被那个时代造就。他参与罗斯福新政较少，但在二战期间大展拳脚，在战后重建的一些事务中也发挥过重要作用，包括德国自治与马歇尔计划的开启。他的理念在"新边疆"政策、"伟大社会"纲领以及"向贫困宣战"政策中随处可见。或许从长远来看更重要的是，这些政策构成了对企业力量的批判，并将新的挑战提上日程——要满足公共需求，保持抗衡力量，保护环境，将女性从战后资本主义作为家庭消费全职管理者的既定角色中解放出来。

他是一位实干家，我也曾这么同他说过。他与美国一同成长，在实践权力的过程中去认识权力。相较而言，他在经济学上的学术思想更加兼收并蓄，博采众家所长，它的形成很多时候具有偶然性，也有人会觉得他不够扎实。这其实是一个很大的优势，因为这能够让他保持清醒与开放的头脑，用凯恩斯在 1929 年的话来说，就是不会让人"被无稽之谈迷惑"。与凯恩斯不同，他不需要"为了挣脱什么而挣扎很久"。他从一开始就不受教科书般的教条思想的约束，而他的文学成就——《美国资本主义》《1929 年大崩盘》《富裕社会》（分别出版于 1952 年、1955 年与 1958 年）——为他带来的读者数量远非其他经济学家可比。而且他的读者不局限于西方工业世界与民主社会，还包括崛起中的日本、倡导费边主义时期的印度、赫鲁晓夫改革时期的苏联，甚至中国的行政圈（虽然当时我们还没有意识到这一点）。

总而言之，约翰·肯尼思·加尔布雷思的经济信仰是由现实中的实践、政治经验以及亟待解决的问题塑造而成的。归根结底，它们也形成了《权力》一书的基础。他把他所知的权力诉诸笔下，因为他见到过也使用过这样的权力。他的理念有时候会由一些经济学思潮装点，但只在极少数情况下，比如 1937 年他在剑桥大学接触到了凯恩斯的《就业、利息和货币通论》，当时的学术体系才会给他带来直接的影响。相反，他吸收了很多管理社会学的东西——比如借鉴了韦伯、伯利、米恩斯、伯纳姆以及西蒙的理论——试图把经济学拽进一个力量角逐的时代：企业的力量、计划体系的力量以及抗衡力量与社会均衡的作用。

他没能成功。事实上在 20 世纪的后半个世纪中，经济学界一直对他的理念与工作设下了一道严格的防线。这并不是说人们接触过他的想法之后否决了它，他的理念只是被无视了。人们记得的，或者说误记的往往是他文风中带着的刺痛感，以及他运用意象与隐喻的天赋，这些特点掩盖了他作为一名经济学家的实质。真正的经济学家应该是沉闷无趣的，而且如他们的学生所知，在追求无趣这件事上，他们真的成果斐然——在其他事情上不见得如此。而无趣绝不是我父亲的风格。

"新工业国"的定义

我父亲成为一名全球知名的作家与经济学家是从他在1952年至1967年间出版的四本著作开始的:《美国资本主义》《1929年大崩盘》《富裕社会》,以及相隔近10年后出版的《新工业国》。这15年间他还写过其他作品,包括一本关于价格管控的技术论文《价格控制理论》、一本杂文集《自由派时间》(The Liberal Hour)、一本日记《大使日志》(Ambassador's Journal)、一部回忆录《苏格兰人》(The Scotch)以及两本讽刺小说《麦兰德里斯的维度》(The McLandress Dimension)与《大胜利》(The Triumph)。这些年也是我父亲政治生涯中最主要的一段时期,从20世纪50年代在民主政策委员会的任职,一直到"新边疆"政策,以及"向贫困宣战"政策与"伟大社会"纲领的设计,还包括在印度两年的外交工作,其中巅峰时刻是他担任美国民主协会的领袖以及在反对越南战争的运动中四处奔走呼吁,也就有了后来尤金·麦卡锡(Eugene McCarthy)参与的总统竞选。一切在1968年苦涩地落下了帷幕。这一年,马丁·路德·金被暗杀,8月召开的芝加哥民主党全国代表大会上民众与警察发生暴力冲突;同年11月,尼克松当选总统。自此,美国自由主义就这样莫名其妙地终结了,而父亲在余生的38年中都在与此抗争。

《美国资本主义》第二版的开篇序言中提出了一个有关资格的问题,也就是说"如果从一场战争中留下的核辐射碎片这个角度来看,即使这是一场胜利的战争,这本书的意义恐怕也不大"。他并不赞同"突发的、大规模的、高烈度的灭绝行为"——这种可能性在父亲的头脑中一直存在。2004年,在他95岁时出版的最后一本书《无辜欺诈的经济学》(*The Economics of Innocent Fraud*)中,他在结尾部分也曾重申过这一点。

也就是说,《美国资本主义》是一本关于经济成就的书,写的是二战之后那些年里美国工业体系所取得的巨大成功,是多年来美国在罗斯福新政下的社会和政治上的创新举措所带来的全面繁荣与持续成果,包括社会保障制度、劳动者权益保障、最低薪资限制,以及在工业研发与公共投资的前沿领域,尤其是在高等教育与运输体系中强大的公众影响力。这本书的讽刺与酣畅之处在于,这样的成功让商业领袖与经济保守主义者们不痛快。对前者而言,这种不快是因为他们对社会主义与凯恩斯主义——或者说任何一种他们无法掌控在自己手中的社会秩序——抱有根深蒂固的反对态度。而对后者来说,美国体系可能永远也无法与竞争性均衡的理想或自我调节的自由市场理念达成统一了。反垄断运动也走向了困惑,在一个由快速发展的新工艺、新产品、新技术、新能源所驱动的经济中,从前的反垄断方式显得非常荒谬。而抗衡力量——经济领域的"制衡机制"——就是最实用的答案,也是在自由市场乌托邦以及有问题的、完全的计划经济这两个极端之间走出的一条道路。这本书捕捉到了当时的精髓,如果没有记错的话,它卖出了大约25万册。

出版于1955年的《1929年大崩盘》是我父亲在达特茅斯学院图书馆的一个暑期写作项目,如果说他的知识是一匹五颜六色的锦缎,那这本书就是这匹锦缎上新编织进去的丝线。这些丝线在他其后的作品中也反复出现,比如《金钱》(1975年、2017年分别出版过)、《不确定的时代》(1977)以及《金融狂热简史》(1994)。这些书讲述的是那些极不稳定的金融机构以及令人哭笑不得的货币与信贷闹剧、资本市场上令人防不胜防的精妙骗局,还有公园大道与华尔街上那些沉醉于睥睨天下、主宰万物之感、极度自我膨胀的精英人士对自我的浮夸认知。《1929 年大崩盘》通过从彼时的报纸中精选出的一些浮光掠影的事件讲述了一个永恒的故事，这个故事随着这本书的出版成为人们永不磨灭的记忆。这本书又一次揶揄了经济学家——对他们来说，金融事件从来都不是导致更深层的"真实"现象或政府不当行为的原因，只是它们的反映。

《1929 年大崩盘》是目前父亲销量最高的一本书，除了 1987 年初的几个月外从未停售过，而且就在那年的 10 月 19 日美国股市下跌了 1/3 之际，这本书又火速重新上架。我记得那天晚上给父亲打电话时，电话很难接通，但在电话终于接通时，他的话听起来非常令人安心："别担心，我 3 周前就已经套现了。"[①]2003 年我见到菲德尔·卡斯特罗（Fidel Castro）时，他对我说的第一句话是："《1929 年大崩盘》！这是我最喜欢的书！我的床头柜上就放着这本书。"仅在 2009 年一年，这本书就售出了 5 万多册。

接下来就是《富裕社会》（1958）——一本从某种意义上来说是献给我的书，它是父亲所有的著作中对于奠定他在经济学思想史以及 20 世纪中叶文学界地位的最具决定性意义的一本书。正是在这本书中，"传统智慧"这个表达首次出现，"修正序列"与"社会平衡的问题"得到了定义；也是在这本书中，我们读到了"私人富裕与公共贫穷"的说法。正如阿马蒂亚·森半个世纪后在我父亲的追悼仪式上所说："（读我父亲的书）就像在读莎士比亚的著作，到处都是经典语录！"不过，这本书最有魄力、最重要的地方在于它

---

① 说完这句话之后，他顿了顿，语气也变了。他说："不过很遗憾，你妈妈就没那么走运了。想要把她的家人从爱迪生时代买到的通用电气股票以 1 美元的价格卖出都很困难。"

新工业国　XVI

对新古典主义经济学的核心思想发起了正面抨击，并且为接下来的数十年提出了广泛而具有进步意义的政治议题。10年以后，三名被极右翼军政府囚禁起来的希腊经济学教授选择用点过的火柴棒与虫胶来重新装订这本书——当然还有其他书——并非偶然。那本留下他们字迹的书的复制件如今还收藏在我的书房中。

《富裕社会》之所以符合20世纪60年代的批判精神，是因为它明确推翻了20世纪人们试图用"主权消费者"将公司资本主义包装成一个"自由市场体系"的努力。他揭露了完全采用微观经济学的荒谬性，而且没有诉诸马克思主义的论述、阶级分析或是辩证唯物主义。父亲对于马克思的态度一直都是尊重但不恭顺。有一次他曾写道："如果马克思完全是错的，他也不可能有这么大的影响力。"或许正是这种与马克思之间的距离解释了为什么《富裕社会》在2018年以前一直没能在俄罗斯出版，而他的其他著作都在苏联时期就出版了。

如父亲所说，对新古典主义经济学家来说，"需求源自消费者的个性"。经济学教科书中所假设的作为消费者的人是这样的：他们痴迷于商品，不喜社交，是单向度的人[①]，贪得无厌，具有一种在任何合格的心理学家看来都称得上不正常的所谓"理性"。这样的消费者形象构成了新古典主义思想的基本原理，是其理论价值的基础以及由此而来的市场与价格理论的基础。它所表达的是一种纯粹的信条，在任何生命科学中都无法得到解释，是一种用意志微粒来填补空间的伪物理学，让人不禁联想到凡勃仑所说的"大自然不会留下真空"。按照这个逻辑，所有的经济政策都以生产最大化为

---

① 单向度的人指一维的，丧失否定、批判和超越能力的人。——编者注

导读　约翰·肯尼思·加尔布雷思传略

目标，然后又用人们对原始的、无底洞一般的欲望的迫切追求获得逻辑上的自洽。父亲在1958年出版的书中写道："如果说一个人每天早上一起床就被心魔附身，脑中被灌输的都是对商品的痴迷，有时是丝质衬衫，有时是厨房用具，有时是夜壶，有时又是橙汁，那么有人为了找到能够压制这种欲望的商品而付出努力，无论这样的商品有多么奇怪，我们都有充分的理由对这样的努力大加赞赏。"但如果生产"只是为了填补它自身制造出的空白"，情况就不同了。如果是这样，人"大概需要想一想问题的解决办法究竟在于生产更多商品还是消除一些心魔"。借用凯恩斯的话来说，新古典主义有关主权消费者的观点纯属无稽之谈，任何愿意用清醒的头脑与开放的心态审视此事的未经教导的普通人"听起来都很荒谬"。

无可争议的是，《富裕社会》是有史以来最通俗易懂、读者最为广泛的对新古典主义经济学提出批判的著作之一，同时毫无疑问也是最深刻的一本。因为它对经济学就是有关稀缺性的学科这一核心命题发起了挑战，也由此撼动了消费者追求效用最大化以及企业追求利润最大化的假设基础。不同于琼·罗宾逊与爱德华·张伯伦（Edward Chamberlin）在20世纪30年代提出来的不完全竞争理论，《富裕社会》从单纯的竞争与单纯的垄断之间由来已久的二元之争中脱离了出来。不仅如此，它没有对"完全竞争"持反对意见，也没有把它视作理想情况，因此经济政策的任务并不应当是试着向这种所谓的理想靠拢。因此，反垄断这个"完全竞争"的拥护者们最喜欢动用的工具，也就没有太大意义了。

"在工业产出上拥有既得利益"的公司资本主义与国家社会主义有相似之处，但如今它们之间的关键区别也显而易见。国家社会主义按照相关计划者（总体上）根据投入产出效率所设定的规则来定义与满足人的基本需求,即衣、食、住。他们多数情况下并不擅长劳动力与分销网络的管理,对产品设计的创新也没有兴趣。艺术、建筑、音乐与电影并没有被纳入商业世界。而公司资本主义却认识到了有必要事先对"需求"进行规划、围绕可规划的需求进行产品设计、刺激社会面的竞相效仿,以及构建一个领域相对集中、专注程度与效率较高的生产体系,也就是公司。公司的体量必须大,整合程度必须高,但无须面对在全国范围组织生产的艰巨任务,也无须平衡各方之间的需求。

有了这些相对来说去中心化的单元集中在各个具体的产业领域,并且在相互协调与配合下完成总体有效需求的增长,那种通过"先制造,再满足"来诱导需求的做法所带来的问题就得到了强有力的解决。但这种方式暴露了整个社会体系的空心化,它强化而不是解决了不平等与社会等级的问题,是反民主、弱肉强食的,在压制其他体系方面甚至表现出极权主义的特点。福特汽车的创始人亨利·福特曾说过,T型车是什么颜色都行,只要它是黑色的;美国的民主可以容忍任何社会体系,只要它是资本主义体系。然而,只有当一个体系中资源是便宜的、不平等问题是可以容忍的、忽略环境的代价问题还不大时,这个体系才可能得到繁荣。

父亲曾写道,如果说《富裕社会》是一扇窗,那么《新工业国》就是一座房子。《新工业国》起草于20世纪50年代末,在肯尼迪执政、我们被派往印度的那段时期,稿件就存在一个银行的保险库中,待到全书完稿出版之时已是1967年。那时正是"伟大社会"纲领和"向贫困宣战"政策施行的时代,是越南战争白热化的时代——或许也是美国大公司的力量、军事上的傲慢、战后繁荣和社会进步达到巅峰的一年。也正是在这个时期,"美国道路"达到了名望的巅峰，举世瞩目，有人将它视为榜样，也有人将其视为威胁。让-雅克·塞尔旺-施赖贝尔（Jean-Jacques Servan-Schreiber）在《美国的挑战》（Le Défi Américain）一书中表达了这种矛盾的心情——美国人拥有一种优越的大公司形式，它很快就会取代欧洲的体系。

对经济学界来说，《新工业国》的出版是一个决定性的时刻。它表明了把组织机构置于市场层面之上的必要性，因为科技的深入应用需要一定的分工，产品的设计需要较长的预留时间，为保障销售顺利完成且能够持续实现新产品的销售，需要对具体需求进行管理，为把投资计划与废止计划协调起来，需要对总需求进行管理，而这一切需要靠组织机构——冷血、高效、庞大的组织机构——并且也只能依靠组织机构去实现。概括来说，是组织机构让我们对计划体系的综合管控成为可能，在这个体系中，各个大公司像行星一样被一圈圈中小企业围绕。对于坚持把自由市场视为理想类型的人，父亲在这本书中戏谑地表达了一种不屑："想要研究曼哈顿建筑的人如果一开始就假设所有建筑都是类似的，那么他将很难从现存的褐砂石建筑走向摩天大楼，并且如果他认为所有的建筑都应该像褐砂石建筑一样有承重墙，否则都不正常，他就会给自己的研究造成更大的障碍。"

《新工业国》如实地描述了美国的经济——同时还讲述了它的权力结构、缓和力量与抗衡力量、其政府以及军工复合体。总体来说，书中的描写并没有敌对意味。在父亲看来，这种体系有优势，也有劣势，有缺陷，也有挑战，但在可选择的替代方案中并不包括能够以较低的社会成本实现的乌托邦。他一直都是一个讲究实际的人，对他而言，现实主义理论就意味着要解决现实问题。他从不相信会有那么一天，所有问题都得到解决，无论是当股价永远达到高位的时候（如欧文·费雪在1929年所写），还是当经济衰退的问题与陷入萧条的风险远去之后（如罗伯特·卢卡斯在21世纪初所写）。我们甚至都不必以"伟大的"社会为目标，能够朝着一个"还不错的"社会努力就已经足够了；《美好社会》（1996）也成为他后来一本书的标题。为此，所有切实可行的措施都可以部署下去，包括有实际操作经验的人运用过的方案以及用来稳定价格与薪资水平的管理制度。

父亲的思想来自直觉，也来自信念的演进。他既不是革命派，也不信奉商业周期那一套，更算不上一个均衡理论家。他书写的是他所处的时代，也就是战后美国的工业企业体系时代。他明白辉煌会稍纵即逝，实际上高寿的父亲在他的有生之年也确实亲眼见到了自己笔下的世界逐渐瓦解。但这一切不会影响他的作品所具有的分量，就像苏联的消失不会让当初人们对它的研究贡献失去意义一样。不过对于主流的学院派经济学家来说，实际情形是什么样不重要，构建长远的平衡态才重要，因此他们寻求的是学术观点的不朽，而具有发展思维的人并不这么看。对于后者来讲，代价就是真实世界中的历史阶段都是转瞬即逝的，当每一个具体的历史条件时过境迁之后，他们也会被人遗忘。《新工业国》也是如此。尽管它是有史以来读者最为广泛的经济学文本之一，却也在20世纪90年代停印，及至我父亲2006年去世之时，这本书已然难觅踪迹了。后来这本书重出江湖，不过有好几个版本，其中包括普林斯顿大学出版社的一个版本以及美国文库系列的一个版本。据称，他们会保证这本书从此往后一直留在市场上，留给子孙后代。如今，这本书再一次来到了中国。

站在遥远的 50 多年后，想要去重现《新工业国》对美国政治文化的影响以及它对成熟经济制度的威胁并不容易，更别提过分夸大这种效果了。当年，这部著作是由自马克思去世以来拥有最广泛读者群的经济学家之一，在彼时世界上最强大的国家，站在学术名望的顶端所发出的声音。在某个平行宇宙中，经济学界或许会干脆收缩，遵循父亲的理念走上一条全新的经济发展道路，一条以大型组织机构为主导的、世界所适合的道路。或者，它也可能会遇到熊彼特阵营创新理论的挑战，接受大型机构存在的现实，也承认自己的问题，但拒绝使用解决它们的工具——这几乎是一种"法西斯式"的回击。再或者，经济学界也可以更加决绝地坚持其固有的信仰，干脆否认摩天大楼与褐砂石建筑之间存在本质上的区别。

被选择的是最后一种方式。随之而来的是它装腔作势自诩为科学的惊人姿态，是对复杂玄奥的数学公式不可自拔的执迷，以及试图由此将父亲逐出经济学界的意图。如此一来，学院派经济学就退回到了由晦涩的、形式化的模型，教条的政策规则以及互不连贯的知识所构成的幻想世界，背后潜伏的到处是政府的说客与幕后的金主。货币主义、供给学派以及后来的理性预期经济模型可以说是你方唱罢我登场。最终，这个学科一步步把自己封闭了起来，基本上停止了与广大读者的互动，只留下自己的二级代表去执行那些既定的教条政策。这样的故事既沉闷又乏味，在此我便不再赘述了。

进入不确定的时代

让我们以《新工业国》为起点看一看经济生活在过去 50 年间

发生了怎样的变化，因为在20世纪70年代，美国的大公司体系以及美国通过它所展现出来的绝对全球力量已经开始松动。我的父亲察觉到了这一点，这种不祥的预感在某种程度上也反映在了那10年间父亲参与制作的一个大项目上，也就是BBC（英国广播公司）的一个系列片以及由此而来的一本书——《不确定的时代》。这档节目在全球范围赢得了高度赞誉，收获了一大批观众，但同时也激起了各方的强烈反应。美国公共广播系统（The Public Broadcasting System）在加入了由威廉·F. 巴克利（William F. Buckley）组织与主持的保守主义反对观点后才播出了这个系列片。米尔顿·弗里德曼更是筹资制作了一档自己的电视节目《自由选择》来进行正面回击。各路专业经济学家步步为营，想要让父亲这样的人再无转圜之力。在这一点上，他们可谓战果辉煌。父亲这个务实主义者给不切实际的思想造成了致命的威胁。

以下是这个不确定的时代渐成气候的过程中所发生的一些最关键的转折事件，包括发生在那个电视片与那本书之前与之后的事件。

- 在美国诸多造成不稳定因素的政策（尤其是介入越南战争）带来的压力之下，在德国和日本的恢复与崛起将美国置于越发不利的竞争环境之后，1944年以稳定战后货币为目的而建立的布雷顿森林体系于1971年崩溃。
- 资源，尤其是石油的成本在20世纪70年代一路上涨。这一局面破坏了美国工业企业的成本结构，再加上更高且不稳定的利率和周期性的经济衰退，给企业带来了巨大的财务压力。
- 与美国形成竞争的其他工业计划体系提供了更适应科技发展的新环境，它们正在崛起，特别是日本，包括稍晚一些的韩国以及后来的中国。它们提供的低成本日用消费品提高了人们的实际工资，导致美国的货币薪资水平出现了天花板，给劳动收入占比的提高带来了压力。

- 1979 年至 1982 年间的金融改革政策摧毁了工业联盟及其所服务的商业公司，让国际美元起死回生，最终建立起了这个我们如今所生活的以金融为主导的世界。

- 直接来自国家与军事研发部门、与其密切关联的科技职能经过结构重组成为拥有独立资本的高价值企业，虽然它们曾经是大型综合工业公司的一部分，之后实际上却成了其掠夺者与寄生者。

- 20 世纪 80 年代初发生了全球债务危机，不出人们对后殖民时期的猜测，全球经济发展陷入崩溃，伴随而来的是 80 年代中期资源价格的暴跌与 1991 年苏联的解体，终结了 70 年来美国与另一种社会制度之间不曾松懈的较量。

- 美国呈现出一个技术金融国的特点，其经济繁荣带沿东西海岸分布，全球贸易结构进入了"大怪兽米诺陶"①［瓦鲁法基斯（Varoufakis）提出，2011］阶段，这是一种主要通过私人债务来驱动经济发展的私人消费经济，以住房贷款、汽车贷款、信用卡以及助学贷款为甚，经济增长成了不可持续的、腐败的借贷行为的产物。

- 2007—2009 年，大规模的金融危机爆发，其后全球经济增速放缓，投资陷入低迷，公共资本形势恶化，贫富分化悍然加

---

① 米诺陶是希腊神话里的怪兽，瓦鲁法基斯以此来比喻美元与黄金脱钩、布雷顿森林体系解体后这段时间，美国在全球资本循环中的角色。——编者注

剧，经济失去保障，幻灭感笼罩了世界，只有还在有效发挥作用的社会福利中央机构能让收入问题稍加缓解。

布雷顿森林体系是在英国（与法国）没落、冷战形势迫近之际，于1944年建立起来的一个体现着美国霸权体系的总体金融框架。它以美国工业的霸主地位及其对"自由世界"中黄金供应的有效主导地位（如果不是垄断的话）为前提。因此，布雷顿森林体系永远无法承受德国与日本的经济复苏、美国产业公司的全球化以及在越南战争的催化下美国无限期滑入贸易逆差的局面。《新工业国》问世仅4年后，就在滞胀的出现——通胀率与失业率同时上升，一个此前被认为不可能发生的现象——令麻省理工学派的凯恩斯主义者对他们通过微观手段管理宏观经济的信心遭到撼动之时，尼克松关闭了黄金兑换窗口，将美元贬值，宣称自己"在经济上是一个凯恩斯主义者了"。父亲对此次价格管控的实施表示赞成，认为这是对实际需求做出的必要让步，但这种思想上的胜利却是一种皮洛士式的惨胜。[①]尼克松的目标是短期的、服务于政治诉求的、损他而利己的，也是成功的。

1973年与1979年的油价冲击与政治事件（1973年埃及与以色列的战争以及1979年的伊朗革命）有关，但从某种程度上反映出美元的衰落，因为石油就是以美元来定价的。石油价格的问题传导到美国国内表现为通货膨胀，刺激美国以提高利率作为应对之策。这一系列操作令当时正在失去活力的美国工业股本雪上加霜，将成

---

① 源自希腊神话，形容一种特殊的胜利，即虽然赢得了胜利，但付出的代价太大，以至于可能比失败更糟糕。——编者注

本优势拱手让给崛起中的德国、日本（以及后来的韩国），让它们得以将运输过程以及库存的成本降到最低。这样的结果造成了工会的没落，给美国的抗衡力量造成了沉重的打击，同时也拉开了五大湖区域工业衰退的序幕，严重撼动了美国社会民主主义的政治根基，也就是汽车工人、机械工人、钢铁工人与橡胶工人等群体，这也是40多年以后唐纳德·特朗普得以上台的原因。

而与此同时，其他遵循计划体系的国家，特别是德国与日本，却在战后的去军事化时期，在罗斯福新政启发下的社会民主主义下，在获准进入更大的市场（欧洲之于德国、美国之于日本）之后，得到了长足的发展与繁荣。这两个国家从未放弃过加尔布雷思理念式的大公司体系，也没有摒弃过能够让企业远离管控欺诈、官员私有化、劫掠与自我毁灭的抗衡力量。因此它们得以发展壮大，最终不仅在第三世界国家的市场中取代了美国的主要工业，也在美国市场做到了这一点。这种局势可以通过配额手段，也就是人们所说的"自愿出口限制"，在一定程度上进行管理，但它只会带来一些更反常的结果，也就是把新入场的市场玩家推向更高质量、更高成本，同时有更高利润的市场领域，让它们随着收入的增加成为市场的主导。

由保罗·沃尔克（Paul Volcker）在1979年发起、罗纳德·里根于1981年上台之后给予支持的金融改革方案加速了这些变化。它摧毁了公司与工会、重振了美元、加剧了贸易逆差、降低了税率，也由此给公司管理者带来了极大的动力去重新分配收益，特别是分配给自己的收益。一个由组织机构形成的经济体系被寡头经济取代；工业力量衰微，金融力量崛起，随后就有了建立在全球化制造体系与私人债务基础上的消费繁荣，辅以公共债务支撑的军备重整。

如此一来，从金融力量中取得的繁荣可以（并且已经）被转化为购买力，只不过它建立在一个收入差距日益加剧的不稳定基础之上。

随着控制权转向金融领域，工业领域进行了重组，将其科技部分剥离出来并集中精力进行发展，以便吃数字革命的红利，同时也难免把金融财富集中在那些掌控着科技的人手中。如此一来，美国的整个空间布局也出现了变化：加利福尼亚（及西部）崛起，成为美国的科技中心，与东海岸的金融中心遥相呼应，两地之间的地域成为"经飞地带"（flyover country）。具有世界主导地位的美国产业如今是最为先进的，它们大多数与美国军工有着密切的关系，比如信息科学、通信技术以及航空航天技术。就在美国的财富中心吸引并促进了社会自由主义者以及自由主义改革派，给如今已经脱离了产业工人阶级的民主党带来新的政治基础之际，又一次政治变革随之而来。当年作为里根政府"票仓"的加利福尼亚州现已成为民主党最重要的一个大本营。而对于传统的工业企业来说，失去科技的加持就意味着它会进一步陷入相对的衰落。苹果公司成为一个市值上万亿美元的大公司，而通用电气与IBM（国际商业机器公司）却举步维艰。

那场金融改革推翻了全球数十年来的工业化发展，迫使世界上大部分国家对美国这个拥有稳定的全球购买力与金融风险防范能力的市场产生了新的依赖。商品价格与制造商崩盘，影响并最终摧毁了苏联，与此同时，美国的消费品市场向冉冉升起的中国打开了大门。苏联解体之后，哈耶克、弗里德曼与萨缪尔森的追随者入局。价格管控放开，工业生产崩塌，由此造成的人类灾难就其对生活的影响而言不亚于爱尔兰大饥荒与《凡尔赛和约》。俄罗斯用了20年的时间来恢复元气，而苏联的某些区域，比如众所周知的乌克兰，再也没能翻过身来。

反观中国，它从来没有沦为新自由主义时代所谓正统观念的牺牲品。实际上，中国在转型过程中取得的某些成功，与父亲对某些具体价格如何对宏观经济发挥作用的理念是一致的，尤其是那些不同于物价总指数、能让普通消费者亲眼看到的商品价格。而宏观经济确切来说是个极易发生通货膨胀的事物，说得再深远一点，是个既能铸造信心，也能摧毁信心的东西。对中国来讲，大米、面粉与食用油的价格是关键；对美国来说，关键的是天然气价格与利率。通常价格的调控都是往上走的，只有极少数情况下会向下调整，而且一旦出现价格下调，人们往往会把它视为经济萧条的预兆，因为它造成的直接结果首先是生产商成本的沉没。而价格的上升如果快到足以让人们有所察觉，就会导致挤兑、投机、囤货以及其他扰乱社会秩序的行为出现。不仅如此，它还会导致政府难以销售债券，尤其是长期债券。这一切对中国来说都是显而易见的。

中国自1949年以来就一直在奉行稳定价格的策略，（正如前文中提到的）中国人曾阅读并研究过父亲的价格管控理念。他的影响力延伸到这么遥远的国度是我在20世纪90年代被中国国家计划委员会聘为宏观经济改革项目首席技术顾问之时才慢慢意识到的。在中国取得成功的同时，美国工业公司却开始变得衰微，这一点自不待言。但或许也可以这么说——如果我可以满怀对父亲的骄傲这么说的话——放眼望去，在21世纪的工业大地上，三个发展最快的国家，即德国、日本与中国，此外还有奥地利、韩国以及少数其他国家，都是研究过加尔布雷思主义的国度。

如今的美国经济中，价格机制落入了自由市场之手，通货膨胀率全在美联储的一念之间。美国更大的信心在于它的科技水平以及由军事力量保驾护航的金融实力。这是一个不平衡、不稳定的系统，它所依赖的是转瞬即逝的发展活力与变化无常的私人债务。就在21世纪初，美国已经暴露出了军事力量投射上的力不从心。在现代社会中，决定性的优势往往取决于本地的人口与防御技术。伊拉克与阿富汗还在继续凸显这一事实，叙利亚近来也把这一点展现得淋漓尽致。于是，美国现在拿起了金融武器——关税与制裁。但这些做法除了会导致世界金融制度最终发生改变，还能带来些什么？如今美国金融在体量与稳定性上仍然保持着优势，但又能保持多久呢？在这一领域中，事态正在急速发生变化，或许过不了多久我们就能够找到答案了。

近年来，美国民众陷入了深深的担忧，他们内心惶恐，愤怒与日俱增。经济发展放缓是一方面，气候变化是另一方面，这些都是悬在我们所有人头顶之上的艰巨挑战。当人们知道他们是可以被牺牲掉的那些人时，他们会反抗。《不确定的时代》所描述的世界并没有消散，反而成了我们将要长期面临的环境。简而言之，恰恰是因为约翰·肯尼思·加尔布雷思的思想在这个国家被置于晦暗之中，这些问题才大量滋生，这给我们勾画出了如今的方向所蕴藏的危险。在世界上的其他国家，他还有大量的读者存在，这些国家或许会发生不同的故事。至少，这是作为他儿子的我所希望的。

来自金钱的教训与预言

金钱把人类能够犯下的极致蠢事借由某些人之手集中在了一起，比如银行专家、央行官员、投机分子，还有政治人物以及听命于他们，或至少看起来像是听命于他们的学者、教授。没有什么比整理这些脉络能给父亲带来更大的乐趣了。因此《金钱》这本书将一段人们喜闻乐见的金钱史掰开了、揉碎了，并讲述给大家。

《金钱》讲述的是一段严肃的历史，不过它并非一部原创性研究著作。它是以我父亲广泛的阅读、批判性的思维、敏锐的判断为基础，以他的经验与当时所能收集到的信息来源为依据所进行的叙述。书中讲述的内容并不局限于美国，但是以美国的金钱史为主，从殖民时期一直讲到20世纪70年代初布雷顿森林体系的终结。在美国之外的地区，约翰·劳（John Law）与凯恩斯在金钱史上扮演了极为重要的角色；苏美尔人以黏土制作的货币当时还不为人所知，21世纪的泼天灾祸也还未发生。令人遗憾的是，我父亲不是研究中国纸币与银子使用史的学者，对有可能用作货币的其他东西也没有做更专业的研究。

话说回来，北美洲独特的地域范围与政治形态也让这个大洲在有关货币、银行业、欺诈与灾难的编年史中有了特别的一席之地。这片偏居地球一隅、治理结构原始的早期殖民地形成了自己的模式：起初这里以贝壳（一种海贝壳）串珠为交易媒介，以河狸皮为货币储备。在南方，烟草作为交易媒介出现以后，格雷欣法则以一种温和但又恶毒的方式开始显现了。

此后为了给革命与战争筹集资金，纸币在美国（独立战争时期的"大陆币"以及南北战争时期的"绿钞"），还有法国以及后来的俄国出现了。我父亲曾写过，这些纸币在当时的历史时期并没有得到充分的认可，尽管它们确实行之有效、不可或缺。美国在19世纪初向银行业这个古老的金融机构挑起了政治战争，时至今日这种银行战争也依然存在，只不过胜出的从来都是银行。

政府发行纸币，银行签发信贷：好也罢，坏也罢，这正是创造货币的两种途径。银行从本质上来说是不稳定的，因此金融问题不可避免会出现。教科书中描述的童话世界是这样的：充满智慧的央行专家为了控制通货膨胀会非常小心地掌握纸币发行的节奏，同时"现实"中的经济会进行自我修正从而实现充分就业。这样的描述在真实世界中完全站不住脚。当时间从19世纪进入20世纪之后，尽管政府已经变得更加成熟，对经济理应有了更深的理解，但一切并没有变得更加稳定——事实上，不稳定性反而大大加剧了。出现在我们这个年代的各种灾难都证明了我父亲对前景展望的调侃与怀疑都是合情合理的。他没能看到2008年全球金融危机的爆发，不过就算看到了，他也不会觉得意外。

他曾认为英国于1925年以战前平价回归金本位制"是近代以来最具破坏性的货币政策"，这一论断放在如今来看，说得为时过早了。欧元的创立，以及在没有有效联邦机构的情况下将希腊、西班牙、葡萄牙、意大利、芬兰以不可思议的平价纳入欧元体系的做法导致了看不到头的经济萧条，如今又对各国不亦乐乎地玩起了制裁，这种玩火自焚的做法更使得局面雪上加霜。

在货币问题闹出的荒唐事上，美国一向无出其右。谈到这一点，有人或许还会谈到1999年《格拉斯-斯蒂格尔法案》的废止与2000年信用违约互换产品的合法化这两件发生在比尔·克林顿任期内的事，还有乔治·W. 布什任期内对银行管制的放开，以及贝拉克·奥巴马时期权力与市场份额向头部银行集中。其中，前两任政府合力制造了有史以来最严重的金融风暴，而第三任政府却确保经济复苏带来的好处又回到了当初制造这些惨剧的机构中。

1945年以来，特别是1981年以来，美国一直以各种短期与长期国债的形式向全世界签发储备资产，沉浸在这种"超级特权"中。

美债成为全球的金融财富,强劲的美元也奠定了美国人生活水平的基础。与此同时,美国的工业产能、基础设施、技术与人力资源以及社会凝聚力却在逐渐削弱。就像《浮士德》所说:自古以来,赊购来的权力是要以这个国家不朽的灵魂为代价的。

前　言

詹姆斯·K.加尔布雷思

《新工业国》是我父亲的一部伟大的理论著作。它于1967年首次出版,在《富裕社会》大获成功近十年后,这本书没有囿于对传统经济学的批判,越过马克思主义与凯恩斯主义,开始成为另一种理论选择,一个完全的新古典主义思想的替代品。在这本书中,我的父亲缔造出一种视野,把一个商业公司看作一个组织机构,所有组织机构共同形成的经济体系就是一个"计划体系"。

这样的组织经济学站在了市场经济学的对立面。我父亲所称的"公认序列"以消费者的喜好为先导。公司把自己的产品置于独具慧眼的公众面前,卖出它们能够卖得掉的产品,把其余商品打折处理,之后再加以补救,并研究下次如何改进。而在他提出的"修正序列"中,大公司是从新产品的设计与技术着手的。他们研判未来可能发生的情况,开展"市场研究",由此判定消费者可能会喜欢什么,之后通过广告营销与消费金融活动,确保目标的达成。

对加尔布雷思来说,以上这些就是事实,对此他并不反对。科学技术的复杂性决定了市场必须得到控制。那些奠定现代生活基础的产品——汽车、喷气式飞机、电力、微芯片、有线电视——如果没有较长的生产交货周期、没有大规模的工程师人才网络整合是无法完成生产的。而这一切都需要计划。虽然有时候计划会出现问题，有时候公司也不得不向未知领域进击，但这不是常态。

大型商业公司甚至常常会将市场完全取而代之。它们通过整合做到这一点：此前需要通过公开采购与销售完成的商业活动要么被公司内部的运作取代，要么会由稳定的大型企业与许多精于某一领域的小供应商合作完成，实现风险向供应商的转移。人们并不是通过开天眼（"完美的预见"）或是万无一失的概率全覆盖（"产品组合多元化"）方式来降低不确定性，而是通过构建足够庞大的结构性组织来为自己打造一个未来。在政治上，我们把这样的组织称为"国家"或"政党"；在经济学上，我们把它们称为"公司"。

加尔布雷思写道，一旦控制权传到组织机构手中，基本就等于控制权的完全转移。用来描述小公司与企业主的经济学变得不再适用。这种形式的经济学宣扬的是以追求利润最大化为目标的理性行为，其中包括寻找通往既定终点的最短路径。但组织机构没有终点，它们有的是组织成员、参与者、股东，而他们每个人都有不同的才能、利益与目的。组织机构的决策由委员会制定，组织中的高层领导有获得下属追随的需求，因此行为上也有所掣肘。个体，这个传统经济学最为关注的焦点似乎变得不那么重要了。公司的权力掌握在了加尔布雷思所称的"技术专家阶层"手中。

与所有人类主体一样，技术专家阶层主要为自己服务。所有委员会成员（通常）都能够认同组织机构的生存是第一位的，也就是要不断思考如何让企业持续运营下去。但在此之外，很多事情都可能发生；概括来说，每一个关键利益节点的最小条件都必须得到满足，这也就意味着没有谁能够获得最大利益。组织机构就是一个妥协的结果，谁的利益得到满足取决于谁在谈判桌上有一席之地。

尤其对技术专家阶层来说，他们把利润做到最大化也绝不仅仅是为了把这些利润交给公司的法定所有者，也就是持有公司股份的人，因为这些股份持有人不是坐在会议桌前的人，因此他们的主张不大可能被听到。换句话说，"这就好比一个活力四射、精壮强健、有着正常性取向的男性会为了给只在传闻中听说过的其他男人尽可能创造机会而躲开亲昵地围绕在自己身侧的那些唾手可得的可爱女人一样"。[①] 多年以后，当主流经济学家开始关注这个问题时，他们将其称为"委托代理问题"。

各个组织机构会相互作用。《新工业国》中用了很大的篇幅来描述大公司是如何形成的，以及它们如何发展、如何保持员工的忠诚度、如何计划、如何相互协调、如何与对手竞争。做到这一切，他们首先做的就是协同价格。我的父亲最早就是因为提倡固定价格（二战期间在政府任职时）而声名鹊起的，他深深地了解一个有关价格的真相：当价格已经固定下来的时候，是很容易进行修正的。

对于标准化的以及公开定价的产品，寡头可以轻易固定价格；虽然会有打价格战的时候，但它的代价极其巨大，因此也并不多见。有时候，技术的多样性与产品的复杂性使得固定价格更为困难，也仅仅是在这种情况下我们才看到触犯法律的行径出现。

20 世纪 60 年代初，通用电气、西屋电气公司、阿利斯-查默

[①] John Kenneth Calbraith, *The New Industrial State*, 3d ed.(Boston: Houghton Mifflin, 1978),125.

斯（Allis-Chalmers）、英格索兰公司（Ingersoll-Rand）以及其他电气设备制造商因密谋操纵重型电气设备的价格而被起诉，其中几家企业的许多高管还曾短暂入狱。而根据之前的经验，人们认为这样的管理人员无论如何触犯法律都不会遭遇被收监的命运……这些高管的失误不在于操纵价格，而在于参与极难进行价格操纵的业务分支。企业同样可以在电动机和家用电器领域进行价格管理，只不过在这些领域企业无须共谋就能实现价格操纵。①

计划体系与技术专家阶层的影响范围远非局限于定价这种相对简单的事物。许多公司对自己设计与销售的产品进行"具体需求"的管理，取得了大量虽不完美但算得上成功的经验。（主张消费者主权理念的经济学家对这种迹象大为震惊，但加尔布雷思对此却颇为宽容。当人们达到富足、商品不再重要的时候，操纵人们的品味与喜好算不得最严峻的社会弊病。）在与国家的商业往来上，尤其是就先进武器而言，技术专家阶层寻求的是一种理想的关系：稳定的客户、长期收益预期、损失风险的防范。从更广义的角度来说，计划体系为经济发展这一神圣的目标打造出了一种政治上的共识：总需求的稳步增长对商业公司来说意味着正向收益与光明的前景。经济增长最初会让商业组织受益，随后会服务于它的其他客户群体。

计划体系会将它独特的偏好传导到现代高等教育中，把重点放在通用商业艺术上，而且认为专业性更高的技能（科学、数学、工程学）以及设计、音乐、制图、美术等更加传统的才能会贬值。这

---

① John Kenneth Calbraith, *The New Industrial State*, 3d ed.(Boston: Houghton Mifflin, 1978), 201.

些东西如今都是引进的。加尔布雷思对此现象做出了解释：技术专家阶层通常不需要手艺人，他们需要的是能够灵活地把自己塑造成符合组织机构的目标与风格、能够按要求做任何事的年轻人。在这一点上，大公司与驻外服务机构或是军队非常相像，但与中世纪的同业公会完全不同。与近代劳动经济学的普遍主题相反，教育传授的不是技能，而是可塑性。

加尔布雷思非常欣赏马克思，但他的理论有很多超出了马克思主义的内容。在物质财富极大丰裕的社会中，阶级冲突必定走向式微。而在计划体系大获成功的地方，就连最普通的劳动者也会认同公司的目标，工会由此就会失去其先锋地位。这一切都指向一种新的矛盾形式，一种需要把关注点投向社会平衡——私人的富裕与公共领域的贫穷——以及与之相关的环境、审美以及文化问题上的需要。这正是加尔布雷思努力的方向，不过"旧左派人士"大多数并没有追随他。他们中很多人都很钦佩加尔布雷思，甚至把他视为自己的偶像，但多数人从未真正摆脱过对"更多"的追求。直至今天，工会组织、民主党派以及独立左派中的领袖仍坚持认为，在这个星球上最富裕的国家中，劳动人民面临的主要问题在于他们仍然存在"短缺"。或许就人们对高质量教育的渴望、对负担得起的医疗服务的追求、对收入保障的希望等方面而言，很多时候劳动人民比那些代表他们发声的人更像加尔布雷思的追随者。

凯恩斯认为，为了创造充分的就业应当对总需求进行管理，而一旦达到充分就业，自由市场体系的古典经济学或许会开始得到认可。加尔布雷思并没有心存这样的幻想。这种观点间的不同在于凯恩斯在很大程度上忽略了科学技术的进步，而（见证过更多技术变革的）加尔布雷思却领会到了技术变革的某些本质。因此，他认识到计划体系会以某种形式成为整个经济图景中一种永恒的特征。从这个角度来说，加尔布雷思比凯恩斯更深刻地打破了传统。

《新工业国》问世之际，正值美国的凯恩斯主义如日中天之时，经济衰退的那些年还未到来。加尔布雷思看到了端倪，凯恩斯主义已被其追随者曲解。计划体系已经把需求管理用作服务于自己的手段。如我们所见，经济增长取代了充分就业，成了当今政策的首要目标。经济增长的波动会马上获得公共政策的关注，而失业率的增长在没有威胁到政治稳定的情况下则不会快速成为焦点。计划体系设法为经济增长提供有利条件，让经济增长快到足以保证构成这个体系的公司获得稳定的增长，同时又不至于增长过快，导致工会重新获得权力或是重燃已经丧失的斗志。因此，通过减税获得增长或许是通往充分就业的道路，但充分就业也许是个永远无法到达的彼岸。

40 年后，人们对于《新工业国》的诟病主要在于它没有预见到美国商业在 1970 年以后的数十年间所经历的溃败。这种溃败经历了四个阶段。首先是来自日本的挑战，特别是在汽车与钢铁行业。接着是 80 年代工业的崩溃。到了 90 年代，科技泡沫出现，（据称）以比尔·盖茨、史蒂夫·乔布斯等人为代表的企业主资本家正是由此开始牢牢确立了自己的掌控地位。最后一个阶段，就是各大企业丑闻的爆发，安然公司（Enron）、泰科（Tyco）、世通公司（WorldCom）等赫然在列。

一本书很容易因为没能预见未来而受人指摘，正如人们也会因为马克思所相信的革命会在每一个地方取得胜利没能实现而否认他的伟大。加尔布雷思对美国大公司达到权力巅峰会是什么样进行过论述，而批评他的人却假装企业权力并不存在，之后还要嘲笑他没有预测到某些公司的衰落——用衰落从某种意义上证明企业权力从未真正存在过。我的父亲并未对此做出积极的回应，只是继续做自己的事，《新工业国》便淡出了人们的视野。这是件令人遗憾的事，因为虽然他的这本书聚焦的是当时已经存在的计划体系，但它其实能够很好地阐释后来出现的变革、危机、衰落以及复苏。

20世纪70年代末来自日本的挑战并没有证明竞争性市场发挥了主导作用。相反，它是一片领地上的计划体系入侵到另一片领地上的计划体系所导致的结果。日本有没有计划体系？当然有：它把日本传统的政府联盟与企业网络结合到一个体系里，是在美国占领期间构建起来的，而加尔布雷思本人在这个体系建立之初发挥过重要作用。日本的计划体系在随后的几十年间得到了长足发展，直到强大到足够到美国的地盘上叫阵。

那么美国又是如何应对这个挑战的呢？它动用了政治手段，由自我标榜为自由市场倡导者的罗纳德·里根政府施行了"自愿出口限制"政策，算得上极具讽刺意味了。但我们应当赞赏里根政府的做法。它没有把美国向自由市场开放，因为这样做会为美国企业带来灾难性的后果，而是与日本达成了新的交易，允许其随着时间的推移增加其市场份额，升级其产品。这样做的结果是给予了美国公司一个可控的败局，它并不美好，但远胜一个完全失控的局面可能造成的后果。

《新工业国》确实未能预见到20世纪80年代初工业领域的大范围溃败。这本书的第三版于1978年出版之时，加尔布雷思认为由金融领域的传统权威力量定额配给资本，并由此决定行业与贸易中谁生谁死的做法正在失势。这一论点当时来看是正确的。高层金融势力已经在蓄势准备反击的情势对任何人来说都还不明朗——据我们所知，甚至连大多数银行从业人员对此都不知情——直到一年之后，保罗·A.沃尔克升任美联储主席。而沃尔克也是直到1981年罗纳德·里根就任总统才发起了20%利率的"生死决战"。

　　里根与沃尔克开始重建罗斯福新政之前的世界——一个在工会、抗衡力量、特别是计划体系出现之前的世界。他们要让市场，特别是资本市场发挥主导作用，用高利率把精湛成熟的企业与能力欠佳的商业公司区分开来。银行把钱贷给最好的企业，对其余企业则收紧银根，而活下来的企业不得不追求更高标准的生产率。加尔布雷思认为这是一种极为"堂吉诃德式"的做法。银行家具有非常强大的力量，但他们不适合做治理。小城镇中那些对地方商业具有敏锐的嗅觉、慈祥友善的行家里手与他们不可同日而语。现代银行家横跨企业与政治领域，但对其中任意一个领域都没有足够的了解。他们尤其不了解位于大公司核心地位的技术性工作，因此也无法对公司的战略与执行实施切实的管控。银行家具备的主要是一种破坏性的力量：他们能够排挤企业、摧毁企业，但绝没有能够让更好的企业从废墟中生长出来的魔力。

　　由于实际利率高过了经济发展中人们所能想象到的任何利率水平，正常的企业运营土崩瓦解。由此不难预见企业的金融治理规则也流于失败。当不可能实现的条件加诸于身且没有任何核查手段时，选择作弊也是人之常情。公司可能会做假账，之后还能获得市场的嘉奖——当然也不会被市场惩罚。公司不但由此加强了自身的市场地位，同时还削弱了诚信企业的市场地位。这种骗局只有在事后才能被发现。因此，高利率时代会以企业与银行体系的灾难而告终应当是件比较容易预测的事。加尔布雷思也确实在20世纪80年代初期上述政策成形之时预测过此结果；在此之前的几年里，《新工业国》的不足只是在于它还是太乐观了，它不相信会有哪届政府会疯狂到把利率提高到此种地步。

里根与沃尔克的举措造成的债务危机在接下来的20年间影响着整个世界，也导致美国腹地的制造业出现大规模衰退。存在于整个80年代的计划体系大部分被压制。但事无绝对，此后当经济终于在90年代复苏之后，浮出水面的依然是一个计划体系。只不过它有了不同的形态与势力间的均衡，投资银行家与金融掠夺者在其中扮演了新的角色，因此这个体系比它在20世纪60年代时更缺乏稳定性。

80年代见证了大型工业企业走向衰落，同时它还向天下昭示光明的未来或可从工业之外的领域获得，至少某些人是这么认为的。金融行业令贪婪者心驰神往，不久后科技领域也召唤着那些具有非凡的想象力、出众的科学才能、机械技艺巧夺天工的人，以及有办法说服具备上述特质的风险投资家的人。特别是与电子计算有关的那部分技术专家阶层，他们脱离了大型的工业企业。不同于风洞，微处理器与软件的应用涉及许多领域。如果它们的生产不只局限于个别终端产品，比如说大型计算机，它们会发挥出更大的潜能，而且如果它们不必须考虑债务、养老金以及其他由大公司在工会还非常强势、资金还非常便宜的时候构建出的此类事物，它们的赢利能力也会大大提高。

自此科技的繁荣出现了：一大批全新的、由风险融资资助的公司大量涌现，为全球市场带来了芯片与软件。随着这种繁荣而来的还有新一轮对加尔布雷思关于技术变革观点的抨击。技术变革真的与工程师和被驯化出来的组织人有关？如今从最传统、最受人热捧的经济原型中难道不是应该出现了一种全新的种类——

那种野蛮生长的独立企业家吗？换句话说，怎么解释比尔·盖茨这样的人？

其实加尔布雷思曾对比尔·盖茨进行过剖析。微软公司需要市场营销，它需要体现出一种"酷"，而一个年轻的技术天才迷的形象能够很好地服务于公司的这一目的。这个巨星神话有助于美化公司的形象。微软最初的成功有赖于一个独家特许经营权（与IBM合作，为早期IBM的个人电脑提供操作系统）与许多专利保护，后来在一定程度上靠的是它对市场力量的操纵，虽然这种行为饱受争议。再后来，比尔·盖茨的个人财富成了微软实力的证明；再往后，他通过基金会为世界所做的善举更为他的名望增加了一抹柔和的光彩。从过去到现在，以上种种一直在为其企业所用。对微软公司来说，首席执行官一直都是公司的一个首席商人，而非科技先锋；公司的技术产品永远是由各个庞大而笨拙的委员会负责的工作——事实也是如此。

如果我们真的想找一个科学家出身的创业者来看一看，英特尔公司的罗伯特·诺伊斯是一个更好的例证。他获得了麻省理工学院的博士学位，是一名真正的科学人才，也是集成电路的发明者。他创办的首家公司——仙童半导体公司最初以军方和IBM为销售对象，当时还不为大众所熟知。之后他创立的英特尔公司同样面向企业用户，而非直接面向消费者。如今，英特尔的技术领先地位只有通过大型科技团队间的有效合作才能保持。无论是诺伊斯还是比尔·盖茨，以及任何与他们类似的佼佼者，都与典型的创业型小企业主不同。

尽管加尔布雷思不觉得现代企业会像现实中一样如此容易遭到洗劫，但他在《新工业国》中还是预见到了这种可能性。很多颇有名望的经济学家把储贷危机归罪于存款保险（"道德风险"，也就是由于保险的存在反而导致风险性行为加剧的情形），而加尔布雷思（以及后来的主流经济学家乔治·阿克尔洛夫与保罗·罗默）[1]认为这些失败源于社会与法律规范的颠覆。正如"管理欺诈"权威专家威廉·K.布莱克所说，你可以认为安然公司是不健康市场中的一个无辜产物，也可以认为这个市场被犯罪意图收买了。[2] 安然公司是一个极为复杂的组织，也恰恰是技术专家阶层与生俱来的复杂性让隐藏与掩盖欺诈成了可能。然而说到底，检察官、陪审团与信奉加尔布雷思的人都不难对此做出裁断。伴随惨烈的储贷危机而来的是一千多桩重罪的判罚；安然出事之后，公司的高管最终全部被起诉，也全部被定了罪。

或许有人会说进入新千年以来，大公司重新获得了核心经济地位与政治力量——认为如今的我们生活在一个"企业共和国"中，政府所采用的那套方法、规范与文化都得见于企业。

- 在一个委员会型的政府中，很多委员会的运作是隐秘的。我们的决策制定具有客户驱动的特点，它意味着一些战略方向——好比国家安全、金融、监管以及其他领域——会由一些掌握着不为外人所知的专业知识的小圈子来把握。
- 我们的公共关系运作明显具有企业宣传机器的特点，也就是

---

[1] George Akerlof and Paul Romer, "Looting:The Economic Underworld of Bankruptcy for Profit," in *Brookings Papers on Economic Activity 1993:2,Macroeconomics*,ed.William C. Brainard and George L.Perry(Washington,D.C.:Brookings Institutuon Press,1994).

[2] William K. Black,*The Best Way to Rob a Bank Is to Own One* (Austin: University of Texas Press, 2005).

说，我们无法或是刻意不去对一个事件的真实原貌做出前后一致的描述。
- 在不定期选举中，我们有股东，有名义上的所有者与参与人，通常管理层会做好安排，确保这些人不会落败。
- 我们有董事会，不过问、不设阻，过审批形同走流程——国会在2006年那次引人注目的选举之前就是这样。
- 我们有作为门面的首席执行官——他悠闲的姿态告诉我们这个国家一切事物尽在掌握。或者更准确地说，用他来掩盖事情并不在掌握之中的事实。

这些特点在《新工业国》所述的大企业中都有类似的对应情景。或者说，对上述分析做任何一点补充更新，你同样会发现企业中有符合这套逻辑的诸多特点。只需想一想过去40年间企业在管理失当、欺骗、市场操纵与欺诈问题上玩出的新花样，一切便不言而喻了。

加尔布雷思的悖论在于他是一名独立的组织理论家——他是一名智力创业者。而与此同时，学院阵营中对加尔布雷思的观点嗤之以鼻的是那些被组织驯化的人、对观点墨守成规的人以及精心守护学术立场的人。他们中鲜有人会以个人的身份被铭记，可他们对某些享有盛誉的思想却是绝对地拥护。加尔布雷思的另类学说在公开市场上大受欢迎，而在大学中却被像极了现代企业公共关系的那套做派压制。

加尔布雷思预见了这一点。他写道："那些吹毛求疵的人对于美国社会地理学中的任何描述都能挑出毛病来，他们把纽约、芝加哥、洛杉矶以及所有比锡达拉皮兹市大的社区排除在理论假设之外，

新工业国　　XLIV

由此就可以用小城镇、邻里社区的现象对国家的本质进行描述。"①于是本科生阶段的经济学大部分还是这样讲授的。学生们想象着如果自己坚持把这门课程学下去，总有一天在研究生阶段会有机会学习到有关大公司与复杂组织机构的世界。而少数走到这一步的人最终会发现幻想破灭了。

《新工业国》并不完美。它有一点难懂，与加尔布雷思的其他著作相比似乎也少了些趣味。在书中我发现了一些他没能绕开的正统观念（比如关于贫穷国家中储蓄对投资造成限制的问题，它有可能为印度的失败提供了借口，也遭到了中国的极力反驳）。即便如此，《新工业国》仍然是一座丰碑。在这本书中，组织机构取代了市场，它不仅发生在我们身边的世界，也发生在我们微妙的领悟与理解过程中。自本书在1967年问世以来的40年间，曾经把自由市场作为一个核心组织原则的强劲信仰已经崩塌了，这在经济学家中已然是一个尽人皆知的秘密，但还没有什么能够取而代之的理论出现。在发展与进步再次启动之前，《新工业国》依然是经济学界必须经过的一道门。

---

① John Kenneth Calbraith, *The New Industrial State*, 3d ed.(Boston: Houghton Mifflin, 1978),132.

第四版导论

经济失调的利与弊

二战后,也就是在"凯恩斯革命"[①]之后,我们所教授和宣传的既定经济学观点令人生畏。这些观点不会轻易向不同观点让步。大萧条(the Great Depression)时期的经验已充分表明,古典经济学的原则无法充分解决经济体系崩溃的问题,因而日益受到严重的挑战。令人高兴的是,现在我们又一次达成了新的共识,所以请尽量不要打破这个新的共识。

这个新共识就是将经济学划分为两大板块——宏观经济学(macroeconomics)与微观经济学(microeconomics)。宏观经济学认为,如果任由经济体系发展,那么经济体系的整体表现不会达到最优。如果想让经济体系拥有令人满意的表现,政府不管是直接介入还是通过中央银行间接介入都是必要的。我下面会详细讨论这一点。

微观经济学关注的是企业、企业与市场间的关系,以及企业针对宏观经济政策所安排调度的商品和服务需求做出的应对。在这里,

[①] 指1936年凯恩斯出版《就业、利息和货币通论》后在西方经济学界引发的革命。——译者注

除了一个重要例外,微观经济的表现最好,考虑到现有的创业艺术和相关的智能发展水平,这是可以预期的。

所有微观经济学思想中最重要的一点就是市场。企业要自我调整以适应市场给出的价格和回报。在正常(也是受到极大推崇)的完全竞争或几乎完全竞争的情况下,没有企业可以控制市场价格或是对市场价格产生显著或持久的影响。企业完全服从于市场的客观权威。企业具有追逐最大收益的本能和动机,在这个过程中,它必须毫无选择地接受市场提出的价格和成本。企业无法完全有效地以充分的竞争力来应对这种外部影响,只能尽己所能。从任何角度看,企业都只是受到客观市场力量摆布的无力的工具。这种情况并非偶然,而是一贯如此。凯恩斯革命使我们必须对市场需求进行管理,但这场革命却没有触及企业服从市场这一历史悠久的问题。

如前文所述,这一在教科书中十分著名甚至近乎完美的企业服从市场的概念也存在例外,那就是垄断。更确切地说,是各式各样的市场缺陷:垄断企业通过控制供给来控制价格,具有敏感利益的少数几家公司通过调节产量来确保维持对自己有利的价格,拥有特定品牌或者远离其他竞争者的地理优势导致企业对价格具有部分控制权。不过在这方面,企业还是要根据市场力量所塑造的外部环境进行调整。通过确定产量或控制销量,从而使价格、销量分别高于和低于完全竞争时的价格和销量的做法确实是可行的。但是和竞争企业一样,对垄断或寡头的最终控制掌握在通过市场执行决策的买方手中。这就构建了在所有经济学教育中居神圣地位的需求曲线。垄断者会根据需求曲线来调整产量,而产量最终也会被需求曲线控制。而至高无上的消费者和竞争一样,仍然拥有最高权威。垄断企业的存在仅仅可以令生产者获得的收入稍有提高。

新工业国　　XLVIII

还有两个更深层次的微观经济学假设。第一个假设是：尽管有些企业的规模比其他企业都大，而大部分企业的规模要比埃克森、通用汽车、壳牌公司或 IBM 小；尽管有些企业可以影响价格（或者买方的实力雄厚到可以影响成本），其余企业则做不到；但是所有企业本质上都具备相似的动力和基本特征。对利润最大化的渴望是所有企业经营的动力。这种渴望十分强大且共通，企业的组织运行也完全是为了这个。

第二个假设是：企业累积的利润一定属于企业的所有者，即资本家。这些所有者拥有企业经营的最高权威。这种权力是由产权赋予的。尽管"资本主义"这个词已经因为具有某种易受攻击的含义而必须谨慎使用，但这就是资本主义。

现代微观经济学的三大支柱是：消费者的至高无上性（所有企业都在以类似的方式应对这种终极势力）；对利润永无止境的追逐，在教科书中我们称之为"最大化收益"；企业里的所有权力都来自所有权。即使是现在，人们都觉得这些原则是理所当然的。当然，这些原则跟我们脑海中所以为的是完全一致的。

此外，还有一个深层次的假设尤为重要，即竞争的存在。如前文所述，在垄断情况下，经济表现达不到社会最优。具有多种表现形式的垄断者可以将自身的价格保持在高于社会必要或社会希望的水平，也就是超过由众多效率相似的生产者组成的竞争性市场所建立的价格水平。另一种情况是，由于垄断者强大的买方地位，它们可以支付低于竞争对手的价格，这就是跟"卖方垄断"相对的"买方垄断"。虽然现实中存在这样的垄断缺陷，但是在公认的微观经济学理论中，人们还是坚持竞争性理论。竞争既可以保证社会经济表现达到最优，又是测试社会是否达到最优的可行手段。在大型企业这样的经济参与者看来，公认的经济学理论中还存在这样一个历史悠久的烦恼：社会上永远存在一种挥之不去的印象，即大企业总是会与垄断扯上关系。而这种印象又导致公认的微观经济学理论极其重视反垄断法，尤其是在美国。虽然少数人有过尝试，但现实是没有人能合理地论证产业的属性或结构是不是真的被反垄断法改变了，虽然人们嘴上一直这么说。美国、加拿大和英国的小部分地区的经济发展情况惊人地相似，但是这些国家或地区有的采用了反垄断法，有些根本没有通过类似的法案。不过人们对公认的经济学理论永远抱有希望。经济学家面对这样一个与竞争模型相去甚远的由巨型企业组成的世界，总是会逃避现实："当然，我们应当更加有效地实施反垄断法。"结果是，反垄断法变成了不断对大企业造成轻微骚扰的法案[1]，也成了律师的主要收入来源以及筋疲力尽的自由派人士不可或缺的避难所。

现在我必须回溯到过去几年。如前文所述，在凯恩斯革命之前，世界上并不存在微观经济学和宏观经济学的划分。人们甚至都不曾听说过微观、宏观这样的说法。商人从商品的出售中获得可以支付工资、利润、利息或租金的资金，商品的销售创造了对商品本身的需求。这就是流传甚广的不朽的"萨伊定律"。伟大的让·巴蒂斯特·萨伊来自法国，生活的时代与亚当·斯密接近。萨伊定律认为，需求永远等于供给。也许市场参与者收到的部分利润、租金或工资（可能性尤低）确实会被节省下来，不被花掉，但是我们完全不必考虑这种情况。储蓄越高意味着利率越低、投资越高，最终导致需

---

[1] 所以近期最受欢迎的一件事莫过于，里根执政期间司法部高级官员一边肯定政府关于坚持市场化的言论，一边放任大型企业不断扩张直至对商品价格产生影响。这样一来，政府就在实践中废除了古典微观经济学中的竞争性假设。

求增加。如果支出流因为任何其他的原因而暂时出现问题，那么市场对价格和工资的调整又会再次令需求与供给相等，从而保证不会出现需求的短缺。市场的这种"善举"还延续到劳动力市场：如果出现失业率超过自然失业率的情况，那么工资会自动下滑至雇主可以雇用市场上所有劳动力的水平。

经济体发展的趋势就是达到充分就业的均衡，也就是均衡经济学。我们在学习这一系统的时候绝对会为它近乎完美的特点感到震撼，除非你像我那样很晚才开始学习经济学。

不过这种完美的实现充分就业均衡的趋势被约翰·梅纳德·凯恩斯粗暴地毁灭了。其他人，包括一群被纲纳·缪达尔激发和影响的年轻瑞典经济学家以及两个不受认可的美国人威廉·T. 福斯特和维德·卡钦斯都做出了跟凯恩斯一样的预测，但是美国人明显对此不屑一顾。凯恩斯的权威无论多么令人不安，都不会轻易遭到抵制。他认为需求内在的充足性以及充分就业均衡并非必然。当人们和企业认为现金更可靠而不愿意支出时，也就是出现流动性偏好时，就会出现需求的短缺。另外，在一个存在工会和其他抵制工资与价格自由波动的世界里，通过良性的市场调整来实现充分就业也是不可能的。需求短缺的结果可能是持续的失业。而 20 世纪 30 年代发生的大萧条又进一步佐证了凯恩斯的观点，也正是在大萧条时期，凯恩斯写作并出版了《就业、利息和货币通论》。所有了解历史的人都会发现凯恩斯的理论是站得住脚的。

凯恩斯革命就此发生。此后，不单是左派人士接受了凯恩斯的理论，右派人士也认为政府有意识、有计划地干预经济可以弥补需求短缺造成的影响，也可以防止需求过剩现象的出现。政府可以通过两种机制进行干预。第一种是公共预算。通过公共预算的赤字或盈余在私人需求的基础上对总需求进行增减。第二种办法是通过中央银行。中央银行通过商业银行来鼓励或抑制借贷，并主要通过利率波动来影响投资资金的支出，进而影响对商品和服务的需求。宏观经济学就是因这两种机制而诞生的。

本书关注的经济学理论的基本结构也是这样诞生的。① 我们主要关注微观经济学。如前文所述，在凯恩斯革命发生后，微观经济学的理论还是基本保持不变——其实它的主要变化都发生在亚当·斯密之后的两个世纪里。市场仍然占据统治地位；消费者仍然是至高无上的；对利润的追逐不仅仍然是企业的主要动机，而且是唯一的动机；企业仍然由所有者或其直接代理人管理；在允许少数垄断或非完全竞争存在的情况下，微观经济的表现仍然是最优的。凯恩斯做的仅仅是指出经济系统的明显失灵以及失业和萧条不断循环的趋势，并要求政府或中央银行采取行动。对政府来说，修正市场失灵是一项全新的任务，而它能发挥的作用也非常有限。只要通过货币政策和财政政策将总需求调整到与总供给一致的程度，政府的任务就算完成了。

在20世纪三四十年代，凯恩斯革命被视为一种明显的激进的威胁。凯恩斯这个名字受到的诋毁可以媲美马克思。美国的保守人士尤其痛恨凯恩斯，因为与马克思相比，他是一个明显的近在眼前的威胁。而实质上凯恩斯主义经济学是非常保守的，它既保护了经济学的传统主题，对更大范围的经济政策产生的影响也很有限。如果所有的革命都这样克制就好了。

---

① 本书现在这一版与第三版是一样的。正如我在第三版中提到的，在某个时候，必须暂时中止对一本书的修订，错漏和过时之处应当被视为这种艺术形式不可避免的缺憾。

人们对后凯恩斯主义共识的强烈维护是意料之中的事。不仅是因为这种共识丝毫没有触动甚至没有批判过企业自身的权力和独立性，还因为这种共识非常切合经济学的本能和文化。与其他职业、学术团体一样，我们的本能是保护本学科的知识成果，因为这些都是几代人花费数年甚至数百年不断思考进化的成果，是我们在青年时代花费了大量努力习得的。在我们心中，可能只有宗教信仰的地位才能略微胜过这些我们已经接受的知识。而凯恩斯革命全面地保留了这一切知识成果，它没有触及那些长时间以来我们学习和教授的关于市场本质及其优势的理论，也没有触及所有教科书中阐释和教导的主要理论。凯恩斯革命在假设竞争性市场的前提下，也保留了为经济学主题增色并且可以将业余爱好者、浅尝辄止的经济学爱好者、技术上存在不足的人、胸无点墨的人与专业经济学家区分开的令人惊叹的数学工具。教授经济学理论高级课程或者立志教授此类课程的学者，可以继续珍视那些令问题更加神秘的精练和复杂的理论，因为教授这些内容赋予了他们不容置疑的威信。

在凯恩斯之后出现的公认的经济学理论还做出了另一种贡献。它忽略了，或者更准确地说，它继续忽略了经济学家所面临的最棘手、最难控制的问题：如何处理权力的存在形式以及对权力的追求。这是经济学研究中最大的黑洞。所有人都相信，在政治领域，人们会追求权力以及与之相伴而来的尊重、赞赏、自我实现以及其他的满足感。权力本身就足以令人渴求。每次大选，候选人会花费无数的金钱来争取胜利，因为权力会带来巨额回报。也没有人会真的怀疑，在经济生活中，人们也会用类似的手段去追逐权力，因为人们享受并且珍惜在现代企业中行使权力的机会；人们还认为，随着企业不断扩张或者与其他企业合并，权力还会继续扩大。所有人也都同意，现代大型企业及其高管都具有影响政府、媒体甚至所有公民的权力。不过这里存在一个严重的困难：经济学所教授和研究的内容并没有涉及评估或衡量权力以及权力意志的方法，经济学家无法用几何表达式或代数公式来描述权力的作用以及运用权力的冲动。

人们是如何解决这一关于权力和权力追逐的难题的呢？办法就是认为权力不存在，事实上也不可能存在。这就是传统经济学得出的结论。在凯恩斯出现后，经济学还是维持这一观点。如果所有的企业和高管的行动都要服从追求利润的原则，而反过来所有对利润的追求都要服从市场的规则以及消费者终极的至高无上性，那么权力问题自然不会出现，也不可能出现。企业和企业中的员工不过是受控制动机驱使的无权无势的机器人，而这种控制动机又是完全服从于市场力量的。企业无法独立行使权威，在市场经济前提下，一切都服从于追逐利润的动机。这种假设解决了经济学中最令人尴尬的问题。

这是一个重大的成就，它为社会调节提供了非常有用的服务。如果关于权力的问题不是这么微妙，它就会打乱教科书和经济学教学的框架。撇去主观性和所涉问题的难以衡量性，每年成千上万的学生都会对经济生活中权力的作用和对权力的追逐有所警醒。经过适当引导，有些学生认为有继续探索权力这一主题的必要，有些则会将运用权力当成个人的目标。通过观察现代企业如何行使权力，另一些人会认为这种权力在损害他们的自由或福利，因而应当予以抵制。上述这些情绪，尤其是最后一个，会在社会上引起麻烦。所以现在彻底回避这一主题及其社会影响的做法也许更明智。所有权威都必须服从利润驱动、受到客观市场管理的概念就这样巧妙地实现了，唯一的代价就是造成了我们对经济世界的严重误解，不过所有为避免在知识理解上出现不便而采取的行动都会产生这样的代价。

关于在凯恩斯之后的非社会主义世界里经济学的广泛特征，我就说这么多。我所思考的和促使我写作本书的正是这个体系，以及为保护该体系不受现实的打击，专业经济学所形成的文化、神话和它所提供的便利。这种尝试还算令人满意。用现实来揭示这些被经济学专业和经济学家珍视的经济学定理的不合理之处，自然会招致批判，不过利用现实作为武器来对抗这种为了专业上的便利性而取巧的行为也有令人满意之处。接下来我会谈谈这种练习带来的惩罚与乐趣，不过我首先要谈谈是什么引导我开始这项练习的。

二战初期，我亲身参与，或者更确切地说，我负责战时价格控制的组织和管理。在那时，我每天甚至每个小时都要与大企业的高管和大量的小企业家联系。后来，作为《财富》杂志的编辑，我也见过许多企业高管（当然见得更多的是他们的公关人员）。无论是高管还是他们所在的企业，都跟教科书中的市场经济模型宣称的很不一样。我刻苦自学后发现，现实世界与经济学教科书理论之间的不相关已经明显到令人尴尬的程度。

在战争年代控制大型工业企业产品的价格是一件相对简单的任务，因为涉及的企业本身已经有足够的权力可以控制价格，所以它们也具有服从政府管制的能力。当时存在这样一条定理，即要固定已经固定的价格是一件相当容易的事。控制农产品和小企业产品的价格就是另一回事了。在这些行业中，原始的市场仍然占统治地位；在这里，没有一个单个的生产商可以影响产品价格。因此非常现实的一件事是，法律无法要求任何一个生产商"稳定住价格"。所以价格确实是由市场客观地制定的。

因为这些经历，我的脑海中也逐渐形成了市场经济存在二元结构的印象。经济体不再是由许多家小企业组成且每一家都服从于市场管理，垄断的现象也不再是偶然发生。相反，经济体中存在一个占主导地位的部门，而这个部门是由几百家或者上千家企业组成的，这些分布在若干行业的企业都有很强的实力。另外，经济体中还存在一个由上百万家小企业和农场组成的传统市场部门。

我对经济体系存在二元结构依旧印象深刻。在我担任记者因而有机会进一步了解现代大型企业的关注点、结构和动机后，这种印象得到了证实。企业不但可以影响自己产品的价格，还密切关注如何为产品进行市场管理、如何控制原材料和零部件的来源，以及这些投入品的价格。

1932年，小阿道夫·A. 伯利（Adolf A. Berle, Jr.）和加德纳·C. 米恩斯（Gardiner C. Means）发表了极其重要的研究成果《现代公司与私有财产》。在书中，他们通过具有说服力的统计数据表明，许多大型企业的权力已经全面转移到管理层手中，股东变得被动且毫无权力。米恩斯还继续展示了大型企业面对大萧条期间的通缩压力在价格上做出的反应，这种反应更加具有反抗性，与小型竞争性企业很不一样。与现代企业及其高管的接触使我获得了第一手资料，也加强了我对权力已经从股东手中转移到管理层手中的印象，而且管理层的动机也远不止为股东追求利润那么简单。

如果所有作者都能就上述现象做出阐释，那么可以说，《新工业国》中的观点就是在这种情况下——其间经过大量思考——产生的。我一开始并不打算挑战既定的经济学体系，正如我在前文提到的，我本人的经济学思想就源自这一体系。但是我开始察觉到，传统经济学体系的中心假设及其主要结论并不符合现代社会呈现的现实。然后我又开始渐渐理解、懂得——这个过程要更长一些——经济学中使这种谬误和谜团延续下去且一直受到维护的深层次文化原因。

一旦开始了这项根据现实对传统经济学观点提出挑战的任务，我就发现这绝非易事。这项任务涉及的范围之广令人不安。上千家大型企业的产值之和在当时已经超过了工业总产值的一半，这可不同于街角杂货店的扩张。这些大企业不同于小企业，它们的确是在寻求控制权，或者更准确地说是在寻求一种可以预见未来的能力，而且不单单是针对价格，还针对企业运营过程中所有相关的要素：成本、劳动力供给、政府行动或政府干预，以及最重要的一点——消费者或其他买家的反应。大企业所做的一切都只是它们实施全面计划过程的一部分，而成功实现这项计划也日益成为中层管理人员的职责。计划的结果并不总是完美的，计划的过程也远没有那么可靠，但是企业追求计划的热情不会因此被浇灭。

如果生产商在设计产品的过程中就必须考虑如何确保消费者接受，那么消费者自然就不像假设中所说的那样具有至高无上的权利，因为消费者在某种程度上已经成为生产商的工具。生产至少在一定程度上是满足生产商的目的；要想达到这个目的，企业就要做好花费数十亿美元进行宣传和促销的准备。人们很快就会发现，没有什么比消费者的至高无上性受到侵害更能令我的经济学家同行们感到困扰，而且能引发他们如此充满正义感的反应。

为了对财务、生产、营销、技术开发、劳资关系和现代企业中的许多其他事务进行管理，或者说进行计划，企业需要建立一个相当巨大甚至是宏伟的机构。从本质上说，这一机构的权力来自企业所有者，不然这一机构如何能获得履行职能所必需的权力呢？这种权力又能来自何处呢？随着企业中这一机构的出现，我们又不可避免地需要了解它的动机。它还会继续无私地为股东的经济利益服务吗？如果还存在其他动机，我们就必须放弃企业只追求利润最大化的假设了。一个充满激情的人不会心甘情愿地努力为素不相识的人增加艳遇机会。同理，我们也应该假设，没有哪个企业高管会在金钱方面持有类似的中立动机。

如果追求利润最大化这个假设成立，那么企业高管自然也会关注自己的经济利益，而且根据我们对所有高管的行为的假设，他们自然会关注组织的规模、权力、影响力，以及他们在组织中所隶属的部门的情况。这些人还尤其会关注他们在机构中的威信和权力。如果我们相信权力一定会成为个人的目标，那么一个合理的猜测是，权力也终将会成为组织的目标。通常，一家大企业无论是在权势上还是名望上都胜过小企业。在大企业中，关于机构雄心和行为的规则已经明显侵害甚至部分取代了利润动机的规则——所谓利润动机就是为大部分被动且素不相识的股东谋求利润最大化。

还有一种更深入且更令人不安的想法。资本主义和社会主义世界的大型组织之间是否存在融合的可能？1959年春天，我在苏联待过几个月，在与苏联工厂的管理者和苏联经济学家交谈的过程中，我始终秉持这样的信念——这种融合是存在的。我的这一结论发表后，苏联和西方工业社会都出现了另一种"融合"：东、西方的批评家一致谴责我，认为这种言论无论对社会主义者还是资本家来说都属于异端邪说。

我的最后一个观点是，也许经济学家最为珍视的微观经济学和宏观经济学的划分也不能幸免于难。也许凯恩斯主义的宏观经济学政策本身就是更为宏大的计划过程的一部分，它设法为企业减少不确定性，这些不确定性源自商品和服务总需求的大幅随机波动。

在任何节点上,客观地看待现实都涉及与后凯恩斯主义的正统观点、主流专业文化和舒适性之间尖锐、严苛甚至是具有攻击性的冲突。

由于出任驻印度大使,我必须全力处理公共事务,所以本书首版的面世推迟了很长一段时间,其间手稿一直寄存在银行的保险柜中,直到我回来才开始修订。当它最终于1967年出版时,我不无期待地等待着来自学术界的反馈。

学术界很快就有了反应,虽然严厉但总的来说是有益的。就像许多人之前预计的一样,我发现批评家给予我的帮助有时比我的朋友还多。一个典型的例子是欧文·克里斯托尔先生。他在《财富》杂志上用郑重、警惕的语调撰文警告商人和企业界人士,说我在以一种毁灭甚至颠覆性的方式破坏商业体系既定的防守线。他呼吁人们要高度重视我的观点并进行恰当且有说服力的反击。我是在一个可爱的夏日,在从拉瓜迪亚机场飞往新罕布什尔州基恩的途中读到这篇"请愿书"的。我这才知道原来我的观点"看似冷静实则满心欢喜地颠覆我们最为珍视的社会和经济学思考"。他警告说:"我们要做好(与这种颠覆)长期抗战的准备。"[1] 我发现自己居然非常高兴,因为这恰恰是我希望出现的反应,没想到它真的出现了。

在一场同志式的讨论后,麻省理工学院的罗伯特·M.索洛教授发起了一场更为正式的攻击。[2] 作为一个杰出的学者,索洛教授一直是自由派凯恩斯主义的官方发言人。他的使命很具体,就是维

---

[1] "Professor Galbraith's 'New Industrial State.'" *Fortune* (July 1967).

[2] "The New Industrial State or Son of Affluence." *The Public Interest*, No. 9 (Fall 1967), p. 100 et seq.

护微观经济学世界——凯恩斯未曾染指的竞争性市场世界——传统上的完整性。

这场攻击设计得并不完美。他一开始就犯了点小错：做出了一些稍微针对我个人的评论，认为我的学术研究不够严肃（"他与漂亮的人厮混在一起；就我所知，他本身就是个漂亮的人"）。接下来他又犯了一个更严重的错误——攻击我的基本意图，认为我在方法上犯了极大的错误。在从现代企业基本性质到权力和有组织的智力活动的作用，再到消费者的至高无上性，最后到政府相关作用的问题上，我都是从更宏大的经济学框架着眼的，但是索洛教授却认为不该如此。索洛教授断言，经济学家将会明智地忽略这本书，因为用他的话来说，他们是"意志坚定的小思想家"，所以一定会像他说的那样。这些经济学家相当理智地接受了经济学大楼的主要框架，然后只去检查大楼的边边角角。很明显，索洛教授想要维护的是一个用来掩盖更大谬误的显而易见的设计。这个更大的谬误就存在于那些纪律严明的经济学家所接受的假设和信念中。

经济学中的职业尊重被恰当地授予那些处理微观问题的专家，这些问题包括研究棉纺织行业劳动力需求函数的性质、电冰箱市场的性质（我之前指导过的一篇博士论文就研究这个主题）、零售利率对美联储政策的不同反应或者是现代对消费者盈余概念的修正。不过这种专业化没必要也不应当成为忽视类似企业本质、市场、动机这种更宏大的问题的理由。没有人会认为这种专业化应该被用来掩盖更大的谬误。我曾严肃地指出这一点。

索洛教授为了维护消费者至高无上性的假设再一次对我进行了大力回击。消费者的至高无上性是在公认的经济学理论中起到决定性作用的一点，我在刚开始写作此书时还没有充分意识到它的重要性。我会在后文继续讨论这个问题。索洛教授认为，现代广告（例如赫兹与安飞士的对抗①）的作用互相抵消，所以不会影响消费者的基本选择，也不会影响消费者独立的至高无上性（按照这个观点，香烟和威士忌的广告也不会影响这些产品的销量）。他还判断说，利润最大化的假设在很大程度上也不会受到影响。他还认为我提出的现代企业中技术专家阶层这一机构的设立是不现实的，"技术专家阶层"（technostructure）这个词本身就是个"失败品"。不过事实上，这个词在本书出版后却一直流传下来。

就好像对克里斯托尔先生一样，我也非常感谢索洛教授。他的攻击和我的回应都流传甚广，其他人也纷纷加入两方阵营。虽然许多人都不明白这一点，但在这些交流中，回应批评家的人往往有更大的自由发挥的余地，所以他的影响力可能会超过一开始发起攻击的人。如果批评家想说服读者赞同自己的观点，那么他的攻击批判必须是晓之以理的。但是回应批评家的人就不会受到这种限制，他在维护自己的观点时大可以慷慨激昂、动之以情，我以小人之心揣度一下，即使他出言恶毒，读者也会觉得："这是（批评家）自找的。"

更加令我感到意外的是，我发现还同样需要感谢大量的后凯恩斯主义古典学说的捍卫者。在有些问题上我无须做出过激的回应，因为大家亲眼所见的证据（或者说是可获取的统计数据）已经足够震撼了。对于批评家来说很不走运的一点是，经济活动越来越集中于大企业、现代企业的官僚属性、对权力的渴望，以及股东影响力悄无声息的消亡，这些现象都太常见了。也许更明智的做法是干脆

---

① 赫兹（Hertz）和安飞士（Avis）都是汽车租赁公司。——译者注

忽略现实，回避，或者说承认现实对传统思想和教科书提出的挑战。印第安纳大学的斯科特·戈登教授是非常忠于古典正统经济学理论的学者，但他在看过本书后不无感慨地说："有一些人，其中包括一些经济学家，还在坚持认为企业是纯粹的工具，是风险资本家联合构建的组织，这种不合时宜的观念也严重误导了我们在某些领域实施的经济政策。《新工业国》这本书如此畅销，所以它在无形中又一次将当代一些最重要的事实展现在众人的面前，那就是企业已经开始成为主要的社会机构了。"他进一步补充说："现代大型企业确实在很大程度上脱离了股东的控制，也确实在很大程度上从内部获取所需资本，并由职业经理人打理；而管理企业的机构确实是拥有独立动机和偏好且在社会、心理上具有一致性的系统。"[1]

戈登教授给了我最大的支持。不过更严峻的问题在于虽然学界承认了理论与现实的不符，但是这并没有撼动已经确立的经济学教学内容，也没有从根本上动摇教科书中的理论。经济学的教科书基本都是由关注课堂教学、教科书销售和卖书收入的学者撰写的。要想最大化卖书的收入，他们撰写的内容就必须符合先前确立的理论，现实世界中令人不快的真相最多只能作为偏离主题的选读内容或建议阅读的内容出现。所以可以断言，我的这些异见不会对教科书上的内容产生太大影响。在教科书中，市场无论有多不完美，都依旧占据统治地位。边际收入还是要等于边际成本；经济生活及其目的仍然是满足人类自发产生的欲望和随之产生的幸福；产值越高，人们就越幸福。而要令人们幸福，也就是说要满足人们自然产生的欲

---

[1] "The Close of the Galbraithian System." *Journal of Political Economy,* No. 4, pt.I (July-August 1968).

望，显然就需要企业的存在。这里需要质疑的就是企业投入和经济生产本身的社会意义。企业有没有资格生产公共品？企业是不是间接地在为那些制造欲望的人服务？企业的生产实际上是为了生产所带来的就业和收入吗？最后一点是显而易见的：在经济衰退或经济萧条的时候，我们并不怀念企业停止生产的那些商品，我们怀念的只是自己失去的工作和收入。不过，为了经济学思想的声誉考虑，我们还是不要说出生产其实只是为了生产者的真相吧，这种危险的想法应当被束之高阁。

还有一个更具体的问题。在19世纪后半叶，经济学家逐渐形成了一套详细的关于欲望的理论。这套理论在某种程度上具有一定的先进性，它认为随着对某一种产品消费的不断增加，消费者从额外单位的产品中获得的满足感（即效用）开始下降。当消费者从不同商品或服务中获得的满足感边际相等，即边际效用相等时，个人的消费模式就达到了均衡。而随着产出的不断扩大，不断下降的边际效用和不断上升的边际成本共同作用，最终实现了更大范围的供给和需求均衡，达到了社会最优的产出水平。但是如果生产者不安于现状，继续设法影响或塑造消费者的欲望，那么这种"社会最优"的概念就岌岌可危了。当生产者为影响消费而额外支出的成本与得到的额外收入持平时，就实现了另一种均衡。生产者对这个结果很满意，但是这个结果并不符合社会最优的定义。那些将数学工具运用得得心应手、得出的结论符合社会传统预期的教科书内容也因而遭遇重大危机。学界当然要极力避免这种危机。诚然，广告和其他为管理消费者欲望而做出的各种努力确实是存在的，企业也确实为此花费了数十亿美元，甚至经济学家本人也会看电视，但是学界还是坚定地认为，理论归理论，现实归现实，二者应当井水不犯河水。正如我之前所说，我完全没有意识到自己触及的是如此敏感的领域。

相应地，批评家对消费者至高无上性的回应也是一如从前。消费者的欲望当然会受到文化观念而不是生产者的影响。但是广告、推销术、对大众欲望的精心培养，这些从总体上讲都是肤浅的课题。或者正如索洛教授所言，不同生产者的努力互相抵消。这些手段不会反映出更深层次的经济现实，也不会对深层次的经济现实进行修正。我实在忍不住要得出这样一个结论：这种回应的力度恰恰反映出，现代社会中关于消费者欲望产生的既定经济学理论是多么不堪一击。

这些就是来自经济学领域的回击。现在我也许可以谈谈本书的出版对我个人产生的影响。在学界存在这样一种共识：任何人如果胆敢背弃某一学科既定的传统理论，那么他就要做好承担相应后果的准备。他将自己贬出了所在的学术圈，所以他需要足够的勇气。似乎任何涉及学术观点冲突的人都有必要将这样的悲壮故事延续下去，不过很遗憾，这并非事实，或者说，现在已经不会再上演这样的故事了。如果我撰写的是一部立足于传统经济学框架、有理有据、鲜有创新的著作，那么学术期刊上会出现措辞温和的书评对我加以肯定。然后这部著作大概会发行几百到几千本，读者的数量极为有限。之后我可能会受到美国经济学会的邀请前去主持一个关于创新的研讨会。

但是我目前付出的努力换来的结果却完全不一样。拜我的批评者所赐，我的书在国内外已经有了数百万读者，而本书的畅销还进一步影响了我在现实中的生活。因为我相信本书的"离经叛道"使它一定不会得到很好的反响，所以我主动与出版商约定每年只需支付给我一定数量的收入,我预计这会将稿费的支付期延长到两到三年,从而以完全正当的手段减少我需缴纳的个人所得税。实际上,因为本书的畅销,我在10年之后才收齐了所有的稿费,而我的出版商等于坐享了一笔长达10年的无息贷款。而且我在恰当的时机被选举为美国经济学会的会长。我并没有因为提出异见而受到惩罚。读者有理由怀疑那些痛陈自己如何因为追求真理而遭受苦难的作者,而我的经历令他们更加有理由怀疑。

自《新工业国》面世以来,已经过去了18年。这段时间里发生了许多事,也涌现了许多新的理论,所以我必须在新版中对之前的理论进行修订。很多新情况、新书和新观念都证实了本书的论点,我相信没有人会对此感到惊讶。我在20世纪五六十年代写作的此书,当时我显然没有预见到过去20年会发生规模如此之大的并购行动。这些并购是为了实现企业增长、获得相关的管理技术权力和威望,我当初并没有预料到这些情况,但在之后的几版中我都对这些现象着以适当的笔墨。这些并购行动也证实了我的观点,即权力和相关尊重作为现代企业的动机是何等的重要。正如我的同事罗伯特·赖克总结的那样,这种企业的并购行为几乎不会对提高企业效率、增加生产者利润或是增进消费者福利产生任何显著的影响,它更多是为了获取权力。[①]

同时,利润最大化的概念在企业管理中体现出来的基本矛盾也越来越明显。即使再伟大的付出,也不能将人们的注意力从企业高管在并购活动中获得的巨额薪酬中转移出去,尤其是"黄金降落伞"方案——因并购产生的潜在被解聘者为了保护自身权益而发起

---

① *The Next American Frontier* (New York: Times Books, 1983).

的行动——更加引起大众的关注。而一般情况下的企业薪酬也已经受到越来越多的关注,现代管理者的表现已经表明他们对个人利益最大化的追求。近年来,即使企业的利润保持不变甚至是有所下降,高管的薪酬还是不断增加。近期的文献和事件已经充分证明,经济学家所坚持的企业利润最大化的观点与管理层把持的企业中的现实是矛盾的。在现实中,高管完全有权为自己设定薪酬水平。[1]

现在有一种广为接受的观点,即现代企业巨头的董事会成员不过是管理层挑选出来的傀儡,以沉默和顺从著称,至多是为了表现管理层对黑人和女性的接纳态度。这种观点已经尽人皆知,毫无新意了。

另外,我在早期的写作中并没有充分预见和掌握所谓的"技术专家阶层管理的反向动力"。我也没有预见到技术专家阶层在进行计划的过程中所受到的来自外界不确定性的约束。我之前将技术专家阶层描绘成相对竞争力较强的工具,是为了实现任何个体所不能及的卓越目标而将专业知识和专业人才组织在一起的机构,也是实现现代企业的复杂任务所必需的组织。它现在仍然发挥着这样的作用。但是我们现在知道,它并不是一个有质量保证的组织。近来我们已经越来越清晰地意识到,技术专家阶层就像所有其他组织一样,会为了自身的延续而采取一些行动,也会变得越来越平庸,而出现这些情况的可能性也随着企业和行业的成立年限,以及技术专家阶层对像钢铁这样大规模生产的产品的投入的增加而增加。过去做的事总能转化为智慧,卓越的品质可以是最类似于那些高管和其他管

---

[1] 参见:*Fortune* (April 1, 1985), "Why Chief Executives' Pay Keeps Rising"。该文的一个小标题是"本该抑制高管薪酬的措施并不奏效"。文章的结论是首席执行官在设定自己薪酬时具有很大的话语权。

理人员身上体现出来的品质。

我不确定自己为什么没有预见到这种倾向。如前文所述，在战争和战后的年代，当我与大企业的高管保持密切联系的时候，我被那些充满自信、装腔作势的人的数量之多，以及他们为了迎合传统牺牲有效思想时的自我肯定震撼了。所以当我在与煤矿、钢铁、肉类包装和其他一些传统大规模生产行业中巨头企业的众多高管打交道时，我的脑海中都会不由自主地浮现出"蠢货"两个字，包括在与福特汽车这样的超级企业的高管打交道时。你尤其会为企业官僚与他们产品间的相似性感到震撼。你只有在和美国钢铁公司的头头脑脑们度过整整一天后才会充分理解一块粗钢中所蕴含的技术含量。当我初次写作时，我应该更多地将这种倾向归结到组织的老化过程中去。我们现在知道，这种官僚、不作为的倾向并不是公共机构的专利。

至于有关外部对技术专家阶层的影响，以及技术专家阶层进行计划时所处的框架在成本、价格和销售方面的确定性降低的事，我并没有预见到技术专家阶层会遭受来自外国，尤其是日本的竞争。这部分是因为我刚刚提到的老化过程。日本企业成立时间更短，由于企业老化而导致的竞争力减退还不明显。另外，由于日本的工资一般是根据现行的物价水平进行设定的，所以日本的工资/物价不会像在美国（以及英国）工业界那样动态变化。所以，当衰老的欧美工业因为管理效率的降低和成本的上升而逐渐衰弱时，日本（以及韩国、中国台湾和其他国家或地区）的企业就发起了进攻。人们都相信正是这种来自他国的竞争大大削弱了老式工业的计划过程所需的确定性和有效性。

现代企业对货币政策的依赖也进一步损害了企业的计划活动。

最初写作的时候，我认为灵活而又相对保守的财政政策会对现代企业的计划活动有所帮助，因为通过公共支出和税收，政府可以调控总需求并且减少需求的大幅波动带来的不确定性。在里根总统任职期间，政府依靠利率限制物价对大幅赤字进行融资，同时就像在1981—1982年间的衰退加萧条的情形中一样，不断抑制商业投资和消费者借贷，最终在企业的计划体系中引入新的不确定性，而这种不确定性对计划体系的影响到现在也没有充分展露。

我们应当注意到，货币学家的信念是正统的新古典经济学信念，或者说是教科书中市场主宰一切的信念。根据这种信念，只要拥有所需的价格和成本的灵活性，那么货币主义就是奏效的。但是现实是，在这个由高度组织化的企业构成的经济体中，如果将货币主义作为主要的政策工具，那么货币学家将会引入现代大型企业避之不及的巨大的不确定性。关于货币学家是现代企业体系忠诚的朋友这一点没有人可以质疑。但是就好像作者会因批评家的严厉批评而受益一样，企业高管也会被他们的朋友伤害。

在早期写作的时候，我对军备竞赛的结果过于乐观，同时缺乏应有的洞见。我当时的观点非常局限，认为美国与苏联之间的关系已经没有那么紧张，但是没想到在里根任职期间，美苏关系发生倒退，军备竞赛进一步加剧，随时可能触发大规模的过度杀戮。

我之前隐隐的乐观，说明我并未充分意识到军事权力在我们这个时代所具有的独立的力量。可惜的是，绝大多数人依然没有意识到这一点。我们始终坚信，公共权力最终要服从大众意志，这就是民主。民主的意志压倒一切，它是我们的终极理想。就我们这个时代的军事工业的既得利益者而言，民主进程的更大权力和限制都还有待证实。

同样，我也没有预见到军备竞赛和相关的武器开支会对美国的经济体系产生何等负面的影响。在过去这些年里，资本和工程、科技类的人才都被集中到了国防工业的狭小领域，而日本和德国却将资本和人才用于更加广阔的民用工业领域。这样一来，这些国家，尤其是日本，在民用工业领域的成就大大超过了美国。日本和德国显著的经济优势都是在二战失利后才逐渐累积起来的，战败反而给它们带来了经济上的胜利。

在过去几年里，华盛顿一直在强烈要求日本增加国防支出。考虑到这种支出对我们的工业产生的影响，以及日本工业在没有这种支出的情况下取得的发展，这种要求背后的逻辑和用心是毋庸置疑的。我们唯一不能确定的是，并不愚蠢的日本人为什么会愿意顺从地参与到这项自毁经济的行动中来。

还有其他几个问题需要我来进行修正。以前我认为直接限制工会工资和企业产品价格是抑制工资/物价动态的合理且必要的手段。如果不这么做又想要抑制工资/物价通胀，就只有通过严苛的财政或货币政策来限制总需求，同时引发衰退和失业，进而控制住物价和工资。但是现在我再也不会将政府限制工资和物价作为合理的政治前景了。毋庸置疑，近年来在这一问题上的意识形态已经发生了很大的转变。

在本书的第一版中我就指出，从长远来看，工会的力量将会下降，而这种下降的速度远超我的预期。这部分是因为就业模式的转变——越来越多的人参与到服务类和管理类的工作中去，而工会的势力很难触及这些行业；部分是因为里根政府利用前面提到的货币政策、衰退和失业手段重创了工会的势力；还有一部分是因为来自外国，尤其是日本的竞争。工会势力的减弱又反过来削弱了工资-价格螺旋式上升导致的通胀势头。虽然花费了大量的人力成本，但是本书所强调的近期导致通胀的最大原因至少在短期内被抑制住了。

但是自里根总统就职以来，我对科教领域将产生的影响倒不是那么有信心了。有意也好，无意也罢，里根总统的目的就是挑战科教领域的权威，在公共生活和政策中主张更为狭窄的金钱观。所以，此处描述的科教领域就变成了一股阻碍的力量。掌权者握有的权力比我们想象的更大。

最后一点，也是我个人非常赞同的一点是：在本书的论证中最重要的一点是，变革是经济生活中一个不容置疑的事实。相应地，允许变革的发生，包括那些之前没有预见到的变革，就等于证实了本书宣扬的经济发展过程的观点。我冒昧地说，这些观点都是值得注意的。与之相反的是，传统经济学令人生畏的机构和影响力总是抵制那些不可否认却又令人不快的变革事实。经济学如果想像物理、化学、微生物学和天文学那样自称是一门科学，就必须不断提炼理论和阐释、不断累积细节信息、不断深化基本概念。在这里，我断定变革是不可避免的，我们只有在认识到这一点后才能准确地描绘现实。我可以大胆地说，刚才所提到的修订的重要性并不亚于本书初版的观点。这些修订也许还更加重要。没有人能自称是完全与时俱进的，但是经济学，尤其是我们在课堂上教授的那部分，还是恋恋不忘过去的理论。时间已经过去了，那种对过去理论的执着与现代现实间的冲突已经比我第一次在书中谈论它时更加严重了。

第 1 章
变革与计划体系

一

现代经济学讨论的一个不同寻常之处是变革的作用。依照想象，变革起到的作用应该非常巨大。列出这种变革的形式或强调它的范围，都展现出对这一老生常谈的话题的可靠把握。然而该进行变革的事其实不多。除了心怀不满的人，其他人都认为美国的经济体系在很大程度上具有完美的结构。要令已臻佳境的事更上一层楼并非易事。巨变确实出现了，但是除了商品产出的增加，其他一切如昨。

至于变革一事则毫无疑问。20世纪以来，尤其是自第二次世界大战伊始，经济生活中的创新与转变无论以何种方式衡量都是巨大的。其中最显著的就是将日益复杂精密的技术应用到生产中。机械不断替代原始的人力。而随着机械被用于指导其他机械，它们又进一步替代了人类智力的原始形态。

20世纪初期，公司的经营仍旧局限在铁路、蒸汽航行、炼钢、石油开采与精炼、采矿等这些看上去只能进行大规模生产的行业。如今，公司也参与到那些曾经是个体户或小企业专属的经营活动中，像出售杂货、碾磨谷物、发行报纸和提供公众娱乐。最大型的企业会在数十个工作点调度价值数十亿美元的设备和成百上千的员工来生产数以百计的产品。在 1974 年年末，占美国制造业公司总数千分之一的前 200 家制造企业，占据了整个制造业总资产的 2/3，总销售额、雇员总数和净收入总额占据了 3/5 以上的份额。但比如此高度的集中更惊人的是集中的速度。在 1974 年年末，前 200 家企业占据的制造业销售额、雇员总数和资产的份额超过了 1955 年时前 500 家企业占据的份额！①

20 世纪初期，公司是其所有者使用的工具，是他们人格的体现。卡内基、洛克菲勒、哈里曼（Harriman）、梅隆（Mellon）、古根海姆（Guggenheim）、福特这些公司当家人的名字响彻全美。如今他们的名字依旧如雷贯耳，但却是因为他们所建立的美术馆、慈善基金会和从政的子孙。眼下，领导着一家大公司的人并不出名。在很长一段时间里，底特律和汽车行业以外的人都不知道通用汽车当任的老总是谁。和所有人一样，他偶尔也必须在使用支票支付时提供身份证件。福特、埃克森和通用动力的老总也一样。现在经营一家大公司的经理人并不会拥有本公司可观数量的股权。在大多数情况下，他们被聘用也不是股东的选择，而是董事会决策的结果；而董事会则是自己选出自己——相当自恋的做法。

而政府与经济体间的关系也同样毫不令人惊奇地改变了。如今，联邦政府、州政府及地方政府的公共服务占到了所有经济活动的 20%~25%（1976 年为 22%）。在 1929 年，这个数字只有 8%。② 这远远超过了像印度这样公开宣称实行社会主义的国家的政府份额，

---

① William N. Leonard, "Mergers, Industrial Concentration, and Antitrust Policy," *Journal of Economic Issues,* Vol. X, No. 2 (June 1976), p. 356.

② *Economic Report of the President,* 1977, p. 187.

也大大超过了瑞典、挪威这样古老的社会民主王国，而和波兰这样的共产主义国家的份额不相上下，然而波兰作为严重依赖农业的国家，农业却是私有性质。公共事业中的很大一部分（政府对商品和服务支出的大约 1/3）是国防支出和开辟新国土的支出（所占比例比国防少得多）。即使是保守派也不会将这些支出视为社会主义现象。不过在其他地方，社会主义的含义就没这么明确了。

另外，当我们现在称为"凯恩斯革命"的事件发生之后，政府开始管理经济体中可用于购买商品和服务的总收入。它试图确保自身具有足够的购买力来买入当前劳动力可以生产出的一切。有时候虽然仅仅是通过念咒语或是念祷文的方法，但政府已经是在更加谨慎地试图维持工资和价格的水平，使二者不至于互相推高对方，但结果还是二者持续不断地螺旋式上涨。依照早期的标准，现代的商品生产虽然还远远达不到完全可靠的程度，但已经是相对可靠的了。

之前，从最早的资本主义萌芽到希特勒发动第二次世界大战，扩张与衰退就一直交替出现，二者间的间隔虽然并不规律，但一直稳定发展。经济周期已成为经济学研究中一个单独的主题；而对经济周期的预测和对异动的解释，已经成为一个卑微的职业，其中用到的推理、占卜与巫术元素结合的手段大概只存在于原始宗教中了。二战之后的 20 年间并没有出现严重的萧条，但在 70 年代中期经济却出现了严重的衰退，房地产等行业的形势尤为严峻。然而广为接受的观点是，这场衰退的始作俑者是政府精心策划的用以抑制通胀的政策，而正是那些坚持认为通胀是自然现象的人制定了这些政策。

与已实现的那一串枯燥的成就关系不那么紧密的是三大更深入的变革。首先，在销售商品的过程中，劝导和敦促的运用有了巨大的增长。在这种行为上所投入的成本和所要求的人才投入，已经上升到可以与商品生产中的投入相媲美了。衡量人们所受到的这种劝导以及对劝导的敏感性，这些本身就已经构成一门欣欣向荣的学科。

其次，工会成员在劳动力中的比例不再上升。1956年达到巅峰（25.2%）后就开始下降。①

最后，高等教育入学人数大大增加，而提供高等教育的方式也有了相对较少的增加。这点要归功于社会上新出现的对大众启蒙的深刻关注。与新加入工会的工人比重下降一样，这种变革也具有更深层次的原因。假如经济体系只需要成千上万文化水平低下的工人阶级，那么很可能社会也只会供给这样的劳动力。

二

这些变革，或者说其中的绝大多数都已经被讨论得很多了。但是通常的做法，即孤立地看待每一个变革，却会严重地最小化其效应。这些变革之间存在因果关联，每一个变革都是一个更大的变革矩阵的一部分，而变革矩阵对经济社会的影响要大于每一部分的简单加总。

所以我们提到了机械和精密技术。这些反过来又需要大量的资本投资。这些机械和精密技术由具有高端技术手段的人士设计与引导。而可出售的产品在做出生产决策后还要经过很长的一段时间才会问世。

这些变革既带来了人们对大型商业机构的需要，也为商业机构

---

① *Handbook of Labor Statistics, 1969* (United States Department of Labor, Bureau of Labor Statistics), Bulletin No. 1630, p. 351; *Handbook of Labor Statistics, 1976* (United States Department of Labor, Bureau of Labor Statistics), Bulletin No. 1905, p. 297.

带来了机遇。大型商业机构本身就足以调度所需的资本、组织所需的技术，甚至完成更多的事。事前所需的大量资本和组织投入就要求公司具有远见，并且采取所有可行的步骤来确保预测的结果必定出现。我们基本可以认定，凭借对原料买入价格、工资支付和成品出售价格的制定权，通用汽车对世界的影响要超过任何一个上流社会的大人物。

还不止这些。先进的技术、复杂高效的组织以及社会上大型团体对收入要求的强大的谈判能力，共同带来了高产出和高收入，而这又进一步将大量的人口从体力劳动的压迫下解放出来。这就导致了这些人口的经济行为在某种程度上具备了可塑性。不管别人如何劝说，一个清醒的饥肠辘辘的人都不会将最后一分钱花在食物以外的东西上。但是你可以劝说一个不愁吃穿、有瓦遮头、物质富足的人在电动剃须刀或电动牙刷间进行选择。消费者需求也和价格、成本一样被列为管理对象，这样一来企业又进一步控制了消费者行为。

当我们对技术发展进行高额投资时，错误的技术判断或者无法成功说服消费者购买我们的产品，都会导致高昂的代价。如果政府可以为高端技术的发展买单，或者保证为高科技产品提供市场，企业的相关成本和风险都会大大降低。而政府很容易就可以找到合适正当的理由，如国防需要、维护国家威望、满足大众的迫切需要（例如开发石油化工产品的替代物）。而关于这些举措是"社会主义者所为"的毁灭性指控也逐渐自发地消散了。现代技术因而定义了现代国家所具备的一项日益发展的功能。

技术及其相关的对资本和时间的要求更加直接地引发了政府对需求的监管。如果一家公司考虑推出改进版的汽车，那么它必须具备说服人们购买这些汽车的能力。同样重要的一点是，人们也确实具备购买的能力。当需要提前投入大量的时间和金钱，而且要做到无论经济繁荣还是萧条，产品的上市都很顺畅时，人们是否具备购买能力这一点就尤为重要，因为整体的需求必须具有稳定性。

当物资丰裕时，企业更加需要这种整体需求的稳定性。一个挣扎在生存线边缘的人的支出是为了生存，所以他会花掉所有的钱；而收入充足的人却会储蓄，我们不能确定他所存下的数目会被其他人的支出或投资抵销。此外，一个富裕社会的生产率和收入至少要部分地归功于大型机构——公司。公司同样可以有权选择保留或储蓄部分盈余，而可以像那些喜欢要求他人节俭行事的人一样，以特有的正义感行使这些权利。这些个人和公司的储蓄并不一定就会被其他的支出抵销，所以，富裕社会的支出以及相应的需求要比贫穷社会的更加不稳定。高成本和因现代技术导致的更长的产品孕育期，要求市场具有更高的确定性，而恰恰就在此时，市场需求失去了稳定性。其他变革的发生使得凯恩斯革命在当时已成为历史的必然。和本章开篇提到的那些变革一样，这种变革和其他变革间存在密切的因果联系。

三

经济学不同于小说、戏剧，剧透无伤大雅。本书的主旨，就是要将刚刚提到的变革和其他变革视为一个环环相扣的整体。我斗胆相信，当我们像本书这样从全局着眼，就可以更加清晰地理解现代经济生活。

我也迫切地想要展示给读者，在这样一个更广阔的变革背景下，激励人们向上的动力已经改变了。这一点挑战了所有经济学假设中最崇高的一个，即人类在进行经济活动时是受制于市场力量的。现实中，不管官方意识形态如何描述，我们的经济体制在很大程度上是计划经济。生产哪些商品并不是由至高无上的消费者通过市场发布指示，使生产机制满足自身最终意愿来决定的，而是由那些本该服务市场却反过来操控市场，进而迫使消费者屈从自身需要的大型生产机构决定的。而且，大型生产机构在这一过程中还深刻影响了消费者的价值观与信仰，因而其中为数不少的消费者还会抵制我上述的观点。从上述分析中可以得出的一个结论是，工业体系间存在着广泛的趋同性。决定经济社会形态的并不是意识形态中的形象，而是关键技术和组织。整体来看，幸亏如此，虽然那些把自身智慧和道德热情投入当前市场经济且完全站在社会计划对立面的人未必赞同。这些人的追随者也不会赞同，他们虽然贡献的智慧还不及前者，但依然在政治、外交或军事战争中挥舞着自由市场、自由企业，以及同理可推的自由国家的大旗。那些认为"计划"二字是社会主义特征的人也不会赞同。本书贡献的想法已经以不同形式逐渐获得大众认可。这些想法的接受度距离 1967 年我第一次提出时已经有了明显的发展，但是它们还未成为共识。

令人们的信仰不断屈从于工业需要和便利的做法，既不符合人类的伟大愿景，也不完全安全。我将更加详细地讨论这种屈从的本质及其带来的危害。

四

主题的范围往往是人为限定且遵循传统的，但是这不该成为排除重要内容的借口。现代社会思想中最根深蒂固的一点是，公共政策方面的决策应当在某种程度上按照大学分学院和安排课程的方式进行分割。事实并非如此。政府中并不存在独有的经济、政治判断，甚至没有纯粹的医学判断。任何一个人都不能对这种努力的实际后果无动于衷，无论他公开将这种无动于衷表彰为"表现出科学客观性"的行为具有何种倾向性。

相应地，我还会在后面的章节里讨论经济变革对社会行为、政治行为、改进措施与改革方案的影响。如你所见，我将得出如下结论。我相信其他人也会觉得它很有说服力，即我们无论是行动上还是思想上都在逐渐成为自己亲手创造的机器的仆人，尽管创造机器的初衷是让它来服务我们。从许多方面来看，这种奴役都是舒适的。主张摆脱这种奴役会引起一些人的惊讶，甚至可能是愤怒。有些人永远不知足。我迫切地想要提出"解放"这个常见的台词，否则我们将允许经济目标以牺牲其他更为宝贵的利益为代价过度操控我们的生活。真正重要的不是商品的数量，而是我们生活的质量。

我们现在在利用军事理由来兜底先进技术相关的经济成本的做法是极度危险的。我们所付出的代价可能是整个人类的毁灭。在这方面，我提议寻找替代方案。我们的教育体制也存在太过服务于经济目标的危险。对于这一点，我提议采取安全措施。这些分析将得出个体及其辛苦劳作、社会及其计划之间的关系的结论。我对此也进行了讨论。此外，我还会讨论现代经济在对经过培训和教育的人力资源的依赖中隐含着固有的、尚未实现的政治机会。这些问题我都将在后面的章节中提及。显然，一个想要获得政治舞台的人必须努力一步一步往上爬。

五

有一种思想在不断征服美国的商界领袖，即体系如果要存活下去，就必须就体系的属性对大众展开更充分的教育。在20世纪60年代中期以及70年代中期，人们甚至克制住对政府的疑虑，让美国商务部也参与到开展相关教育的事业中去。之所以会这样，是因为人们通过观察现代企业，发现经济机构的公众形象并不符合高管惯用的自我辩解中的形象。意料之中的是，高管对此的回应非常高明，他们坚持认为应该改变的是公众形象，而非他们自身的形象。企业为自己辩解时总是强调，服从市场导致了大量同业间的激烈竞争。所以我们经济学教育中的研究总是集中在小企业身上，一个极具说服力的事例就是商务部对树荫下由两个小孩经营的汽水摊的处理。[1] 换言之，这种经济学教育认为，通过考察那些几乎没有或完全没有资本、由一两个人经营、没有复杂的公司结构，也没有工会的企业，我们就可以彻底了解资本主义。这种想法的吸引力部分来自它剥夺了公司高管的所有权力，包括犯下任何错误的权力。这种想法也具有牢固的历史根源：经济生活始于资本量很少、由个人掌管的小企业。最终我们可以用关于市场经济中竞争型企业自成体系且具有内在一致性的理论来解释这些现象。这本身就很适应于教学法。

但是这种对现代经济体系的看法却不被现实认可。除了怀旧、浪漫和小部分的默从者，经济学家并不认可这些观点。本章开始时提到的变革并没有在整个经济体中均衡地发生。农业、手工采矿、

---

[1] *Do You Know Your Economic ABC's? Profits and the American Economy*, United States Department of Commerce, 1965.

绘画、音乐创作、大部分的写作、需长期训练的职业、一些副业、手工业、某些零售交易，以及大量的修理、清洁、翻修、化妆，还有其他家庭和个人服务仍然属于个体经营的范畴。并非偶然的一点是，在那些我们认为已经实现现代化的企业中，资本、先进技术和复杂的组织架构仍然只是有限的存在，或者根本不存在。

不过大多数人已经认识到，上述变革并没有出现在个体经营中。同样，先进技术与资本集中的组合、现代大型公司的显著特征也没有出现在个体经营中。大型公司为电力、银行保险、铁路航空运输、绝大多数制造业、采矿业、零售业和娱乐业提供了几乎所有的通信、生产和分销服务。这个数字并不庞大。我们可以得出这样一个结论：绝大多数服务都由几百家、最多不超过一两千家的大型公司提供。

我们会自动将这一部分经济体与现代工业社会联系在一起。理解了这一部分经济体就是理解了最容易发生变革、也最容易改变我们生活的经济体。我不反对继续研究经济体的其他部分，但是理解那些部分就是将精力花费在理解那些逐渐式微（虽然它们并不会消失）且最不可能发生变革的部分。

经济体被划分为两个部分，一部分是由技术动态化、重度资本化、高度组织化的公司组成的世界，另一部分是由成千上万个传统的个体经营者组成的世界。二者极为不同。这种差异不是体现在程度上，而是体现在对经济组织及其行为的方方面面，包括驱动力在内，都产生了冲击。如果能为这一部分以大型公司为构成特征的经济体进行命名，不仅可以方便我们之后的讨论，甚至也是领先于很多其他理论研究的做法。眼下正有一个现成的名字，我决定将它命名为"计划体系"（planning system）。而计划体系又相应地成为"新工业国"最主要的特质。

第 2 章

技术的紧要性

一

1903年6月16日，经过几个月的包括零部件采购合同谈判在内的准备后，福特汽车公司成立了，其生产目标是能卖出多少辆，就生产多少辆。第一辆汽车在当年的10月上市。公司的法定资本为15万美元，但只发行了价值10万美元的股票，其中只有28000美元的股票以现金募集。尽管和当前的讨论无关，但福特在当年获得了丰厚利润，且在之后的很多年里都维持了丰厚盈利。其平均雇员规模在1903年达到了125人。[1]

61年后的1964年春，福特汽车公司推出了我们现在所说的新型汽车。这款汽车被命名为"野马"（Mustang），这很符合当时汽车行业的命名方式，虽然有人认为这并不合适。公众已经准备好迎接这款新型交通工具。福特的生产计划详细列明了未来的产出以及销量；与所有的计划一样，他们犯了错——这回的估计太保守了。完成这些需要三年半的准备时间。从1962年秋设计确定到1964

---

[1] Allan Nevins, *Ford: The Times, The Man, The Company* (New York: Scribner, 1954), p. 220 er seq.

年春，福特为最终问世的这款汽车投入了许多。工程和"款型"的投入达到 900 万美元；架设野马的工业生产线花费了 5000 万美元。[①]1964 年时，福特汽车公司的平均雇员人数达到了 31.7 万。当时的资产总值约为 60 亿美元。[②]1977 年秋，福特发布了两款新车型——和风（Zephyr）和费尔蒙特（Fairmont）。这两款车的开发费用约 6 亿美元，不过花费的增长部分是因为美元的贬值。那时福特的资产约为 160 亿美元，其在全球的雇员人数约为 44.5 万。

这些数字的对比基本揭示了增加技术应用会产生的影响。在前期的回顾中我们将先略过它们。

二

技术指的是运用科学或其他成体系的知识系统来解决现实中的问题。至少从经济学的目的来讲，运用技术最重要的结果是使现实问题不断分解为更具体的小问题。这样，也只有这样才能将成体系的知识与经济表现联系起来。

具体来说，我们无法将成体系的知识直接用于生产一辆汽车，

[①] 我很感谢福特汽车公司的沃尔特·T. 墨菲先生提供了这些细节以及后面关于和风、费尔蒙特的细节。罗伯特·麦克纳马拉先生在担任福特高管期间也就本章和后面章节的一些问题为我提供了不少信息。我现在发现，从一开始就要承认甚至强调的一点是，计划未必一定产生精确的结果，偶然出现失败也是很正常的。在本书早期的版本中，我曾提到"冲动的批评家"会以福特公司的另一款产品"埃德塞尔"（Edsel）为例证明此处描述的计划行为是行不通的，但是这些批评家没有注意到的是，埃德塞尔本来就与一般成功产品的预期有所不同。既然没有预计它会成功，我自然也不会感到失望。事实上在这里提到埃德塞尔也是不得已的。

[②] *Fortune*, July 1964.

甚至是制造出完整的车身或底盘。唯有将任务分解成微小的直接与某些已经建立的科学或工程知识领域相契合的部分，这些知识才有用武之地。尽管冶金学的知识不能用于整车制造，但是却可以用于设计冷却系统或发动机组；尽管机械工程的知识不能用于整车制造，但是却可以用于制造曲轴；尽管化学不能用于决定整个汽车的构成，但是却可以决定抛光和精饰的涂料构成。

还不只是这样。冶金学的知识并非用于钢材，而是用于掌握特殊功能的特殊钢材的特性；化学知识也并非用于涂料或是塑料，而是用于特殊分子结构以及所要求的分子重构。[1]

技术运用带来的几乎所有的影响，以及现代工业形态的很大一部分，都是来自分解任务的需要，来自将知识运用于这些分解后的部分的需要，来自将完成后的元素组装成完整的产成品的最终需要。有六大影响具有迫切的重要性。

第一，所有任务从开始到结束之间的时间跨度都越来越大。知识先被应用于任务最终分解后的极微小的部分，再被应用于这些小部分组合而成的较大部分，然后再被应用于进一步组合而成的部分，直至最后完全组装。整个过程所需的时间就好像植物的根茎系统在地下不断生长，其中最长的根决定了这个过程所需的全部时间。技术的应用越彻底，或者更通俗地说，生产过程越复杂，知识的应用

---

[1] 经济学中古老的劳动分工概念只是这里概述的观点的初步且不完全应用。就比如亚当·斯密那个经典的关于大头针生产的例子，如果我们将机械操作的步骤分解，那么生产大头针的过程也可以分解为更加简单的动作，例如将大头针的针头装上去。也就是说，我们可以用日趋同质化的机械知识来解决这个问题、提高生产效能。然而，根据有组织的知识领域对具体任务进行细分的步骤并不仅限于机械过程，与机械过程间也不存在特殊的关联。这种细分可以发生在医药、商业管理、建筑设计、养育儿童和饲养宠物，以及其他任何涉及综合运用各种科学知识的问题上。

第 2 章 技术的紧要性　　013

就越要倒退到更早期的部分。相应地，任务的开始与完成之间所需的时间就越长。

第一辆福特汽车的生产并不是一个艰巨的过程。冶金学是一个学术概念，实际使用的是那些早上从库房取出下午就可以打磨成形的普通钢铁。这样基础的原料只需几个小时就可以获得，并不需要从开始制作到完成一辆汽车所需的时间跨度。与之相反的是为现代汽车的制造供给钢铁的过程。这需要从设计师或实验室的详细说明开始，然后向钢铁厂下订单，同时进行的是配套的金属加工机械的供给、送货、测试和使用。

第二，除了因产出增加导致的资本增加，投入生产的资本也增加了。时间的增加和为半成品增加的投资都会耗费金钱。我们需要投入金钱才能获得应用于任务各不同部分的知识。要将知识应用于制造业问题中的某一个部分，通常需要开发新的机械来实现这一功能。（"技术"一词总让我们联想到机械。这点并不意外，因为机械就是技术最明显的表现形式之一。）这当中包含资本投资，而将任务的不同部分重新整合成产成品所必须开发的设备同样需要资本投资。

最初福特汽车的投资超过它募集的28000美元现金，因为部分投资付给了厂房、存货和像道奇兄弟（Dodge Brothers）那样供给零件的机械厂。不过福特对工厂本身的投资是很少的，因为材料和零部件只在工厂处理很短的时间；工厂也没有高薪聘请技师来保养设备，只有简单的机械对零部件进行组装。而汽车的车架轻到两个人就能抬起来，这也为工厂省下不少钱。

第三，随着技术应用的增多，为完成某一个任务所投入的时间和金钱往往会越来越缺乏灵活性。所以在将任务细分再细分之前，必须对任务进行精确定义，因为只有当任务符合初始定义时，应用于这些细分后的具体部分的知识和设备才能发挥作用。如果任务发生改变，就需要引入新的知识和设备。

我们几乎不需要考虑道奇兄弟的机械商店，虽然它作为汽车制造的一环为最初的福特汽车打造发动机和底盘，但这些发动机和底盘并不是为此专门设计的。这些机械也可以很好地用于自行车、蒸汽发动机或马车的传动装置，而且在现实中的应用也的确非常广泛。如果福特先生和他的合伙人在任何时候打算把汽油能源换成蒸汽动力，这家机械商店都可以在几个小时内完成相应的转换。

相反，"野马"的所有部件以及为打造这些部件所用的工具、设备、钢材和其他材料都是为了有效实现其最终的性能而专门设计的。它们只能为那个特定的功能服务。如果汽车有明显的改变，使用了不同的款型，不再是野马（或和风），而是像未来的某一天那样变成梭鱼、大蛇、蝎子或蟑螂，那么之前的许多准备工作都需要推翻重来。正因为这种专门的设计，福特花费了18个月的时间才推出这款汽车。

第四，技术需要配备专业的人才。这点是很显然的。一点也不意外，只有掌握了成体系的知识的人才能实现对知识的应用。但是技术并不是唯一需要人才的地方，下文要提到的计划也需要相对高水平的专业人才。要想全面预测未来的每一个维度并且为之设计出合适的方案，并不一定需要高度的科学素养，但确实需要组织力和运用信息的能力，或是对相关经验进行直觉反应的能力。

这些要求却并不一定说明现在所需的人才数量要大于技术落后的时代。首批福特的技师也都是有才之士。道奇兄弟之前还发明过一款自行车和蒸汽汽艇。他们的机械商店生产了品种丰富的产品，而在底特律流传的传奇故事也把他们酩酊大醉时喷涌的创造力描绘得神乎其神。亚历山大·马尔科姆森帮助福特的生意走上正轨，他是福特最亲密的合伙人，也是一名成功的煤炭商。詹姆斯·考森斯拥有铁路建设和煤炭生意方面的背景，他对福特公司的贡献也许超过亨利·福特本人。[①] 离开福特后，他成为底特律的警察局局长和市长，还是知名的密歇根共和党参议员、坚定的富兰克林·罗斯福支持者。现在并不是所有福特公司的成员都有如此深厚的社会影响力，但是他们确实对自己单独负责的更为专业的事务拥有更深入的知识。

第五，专业性不可避免地对应着组织性。正是这种组织性才能将专业人才零碎的工作成果糅合成内在逻辑一致的整体。如果专业人才的数量很多，那么这种协调的工作量将会很大。确实，如果组织协调专业人才的工作复杂到一定程度，那么我们将需要组织方面的专业人才，以及组织专业人才的组织。也许大型复杂的商业组织会比机械更适合成为先进技术的具体形态。

第六，由于前期必须投入时间和资本，而这种投入又缺乏灵活性，同时考虑到大型组织的需要以及在拥有先进技术的条件下市场可能遇到的问题，计划就成了必需。不是说任务在当时完成得正确就够了，而是要将来相关的配套工作乃至整个任务都完成后，仍然完成得正确。同时，企业所投入的资本量也迫切要求这种正确性。所以，企业不仅要预见整个任务完成时的环境，还要预见整个过程的发展情况。企业还必须采取措施来预防、抵消或是中和逆向发展

---

① 我在其他著作中讨论过这个案例。参见："Was Ford a Fraud?" in *The Liberal Hour* (Boston: Houghton Mifflin, 1960), p. 141 et seq。

的影响，并且确保最终所预见的的确变成了现实。

对早期的福特来说，未来近在咫尺。将机械和材料投入生产后，只需几天时间汽车就造出来了。如果未来近在咫尺，那么企业就可以假设未来和现在没什么不同。如果上市的汽车没有得到客户的认可，企业很快就可以对它进行改造。由于改造过程用时有限，人工、材料、机械设备都不是专门性的，这些都使迅速改造旧模型成为可能。

当时也确实需要变革。当第一批汽车问世时，它们并没有完全获得客户的认可：有人投诉冷却系统并不制冷，刹车不灵，化油器无法为发动机给油。一位洛杉矶的经销商报告了一个令人极度不安的发现：驾驶时"前轮完全不听使唤"。[1]这些缺陷立刻得到了修正，因而没有对福特汽车的声誉产生持久的伤害。

这样的缺陷如果发生在野马或和风身上都会招致谴责，而且福特的员工也无法做出从前那样迅速、简单且廉价的补救，所以我们需要尽可能用长远的预见力来确保不会发生这种错误。由于首批福特汽车所使用的机械、材料、人才和部件都不是专业特制的，所以都可以迅速地在公开市场获得补给。相应地，福特也没有必要考虑所需的一切出现短缺的可能从而采取预防措施。而对于要求高度专业化的"野马"，企业就必须具备远见和相关的行动方案了。在底特律，当第一款福特汽车被立项时，福特敢担保车轮上任何与发动机有关的零部件都会被消费者接受。但是我们却不能这样轻易地假设"野马"也会被消费者接受，而是必须仔细研究它的前景，小心地让消费者认识到它的好处。因此，我们需要计划。

---

[1] Allan Nevins, *Ford: The Times, The Man, The Company* (New York: Scribner, 1954), p. 248.

三

一般来说，技术越先进，上文提到的专业要求也会越高。对于简单的产品，当采用更精细的方式进行生产或是开发富有创意的牢固包装时，这条也同样适用。当所应用的技术非常复杂时，就像现代武器系统，上述要求也会发生巨变；在现代的和平环境下，当成本和时间并非决定性考量时，尤其如此。

因此当费利佩二世在1587年3月底决定拯救英格兰时，西班牙并没有海军这件似乎很严重的事并没有特别困扰他。他刚刚征服了葡萄牙，所以不愁士兵的来源，总体上，仅现有的商船就足够建一支海军了。① 换言之，他当时完全可以在市场上买到一支海军。所以三周后，大量的西班牙船只在加的斯被德雷克摧毁，也算不上是对西班牙海军的致命一击。尽管通常被历史学家描述为"惊人的无效率"，但西班牙"无敌舰队"又以130只船的阵容在一年多以后，即1588年5月18日出征了。舰队的支出虽然浩繁，但对西班牙帝国来说不是问题。在之后的300年里，情况都没有太大的变化。纳尔逊率领英国人在特拉法尔加海战中为国尽忠时乘坐的"胜利号"虽然是一艘出色的战船，但是并不存在什么只有内行才能理解的需要花费大量时间的设计。它就是一个标准化的产品，在当时船龄已经40周岁了。同样地，在一战中所使用的仅能容纳一到两个人和一件武器的极小的飞行器仅在数月间就完成了从设计到投入战斗的过程。

---

① 费利佩的指令在3月31日从埃斯科里亚尔宫发出。参见：Garrett Mattingly, *The Armada* (Boston: Houghton Mifflin, 1959), p. 80. 当然，关于建立海军的事，费利佩已经考虑了好几年。

但是，如果要创建一支拥有核动力航空母舰，配备相应数量的飞机和导弹、核潜艇、驱逐舰、供给船、基地和通信设备的整个规模数倍于"无敌舰队"的现代化舰队，即使是最强大的工业国家至少也要花上20年。尽管现在的西班牙比它的君主在最伟大的扩张年代所憧憬的还要富有，打造这样一个舰队对它来说，还是想都不敢想的一件事。二战时，在战争爆发前，所有的战斗机都是经过大量改造后才开始服役的。从那以后，类似产品的交付期变得越来越长。一般而言，现在即将步入老年的人们几乎不可能成为这些正在设计的武器的受害者，这些武器只是为了震慑那些尚未出生的人或是轻举妄动之徒。

四

对于现代技术来说很常见的一点是，即使现在还不具备解决问题所需的知识，但我们已经很确定问题是存在解决之道的。在20世纪60年代初期，人们就有理由相信人类是可以在60年代末期实现登月的，虽然许多甚至绝大多数登月计划的细节还需要研究。

如果完成特定任务所需的方法并不确定，那就更加需要引入成体系的智力资源。这种不确定性将会导致时间和成本的上升，而这种上升可能是巨大的。这种需要高昂的时间和金钱成本投入来解决问题的方式，正是现代技术广为认可的特征。"研发"二字象征的高水平也为当前所有的经济学讨论锦上添花。

因此，我们之所以需要计划，是因为生产过程中所需的时间太长、所需的投资太庞大，以及大笔投资一旦投入某项任务就很难再抽出来。在研发先进军事装备的过程中，投入的时间、成本以及投入所具有的僵化性都很大。武器制造业中，设计往往具有不确定性，因而需要投入更多的研发支出，这就使得整个制造过程需要更多的时间和金钱。在这种情况下，计划很有必要，同时也很困难。有必要是因为投入的时间很多、投入的资本可能遭受损失、生产过程中有太多可能出错的地方，以及可能引发巨大灾难；困难是因为必须控制的可能出现的事件数量太多、规模太大。

其中一种解决之道是引入政府来承担主要风险。政府既可以为产品提供或者担保销路，又可以承担研发费用，那么即使费用超出预期，企业也不必承担。或者政府可以自掏腰包为企业提供必要的技术知识。这种观点的主旨是很明显的。在任何情况下，技术都需要计划的辅助。在技术的更高表现形式下，可能出现的问题以及计划的相关成本可能超出工业企业能承受的范围。技术压迫而非意识形态或政治诡计最终将导致企业不得不向政府寻求帮助和保护。对于先进技术导致的这一后果，我们不能小觑。

在考察经济变革这一复杂的体系时，技术因为本身具有自发性，所以应当是我们切入的逻辑点。但是技术不仅仅引发变革，它还是对变革的应对。虽然技术推动了专业化的发生，但它本身又是专业化的结果。虽然技术要求全面的组织性，但它又同样是发挥组织性的结果。出于阐述的目的，我对由技术引发的变革稍稍进行了重新排序，不过它们仍然是后面章节的主题。首先，我们将更加细致地考察时间和资本的要求对工业计划的影响；然后，我们将考察企业所运用的数量如此庞大的资本的来源和作用；接下来，我们将检视专业人才和组织性的作用。还没完，就像新教赞美诗和校际联赛中象征行军和搏斗的进行曲不断奏响一样，计划、专业化和组织化的主题将贯穿全书。

第 3 章
工业计划的本质

一

二战结束或是再之后一点的时间里,"计划"这个词在美国人心中还是能唤起一点感情的。它所隐含的是一种理性的关注,即如何通过正面行动提前对未来要发生的事进行安排,以避免系统失灵或是不幸发生。就好像人们会因为对自己人生有力的规划而获得称赞,社会也会因为对自身环境的有效计划获得好评。我们都认为居住在一个规划良好的城市里是一件好事。战前美国政府还设立了国家资源计划委员会。战争时期,无论是在美国还是英国,战后计划的地位已不亚于一个较小的行业;当时的人们认为,没有什么比告诉士兵他们最终可以获得跟平民一样的福利更能抚慰人心的了。

然而在冷战期间,"计划"一词却被赋予了沉重的意识形态内涵。共产主义国家不仅对财产进行社会主义分配,还采用计划经济。虽然前者不太可能在美国发生,但是后者却有一定的可能性。现代自由主义谨慎地强调处事的老练而非言辞的清晰。所以它避免使用"计划"的字眼,保守人士也因此抨击自由主义。一个官员如果被称为"计划经济人士",虽然不像被指控具有不正常的性癖好那样严重,但影响还是很负面的。人们接受且珍视市场自由运作所得出的任何结果,这不仅是出于对自由的担忧,也是由于经济具有不折不挠的名声。

如果我们想要理解美国和其他先进工业国家的经济和政治体制,这种反对"计划"一词的做法所挑选的时点已经坏得不能再坏了。这种反对意见出现的时机恰恰是企业和进行企业行为的政府加大技术使用,同时提高配套时间和资本投入因而必须对所有工业团体进行全面计划的时候。禁用"计划"一词使得人们无法思考计划的真正含义。

本书第一版问世后的11年间发生了许多事,这条禁令现在已经慢慢放松了。国家计划的必要性和如何通过立法来实现计划已经成为正当有益的讨论话题。在像能源这样的问题上,人们已经接受了计划的必要性。但是在声名显赫的圈子里,"沙皇"(czar)[①]这一称谓也好过"计划师",虽然听上去计划师总比沙皇要民主点。

然而保守人士和那些在银行业或公司身居要职因而不用思索的人,仍然本能地认为应该抵制一切跟计划有关的事。也许这当中有利己的成分。政府进行的任何关于计划的讨论,都不可避免地吸引人们对企业计划行为的关注。在最高原则的基础上,那些和所有计划师一样指导或控制着个体行为的人,将再也不能抵制公众对其计划行为的指导、控制或协调了。

[①] czar 即沙皇、独裁者,在美国指被政府委任管理某一领域政策的官员,如 drug czar,"毒品沙皇",即管理打击毒品犯罪相关政策的官员。

二

在市场经济中，人们依赖提供的价格来实现想追求的结果。此外什么都不用做。消费者通过给出自己想要支付的价格，从供给其所需的企业那里得到相应必要的反馈行动。消费者支付更多的钱就能获得更多商品。相应地，企业也会通过主动给出价格来获取生产所需的劳动力、原材料和设备。

计划之所以存在，就是因为这种完全靠价格调节的过程已经不再可靠了。技术及其配套的时间和资本投入，意味着企业必须提前数月甚至是数年对消费者的需求进行预测。当产品上市的那遥远的一天终于来临时，消费者也许已经不再想购买该产品了。同样的道理，尽管只要愿意付款，普通劳动力和碳素钢这样的商品就可以要多少有多少，但是先进技术所需的专业人才和稀有材料却不会这样招之即来。在上述两个例子中需要采取的行动是很显然的：企业除了要决定消费者究竟想以什么价格获得什么商品，还要采取一切可行的措施来确保自己决定生产的正是消费者想要的，且价格也是有利可图的。企业还需要确保自己所需的劳动力、原材料和设备都能以相对于产品价格合理的成本获得。企业必须同时对自己上游的供应商和下游的消费者施加控制，用计划来替代市场。

无须赘言，随着时间和资本的投入越来越多，如果企业还是只依赖消费者自然的反馈进行决策，只会越来越危险，而且产品在技术上越先进就越是如此。确实存在一种可能性，即未来的两到三年，消费者对草莓、牛奶和新鲜鸡蛋的需求会相对稳定。但是我们却不能保证人们也会自发地想拥有一辆某个特定颜色或外形的汽车，或是想要某种特别尺寸或设计的晶体管收音机。

  技术的影响和相关变革显著降低了劳动力或设备市场的稳定性，使采购计划变得至为重要，关于这点我们可以从最简单的例子中见识到。① 如果人们用镐和铁锹来修路，那么在决定修路的当天早上我们就可以找到这些工人。镐和铁锹都是常见工具，有许多用途，因而市场上也会有不少存货。如果像马克思认为的那样有必要建立一支由失业人员组成的产业后备军，企业将更容易获得劳动力。不过还有一个可能同样快速的做法，就是在市场上给出更高的工资，然后从同样雇用普通劳动力的雇主那里抢人。

  当修路的标准提高到修建现代化高速公路，且需要重型机械这样的设备时，市场就不会像先前那般有效了。即使大幅提高薪酬，工程师、绘图师、排水系统专家，还有那些负责移除树木草坪、改造草地、引走溪流并改造其他环境特征的专家也没那么容易聘到。推土机和重型移土设备也不像镐和铁锹那样容易获得。在以上所有的案例中，预测的步骤都是必不可少的，通过预测可以确保企业能够以合理的工资或价格获得足够的供给。我们必须通过某些计划来修正市场行为。②

---

① 用术语来说，高度专业化的材料、零部件，以及劳动力的短期供给价格是缺乏弹性的，而对高科技产品的需求也是缺乏弹性的。在第一种情况下，如果是特定时期，价格的大幅（也是惩罚性）上升不会导致供给增加。在第二种情况下，价格的大幅（也是惩罚性）下降也不会带来新客户。

② 虽然计划是必不可少的，但是这并不意味着企业在计划方面就做得很好。如你所见，在任意给定时间的任意施工现场，并不总是一种热火朝天的施工景象。预计和安排材料、机械、人力和分包商的要求，这些计划都是必不可少的。但是在这种情况下，计划并不是十分准确或十分有效的，所以总是会出现因为缺东少西而不得不停工等待的现象。

对于惯性系统工程师、数字电路设计专家、超导研究专家、气动弹性力学研究人员和半导体测评工程师，还有钛合金（相比钢材）、空间飞行器（相比摩托车）来说，市场远没有那么可靠。企业必须对产品需求进行详细的预测和安排。业界和政府的措辞都反映出这个事实。美国南北战争时，军需官会在当地市场筹集粮草；相应地，完成这些订单的承包商也会在市场上寻找供给。如今，同样的采购必须提前数月或数年进行安排。

在工业企业看来，计划包含两方面：预测从生产开始到结束整个过程所需采取的行动，以及为完成这些行动所做的准备。计划还包含预测，以及对未来将要发生的情况、无论好坏的未安排的发展进行设计。[①] 在经济学家、政治学家或行业大师看来，计划指的是取消以价格和市场来决定生产的机制，代之以政府官方决定生产和商品价格的机制。如此看来，"计划"一词在使用时具备了两种不同的内涵。企业所谓的计划，即进行长期调整以适应市场变化，显然不同于外部主导的规定价格和生产计划。

在实践中，这两种计划（如果可以这样称呼的话）密不可分。如果企业不知道自己产品的价格及销量、劳动力和资本的成本，以及以此成本价可以获得的资源质量，那么企业也无法做出准确的预测、恰当地安排日后的行动或是为可能发生的事件做足准备。如果市场完全不受控制，企业也无从得知上述信息。如果在采用

---

① "在实践中，（企业管理层或企业计划团队）……总是以最小化不确定性、最小化不确定性带来的影响，或同时最小化这二者为目标。" Robin Marris, *The Economic Theory of "Managerial" Capitalism* (New York: Free Press of Glencoe, 1964), p. 232. 类似地，我们必须采取恰当的行动来应对无法最小化的不确定性，这里所指的还是计划行为。"未来的不确定性和变化性要求我们必须进行计划。" Harold Koontz and Cyril O'Donnell, *Essentials of Management* (New York: McGraw-Hill, 1974), p. 61.

先进技术以及相关的专业化措施后，市场变得越发不稳定，就像我们现在看到的这样，那么除非市场也被控制住或成为计划的一部分，否则工业计划的进行也会越发困难。企业计划中的一大部分其实就是为了将不受控制的市场施加的影响最小化。

三

我们有许多策略可以用来应对市场持续增加的不稳定性。如果并非重要事项，那么我们也可以忽略市场的不确定性。对通用电气来说，很重要的一件事就是掌握在何等价位可以购入或出售何等数量的高合金钢和大型发电机，而工厂餐厅能以何等价位获取餐具的信息就没那么紧要了。通过市场研究和市场测试，企业还可以获得一些甚至是很多关于消费者未来市场行为的信息（关于消费者现在或将来想要什么商品的研究会出现在关于如何说服消费者的研究中）。最后，大规模的运营在一定程度上也可以消除市场的不确定性。1977年，瑞士三大银行之一的瑞士信贷由于在管理层控制方面存在巨大缺陷，导致未能监控到位于意大利边境的基亚索分行出现的极不寻常的运营，最终造成数亿美元的损失。由于银行运营的规模十分庞大，所以这样的事件造成的影响也可以被消除，当然银行需要承诺改进管理层业绩。在同一时期还有一件类似的事发生，不过银行的失职没有那么严重。当时大型的纽约地区银行，尤其是大通曼哈顿银行因为投机性的房地产业务和不良外国贷款导致巨大损失。这种事件的影响又一次因为银行巨大的运营规模而被消除了，不过银行同样需要承诺以后会争取表现得好些。早些时候，在19世纪50年代晚期和60年代早期，通用动力公司的康维尔部门（Convair Division）因为生产喷气机造成了 4.25 亿美元的损失，其中部分是由与研发相关的不确定性造成的；而它的 880 和 990 型号客机也花费了超出预期的成本才问世。但主要原因是市场失灵，更准确地说是因为违反，或者说是没有签订本可以降低市场不确定性的合约。通用动力之所以没有破产（虽然已经很接近了）是因为除了飞行器外，它在导弹、建材、潜艇和电话这些多样化的产品市场上拥有大约 20 亿美元的年收入。[1] 康维尔的坏运气并没有影响其他产品。如果是主打一项产品的规模稍小的公司，4.25 亿美元的损失可能就很难承受了。在此我们也可以部分地解释近期所出现的广为人知的公司发展的趋势，即企业的集团化。[2] 企业集团通过将高度差异化的产品线并入同一家企业来实现集团的巨大规模。这样一来，大集团就具备了消除不确定性带来的不良影响的能力，这是小企业所不具备的。客户对一种产品（比如飞机）的不受控制的反感不太可能影响到电话或是建材的销售。这样，不确定的市场带来的影响就可以被控制在整个计划单位中相对较小的部分里。

但是更为常见的策略要求用权威的价格及在此价位上买卖商品

---

[1] Richard Austin Smith, *Corporations in Crisis* (New York: Doubleday, 1963), p. 91 ct seq. 康维尔在飞机销售上的坏运气与霍华德·休斯在环球航空公司怪异的行为有密切的关系。

[2] 发展到后期，集团化一方面成了一种投机现象，另一方面又成了管理层为强化自身势力而进行的操纵。收购方通过发行票息固定且利息免税的债券进行收购。被收购企业的盈利和资本利得又极大地推高了收购方的股票价格。如此一来，造成的普遍影响不是增加而是极大地降低了收购方和被收购方企业的稳定性。股票市场在 1969—1970 年的崩盘终结了这一利用集团化投机的行为。我会在后文继续讨论集团化的问题。

的数量来替代市场。有三种方式可以做到：

1. 替代市场；

2. 由买方或卖方来控制市场；

3. 通过买卖双方签订合约的方式来有限期或无限期地关闭市场。

以上这些策略都具有类似计划体系的特征。

四

我们可以通过纵向整合来替代市场。计划单位可以接手供应源或是经销店，从而将需要通过讨价还价来确定价格和数量的交易转化成计划单位内的产品转移。对于那些严重依赖某一种原材料或产品的公司，例如依赖原油的石油公司、依赖铁矿的钢铁公司[①]、依赖铝土矿的铝业公司或依赖电器的西尔斯·罗巴克公司（Sears, Roebuck），它们总会面临这样一种危险，即只能以不合理或不确定的价格来获取必需的供给。如果能控制供给，即无须依靠市场而是自己掌握供应源，那么就可以为企业建立基本的防线。这么做并不能完全消除市场的不确定性，但是可以将铁矿或石油价格所具有的难以管理的很大不确定性替换为雇用劳动力、钻井、铁矿运输和采用更加原始的原材料所具有的更小、更分散

---

① 几年前，当惠灵钢铁公司（Wheeling Steel）经历困境时，这个问题就显得非常重要。"在20世纪50年代后期和60年代初期，惠灵钢铁公司发现，鉴于合约的存在，当销售出现波动时，自己无力更改铁矿石的供应量……更糟的是，在60年代早期，采用精矿在运营效率上的优势……已经充分显现，但惠灵钢铁公司由于之前的合约不得不继续采用过时的矿石，这也使它最终落后于行业内其他钢铁公司。" *Fortune*, June 1965, p.151. 在随后的几年里，惠灵钢铁公司在这一方面经历了更严重的困境。

且更容易管理的不确定性，这种替换是非常有利的。对石油公司来说，调整购得原油的成本是件大事，但调整钻井设备的成本只是小事一桩。

在企业看来，消除市场的做法将一个与外界进行的谈判（因此是部分或完全不受企业掌控的决策）转变成了一个完全内部的决策。我们将会发现，使高度策略性的成本要素完全由内部决策决定的想法完美地解释了现代工业政策，当然，资本供给是极端的例子。

企业也可以控制市场。这就涉及降低或消除计划单位的上游卖家和下游买家的行动间的独立性。只要控制住上下游的行为，自然也就降低了这些行为带来的不确定性。同时，包含买卖过程的市场的外在形式仍然保持不变。

这种对市场的控制要求企业本身规模够大，而这种大规模是相对于某个市场而言的。一家位于威斯康星州的奶牛厂是无法影响其支付给化肥商或是机械商的价格的。相对供应商的全部订单来说，奶牛厂的订单量很小，所以它买不买对供应商来说影响不大。同理，奶牛厂也无法影响其出售产品的价格。由于奶牛厂既不能控制供应商又不能控制客户，所以它只能按照现行价格支付或是收费。

对于通用汽车来说就并非如此。一般而言，对供应商来说，通用汽车是否买入这一决策非常重要，甚至关乎企业存亡，供应商因而会摆出非常乐意合作的姿态。这点也适用于其他像通用汽车这样的大公司。① 不同于奶牛厂，如果有推动事件发展的必要，通用汽车完全可以自产自销某些材料或是部件。可以彻底消除一个市场的选择权为大企业掌控市场提供了重要的力量来源。②

同样地，企业的庞大规模使通用汽车作为卖方可以对自己销售的汽车、柴油机、卡车、冰箱和其他产品定价，同时确保没有哪个个人买家具备通过撤销订单来影响定价的能力。通用汽车还是少数几个卖家之一，这就赋予了它对市场更强的掌控力。稳定价格符合所有卖家的利益，扰乱这个安全价格体系对谁都没有好处。通用汽车的竞争对手几乎不可能贸然降价，因为这会招致通用汽车进一步

---

① 经济学家作为正统观点的捍卫者，在很长一段时间里都煞费苦心地撇清绝对大规模与相对某个特定市场的大规模间的关系。"……无论企业的名头有多么响亮——大企业、巨型企业、金融巨头，市场集中（即企业数量很少，因此企业的规模相对市场显得很大）与企业的规模无关。绝大多数经济学家都认为这与'绝对规模是绝对无关'。"M. A. Adelman, Hearings before the Subcommittee on Antitrust and Monopoly of the Committee on the Judiciary, United States Senate, Eighty-Eighth Congress, Second Session, Pursuant to S. Res. 262, Part I. *Economic Concentration: Overall and Conglomerate Aspects* (1964), p. 228. 这个论点虽然是错的，但是杜绝了大企业垄断的坏名声，因此为大企业提供了保护。经济学家历来将市场力量与垄断而不是计划联系在一起。在传统观点中，市场集中或者说垄断会对市场有效调用资源产生不利影响，而且有强烈的违法色彩。如果大企业就等于垄断势力，那么所有大企业都是效率低下且违法的。不过鉴于大企业在现代经济体中显而易见的作用，这种观点既苦涩又荒诞。因此，如果传统观念中对垄断的反感是合理的，如果大企业的行为是合法的，那么将绝对规模与相对规模间的关系择清是非常重要的。事实上，绝对规模大与相对市场的规模大这两种情况是同时存在的。通用汽车公司、埃克森、福特和美国钢铁这样的大企业即使相对主要市场来说规模也是巨大的。我想绝大多数理智思考的经济学家都会接受这一点。参见 Carl Kaysen 在"The Corporation: How Much Power? What Scope?" *The Corporation in Modern Society,* Edward S. Mason, ed. (Cambridge: Harvard University Press, 1959), p. 89 中的明智言论。

② 关于控制劳动力市场还有类似的但更加复杂的可能性，我会在后文提到。

惩罚性的价格战。竞争者之间不需要正式沟通都默认不会采取此类行动。这种做法被认为是幼稚的，也会激起公司律师强烈的职业愤怒。众所周知，这样一场价格战的幸存者只会是通用汽车，而不是发起进攻的一方。因此当企业规模过大以及竞争者数量过少时都会导致市场监管的介入。

我们所说的市场控制并不包含价格控制，所以如果要消除不确定性，我们还需要控制销量。如果企业规模够大，这也不是不可能。规模大就有资金做广告、建设优秀的销售团队、对产品设计进行仔细的管理以确保吸引客户。由于通用汽车生产了半数左右的美国家用汽车，所以它的设计无须模仿流行车型，因为它生产的本身就是流行车型。对于绝大多数人来说，合适的汽车外形就是汽车行业巨头当前所采用的车型。我们后文会谈到，企业对需求的控制其实并不彻底。但是不彻底的控制对于降低市场不确定性来说并非无关紧要。

最后，如果经济体中的企业规模都很庞大，那么企业也可以为彼此消除市场的不确定性。这点可以通过签订合同约定双方在未来相当长的一段时间内以特定价格买卖特定数量产品的方法来完成。威斯康星州的农场主与化肥经销商或是奶制品商店签订的购买化肥或是出售牛奶的长期合约，并不会赋予对方很大的确定性，因为能否完成合约完全取决于农场主的实力。死亡、事故、干旱、种子的成本太高或是传染性败育都可能导致违约。但是与美国钢铁公司签订的由它供应钢板或是向它供应电力的合约就会非常可靠。同理，在一个大型企业的圈子里，企业间所签订的合约矩阵使得每家企业都可以为对方消除市场不确定性，同时又可以将自己的部分不确定性转移出去。

在计划系统以外，政府也会通过全面介入设定价格和确保需求的方式来暂时停止市场运营，进而消除市场不确定性，这点在农业市场中最为常见。之所以会这样是因为农业市场的参与单位，即单个农场的规模都不足以控制价格。而技术及其相关的资本和时间投入，要求市场上必须存在稳定的价格和有保障的需求量。[1]但在计划体系内我们也需要采取类似的行动，因为需要大量研发的技术应用意味着漫长的生产过程和大量的资本投入。长期以来现代武器的开发和供应就是这样的情况。无论是过去还是现在，空间探索的情形也是如此。而现代民用产品或服务的开发——包括航空运输、高速陆路运输、核能和新能源的各种应用或是不同形式的能源保护——也具有相同的特征。在这里，政府担保开发者可以获得包含合理利润的充分价格来覆盖成本。政府还承担起购买产出品的责任，或者在发生合约取消、技术失败或需求不足时进行全额补偿。如此一来，政府关闭了市场及其带来的所有不确定性。正如我们所看到的，这种做法带来的一个后果是，在对先进技术的应用要求最高的领域，市场被取代得最为彻底，因而此时的计划行为也是最安全的。更深层次的结果是，对参与者来说，这已经成为计划体系非常具有吸引力的一部分了。完全的计划经济曾经被公开宣称支持自由企业的朋友厌弃，如今，它受到那些真正了解它的人的热烈欢迎。

五

显然，以上的分析中有两点值得关注。重申一下，很明显工业

---

[1] 见第16、17章。

计划与企业规模之间存在关联，但我们无须为此感到羞愧。大型组织可以容忍市场不确定性，但小公司不能，大型组织可以将工作外包，但小公司不能。纵向整合，控制价格和消费者需求，以及公司间通过长期合约来为对方消除市场不确定性的做法只会令大企业受益。尽管小企业可以向政府申请固定价格并要求政府保证需求，但是当确有必要的时候，政府也会向大型工业企业提供这种保障。而对技术的高要求以及大量时间和资本的投入，都基本决定了绝大多数的政府工作会由大型组织来完成。[1]

除了那些病态的浪漫主义者，所有人都相信现在已经不是属于小人物的时代了。但是经济学家中还有一种经久不衰的观念，即小企业的式微不是因为大企业的效率甚至是大企业的技术专业性，而是因为大企业的垄断势力。大企业具有更强的能力来攫取利润，它的优势也体现在那里。"大企业只有在想要提高利润和市场势力或

---

[1] 其实大型企业在工业研发支出上的集中度是非常高的。1974 年，126 家从事研究和开发的公司的雇员人数超过 2.5 万，项目总金额高达 160 亿美元。这个数字差不多占到这一年全美所有工业研发的 3/4。其中 35 家公司的项目价值超过了 1 亿美元。4 家拥有最大研发项目的企业，在 1974 年就支出而言占到了全部工业研发费用的 19%，同时占到了美国政府向工业界提供的研发资金的 18%。雇员人数低于 5000 的研发企业的数量超过 1 万家，占到研发企业总量的 95%，但是工业经济贡献只占 10%。

在 1974 年全部的工业研发支出中，37% 是由联邦政府资助的。100 家大企业收到的联邦政府资助占总资助额的 93%。参见：*Research and Development in Industry*, 1974 (National Science Foundation, September 1976)。

莫顿·I. 凯曼（Morton I. Kamien）和南茜·L. 施瓦茨（Nancy L. Schwartz）在一个关于这个问题的调查文献中总结道，虽然"在许多大企业支持研发项目的同时许多小企业不支持研发项目"，但是我们不能断定在最大的那批企业中，随着规模的增大，企业对创新的投入也会增加。参见："Market Structure and Innovation: A Survey," *Journal of Economic Literature*, Vol. XIII, No. 1（March 1975）, p. 18。

者维持市场地位时才会进行创新……而自由竞争的人自始至终都是真正的创新者。在严苛的竞争纪律下，他们唯有创新才能发展和幸存。"①

粗鲁无礼的人会将这斥为胡说。规模为技术提供服务，而非专门为利润提供服务。小型竞争企业无法负担创新所要求的大笔支出。结果是，由这样的小企业构成的经济体系，会阻止我们采用那些从我们有意识以来就被教导要推崇的技术。这样的经济体系还会要求我们满足于采用容易获得的原材料经由非专业劳动力运用简单设备制造出的简单产品。那样的话生产周期会很短，市场也会稳定地供应生产所需的劳动力、设备和原材料，我们也就既没有可能也没有必要对产成品的市场进行管理了。如果市场因而继续发挥作用，那么就不会也不可能存在计划行为了。最终小企业会经营得很好。但是这一切将会瓦解过去半个世纪以来几乎所有被我们称为"进步"的事物，虽然有人认为此处"进步"的含义被大大曲解了。世界上也许会存在反对技术创新的事例，比如反对超声速旅行和大规模杀伤性武器，甚至是不同的汽车和洗涤剂，但是绝不会存在个体比企业更好地完成此等创新的事例。

第二个结论是市场的敌人并非意识形态，而是工程师。在苏联以及类苏联的经济体中，政府全面地对价格进行管理，生产决策并不是依据市场需求而是根据整体计划。在西方经济体中，市场由大

---

① Horace M. Gray, Hearings before the Subcommittee on Antitrust and Monopoly of the Committee on the Judiciary, United States Senate, Eighty-Ninth Congress, First Session, Pursuant to S. Res. 70, Part III. *Economic Concentration: Concentration, Invention and Innovation* (1965), p. 1164. 在过去 10 年里，虽然这样的论调仍然时有出现，但是人们已经觉得这种论调不同寻常，甚至有点古怪。

企业主导。它们设定价格并且努力确保存在可以吸收掉所有供给的需求。因此市场真正的敌人其实是非常明显的，而这种认错对象的事情在社会事务中也非常罕见。在这两种情形下，真正的敌人都并非社会主义者，而是先进技术、专业化、人才组织化、完成这一切所需的过程，以及最终导致的时间和资本的投入。这些都会使得市场失灵，而企业又恰恰需要高度的稳定性，所以计划是非常必要的。现代西方的大型企业和社会主义计划的现代结构都是为了适应同一个需要。每一个出身自由的人都有权厌恶这种适应，但是他的攻击必须指向事情的本因。他不应该要求企业在价格不确定、需求无法管理的情况下生产喷气式飞机、建立核电站，甚至是生产现有产量的现代汽车，而是应该像刚才提到的那样，要求企业停止生产这些产品。

第 4 章

计划和资本供给

一

计划体系的实体表现形式就是其所调用的各种资本设备，如磨坊、机器设备、工厂、商店、仓库、零售店、服务站、办公楼和地面景观。不同于面包、肉类和威士忌这些快消商品，所有的资本商品只有在一段时间后才能发挥作用。就像所有的资本物一样，资本商品源自储蓄——个人和企业放弃当前消费省下的经济资源，这些资源被用于购置或者建造设备，以便在未来获得更多或者不同的消费。令人宽慰的是，这一切看上去都很普遍。

我们已经发现，技术及其相关的时间投入两者之间有很大关联，同时对资本的要求也很高。现代经济体通常有足够的能力，偶尔还会有超出的能力来提供资本。这也属于计划供给，那些需要使用大量资本的企业因此可以成功地最小化它们对市场所提供的资本的依赖。

这是所有计划不同于市场的一个特征，即计划本身并不存在需求必须适应供给或是供给必须适应需求的机制。这必须由人力介入、精心计划才能达成。而资本形成所需要的储蓄供给也是如此。在过去有一种反复出现的过度储蓄的倾向，对经济体系的行为产生了极大的不良影响。由政府统筹的进一步计划是很必要的，因为这样可以确保储蓄下来的钱可以全部用于投资。经济学家将这一步称为"凯恩斯革命"，措辞可能是过于戏剧化了。储蓄过高还会对许多关系产生更重要的影响，比如资本与土地、资本与劳动力，以及资本与那些为工业企业指导或提供技术知识的人士谈判时的议价能力。我们将在后面章节考察这些关系。本章考虑的是资本供给背后的计划行为，而且作为前期准备，我们还会考虑随之而来的使储蓄的供需相一致的需求。

二

计划体系中第一个有利于大量储蓄供给以至资本形成的特征就是它的产值规模。在 1976 年，美国的个人和公司从当前产品的消费中储蓄了 2760 亿美元用作国内外投资。这在二战之前是很难想象的，因为当时的国民生产总值等价换算后只有 4590 亿美元。如果是 1976 年那就容易些，因为当年的国民生产总值达到了 16920 亿美元。[①]

高产值带来的最明显的影响就是，生产所带来的更高的收入回报使个人更容易进行储蓄。即使是最节俭的人也会先将收入用于消费，否则就要承受饥饿、严寒或其他形式的生理痛楚。但是当达到一定的富裕水平后，人们会选择为老年生活做准备、未雨绸缪或者

---

① *Economic Report of the President*, 1977, p. 214, 187. 此处 1976 年的数据和本书其他地方引用的 1977 年报告的数据被轻微修正过。

冒着低消费打击士气的风险而延迟消费，或者是像一个未被充分论证的观点提到的那样，储蓄不是为了将来的消费，而仅仅是为了拥有这些货币带来的乐趣。[①] 在过去，贫穷的社会一样有很强的储蓄能力，就像它们留存下来的雄伟建筑物所证实的那样。但是当游客注视着金字塔、巴勒贝克神庙、圣彼得大教堂、沙特尔大教堂、凡尔赛宫、库斯科遗址或者是紫禁城时，他所看到的并不是大众自愿储蓄的结晶，而是对奴隶极度强迫剥削的结果，是运用了在很大程度上已经失传的敲骨吸髓式的榨取穷人血汗钱的艺术的结果，或者是在身体极度不适的情况下为了免于永恒天谴的威胁而劳作的结果。或者他看到的是少数巨富储蓄的结果，普通人拥有储蓄还只是最近一段时间才出现的事。

而来自普通人的储蓄仍旧只占极小的比重。经济学中已受认可的"神话"理论认为，个人或者家庭会根据未来可预见及不可预见的需求，衡量当前消费的急迫性和愉悦感。与之配套的是，如果消费延迟，收入在进行审慎或者大胆投资后得到像利息、股息或资本利得这样的回报的相关计算。这种高度理性、令人钦佩的个人主义选择产生的储蓄决策，带来了资本的供给和经济的增长。如果真是这样，资本的供给和经济的增长将会非常有限。

1976 年，美国的个人储蓄达到 780 亿美元。而企业界，主要是大公司的储蓄达到了 1980 亿美元，是个人储蓄的 2.5 倍。[②] 而绝大多数的个人储蓄来自富裕阶层。1950 年的一项关于储蓄的研究

[①] 华莱士·C.彼得森在 1976 年的总统演讲中优雅地论证过这一点。"Institutionalism, Keynes, and the Real World," to the Association for Evolutionary Economics. *Journal of Economic Issues,* Vol. XI, No. 2 (June 1977), p. 201 et seq.

[②] *Economic Report of the President,* 1977, p. 214.

表明，税后收入排在全美后 2/3 的家庭完全不储蓄。相反，他们的消费大大超过其收入。超过一半的个人储蓄是由税前收入排在前 5% 的家庭贡献的。[1] 我们没有理由认为，储蓄的分布从那以后明显变得更加均衡。

三

普通人贡献的储蓄金额之少以及低收入大众的完全不储蓄，都忠实反映了个人在计划体系中的作用和关于个人功能被广泛接受的观点。个人对计划体系的贡献并不是为它供给储蓄乃至资本，更多是消费它产出的商品。而个人还未曾在其他活动（无论是宗教、政治或道德领域）中得到过计划体系这样详尽、富有技巧而又昂贵的指导。

具体来说，企业在生产商品的同时，还会满怀激情地以同样的努力来确保商品的使用。它们会强调拥有和使用某一特定产品将会带来健康、美丽、社交成功和性满足——也就是我们通常所谓的幸福。每天，这种宣传和无数其他产品的努力结合在一起，形成了一个不断诉说着消费好处的完整的论据。这又不可避免地反过来影响社会价值观。家庭的生活水平成为衡量其成就的指标。[2] 这种价值观使得商品的生产和具有同等地位的商品消费成为社会成就的主要衡量指标。那句为既有意识形态的捍卫者所钟爱的雄辩认为"历

---

[1] Irwin Friend and Stanley Schor, "Who Saves?" *Review of Economics and Statistics*, Vol. XLI, No. 2, Part 2 (May 1959), p. 239.

[2] 关于这一点，请参考：James S. Duesenberry, *Income, Saving and the Theory of Consumer Behavior*(Cambridge: Harvard University Press, 1949), p.28 et seq.

史上还没有哪一个经济体创造了如此之高的生活水平",这里它想当然地将消费水平视作社会福利的决定性指标。如此重视消费的社会,同时又不断强调需要依靠消费者的储蓄来获取资本,难道不是非常不合理吗?如果社会对资本的需求也很高,这就显得更加不合理了。显然,在一个如此强调消费又如此需要资本的社会中,储蓄不该是消费者的决策而应由其他权威方来决定。所有的工业社会都是如此。在像苏联和东欧这样的正规计划经济体中,工业企业(更多时候是政府)会扣下收入用以投资。在美国和其他西方经济体中,这种大量扣下收入的行为是由大公司完成的。就像在其他很多事上一样,大公司作为主要的计划工具完成了将储蓄的任务从个人(和市场)身上转移出去的重任。[1]

四

对工业计划来说,控制储蓄供给是策略上的需要。资本的使用很庞大,而获取资本的相关条款所涉及的市场不确定性是最为严重的。除了常见的由价格不确定导致的不利,在某些情况下还存在无法以可接受的价格获取资本供给的危险。偏偏这还总是发生在不幸事件或错误计算导致企业对资本的需求最为迫切的时候。和原材料或劳动力的供应商不同,按照传统,资金的供应商具有一定的权力。资金的供应商在提供信贷的同时往往被赋予了一项

---

[1] 这里强调一下,这一任务是企业和政府共同完成的,因为政府会确保花掉因高产出和充分就业产生的全部储蓄。

特殊的权利,即可以获悉甚至是建议资金的用途。① 这就稀释了计划单位的权威性。

如果企业可以从自有盈利中获得安全的资本来源,那么就可以避免上述所有危险和困难。它再也不必面对市场的风险,也无须将自己的权力让渡给任何外人。它可以完全享有对自身扩张速度、扩张实质以及产品、工厂和生产过程中所有决策的控制权。在上一章中我们提到,消除市场不确定性的其中一个策略就是消除市场。这种策略多用于企业严重依赖某种原材料,因而当原材料市场向不利于企业的方向波动时会造成巨大损失的情况,比如依赖原油、铁矿或铝土矿。但是对所有生产行为来说,资本都是必不可少却又非常昂贵的成分,因而最小化对市场的依赖是一条适用于所有企业的计划策略。

如果资本供给完全由采取工业计划的权力体控制,那么还有一个更大的好处。资本和劳动力可以部分地替代彼此。所以如果资本完全取决于内部决策,那么就可以用它来部分地替代劳动力。而劳动力的供给在正常情况下是受制于工会这样的外部权威的。所以当资本替代了劳动力,计划体的权威性就得到了提高。我们会在后文继续讨论这点。

五

在正规的计划经济体中,虽然有很小一部分的储蓄是依靠个

---

① "……债权人可能会采取相当激烈甚至是坚持的手法确保自己在企业政策中的利益,债权人也会介入企业某些方面的管理……如果企业保留盈余,那么管理层就可以自由运用所有资本而无须对他人做出任何承诺或是担保。" Wilbert E. Moore, *The Conduct of the Corporation* (New York: Random House, 1962), p. 227.

人的自愿储蓄，但基本上还是由政府来决定有多少收入应当被储蓄。这种决策可以通过两种方式执行。一种是征税，另一种是政府鼓励工业企业将赚得的利润进行再投资。由于政府恰当地设定了产品的价格和成本，所以企业可以做到再投资。在以上两种情况下，决定储蓄规模的都是计划者而非个人。否则，消费会更高，储蓄会更少，最终资本形成和经济增长的速度会小于计划者认为必须达到的速度。我们要注意到，计划者用自己认为理想的储蓄率来取代个人观点的权力并非不受限制。过去在波兰、匈牙利以及其他东欧国家，计划者不断要求高于储蓄者所能接受的储蓄率，这已经成为社会不安因素的重要来源，尤其是在斯大林时代。

相比之下，西方经济体中的工业储蓄几乎不会引起任何反感。股东会议上偶然会有人要求企业支付更多的股息，不过管理层总是虚心接受，但从不实施。不过个人股东总有权出售自己的股份，花掉资本利得。工会在要求加薪时总会援引企业包括保留盈余在内的盈利水平，把它作为讨价还价的筹码而非抱怨的对象。如果股东强烈反对企业进行储蓄，那么他们希望出售股票的意愿可能会被意图收购企业的人士利用，进而威胁到现任管理层的任期。这可能会限制大公司中规模尚不够大的那些公司的储蓄。但是对通用汽车、埃克森、IBM这样的超级大公司来说，规模本身就足以抵御这种威胁，所以股东在这方面的反对不是什么大事。

但是我们不应误解这种储蓄的本质。这些提供了超过整个社会60%储蓄供给的决策是由当权者而非个人做出的，主要是少数几百家大公司的管理层。而这些储蓄为经济的增长提供了主要的资金支持。①

　　这种模式与计划经济的相似之处是很明显的。无论是苏联经济体还是美国都没有将储蓄和增长的决策赋予个人，而是交给了当权者。在社会辩论中，如果太过坚持某个有力的事例，效果往往适得其反，反而令找碴上瘾或者说积极性很高的批评家和喜欢逃避令人不适的真相的人有了梦寐以求的把柄。事实上，两个体系间存在着巨大的差异，这种差异不仅体现在计划储蓄的集中度上，还体现在获取储蓄的方式上。不过资本的供给和其他方面没什么不同，因为不管选择了哪条路，工业化的本质带来的都是无可避免的趋同。

六

　　市场最著名的特征就是在给定价格时可以令供求相等。如果开始出现供给过剩，那么价格的下跌会鼓励买家、抑制卖家，最终消

---

① 当现实与愿望不符时，我们在实践中的处理方法就经常提到的那样，通过编造出一种"神话"理论来衔接无法回避的现实证据和我们所坚持的信念。但是没有哪种"神话"可以将现代企业管理层关于保留或支出盈余的决策，与个人关于储蓄和支出的偏好联系在一起。有一种观点是，董事会作为挑选出来的股东代表设定股息支付水平，从而反映出股东的意志。但是这种观点很难回避的一个现实是，董事会通常是由管理层选出的，所以通常是管理层的工具。即使董事会中部分成员因为拥有股票从而拥有一定的独立性，也很难改变这种局面，因为即便如此，董事们通常也会接受管理层关于保留或投资盈利的建议。世上所有熟悉现代大型企业运作的人都知道，个人股东在是否分红这一点上没有发言权，不过这并不妨碍那些想将"神话"维持下去的人继续呼吁股东权利。
如前文所述，股东可以通过出售股票、花掉资本利得来避免通过企业进行储蓄，但这并不能改变企业管理层实施企业储蓄的权力。当然，这样出售股票、花掉资本利得会减少整个社会的总储蓄量。根据我们的判断，这种行为对总储蓄的实际影响并不是很大。

除过剩现象；如果暂时出现供给短缺，那么价格的上升会吸引卖家、抑制买家，最终消除短缺现象。如我们所知，计划本身并不具备类似的均衡机制。计划者必须经过深思熟虑才能确保所计划的供给与所计划的需求相等。如果他失败了，就会出现过剩或是短缺。如果他仍然不打算使用市场机制来调节，即提高或降低价格，那么一个令人烦恼的问题就出现了：过剩的产品是储藏还是销毁呢？供给不足的时候要不顾颜面地抢夺吗？这些都是计划通常会带来的结果，相关的计划者也往往会遭遇名声的严重受损。

哪些需要被储蓄主要是由少数几百家大企业决定的。而决定哪些事物需要被投资的除了那几百家大企业，还有数量更庞大的打算买房、买车及家用电器的个人。没有哪种市场机制会将储蓄决策和投资决策关联起来。如果企业开发内部储蓄来源的动机之一是使企业免受利率不确定性的影响，那么很明显，储蓄的决策是不会受到利率影响的。如果企业不需要从货币市场上获取资金，那么货币市场也不太会影响到企业。如果像我们现在看到的这样，投资也是由独立于市场的影响力决定的，即投资也是被计划的，那么利率完全无法对供求关系的调节起到作用，因为至少在这部分经济体中，供求双方都不受利率的影响。而利率很可能就是市场用于调节储蓄供给以满足需求的价格工具。①

如果有储蓄未被使用，即未被花费掉，那么经济体中对商品的

---

① 这是对这个问题的一个简要说明。利率变化会对企业和整个经济体产生影响，最终导致当储蓄增加时投资也会增加，反之亦然。参见第197页。但总的来说，工业储蓄和投资所起的作用之大，决定了计划体系之外在理论上不存在出现这种均衡的可能性。事实上，几乎没有哪个经济学家会继续认为储蓄和投资会（以正确的方式）响应利率变化了。

需求也会相应减少。这样商品的销售就会少于预期或计划水平，就业也会减少，计划体系外的价格和就业也会降低。这将导致计划体系外的投资减少，一段时间后，计划体系内的投资也会减少。换言之，不能充分利用公司和个人所储蓄的全部资金将会开启衰退和经济萧条的过程。这种情况将一直持续，直至他们将储蓄减少到可以被更少量的投资需求全部吸收的地步。[①]反过来，如果经济体的运行已经达到或已接近工厂、劳动力或二者的产能极限，而大公司的整体投资还打算超过当前的储蓄供给，那么就会出现超出经济体可以承受的投资和消费支出。这将导致价格的升高，而计划系统外的市场价格飙升得会尤为明显。这就形成了通货膨胀。因而这些令人不安的情况中所潜伏的威胁要求计划体系一方面要想办法确保储蓄会被用尽，另一方面又要确保使用的数量不超过可用的储蓄金额。

虽然这种方法并不完美，但是现代社会中所有的工业国家都已经采用了。政府利用自身在税收和支出方面的权力（包括为私人投资借款和支出）使储蓄和储蓄的使用达到平衡，而计划体系本身并不具备这种平衡能力。政府对储蓄计划中缺失的部分进行弥补，而这是现代工业计划中必不可少的一点。

七

乍看之下，我们可能会认为储蓄及其使用（也就是所谓的凯恩斯主义财政政策）的管理是对称的：储蓄量可能会超过使用量，投

[①] 更准确地说是原本打算进行的储蓄。根据凯恩斯的理论，储蓄总是会被抵消。收入的下降会导致储蓄的减少，但是储蓄减少的幅度会比投资减少（包括存货的减少）的幅度更大，而均衡会在更低的产出、收入和就业水平下实现。

资（及其他使用）量会超过储蓄供给量。相应地，我们就需要增加使用量和限制使用量的措施。在实践中，问题会随着财富的增加发生彻底的转变。在印度、巴基斯坦和拉美大部分地区的贫穷国家，来自国内外的储蓄供给都极为稀少。因此，这些地区所面临的问题不是如何用尽储蓄而是限制投资及其他可能的开销，从而确保合理使用储蓄和增加可用的供给。在美国、西欧以及英联邦国家，除了战争时期和国际形势极度紧张的时期，这种类似的关注都会显得很奇怪。在这些国家，负责制定经济政策的人研究的是预计的工业投资量的估计值和可能的政府赤字累加的结果是否可以完全覆盖净储蓄值。如果不能，那么就会产生衰退或萧条。凯恩斯的著作《就业、利息和货币通论》[1]在大萧条时期出版，在二战之后的20年里，其实主要的经济问题就是如何抵消储蓄量从而保持产出和收入水平。和绝大多数人一样，对于最喜欢研究发生在过去的问题（这种问题不会让他们有预测失败的压力）的经济学家来说，这种关注已经成为传统。而这种传统太过根深蒂固，即使是在通胀可能已经成为最主要的焦虑来源的今天。

产出和收入的稳定增长对公司和个人储蓄来说都是好事，相反，萧条和衰退会令二者进入马尔萨斯式的减少过程。1933年，也就是大萧条时期经济最为惨淡的一年，企业储蓄从1929年的112亿美元下降到了32亿美元，之后直到1941年，储蓄才恢复到大萧条前的水平。在1932年和1933年，个人储蓄为负值，也就是说个人整体而言欠下的债务增加了。[2]1959—1960年间经济扩张速度的放

---

[1] John Maynard Keynes, *The General Theory of Employment Interest and Money* (New York: Harcourt, 1936).

[2] *Economic Report of the president, 1970*, p.218.

慢使得个人储蓄总额的绝对值减少，企业储蓄与往年持平，停止增长。1974 年开始了又一轮的衰退，私人储蓄再次骤减，根据恒定美元币值计算，年度个人储蓄额从 1973 年第四季度的 2320 亿美元下降到了 1974 年第三季度的 1840 亿美元。[①] 这里就出现了储蓄的悖论：那些确保储蓄会被充分利用的措施同样也会增加储蓄的供给。储蓄越是有效地被用于投资，人们的收入就越高，那么人们的储蓄也会越高。

过去绝大多数社会之所以难以进步，就是因为它们很难从自身贫乏的产品中攒下充足的钱用以改进生产方式。这也同样适用于当今世界上的贫穷国家。富裕国家当然也要增加储蓄。不过我们这里所谓的经济进步，与其说是依赖储蓄的供给，不如说是依赖可以确保有效利用这些过分充足的储蓄的措施。在富裕国家，真正困扰所有政策制定者的幽灵不是储蓄的短缺，而是由于不能充分利用现有储蓄而导致的衰退。至少在和平时期，投资如果能超过储蓄就简直太好了。这种储蓄的趋势以及因而导致的资本的充裕（虽然也导致了充足的使用）有其深刻的历史和社会原因，我马上就会谈到。

---

① *Economic Report of the president, 1976*, p. 192.

第5章
资本与权力

一

经济学家研究得最为透彻的主题，就是很久之前就被称作生产要素的土地、劳动力、资本和企业家才能之间的关系，后者将前三个要素结合在一起并对它们进行管理。最近关于生产效率（即从现有的生产资料中得到最多产出）的问题几乎都是如何从这些要素中挑选出最优组合。利用图表对要素组合中固有的晦涩问题进行阐述仍然是经济学的主要教学传统。[1]经济学家同样关注如何确定生产

---

[1] 我们要承认，不断变化的技术已经逐步地从根本上改变了我们能从任何给定的要素供给中获得的东西，但是我们不可能在教科书中详细论述这种观点。经济学在教学中虽然承认了这些重要的事实，但是讨论的却是一些无关紧要的事。因此萨缪尔森教授，这位当代最知名的经济学家，同时也是经济学教学经验最丰富的教育家，会在观察到"'根据科技的发展状况'，人们可以利用给定的生产要素获得产出"后，继续教授那些细枝末节。他补充说："**但是，在任何时候，对于任何给定数量的要素投入，我们可以获得的产品数量都有一个最大值。**"Paul A. Samuelson, *Economics,* 10th ed. (New York: McGraw-Hill, 1976), p. 537. 关于要素配置的问题我们恰好有一些现成的理论。所以在用粗体将其区分以显示其重要性后，这就是他要讨论的问题。在实践中，许多经济学的教学内容（尤其是在高级理论、国际贸易和货币政策这样的领域）不是取决于主题的相关性，而是取决于是否存在一个合理的理论。然而在这种情况下，在提高生产率方面被萨缪尔森教授赋予极大重要性的技术发展与为经济学教学提供必要练习的要素分配理论间就出现了冲突。正如我们已经看到的，技术的发展涉及大量的资本、组织和时间的投入，这一切都需要计划以及配套的对成本、价格和需求的控制。但是课堂中所认可的教学练习却让我们得出这样一个结论：只有在尽量不干扰市场的前提下我们才能获得最优的要素分配。

要素的价格，像租金、工资、利息和利润。确实，在古典经济学传统中，一般认为这个主题涉及两个部分：一是价值问题，这跟确定商品价格有关；二是分配问题，或者说产生的收入如何在房东、工人、资本家和企业家之间进行分配。

然而，生产要素间关系的某个方面却很少被研究，即为什么权力会与某些要素相关，却与另一些要素不相关。为什么土地的所有权曾经具有凌驾于生产企业及其所在的整个社会之上的绝对权力？为什么在另一些情况下，我们要假定这种凌驾于企业和整个社会之上的权力应该属于资本的所有者？在哪些情况下这种权力会被赋予劳动者呢？

奇怪的是我们居然会忽视这个问题。在发展任何形式的有组织的活动时，无论是来自教堂、军队、政府办公处、国会委员会还是仅仅是休闲会所，我们的第一本能都是弄清楚这里由谁说了算。然后我们通常会问清楚究竟是哪些资历或资质赋予了此人指挥权。任何组织几乎总能让人产生两个疑问：这里谁说了算？他是怎么做到的？

二

这个问题之所以得不到重视，是因为在很长的一段时间里，在正式的经济问询中，没有人认为与经济活动有关的人士行使过任何有价值的权力。根据亚当·斯密、大卫·李嘉图、托马斯·马尔萨斯、约翰·斯图亚特·穆勒、阿尔弗雷德·马歇尔等创立的古典经济学理论，同时随着相关概念的定义变得越来越明确，我们假设（像如今的威斯康星州的奶牛厂那样的）小企业相较于整个市场的供给是很微小的。小企业所接受的价格是由客观的竞争性市场决定的，支付给供应商的价格、工资和借贷的利息也一样是由市场决定的，利润也下降到了竞争性市场的水平。我们假设技术是稳定的。在这种环境下，企业理想的产量要根据不同产出水平下外部市场上成本与市场价格间的相对关系来决定。如果一家企业的领导者不具备影响价格、成本、工资或利息的权力，而且连他设想的最佳产出量也是由外部市场决定的，那么他的利润也会受制于竞争的平均化影响。在这种竞争环境下，一个人当然可以不关心他所拥有的权力，因为他根本没有任何权力。一直到20世纪，经济学的教科书仍然假设世界是由这些小规模的竞争型企业构成的，所以对权力问题的忽略就显得很合理且不可避免。不过其他思想传统的缺陷就没有这么严重了。

马克思是关于权力的讨论中的代表人物。19世纪中期，他将权力话题引入经济学的讨论，时至今日，他所引发的狂热仍然令整个世界感到不安。传统观点中由于竞争性而变得被动的企业所构成的体系，在马克思看来不值一哂，不过是对传统观点粗糙的辩护。生产活动由那些控制并供应资本的人把持，用马克思的话说，那些"数量不断减少的资本巨头，窃取和垄断了转型期的所有果实"。[①] 这些人在企业中具有绝对权威，他们出于共同的利益考虑对价格和工资进行设定。他们主宰整个社会，为社会道德观定下基调。他们也控制了政府，把政府变成为资产阶级意志和利益服务的执行委员会。权力和其他生产要素间的关系不存在疑问。历史发展到当前阶段，权力毫无疑问是完全属于资本的。

---

① Karl Marx, *Capital* (New York: Modern Library, 1936), Chapter 32, p. 836.

古典经济学理论到底还是在一定程度上和马克思达成了和解。竞争性市场的概念已经式微，虽然在今天的正统经济学理论中仍然保留这一概念，但是它已经不具备真正的现实意义了。现在一般假定企业可以掌控自身的价格和产出。这种控制具体表现为只存在一个卖家时的垄断、存在少数几个卖家时的寡头，或者是当产品或服务具有独一无二的特性因而可以免于完全竞争的垄断竞争。只有那些整体上仍从事低薪工作的人，才会作为自由企业体系的职业辩护人为竞争规则争辩，而接受他们辩护的客户即使再精心策划也通不过测试。[1] 人们一般都认同："绝对和相对大的规模给超级大公司带来的市场势力，不仅奠定了它们的经济权力基础，也为它们带来了可观的政治权力和社会权力……"[2]

人们也接受了马克思的配套观点，即这种可能自然存在的权力不可避免地属于资本。执行权力是从所有权中衍生出来的特权，其他生产要素的所有权地位生来就从属于资本的所有权。如果我们假设权力天然属于资本，那么所有的经济学家都是马克思主义者。

除此之外，关于权力问题的讨论依然有限。资本所有者可以在市场允许的范围内自行决定价格、工资、投资、股利和生产。人

---

[1] "如果价格是通过不客观的手段实现的，即买方或卖方可以在某种程度上支配或影响价格，那么我们用来控制资源有效使用的系统就没有恰当地运行。" *Do You Know Your Economic ABC's? Profits and the American Economy*, United States Department of Commerce, 1965, p. 13. 这本小册子是美国商务部为了促进对美国企业的了解（并证明政府对美国企业的同情）而差人创作的。当然，所有大规模的企业都无法通过它的测试。如前文所述，这种努力与流传甚广的常识存在冲突。而商务部（与广告业合作）在 1976 年再一次进行了尝试。

[2] Carl Kaysen, "The Corporation: How Much Power? What Scope?" in *The Corporation in Modern Society*, Edward S. Mason, ed. (Cambridge: Harvard University Press, 1959), p. 99.

们认为企业对政府施加的影响是不规律的、非法的，不过这种影响力的施加也是为了在正常或是受限的情况下追求企业所有者的利益。我们没有认真考虑过资本执行权力的其他选择。

在20世纪30年代到80年代的半个世纪里，不断累积的证据显示，现代大公司的权力正在从企业所有者的手中转移到经理人手中。股东握有的权力越来越少。在股东大会上，小股东的列席只是为了完成一个曾经很老套现在很无关紧要的仪式。代理人的大部分股票投给了由管理层选出的董事。虽然通常管理层的所有权小到可以忽略不计，但他们却牢牢控制着整个企业。所有清晰可见的证据都表明管理层掌握着权力，但是人们十分不愿意承认，权力已经明显且长久地从资本所有者的手中转移出去了。一些观察家仍然试图维持股东权力的神话，就好像在外交政策和糟糕的婚姻中还指望可以用咒语来挽回现实中已经无可救药的事一样。[1] 包括马克思主义者在内的一些人则相信这种变化流于表面，资本仍保有更深层次、功能更强的控制力，只有天真的人才会只看表面。一些人已经承认了这种变化，但是还没有对它的重要性做出判断。[2] 还有一些人坚

---

[1] "例如，当约翰在上一年从凯姆公司那里购得一手新股后……在与其他股东碰面的年度股东大会上，他就对'他的'企业管理层的决策有了发言权。" *Do You Know Your Economic ABC's?*, pp. 17-18.

[2] 参见：Edward S. Mason, "The Apologetics of Managerialism," *Journal of Business of the University of Chicago*, Vol. 31, no. 1 (January 1958), p. 1 et seq; 以及"Comment" in *A Survey of Contemporary Economics,* Bernard F. Haley, ed., Vol. 2 (Homewood, Illinois: Richard D. Irwin, Inc., 1952), pp. 221-222. 梅森教授认为，虽然资本主义的企业家在现代大型企业中丧失了权力，但是我们也不能确定他们究竟被什么取代了。所以，人们的最佳选择仍然是假设企业家拥有权力，假设传统动机成立。"……从经济分析的目的来看，我必须承认，我对这种'新型企业概念比旧式企业家概念更加优越'的观点缺乏信心。"

持认为，如果可能的话，我们应当逆转这种具有潜在危险性的篡夺资本法定权力的行为。① 相对较少的人质疑了资本在看重未来方向的企业中执行权力的资格，或者提出资本的重要性也许在很长一段时间里会慢慢变小。

三

然而在较长时间跨度里，凌驾于生产企业（乃至整个社会）的权力，已经在生产要素间发生了重大转移。资本变得重要是相对近期的事。在 200 多年前，有识之士都毫不怀疑权力与土地之间存在明确的关联。拥有的财富、受到的尊敬、军事地位以及对土地所附带的人口的血腥统治权，都赋予了土地所有者在社会中显要的地位和在政府中的权力。这些因为拥有土地而产生的特权也对历史前进的方向起到了重大的甚至是控制性的作用。整整两个世纪，直到发现美洲大陆前的 200 年，土地所有权不断激励人们对东方采取军事行动，也就是所谓的"十字军东征"。支援被异教徒围攻的拜占庭，以及夺回被异教徒占领的耶路撒冷的计划，无疑激发了十字军东征的热情。但这不是唯一的理由。东西方基督教信徒之间存在严重的信任问题，而耶路撒冷被认为已经到了最危险的时刻。和追随隐士彼得（Peter the Hermit）② 的饥饿的农民一样，法兰克王国的贵族子弟要的是土地。在鲜血浸染的十字架下，顽强跳动着的是谙熟不动产价值的心脏。布永的戈弗雷（Godfrey of Bouillon）③ 的弟弟鲍德

---

① 参见：Adolf A. Berle, Jr., *Power Without Property* (New York: Harcourt, 1959), p. 98 et seq。
② 法国十字军的领袖。——编者注
③ 中世纪基督教隐修士，据说为十字军东征的发起人。——编者注

温（Baldwin）在前往圣城的路上面临一个艰难的抉择：是率领救赎军继续前进，还是停下脚步，直接占领埃德萨（Edessa）富饶的领地。他毫不犹豫地选择了后者。直到兄长离世后他才离开自己的领地，成为耶路撒冷的第一位国王。①

发现美洲大陆的三个半世纪以来，人们逐渐意识到土地的战略性地位，这又进一步强化了土地在历史中的作用。人们在美洲大陆、欧亚大草原、澳大利亚和新西兰宜居地上繁衍生息。宗教再一次和不动产产权的转移携手合作，并在某种程度上掩饰了后者所扮演的角色。西班牙人认为上帝赋予了他们征服印度人的使命，清教徒认为有义务为自己觅一处宜居的所在。天主教徒和骑士相信主会赐予他们大片领地以及对原住民精神监管的权力，而随着领地的扩大，他们也拥有了对非洲原住民的监管权。对清教徒和新教徒而言，精神上的赏赐就是农庄和家庭农场。不过我们不必纠缠于这些细节。无论是在新大陆还是旧大陆，权力就好像权利一样，属于拥有土地的人。现代意义上的民主最初就是只将选举权赋予那些通过获得不动产来体现自身价值的人的体系。

土地的重要性和获取土地的动机都深深根植于经济学。直到相对现代的年份，提供食物和布料纤维的农业生产都在总生产中占很大一部分，而在像现代印度这样经济欠发达的国家里，农业生产仍旧占到总产出的 70%～80%。对土地的拥有或控制因而赋予了一个人在经济活动中的主导地位。贫无立锥之地的人只能蜷缩在一旁。

而其他生产要素的战略意义远远不及土地。农业技术稳定而简

---

① "在南方的气候下，将基督教的责任和获取土地结合在一起的机会是非常有吸引力的。" Steven Runciman, *A History of the Crusades*, Vol. 1. *The First Crusade* (Cambridge, England: University Press, 1951), p.92.

单，相应地，除了奴役奴隶，农业技术不能为资本提供什么发挥威力的机会，而且作为一条普遍性的规律，奴隶的使用必须和土地捆绑在一起。非农业活动则相对无关紧要，而它对资本的需求也很小且受到简单稳定的技术水平的进一步限制。所以，我们在某种程度上忽略了这样一点，即直到 200 年前，资本的供给很少，而相应使用资本的机会也很少。如果某人在英格兰或西欧拥有土地，那么他只需要很少的资本供给就可以进行耕作。而拥有资本却不一定能让他获得土地。

获得劳动力也不是一件困难的事。劳动力供给长久建立的倾向就是保持充足的状态。1817 年，曾经高度评价过那段时期的大卫·李嘉图认为："论证最为充分的观点就是'劳动力的供给最终总会与维持他们温饱的手段成比例地相匹配'。"[1] 也就是说，在很短的时间内，以维持温饱线的工资水平就可以雇用到无限量的劳动力。所雇用的劳动力数量会一直增加，直到由于收益递减，边际工人的贡献等于他的温饱线工资水平。如果工人不愿意接受这份只稍稍高出贫困线水准的工资，雇主可以很容易地找到人来替代他。如果一个人因为提出增加一点工资就会遭到解雇，那么显然他只有微小的权力和很弱的议价能力。

但是没人会怀疑拥有一英亩、一百英亩甚至是一千英亩肥沃土地带来的好处，也没有人会怀疑失去这么多土地会带来的致命后果。这就意味着占有土地具有战略性意义。即使是利用思想开启了工业革命的哲学家也无法想象，如果情况并非如此，世界将会怎样。尽

---

[1] David Ricardo, *The Works and Correspondence of David Ricardo,* Picro Sraffa, ed.. Vol. 1 (Cambridge, England: University Press, 1951), p. 292.

管亚当·斯密和认为土地是所有财富终极来源的法国重农学派先驱，在绝大多数观点上有冲突，但他还是为不动产赋予了特殊的意义，而这种特殊的意义最后又造福了土地的所有者们。[1]40年后，李嘉图和马尔萨斯赋予了土地所有权更大的重要性。人口会以符合自身生物动态的方式增长。这将对增长速度相对慢得多的食品供给提出更加严峻的考验。最终，食品的相对价格和流向地主的收入份额将无限制地升高。其中的决定性因素就是土地的稀缺性。"大自然的劳动是有偿的，并非因为它做得多，恰恰是因为它做得少。它越是吝啬它的礼物，它对自己劳动成果索取的就越多。而在它真正慷慨的地方，它总是无偿地劳作着。"[2]毫不意外，那些拥有稀缺资源的人，在农业经济占主体的社会环境下享有充分的权威、名望和权力，一般来说他们就是整个社会的统治阶级。

四

实际上，在李嘉图发表上述言论的年代，土地的绝对地位已经被废除。这部分是因为被他赋予巨大重要性的稀缺性，已经促使人们开始了非凡的探索新大陆之旅。而新发现的两块美洲大陆、南非和澳大利亚都拥有广袤、未经开发且适宜使用的土地。人们既可以

---

[1] Adam Smith, "Of the Rent of Land," *Wealth of Nations,* Book 1 (New York: Modern Library, 1937), Chapter 11. 参见：Alexander Gray, *The Development of Economic Doctrine* (London: Longmans, 1931), p. 137。

[2] David Ricardo, *The Works and Correspondence of David Ricardo,* Picro Sraffa, ed.. Vol. 1 (Cambridge, England: University Press, 1951), p. 76. 在这一篇中，李嘉图对亚当·斯密的观点提出了异议，即认为土地的回报就是对大自然的恩赐的支付。在此，具体的观点无关紧要。两人都认为，大自然通过土地对收入的确定起到了重大作用。

寻找新的土地又可以通过打仗收复失地，所以他们现在更加需要的是可以购买船票、种子、牲畜、设备的资本，以及熬到第一次丰收的资金。

同时，机械发明以及人类冶金和工程方面知识的增长都极大地增加了资本运用的机会。而通过在更先进的技术中运用更多的资本，人们又进一步提高了产量。更高的产量又带来了更多的收入和储蓄。我们并不确定19世纪资本需求的增长是否快过其供给，但是在美国这样的新兴国家，资本通常是稀缺资源，因而成本很高。在英格兰，近一个世纪的收益率都很低，所以英格兰人有强烈的动机去海外寻求更有利的投资机会。但在整个英国，煤炭、钢铁、铁路、机车、轮船、纺织机器、楼房和桥梁在国民产出中占的比重越来越高，而生产这些最需要的就是资本。农业由于自身对土地的过度依赖，对总产出的贡献已经越来越少。拥有或控制资本的人现在可以获得所需的劳动力和土地，而拥有或控制劳动力和土地的人反过来却不一定能获得资本。

所以企业中的权力现在属于资本。同样，社会名望和政府拥有的权威也属于资本。在19世纪初期，英国议会仍然主要由大地主家族把持。但到了19世纪中期，他们不得不屈从于实业界，降低了食品价格，同时以牺牲自身租金的方式降低了工厂的工资水平。《谷物法》[①]也被废除了。到19世纪末期，英国政治的领军人物已经是伟大的伯明翰实业家及螺丝的先锋制造商约瑟夫·张伯伦了。在19世纪初期，美国政府由拥有大片土地和奴隶的弗吉尼亚

---

① 《谷物法》（Corn Laws）是一道于1815—1846年强制实施的进口关税，借以"保护"英国农夫及地主免受来自从生产成本较低廉的外国所进口的谷物的竞争。——译者注

庄园主把持；而到了19世纪末，人们一致认为权力已经发生了转移。依据观点的不同，有人认为权力转移到了企业家手上，有人认为转移到了身家惊人的罪犯手中。参议院已成为有钱商人的俱乐部，媒体也是如此描述。

　　有一个对之后的发展至为重要的变化似乎是人为促成的。乔治·华盛顿、托马斯·杰斐逊和詹姆斯·麦迪逊似乎远比柯林斯·P.亨廷顿、J.P.摩根或安德鲁·W.梅隆更胜任执掌公共权力的工作。前者因不以自身利益为出发点进行行动的能力受到赞誉，而资本家则做不到这点。而即便是这些人出于自身利益采取的行动（例如为奴隶制辩护），似乎也比资本家为自身利益采取的行动更为绅士、合理且合法。这种截然不同的印象仍然存在于大众态度以及基本的历史书中。我们也许在潜意识中形成了这样一种判断，即越是久远的权力看上去似乎越是仁慈；而越是近在眼前的权力，看上去就越不正常，甚至是危险。

五

　　现在我们就明白了究竟是什么赋予了生产要素或者说是拥有、控制生产要素的人权力了。权力属于那种最难获得或最难被取代的生产要素。准确地说，权力属于那种边际供给最缺乏弹性的生产要素。这种弹性的缺乏也许是因为自然短缺，也许是人为对供给进行有效控制的结果，也许是二者的共同作用。①

---

① 因此，工会组织在影响工资和工作环境的具体决策中赋予了劳动者相当大的权力，工会也充分控制住了劳动力的供给。（在一场成功的罢工中，警戒线另一边的劳动力的供给价格会无限高。）所以在劳动供给不是十分充足的情况下，工会的势力会得到加强。

在土地为王的年代，如果一个人拥有土地，那么他很容易就可以获得劳动力和资本（所需的量很少）。但是拥有运营资本和一般的雇佣劳动力的能力的人却不会这么容易地获得土地。这里什么是因什么是果并不明确。因为土地提供了通往经济和更大权力的特殊通道，所以政府采取了诸如限定继承法这样的措施，确保土地所有权的流转只限于特权或贵族阶层。而这反过来又限制了获得土地的机会，从而进一步扩大了土地赋予其所有者代代相传的经济权力和社会权威性。

在接下来资本为王的年代里，工业企业很容易就可以获得所需的少量土地，而农业用地更易获得。劳动力的供给依旧充足。如今拥有土地和劳动力并不能令一个人掌握资本，但是如果有了资本，土地和劳动力就手到擒来。如今资本将权力赋予了企业，最终也就是赋予了整个社会。

如果有一天资本变得十分充裕或是过量，因而十分容易增加或是被取代，那么无论是在企业还是在社会中，预期资本所赋予的权力都会遭到损害。如果与此同时，其他某些生产要素变得更难增加或是被取代，那么资本的地位就更加岌岌可危了。

六

在最后一章我们可以看到，在计划体系中虽然需要使用大量的资本，但至少在和平时期，资本的供给是非常充足的。凯恩斯主义经济体中一个既定的特征就是过度储蓄的趋势，所以需要政府提出对冲这种趋势的策略。我们已经看到，这些储蓄是大型工业企业作为计划的一部分向自身供给的，所以企业是比较确定可以获得这些储蓄的,这也正是计划的目的。

与此同时,对技术和计划的要求也极大增加了工业企业对专业人才和其组织性的要求。总的来说,计划体系必须依靠外部来获取人才。人才与资本不同,企业无法全面地向自身供给人才。要想提高效率,人才也必须在组织中运作。对于一个具备竞争力的商业组织来说,资本现在唾手可得。但是现在仅仅拥有资本并不意味着就能获得并组织起所需的人才。我们可以从过去的经验中预计到,这说明工业企业中的权力发生了新的转移,这次是从资本转移到了有组织的人才那里。可以预计,这种转移会反映在社会整体的权力调配上。

这一切确实发生了。在18世纪的发达国家,权力就开始从土地转移到资本,如今历史再度上演,权力又一次在生产要素间发生了转移。这种转移发生在过去50年,并且依旧进行着。许多我们习以为常的现象都印证了这一点,比如先前观察到的股东在现代公司中逐渐失去权力;成功的企业管理层固若金汤的地位;不同于J. P. 摩根或安德鲁·梅隆,银行家日益减少的社交吸引力;关于美国由华尔街操控的说法中所蕴含的老派过时作风;实业界对人才的积极网罗;以及教育和教师声望的提升。

这种权力的转移被掩盖了,原因跟从前的土地一样,因为现在资本的地位也被认为是不可动摇的。权力不属于资本的观点看上去很反常,而那些坚持该观点的人则被认为是标新立异。权力的转移被掩盖的另一原因是,权力转向另一既定生产要素的事实并没有被写入传统经济学教科书,所以并不广为人知。权力并没有被传递给劳动力,虽然劳动力在工资和工作条件方面确实赢得了一定的权威,但是他们没有获得对企业的权威,而且劳动力的供应仍然趋于饱和。如果过度充裕的储蓄未被用尽,那么最直接的影响就是出现失业。如果使用储蓄，一个可能的结果是机械化会替代非熟练工人以及标准化的技能。如此一来，非熟练工人和使用传统技能的工人会跟资本家一样因为资本的充裕受到冲击。[1]

权力也没有被传递给传统的企业家。这些企业家曾经利用自身获取资本的能力，将资本与其他生产要素结合起来，但是现在他在计划体系中的地位逐渐消亡。除了获取资本的能力，传统企业家首要的优势是想象力、决策的能力和冒险投资的勇气，而投资的钱有时就是自己的积蓄。而这些优势无一能在组织智能或是与之有效抗衡方面起到特别重要的作用。

权力实际上已经被传递给了任何追求新意的人都有充分理由称之为新生产要素的事物，即由一群拥有不同技术知识、经验或其他才能的人组成的符合现代工业技术和计划要求的团队。这个新生产要素的覆盖面很广，上至现代工业企业的领导，下至普通劳动力，包含了大量的人和各式各样的人才。正如绝大多数商业教条所认同的，现代企业的成功依赖组织的有效性。如果一个组织解体或者消失了，就很难再重建。为新任务建立组织是一件非常困难、代价高昂且结果未知的事。就好像之前的土地和后来的资本一样，权力总是追随着最难获得、代价高昂且结果未知的事物。所以，现在权力属于组织，即有组织性的竞争力。我们的下一个任务是深入考察企业和社会中的这一全新权力中心。

---

[1] 如你所料，当储蓄少于投资需求且货币政策以高利率和限定银行贷款为手段削减投资进而控制或企图控制住通胀时，权力的转移会被打断甚至是遭到逆转。虽然受到冲击的主要是严重依赖贷款的行业（例如房地产）中的小企业，但大企业有时也会出现资金周转不灵。在这种情况下，企业的管理层就必须服从银行和其他资金提供者的要求，甚至在某些决策上也必须听从资金提供者的安排。

第 6 章

技术专家阶层

"……在大公司的管理组织中，一个显著的特点是团队而非个人行动的盛行。"

——R. A. 戈登

一

在我们的文化中，个人地位远高于团队。我们对个人的预设是成就，对委员会的预设则是不作为。[1] 我们同情那些努力捍卫个性、拒绝泯然众人的个人。至少原则上，我们要求在有证据的情况

---

[1] 管理学专著的作者在谈及委员会行动的有效性之前总觉得有必要道歉。"在管理的各种机制中，没有比委员会更加有争议的了……尽管存在各种各样的缺点，委员会仍然是实施管理的重要手段。" Paul E. Holden, Lounsbury S. Fish and Hubert L. Smith, *Top Management Organization and Control* (New York: McGraw-Hill, 1951), p. 59.
"有人曾开玩笑说，骆驼就是委员会组建出来的马。从这一评论的口吻中我们会发现社会上也有专门针对委员会的批评家。虽然委员会有很多缺点，但一个普遍的共识是，委员会是管理大型组织的必要工具，在管理小型团队时也是非常有效的。" Justin G. Longnecker, *Principles of Management and Organizational Behavior*, 3rd ed. (Columbus: Charles E. Merrill, 1973), p. 263.

下方可以压制他的进攻性。个人是有灵魂的，企业则是众所周知的毫无人性。自强自立、永不停歇、富有远见、精明狡猾又充满勇气的企业家是经济学家眼中唯一的英雄；而伟大的商业组织却无法唤起人们类似的敬佩之情。宗教中上天堂的资格也是按个人或家庭计的，即使是形象极佳的企业的最高管理层也不可能作为一个团队升入天堂。在追寻真理的过程中，我们很难公开宣称组织在重要社会任务的完成上比个人出色。

但是这个任务又很必要，因为企业和社会权力的接替者是组织而非个人。现代经济社会只能被理解为组织为了建设团队人格而付出的努力，这种努力是完全成功的，就实现其目的而言，团队人格要远远优于自然人，而且它是永生不灭的。

之所以需要这样的团队，最初是因为在现代工业中企业需要做出大量决策，而处理所有重要决策所凭借的信息需要不止一个人来完成，[1] 通常需要许多人的专业科技知识、积累的信息或经验，以及艺术感或直觉。而这又是由专业人士通过使用高科技设备收集、分析、阐释得出的进一步信息指导的。最终的决策必须在系统性地结合所有相关信息后才能做出。由于人类的能力所限，也无法仅凭表面就接收所有信息。另外，必须建立机制来测定每个人对决策所做的贡献的相关性和可靠性。

---

[1] "组织的目的就是利用这样一个事实：许多（或者说几乎所有）决策都需要许多人的有效参与才能做出。"Kenneth J. Arrow, "On the Agenda of Organizations" in *The Corporate Society,* Robin Marris, ed. (New York: Wiley, 1974), p. 224. 阿罗教授提出的"组织"内涵超过我在本书中所说的"组织"，这里涵盖了通过市场交换信息。在马里斯教授编辑的这本论著中，有作者在其文章中总结道："我们整个当代社会都是'组织的世界'。"(P.239)

二

  在现代工业决策过程中，利用并评估多个个体提供的信息十分必要，有三个方面的原因。首先，这是源自现代工业的技术要求。这些要求并不总是极其复杂；可以想象，一个有一定天赋的人就可以习得开发一款现代汽车涉及的冶金学、化学、工程学、采购、生产管理、质量控制、劳动关系、造型设计和展销等不同分支的知识。但即使是这种人才在劳动市场上的供给也是不可预测的。而且即使对天才而言，要想同时掌握这些科学、工程和艺术领域的不同分支也是很耗时的。最基本的解决之道是雇用在每个限定的专业知识或艺术领域内拥有适当资格或经验的人士，这种做法使企业可以获得资质远不如天才的普通人才，因而雇佣的结果也更加具有可预测性。这样企业可以通过结合所有人才提供的信息来完成汽车的设计和生产。公众的普遍印象是，现代科学、工程和工业成就是由一批全新的且相当杰出的人创造出来的，而科学家、工程师和实业家也不否认这种观点。但这完全是虚荣心作祟。如果真是这样，人类的成就要少得多。真正的现代科技成就是通过令普通人术业有专攻，再通过恰当的组织令他们的知识与其他同样术业有专攻的普通人的知识相结合来实现的。这样我们就不需要天才了。这种模式的表现虽然不够鼓舞人心，却具有很好的可预测性。美国探月之旅不是由一个天才安排的，而是组织——美国国家航空航天局——运作的结果。希望登月后能安全返回的宇航员则庆幸幸亏如此。没有什么比待在月球上指望着某个也许性格乖张的天才以一己之力将你送回地球更令人不安的了。

  要求结合专业人才的第二个原因来自先进技术、配套的资本使用，以及前二者所导致的通过对与之相关的外部因素进行控制的计划的必要性。市场在很大程度上是一个对智力要求并不高的体制。像前文提到的威斯康星州奶牛厂就不需要预测未来对化肥、杀虫剂甚至是机械零件的需要，因为市场一直储备并供应着这些要素。如此一来，聪明人和他经医学诊断智力有问题的邻居需要花费的成本差不多。而农场主无须制定任何价格或是销售策略，因为市场将会以统一裁定的价格买下他出售的所有牛奶。市场之所以有吸引力，很大一部分原因就是这种似乎可以将生活简化的处理方式，这点对经济学家来说尤其重要。有序的错误也好过复杂无序的真理。

复杂性就导致了计划的出现，而计划总是针对一种特定的复杂情形。在最极端的情况下，导弹、空间飞行器或军用飞机的制造商必须预测到对专用厂房、专用人力、特殊材料和精密组件的要求，并且采取措施确保一旦需要这些都可以随时获得。我们已经看到，从中采购此类事物的市场要么不稳定，要么根本不存在。而针对产成品的公开市场也是不存在的。这里的一切都取决于制造商是否拥有足够的细心和技巧来从位于华盛顿、白厅①、巴黎或德黑兰的政府手中赢取合约。

汽车、食品加工和洗涤剂的制造商需要具备同样的远见和相应的行动，不过无须达到上述制造商的高水平。他们也必须预测到相关要求并且对市场进行管理。简单地说，制订计划需要有大量的信息。它需要不同领域的人才，也需要擅长获取所需信息的人才。世界上一定存在着某些可以利用所学知识来预测需求、确保劳动力和

---

① 白厅是英国首都伦敦西敏内的一条道路，位于英国国会大厦和特拉法尔加广场之间。除了是旅游热点，它也是英国政府中枢的所在地，因此也是英国政府的代名词。——译者注

原材料供给并保证其他生产条件的人才；也存在着可以运用所学知识制定价格策略，并确保经过推销后，客户愿意以这些价格购买的人才；也存在着拥有更高技术水平、更加具有远见卓识，因而可以有效地和政府进行合作，确保政府的决策正确的人才；也存在着可以组织上述及许多其他任务所需要的信息流的人才。因此，除了技术对专业科学或技术人才的要求，更进一步的要求来自技术发展使之成为必然的计划。

  最后，对各种专业人才的需要带来的是对组织协调工作的需要。企业必须想办法将人才组织起来，使之为一个共同的目标奋斗。更具体的说法是，无论大事小事，其信息都必须从不同的专家处获取，在检测过信息的可靠性和相关性后，企业才能采用这些信息进行决策。对于这一饱受误解的过程，我们需要专门讨论一下。

三

  现代商业组织，或者说是指导企业前进方向的部门，是由许多一直在进行信息的获取、吸收、交换和测试的人组成的。而信息的交换和测试在很多情况下是口头进行的——比如办公室里的讨论、午餐时的闲聊、小酌时的谈天或电话中的交谈，但是最典型的方法是通过委员会以及委员会会议。如果你认为商业组织就是由各种等级的委员会组成的，那么现实情况比你想象的还严重。反过来，协调就是将合适的人才分配到合适的委员会，偶尔介入以促使决策完成，并且在某些情况下宣布决策，或者是将现阶段的决策作为信息提供给更高层的委员会做进一步的决策。

  我们不该认为这一方法是无效率的。相反，一般来说，这是唯一有效率的方法。委员会间的合作使每个成员都能了解到同事的智力资源以及可靠性。委员会的讨论能集思广益，这也使得成员可以立即考察、评估当前信息的相关性和可靠性。没有哪种方式可以如此揭示人们对某人提供的信息或失误的不确定。无疑，这样的合作还可以激发人们去努力思考。一个人在独处时也许会享受懒洋洋的感觉，但是在公共场所，至少是在工作时间，是不会很安心地享受这种感觉的。那些以为自己陷入思考的人通常只是在思索一些无关紧要的事。那些喜欢"个人努力在某种程度上就是优于团队努力"这种陈词滥调的人，会谴责委员会这种组织形式；这些人错误地以为，由于一群人坐在一起氛围会更为愉快，生产率必然低下；那些人不曾意识到，挖掘信息尤其是测试信息的过程，在某种程度上必然缺乏方向（不断举行的会议总是在对已经决策过的事进行决策）；那些人也无法意识到，高薪人士围桌而坐参加委员会会议所浪费的时间，不一定就比他们各自坐在办公室里浪费的时间加起来还多。[1][2] 轻率、果敢的管理者常常会

---

[1] 此外，跟我们通常以为的不同，委员会各不相同。有些委员会之所以组建，不是为了汇集、测试信息进而提供决策，而是代表了不同的官僚、金钱、政治、意识形态或其他利益。某个特定的委员会也许会有双重目的。一个具有代表功能的委员会在处理问题时也不会太迅速，因为它得出结论的能力取决于其参与者是否愿意妥协、是否内耗以及是否贪婪。就其目前的形势而言，代表性委员会进行的是一场零和游戏，也就是说，有人赢就一定有人输。汇集和测试信息却是非零和游戏，所有参与者最终都会有所得。

[2] 企业决策的过程也不是通常想象的那么迅速。"追踪一家大型企业的重要决策的发展历史是一件非常能说明问题的事。整个决策过程的持续时间（通常以年计）以及世事变迁的复杂性，常常令那些以为企业在高效运行的人感到震惊。" William J. Baumol and Maco Stewart, "On the Behavioral Theory of the Firm" in *The Corporate Economy,* Robin Marris and Adrian Wood, eds. (Cambridge: Harvard University Press, 1971), p. 139.

通过废除所有委员会的做法来支持"个人在决策中具有不凡能力"的信念。为了避免这一行动导致的真正灾难性后果，即他们不得不自己进行所有决策，他们之后又会重新组建工作组、任务团队或执行组。

所以说，现代企业中的决策是团队而非个人努力的结果。企业中团队的数量很多，正式的和非正式的都存在，团队的构成也在不断变化。每一个团队中都有掌握关于某个决策的信息或者是具有相关信息渠道的人，当然还有具备挖掘、测试信息并从信息中得到结论的人。就这样，不管每个成员本身多么有地位或者多么聪明，只要他们各自掌握了一部分任务所需的知识，就可以成功地完成任务。正是因为这种做法，我们才有了现代企业。现代政府的运作也是如此。幸亏这些各自拥有有限知识的人可以如此组合，共同工作，否则，企业和政府就只能停滞不前，直到一个拥有所要求的全部知识的人出现。我们应当注意到更多关于团队决策的特征。

四

团队决策已经渗透到企业的方方面面。是否能有效地参与团队工作需要的是参与者的用心努力，与参与者在组织中正式的职位等级并没有很密切的关系。每个人都受到企业典型的组织架构图的影响。位于组织顶端的是董事会和董事长，接下来是总裁，之后是执行副总裁和其他督办人员，再之后是部门领导，例如雪佛兰部门、大型发电机部门或计算机部门的管理者。而权力是从顶端层层下放的。最高层的领导者发布命令，下层的人员再将命令层层传递下去或者直接执行命令。

上述的权力架构是存在的，但是只存在于结构非常简单的组织中，比如和平时期的国民警卫队演练或童子军的周六演习，除此之外，决策的进行都需要信息辅助，所以一部分的权力会被下放给掌握这种信息的人。如果这些人掌握的知识非常特殊，那么他们所拥有的权力也会很大。在洛斯阿拉莫斯国家实验室研发原子弹期间，恩里科·费米骑着自行车上山来工作；莱斯利·格罗夫斯少将则掌管整个曼哈顿区。只要费米与同他一起研发的同事达成一致，他可以在实验早期的任何时候终止整个项目。① 而格罗夫斯少将就不具备这种权力，因为他的工作换个人承担也毫无差别。

　　当权力的执行是由团队完成时，不仅表明权力已经转移到组织手上，而且这种转移是不可逆的。如果决策行为由个人进行，那么他的上级可能会传召他，对他的信息进行检验，而他的决策也可能被更具智慧或经验更丰富的上级驳回。但是如果决策的做出需要一个团队组合后的信息进行辅助，那么个人的力量是无法轻易撼动这个决策的，因为他必须邀请其他专家对其进行判断，这样权力就又一次回到了组织的手中。

　　但在这些事情上我们不能只考虑最极端的情况。个人利用自己的知识对团队得出的结论进行修正或是改变的事情也时常发生。但是有一条总的规则始终成立：如果一项决策参考的信息来自一组人员的专业知识，那么审核该决策的任务只能交给拥有相似专业背景的团队进行。一般团队的决策除非是作为另一个团队的决策基础，

---

① 费米是洛斯阿拉莫斯国家实验室先进开发部门的主管。他稍早期的研究成果证明自持链式反应是可能出现的。参见：Henry De Wolf Smyth, *Atomic Energy for Military Purposes* (Princeton: Princeton University Press, 1945).

否则往往是最终结果，不会再有变化。[1]

五

接下来我们应该认识到，团队决策并非只在核技术或空间力学这样明显的事例里起到重要作用。普通的产品也是经过复杂的过程完成生产和包装的。而最大型的市场控制活动以及最专业的营销人才都是为肥皂、洗涤剂、香烟、阿司匹林、盒装麦片和汽油这样的商品服务的。这些商品的地位超过其他所有商品，是最具价值的广告客户。由于这些产品本身都很普通而且不具备差异性，所以企业要通过对科学和艺术手段进行大量投资从而抑制市场影响并且尽最大可能控制产品的价格和出售量，这样才能弥补此类产品固有的劣势。有关这些产品的决策也是交给了一组结合了相关专业知识的人才。同样，这里权力深深渗入组织，这种渗入或多或少是不可逆的。

出于教学的目的，在很多年里我都是通过将一个技术上并不复杂的产品作为例子来阐述这些原则的。顺便说一句，我不明白为什

---

[1] 二战早期，我负责价格控制工作，其间我得出了本书中的一些结论。在由律师、经济学家、会计师、了解产品和行业的人以及公共正义专家组成的团队全面决策后，关于价格的决策（包括固定价格、提高价格、重新设定价格以及非常罕见的降低价格）会被提交到我主管的部门。一个人几乎不可能改变这种决策，因为改变这样的决策需要长达数小时甚至数日的调查工作，而在这期间，又会有其他数十个决策被做出。鉴于人们通常将员工称为"全能型"，所以一个普通员工有可能控制决策。但是一个全能型的员工只是在很大程度上复制了决策团队，并且会对决策团队的本来意图以及责任感产生不良影响，甚至会拖长决策所需的时间。能够控制全美所有商品的价格是一件很棒的事，但是当你意识到你所拥有的权力在团队决策的面前是那样微不足道时，你又会很失落。肯尼迪总统在面对要求采取公共行动的提案时总喜欢说："我同意你的看法，但是我不知道政府是否也会同意。"

么通用电气到现在也没把这么好的产品推向市场。① 言归正传，这个产品就是一个普通的烤吐司机，烤好的吐司会自动弹出来，特别之处在于烤的同时它会用颜色较深的炭在吐司的表面烙上字迹，烙的字迹可以默认或者自选。崇尚优雅的人可以选择烙上姓名的缩写或是族徽；虔诚的信徒在早饭时可以烙上一段来自葛培理牧师的合适的祷文；爱国主义者或者是那些忧心忡忡的人可以烙上出自埃德加·胡佛的呼吁保持警惕的警句；现代油画家和经济学家则可以烙上一个完全抽象的标志；如果是餐馆版的烤吐司机则可以用来打广告。

可以想象，通用电气的总裁可能也会有这样的想法。但是这类想法之所以会出现系统性的增长，却是因为开发产品的任务被交付给了级别比总裁低得多的员工。在开发这种烤吐司机的早期阶段，企业首先要找到工程、生产、式样设计方面的专家，可能还需要哲学、艺术和拼写方面的人才。而任何处在有权对该产品进行授权的职位的人，都要先对以何等成本、如何开发烙字功能等问题进行判断，之后才会组建团队。通常来说，任何降低技术和经济可行性的发现都会被考虑在内。在某些阶段，进一步的开发取决于市场研究员和促销专家关于这种烤吐司机是否有市场、能以何种价位出售的分析。而该团队的不利决策也不会被否认。最终，团队会得出关于这项创新可行性的全面分析。如果结论并不看好，决策也不会被驳回。虽然没把握住机会可能会背上骂名，但支持相关行动的推荐意见中看上去很合理的部分可能也不会被驳回。很明显，几乎所有权

---

① 自本书第一版问世以来，就有许多人告诉我他们也冒出过相同的灵感。一个英国工程师告诉我，二战时他在伦敦值班期间已经做出了这款烤吐司机。

力——从发起行动、开发品质到拒绝或接受提案，全部是在公司的底层执行的。经理说的并不算数，进行决策的有效权力已经下放到了技术、计划和其他拥有专业背景的员工手中。[1]

六

接下来我们必须注意的一点是，外部的介入可能会使团队权力变得不可靠或是无效。如果某个人仍然试图控制决策过程，那么这不但会轻易损害下放给组织的权力，也会损害决策的质量。

具体而言，团队通过接收和评估来自其成员的专业信息做出决策。如果要使他们对自己的行为负责，企业就必须赋予他们责任。企业不应该随意或突然地驳回团队的决策，因为这样的话，团队也会像受到这种待遇的个人一样，渐渐变得不负责任。

但是这种趋势带来的破坏性远比个人的不负责任大。团队的效率及其决策的质量取决于团队所提供的信息的质量和对信息进行的测试的精确性。当人们合作时，决策的质量会大大提高。人们随即会认识到，团队所提供的信息中有些部分是很可靠的，而有些部分虽然很有用但是我们却会心照不宣地将其可靠性打折扣，所以我们需要对成员所提供的全部信息进行权衡。高层人士的突然介入会引入新的信息，虽然我们对信息的质量存疑，但是这种信息常常不会受到测试。所以虽然他是新加入的人，我们并不了解他的可靠性，

---

[1] "……中层管理者的拖延和毫无激情的行动严重限制了企业高管强制实施决策的权力。" William J. Baumol and Maco Stewart, "On the Behavioral Theory of the Firm" in *The Corporate Economy*, Robin Marris and Adrian Wood, eds. (Cambridge: Harvard University Press, 1971), p. 139.

但因为他是老板，这些信息的可靠性也许就自动免于打折扣；有时他的介入直接采取发布指令的形式，因而完全独立于团队决策过程，但是往往只有吸纳了必要的专业判断的团队决策才是可靠的。在所有情况下，这种介入都是破坏性的。所有在大企业或是政府工作过的人都明白，了解内情的初级职员需要花费大量时间考虑如何说服并不了解内情的上司。

决策权下放到组织的趋势和保护团队自主权的需要，都使得组织中身居高位的人士（比如通用汽车或通用电气的总裁）在重大决策中只能行使很小一部分的权力。这种权力远小于传统的顺从、职场上的上下级关系或少数情况下的个人虚荣心所要求的权力。人们经常混淆决策和正式批准两件事。前者很重要，后者却并不重要。而无论一个决策多么常规，只要它涉及大量资金，人们就总是将它与权力联系在一起。重要的商业协议要求以严肃且敬重的态度对待金钱，因而也要以严肃且敬重的态度对待交付其使用的人。一家大公司名义上的领导者虽然权力很小且可能处于退休的第一梯队，但他是看得见、摸得着、可以被理解的。将决策权交给这样一个人对公司来说是件很有吸引力同时也可能很有价值的事，但实际上决策权属于无趣且难以被人理解的团队。[1] 但这并不能很好地解释，为什么一个在某些具体问题上无能的老板却可以进行公司政策制定这样宏大的事项，尤其当这些政策主题并非儿戏，需要团队提供专业信息作为辅助时。

领导者将任务分配给委员会，委员会再做出决策。如此一来，领导者可以有效地防止组织堕入程式化。领导者还会挑选人才来组

---

[1] 我会在下一章继续讨论这些问题。

建进行决策的团队，并不断重新构建团队以适应不断变化的需求。这可能就是领导者最重要的功能了。如果在一个经济体中，生产的决定性因素是有组织性的智能，那么挑选具有如此组织性的智能的工作就极其重要。但是这并不意味着老板可以替代甚至是猜测有组织性的智能在重大决策上起到的作用。①

七

在过去，企业的领导者通常指企业家——利用组织其他生产要素的能力集合了所有权或资本控制权的人。在绝大多数情况下，这个人还具有创新能力。②随着现代公司的崛起、现代技术及计划所要求的组织的出现，以及资本所有者与企业控制人两重身份的分离，企业家的身份不再以个人的形式存在于一家成熟的工业企业中。③除了经济学课本，人们在日常讨论中已经承认了这种变化。管理层已经作为指导企业前进方向的力量替代了企业家。管理层是一个定义不够完整的集体性的实体。在大公司中，它包括董事长、总裁、

---

① 自本书的早期版本出版以来，我的同事兼邻居丹尼尔·贝尔也发表了他十分重要且被广为讨论的著作《后工业社会的来临：对社会预测的一项探索》(*The Coming of Post-Industrial Society: A Venture in Social Forecasting*) (New York: Basic Books, 1973)。这本书在社会学和社会理论上的出发点与本书十分不同。就像这里提到的，贝尔认为现代经济社会需要全面计划，而知识就是在计划中起到决定性作用的资源。

② "在熟悉的领域之外依然自信地行动并且克服阻力，需要拥有特殊的才能，但这种才能只存在于小部分人身上。拥有这种才能的人适合成为企业家并履行企业家职能。" Joseph A. Schumpcter, *Capitalism, Socialism, and Democracy*, 2nd ed. (New York: Harper, 1947), p. 132.

③ 当然，他还是继续存在于小型企业以及组织尚未充分成熟的大型企业中。我会在接下来的几章讨论这一进化的问题。

手下有重要职员或肩负部门管理职责的副总裁、身居其他主要职位的职员，可能还包括上述未提及的部门领导。但是在管理层中可能只有很小一部分的人会作为参与者为团队决策贡献信息。而后提到的这个进行决策的团队是非常庞大的，组成人员上至公司最高层领导，下至公司外围的多少有些机械地执行指令或程式的白领、蓝领工人。决策团队包括所有能为团队决策过程提供专业知识、专业技能或经验的人。指导企业前进方向的智能，即企业的大脑，是这些决策团队，而非小小的管理层团队。现在，我们还没有对所有参与团队决策过程的人或者是他们所形成的组织进行命名，在此我提议将这个组织称为"技术专家阶层"。

第7章
公司

一

在需要严肃探讨的主题里，很少有比研究现代大公司更加无益的了。理由很明显：应该存在的企业的生动形象替代了现实中的企业，结果对这种形象的追寻反而阻碍了对现实的探索。

出于学术探讨的目的，公司总是具有清晰的法律形象。公司的目的是像个人那样做生意，同时具备从众人手中集聚资本并进行使用的能力。所以，公司可以完成那些超出个人财力范围的任务，同时可以保护那些提供资本的人：使股东承担的债务只限于初始投资，保证股东在公司重大事项上的投票权，定义董事、管理者的职权和职责范围，给予股东通过法律途径解决不满的权利。除了具备调配资本的能力以及与任何个人的具体生活关联不大之外，公司与个体户或合伙人制度并没有什么功能上的差异。公司的经营目的也和个体户或合伙人制度一样，是在平等条款下和其他公司做生意，为公司所有者赚钱。

这样的公司有很多。但人们好奇的是，经济学专业的学生会自然地对当地的铺路公司或汽车修理店感兴趣，还是会对通用汽车、埃克森、IBM 和通用电气更感兴趣。

然而这些公司与它们的法律形象存在很大差异。这些公司中没有哪一家靠初始投资汇集起可观的资本，公司几小时或几天的盈利就可以付清这些资本。这些公司中也没有一家存在个人股东可以掌握权力的现象。上述提到的四家大公司，无论是在购买原材料、零部件和劳动力的市场上，还是在出售产成品的市场上，影响力都远超个体户，这种差距也超出我们的想象。

所以，几乎所有针对公司的研究关注的都是它与本身的法律或正式形象间的偏差。这种所谓的"由数人联合组成的具有自主权的法律单位，拥有明确的法律人格，可以进行商业经营、拥有产权以及订立举债契约"[1]的企业形象十分规范。这本来就是公司该有的样子。现代公司将股东边缘化，规模日益壮大，业务线也扩大到完全不相关的领域，因而不但垄断了卖方市场，也垄断了买方市场，这种情况既特别又令人生疑，或者说根本是不应该的。

那些最大最知名的公司的名字家喻户晓，业界同行也赋予其领导者至高荣誉。如果说要将这样的公司视为异类，那么这种说法本身似乎就有点可疑。

另外，很明显的一点是，通用汽车公司不同于某些科学家。这些科学家将个人积蓄、银行贷款和从朋友那里借来的钱投入研发，为国防部供应高科技产品，并通过这种方式既保卫了国家，又获取了资本利得。这些科学家创立、拥有并经营自己的公司，充分利用公司这种组织形式的优势，因而他们的公司明显最接近既定的公司

---

[1] Harry G. Guthmann and Herbert E. Dougall, *Corporate Financial Policy,* 2nd ed. (New York: Prentice-Hall, 1948), p. 9.

形象。而通用汽车明显不是这样的公司。

之所以会这样是因为世界上并不存在"单一公司"这样的东西，而是存在若干种从通用、灵活且具有高度适应性的法律框架中衍生出来的公司形式。有些公司受市场控制，另一些则在不同程度上反映了对计划要求的适应和对技术专家阶层的需求。想要研究曼哈顿建筑的人如果一开始就假设所有建筑都是类似的，那么他将很难从现存的褐砂石建筑走向摩天大楼，并且如果他认为所有的建筑都应该像褐砂石建筑一样有承重墙，否则都不正常，他会给自己的研究造成更大的障碍。而针对公司的研究面临的是完全一样的问题。

二

要想高效地进行计划，最明显的要求就是规模大。我们已经看到，在市场不确定性无法消除的情况下，大公司有能力承受这种不确定性。大公司有能力完全消除市场，而小公司却不得不过度依赖市场；大公司无论作为买方还是卖方都可以控制市场；大公司也是政府采购或对技术要求格外严格、以计划为主要特征的经济中不可或缺的参与方。

公司在这种规模要求方面适应得非常好，这一点无须强调。它们有能力，并且已经变得非常庞大了。但是由于这种庞大会使人感到异常，所以这种适应力并没有得到强调。在所有商业会议、聚会、商业仪式和节日庆典上，最大公司的领导者自动享有优先权。他的智慧、视野、勇气、开明，以及在他领导下的企业的显著增长，会让他受到最热烈的恭维。但是没有人会去夸赞他企业的巨大规模——资产的价值或者雇员数,尽管这才是公司最引人注目的特征。

没有什么比现代企业的规模更能体现计划体系的特征的了。在1976年,最大的前5家工业企业的总资产为1130亿美元,只占整个制造业所有资产不到13%的比重。前50家最大的制造企业占到总资产的42%,前500家最大的企业占到72%。①

同年,资产超过10亿美元的企业一共有162家,占制造业总资产的54%。而资产超过1亿美元的企业大概占总资产的80%。有3801家企业拥有超过1000万美元的资产,占总资产的89%。② 就雇员人数而言,前5家最大的制造业企业雇用了11%的制造业劳动力。前15家最大的企业雇用了20%的制造业劳动力。这15家企业雇用的工人数超过了所有从事农业的劳动力的数量。美国电话电报公司和通用汽车两家大企业雇用了美国民用部门2%的劳动力。③

在1976年,100家超级大企业包揽了69%的主要国防合约。武器行业几乎完全成了超级大企业的天下。正如你所注意到的,在1974年,美国126家大企业开展了几乎75%的工业研发,获得的拨款占联邦政府对此类工作援助的93%。同年,私有大企业开展了几乎20%的此类研究(其中的大头都由政府支付)。④

绝大多数人都认为,计划是政府具备的职能。如果公司是计

---

① *Fortune,* May 1977. *Quarterly Financial Report for Manufacturing, Mining and Trade Corporations,* Fourth Quarter, 1976 (1977) (Federal Trade Commission-Securities and Exchange Commission), p. 66.

② *Quarterly Financial Report.*

③ *Fortune,* May 1977 and *Fortune,* July 1977. *Economic Report of the President,* 1977, pp. 218, 224.

④ *Research and Development in Industry,* 1974 (National Science Foundation, September 1976).

的基本单位，那么最大公司的运营规模应该和政府差不多。情况确实如此。在1976年，工业企业中的前三名——埃克森、通用汽车和福特的总收入达到了1250亿美元①[这个数字比全美所有农场的总收入（包括政府支付）还要多出约200亿美元②]。1976年，埃克森的总收入达到486亿美元③，是内华达州政府收入的100倍多、纽约州政府收入的3倍多④，大约占联邦政府总收入的1/6。⑤

没有证据表明，公司向越来越大的规模发展或是大公司在总产出中占据的份额越来越大的趋势会减弱。一位专攻这些趋势的一流研究员曾经总结道："1954—1963年的10年间，个别制造行业的市场集中度不断缓慢上升……这种趋势一直延续，并在1963—1966年加速上升。"⑥威拉德·穆勒和拉里·哈姆通过考察这段时期以及稍后几年的市场情况，发现"以消费者为主导的商品行业的市场集中度有显著的上升"⑦，他们认为这是由于大规模广告营销中存在计划性利得。而以生产者为主导的商品行业的集中度已经处于高位，并没有很大的变化。这种持续集中现象的一个很主观的

---

① *Fortune,* May 1977, p. 366.
② *Economic Report of the President, 1977,* p. 290.
③ *Fortune,* May 1977. Ibid.
④ 内华达州和纽约州的对比，基于对两州政府在1975年的总收入的估计。参见：United States Bureau of the Census, *Governmental Finances in 1974-1975* (Washington: U.S. Government Printing Office, 1976), p. 47.
⑤ *Economic Report of the President, 1977,* p. 267.
⑥ Joe S. Bain, "Changes in Concentration in Manufacturing Industries in the U.S., 1947-1966: Trends and Relationships to the Levels of 1954 Concentration," *Review of Economics and Statistics,* Vol. LII, No. 4 (November 1970), p. 416.
⑦ Willard F. Mueller and Larry G. Hamm, "Trends in Industrial Market Concentration, 1947 to 1970," *Review of Economics and Statistics,* Vol. LVI, No. 4 (November 1974), p. 519.

表现，就是那些有动机为由许多小企业构成的传统市场进行辩护的学者的反应。在过去，面对表明企业日益扩大的规模和不断增加的市场集中度的证据，他们以创造性的操纵手段和勤奋工作证明了，无论行业集中度有多高，实际上从很早的时候起，比如1900年，行业集中度就没怎么增加过。但根据我们的判断，如今大部分此类学者已经不再做这种无谓的挣扎了，因为部分真相的力度已经大到统计手段也无法掩盖了。

少数几家超大企业经济活动的高度集中现象并不是美国特有的。1909年在英国，前100家最大的制造企业的产出估计占到整个净制造产出的16%。到1958年，这一份额已经翻番，达到33%。到1970年，这一份额几乎是1909年的3倍，约为45%。[1] 弗雷德里克·普赖尔曾经在一项重要的研究中展示这些常见的现象意味着什么。虽然市场体系和计划体系间存在很大分歧，但从实践的目的来看，所有成熟工业国家的工业集中水平是一样的。[2]

很长一段时间以来，经济学家都从关于现代企业为什么会拥有如此之大的规模的争论中获得了许多乐趣。是因为如果要获得现代大规模生产的规模经济就必须拥有一定的规模吗？[3] 或者更隐晦地说，是因为大企业想要利用其规模在市场上实施垄断权力吗？当前的分析表明，这两种争论在一定程度上是正确的。企业必须达到一

---

[1] S. J. Prais, "A New Look at the Growth of Industrial Concentration," *Oxford Economic Papers*, Vol. 26, No. 2 (July 1974),p. 273 et seq.

[2] Frederic L. Pryor, "An International Comparison of Concentration Ratios," *Review of Economics and Statistics*, Vol. LIV, No. 2(May 1972), p. 130 et seq.

[3] Joe S. Bain, "Economies of Scale, Concentration, and the Condition of Entry in Twenty Manufacturing Industries," *American Economic Review*, Vol. 44, No. 1 (March 1954), p. 15 et seq.

定的规模才有能力投入大量资本来运用现代技术，这就是所谓规模经济的情况。而企业要想控制市场，也必须先达到一定的规模，这就是以实现垄断地位为目标的情况。不过当前的观点也解释了一些以前不能解释的部分。通用汽车公司大到不仅负担得起最佳规模的汽车厂，而且可以负担十几个最佳规模的汽车厂。规模经济不能解释这一点。它同样大到拥有可以垄断市场的权力。不过消费者不会真的抱怨传统观念中总与垄断联系在一起的剥削。合理的解释是，通用汽车并没有利用垄断或是规模经济，而是利用了计划。这种涉及对供求的控制、资本供应和风险最小化的计划，对理想的企业规模不存在明确的上限要求，可能规模越大，越有利于计划的进行。而公司这样一种形式正好顺应了这种需求。很明显，它使公司可以发展到非常庞大的地步。

三

令人钦佩的是，大公司同样在调整自身以顺应技术专家阶层的需求。提示一下，技术专家阶层负责的就是团队决策——将许多组员提供的信息进行汇总和测试，以进行所需知识量超过任何个人的知识背景的决策。我们也已经看到，这样的团队需要高度的自主权。鉴于团队决策以及团队所要解决的问题的本质，任何团队以外的权威都无法获取完整的信息，因而外界权威的介入总是武断的，会对团队决策造成很大的伤害。如果问题可以通过个人决策来解决，那么也就不需要团队参与了。

而政府就是可能会介入的外部权威之一。不过公司章程赋予了企业很大的自由，让它在处理事务时可以在很大一个领域内进行独立行动。而这种自由是受到强大保护的。在美国的商业准则中，没有比政府插手企业内部事务更为恶劣的事了。这种保护性的传统十分强大，即使是激进派也会尊重这一点。而企业同样强烈抵制工会利用管理特权的入侵，这种愤怒也可以从"入侵"这一措辞上看出。

然而，还有一种介入的危险来自企业的所有者，即股东。将股东排除在企业管理之外的做法既不受到法律保护，也不是约定俗成的惯例。相反，股东可以直接或通过董事会间接插手企业事务。但是这种介入的合法性并不能保证它一定是无害的。在需要团队决策的重大问题上，股东实施介入权带来的危害不比其他形式的介入小。所以在这种情况下，企业也必须将股东排除在外。

死亡以及财产的分配已经部分地瓦解了股东的权力；而各种信托、基金会多元化的目的，财产结算、赡养费的分配效应，以及不参与管理的继承人在艺术、慈善和社交享乐方面的支出，都将企业的股权分散到更多人的手中。虽然这一股权分散化的过程发生得很快速，但是这种分散需求也绝不会彻底地剥夺股东的实权。

20世纪20年代中期，第一个引发公众对这一趋势广泛关注的案例发生了。在这一案例中，人们得知，印第安纳州标准石油公司的董事会主席罗伯特·斯图尔特上校在加拿大成立了一家高度专业的企业——大陆交易公司。他的创业伙伴中有些人因为茶壶山丑闻案和埃尔克·希尔斯交易案遗臭万年。这家公司只做一件事，就是从得克萨斯州中东部富饶的墨西卡油田的所有人亨弗里斯上校处购买原油，再每桶加价25美分倒卖给由控制大陆交易公司的同一批人控制的公司，包括印第安纳州标准石油公司。这是一笔很不错的生意，基本上是空手套白狼，只需支付很小比例的律师费给代持公司的杰出加拿大律师（当警察打算讯问这位律师时，他跑去非洲打猎了），以及在收益被转化为自由债券后再被汇回的费用（如果这家公司没有愚蠢到用这些自由债券中的一部分来贿赂内政部部长阿尔伯特·福尔，用另一部分去为共和党全国委员会偿还赤字，也许永远都不会有人知道大陆交易公司的存在。该公司原本的打算无疑就是永不曝光）。斯图尔特上校后来的说法是，他一直打算将公司利润交还给印第安纳州标准石油公司，但是他太健忘，结果一直持有了许多年，还兑现了一部分票息自己花掉了。1929年距离印第安纳州标准石油公司接到指令从洛克菲勒的标准石油帝国中独立出来不过18年。洛克菲勒家族仍然持有印第安纳公司14.9%的投票权，拥有控股权益。对于这种激起公愤的行为，他们的反应极为严肃。老洛克菲勒曾经在重要场合向他的竞争对手征收过类似的税，但是从未向自己的公司征收过。小洛克菲勒利用茶壶山丑闻案引发的公众关注、自身在金融界的崇高地位、为其征集股东代理权的弟弟温斯洛普·奥尔德里奇的帮助和大笔资金，以微弱优势将上校逐出了公司[1]（上校获得了董事会的全力支持——他们都给他投了赞成票。也许他们这么做也是很恰当的，因为当初也是斯图尔特选择他们出任董事）。如果不是爆出这起丑闻外加洛克菲勒家族惊人的资源，小洛克菲勒基本没有可能战胜上校，这一点确实令人震惊。

在其他绝大多数大企业中，股东运用如此之大的权力的可能性更小，而且随着时间的流逝，这种可能性越来越小了。戈登教授在二战前曾对最大的176家企业进行过研究，结果表明，在至少半数

---

[1] 参见：Adolf A. Berle, Jr., and Gardiner C. Means, *The Modern Corporation and Private Property* (New York: Macmillan, 1948),pp. 82-83。洛克菲勒在全部8465200股中获得了5510213票。斯图尔以每年7.5万美元的退休金退休。M. R. Werner and John Starr, *Teapot Dome* (New York: Viking Press, 1959), pp. 274-275.

以上公司的股权结构中，大股东占股不超过总流通股本的 1%。在不到 1/3 的企业中存在一位股权份额大到足以对公司进行潜在控制（即可以选举董事会）的大股东，而"股东拥有大量股权从而享有较高程度的主动领导权的公司数量当然就更少了"。[1] 这是 30 多年前的情况，当时成立更久的铁路公司的股权要比新成立的工业企业更加分散，而这种股权分散的趋势当然也一直延续到现在。[2] 这就意味着，如果一个股东想改变控制权就必须说服更多的股东来对抗管理层的建议。就事情的本质而言，他要说服这些小股东将投票权交给一个他们并不认识因而无法信任的人。而其他小股东很可能对将代理权交给管理层这件事持无所谓的态度，所以想要改变控制权的股东还必须克服这一困难。如果他是局外人，一旦输掉代理权之战，他就必须付出代价。最后，他还必须克服的一点是，心怀不满的股东永远都可以选择将自己的股票一卖了之。企业规模、时间的流逝和股权的分散并没有剥夺股东的权利，他还是享有投票权，只是如果他打算为管理层投赞成票，这点毫无必要；如果投反对票，这点毫无意义。换言之，他的投票毫无价值。

---

[1] R. A. Gordon, *Business Leadership in the Large Corporation* (Washington: Brookings Institution, 1945), Chapter 2, p. 43. 管理层持股比例的中位数是 2.1%。在 36% 的企业中，管理层持股比例低于 1%；只有 16% 的企业的管理层拥有多达 20% 的流通股。研究表明，截至 1952 年，管理层持股进一步减少。参见：Mabel Newcomer, *The Big Business Executive* (New York: Columbia University Press, 1955)。

[2] R. J. Larner, "Ownership and Control in the 200 Largest Nonfinancial Corporations, 1929 and 1963," *American Economic Review*, Vol. 56, No. 4, Part 1 (September 1966), p. 777 et seq. 这项研究确认了文中提到的观点，不过拉纳教授并不认同当前关于管理层控制权已经改变大企业激励结构的观点。具体参见拉纳教授的专著 *Management Control and the Large Corporation* (New York: Dunellen Publishing Company, Inc., 1970)。

四

技术专家阶层如果想牢牢把握团队的自主权，就需要掌握新的资本来源，这样一来，在某些情况下团队就不必牺牲自己的决策权去换取资本支持。这里充足的资本就成了团队成功运行的要素之一。如果客户可以从别的更为宽松的渠道轻松获取资金，或者行业间争夺客户的竞争过于激烈，那么无论是真实或是潜在的决策，还是贷款或证券承销的条件，银行、保险公司或投资银行家都无法掌控。

现代技术及计划决策的复杂性也使技术专家阶层可以免受外界介入的影响。一个村镇银行家即使没有相关经验或知识储备，也有能力轻松地就饲养黄牛的前景做出与农场主不同的判断，而且他通常也是这么做的。但即使是再自我感觉良好的金融家，也不敢质疑通用电气的工程师、产品设计师、造型师、市场研究员和销售高管对前文提到的具有领先文化功能的烤吐司机的判断。决策权从某个人的手里转移渗透到技术专家阶层手中后，技术和计划的天然门槛使得局外人无法影响团队的决策。

但是企业还为技术专家阶层提供了更加具体的保护手段，即从完全由自己掌控的企业盈利中拿出一部分作为资本来源。没有哪一个银行家有权对企业的保留盈余附加条件或限制用途，也没有哪一个局外人有权干涉。如果利用保留盈余进行的投资最终失败，那么除了行为一贯不会过激的股东，没有人有权质疑。我们很容易低估与这种资本来源相关的权力转移的重要性。很少会有比它更加从根本上改变资本主义的进展了。企业的保留盈余成了企业最为重要的资本来源，对此我们并不感到十分惊讶。

五

技术专家阶层还面临最后一个可能的危机，也就是盈利失败引发的危机。如果盈利失败，企业就不会有保留盈余。如果这时需要建立新工厂或是补充运营资本，那么企业就不得不求助银行家或是其他外部融资渠道。鉴于形势如此不利（即企业处于亏损状态），企业就不得不将询问以及介入的权利交给这些提供资本的局外人，而不能以一句"本公司事务与你无关"来拒绝对方的插手。[1] 如此一来，尽管只是短时间局部的资本短缺，也会令资本家的权力迅速死灰复燃。而往往就是在这种企业亏损的时候，大公司的股东开始对管理层的权力产生威胁。在大公司，比如全美500强中，自发的股东起义是非常罕见、可以忽略不计的。如我们所见，这种忽略部分是因为超大企业很少会发生亏损。

如果不是超大企业，还是存在被收购的风险。如果盈利水平一般，股利很低，股票价值就会随之下降，而收购方总会以高于当前市场水平的价格取得控股权益。[2] 如果控股权易主，那么随之而来的就是最高管理层的变动或其特权的取消，所以尤其是在最近几年，管理层已经将如何避免被收购的风险纳入自己的动机和计算。

---

[1] 虽然这种习惯是根深蒂固的。1970年，当宾夕法尼亚州中央铁路向政府寻求贷款支援以避免破产时，有人询问宾夕法尼亚州中央铁路的高管，这是否意味着政府有权控制该公司。这位高管回答说，他不认为政府会介入私人管理决策。

[2] 管理层如果在财务上有弱点，就很容易陷入永恒的平庸或迟钝。一个著名的案例就是企业家（或者说冒险家）伊莱·布莱克收购联合果品公司，该案已收入 *An American Company: The Tragedy of United Fruit,* by Thomas P. McCann, edited by Henry Scammell (New York:Crown, 1976)。我对此案的评论刊载于 *New York Review of Books,* October 14, 1976。

公司的收入不一定要达到最高，因为也没人知道最高该是多少，只要收入的数字好看，而且公司规模足够大，那么债权人就不能介入，股东也不会有意见。股票的单位价值和整体价值都会超出收购方的财力。所以最重要的保护手段是拥有稳定的盈利。这里企业和计划体系同样都会很有效地顺应需求，尤其是对技术专家阶层的保护。不过令人惊讶的是，几乎没有人注意过这种顺应的本质。[1] 简单地说，这种顺应就是大企业几乎从来不会亏钱。[2] 从 1954—1976 年，只有两年出现过前 100 家最大的工业企业中有多达 5 家企业同时出现亏损的情况。在那 23 年间，有 7 年的时间前 100 家企业全部实现盈利。类似地，在 1955—1976 年的 22 年间，有 8 年的时间包括西尔斯、罗巴克、A&P（大西洋和太平洋食品公司）、西夫韦（Safeway）等企业在内的前 50 家最大的销售企业都在盈利。没有哪一年有超过 5 家企业亏损。

1974—1975 年的经济衰退是自大萧条以来最严重的经济下滑时期。在此期间成熟的大企业的经历很好地强调了这一点。在 1974 年，前 100 家最大的工业企业中只有 4 家亏损，在 1975 年只有 3 家。[3] 无须赘言，成熟的大企业在计划体系下的盈利表现远比在计划体系边缘或计划体系之外的企业稳定。

成熟的大企业在计划体系中所处的位置的稳定性与其盈利及成

---

[1] 最显著的例外就是威廉·谢泼德，他十分强调大型企业的销售和盈利的高度稳定性，以及近几十年来这种稳定性的提高。参见：William G. Shepherd, *Market Power and Economic Welfare* (New York: Random House, 1970)。

[2] 既没有发展出技术专家阶层也没有对成本、价格或客户市场回应的控制进行有效计划的铁路公司是大型企业中的一个例外。

[3] "Directory of the 500 largest Industrial Corporations"；"Directory of the 50 Largest Retailing Companies," *Fortune*, 1954-1977.

长的稳定性密切相关。在10年或20年以前，最大工业企业榜单前100名的企业如今基本上依旧占据着榜单。而前10家最大的企业都没变化，甚至连排名的变化都不大，尤其是前5家。很遗憾，曾经为经济学家所钟爱的虚构出来的故事，即"典型企业"会历经成长、衰老、落后，并最终被更年轻、更有活力的新生企业取代，在这一部分的经济体中已经失去了吸引力。[1] 即使是这种最易令人接受的"神话"故事，伟大的公司也会毫不留情地戳穿。

很长一段时间以来，美国商界一直演奏的咏叹调是，这是一个盈利和亏损并存的经济体。"美国的竞争企业体系是公认的盈利与亏损并存的体系，对盈利的渴望和对亏损的恐惧就是企业经营的动力。"[2] 这话也许有道理，但是并不适用于经济体中有组织性的那一部分，因为在那一部分中高度发展的技术专家阶层有能力通过计划手段保护自己的利润。这话也不适用于美国钢铁公司，也就是我们刚刚引用的那句话的作者所在的公司。当他说出那句话时，美国钢铁公司已经持续盈利整整25年了。

六

和以往一样，过分夸大一个有力的例子不会增加它的说服力。全美前200家最大的企业（也就是构成了计划体系核心的企业）中只有少数几家的所有者可以对企业的决策施加重大影响，而且这种

---

[1] 参见：David Mermelstein, "Large Industrial Corporations and Asset Shares," *American Economic Review,* Vol. LIX, No. 4, Part I (September 1969), p. 531 et seq. 此项研究证实了这一点。

[2] United States Steel Corporation, *Annual Report 1958.*

影响还在逐年下降。不过也有例外。杜邦和福特家族的后人在很长一段时间里都活跃在那些以他们家族姓氏命名的企业里，虽然自本书初版发行以来，这些家族成员已经停止担任最高职位了。在这两个案例中，这些家族成员都是通过加入技术专家阶层来获得对企业决策的影响力的。其他的股权持有者则是通过他们在董事会中的席位来挑选管理层进而行使权力的，因为在一家成熟的大企业里，管理层有权挑选那些将进行共同决策的人。不过总有一些股东会在获悉情况后大量插手那些单个的决策，例如并购、购置厂房或是启动新的产品线。

然而在上一节提到的案例中总是存在一个问题，即决策究竟在多大程度上是由个人做出的，又在多大程度上是由提供相关信息的团队做出的。我们必须再次强调混淆正式批准和决策带来的风险。而在任何情况下我们都必须认识到一点，即企业的仪式总是多多少少刻意掩盖了现实。对此我们会给出一个最终的结论。

公司的仪式大力强调董事会的权力，最终强调的是董事会所代表的股东权力。而为了证明这一点，公司所进行的仪式总是分外庄严。没有人会怀疑自己的重要性。股东会将写满数据的厚厚的文件提交给董事会，相关的建议也会附在其后。讨论总是简短的、非现实的、流于表面的，绝大多数的参与者是老年人。鉴于团队准备的程度以及性质，反对意见是不可能出现的。不过这种讨论通常都会给董事会留下决策是由自己做出的印象。

公司的程序赋予了董事会进行财务交易的权力，比如改变资本结构、宣告股利、批准信用额度。鉴于技术专家阶层已经控制了自己的储蓄来源以及资本供给，所以这些财务决策通常不过是非常常规的衍生出来的决策。不过正如我们之前提到的，涉及大笔资金的决策总给人以经手人握有实权的印象，就好像在我们的传统印象里，军事作战中的特遣小分队似乎总是具有更大权力。

虽然相关仪式越来越夸张，看上去也越来越不合理，但是公司仪式还是给了股东手握实权的印象。当股东控制着（或曾经控制着）一家企业时，股东大会很少是走过场。股东会采取似乎是策略性的让步，大部分人投赞成票，少数人投反对票，所有人都明白相关的过程。但是随着股东逐渐丧失了影响力，他们开始努力粉饰这种无效性。股东的便利之处在于可以选择开会地点。他们会收到印刷得非常精美的报告，如今这种报告的准备工作已经成了一项专门的生意了。他们可以考察产品甚至是厂房。在整个过程中，就好像在报告中的措辞一样，会有人不断提醒他们，这是属于您的公司。公司的管理人员会表现出耐心倾听股东意见的姿态。虽然因为股东对公司运作完全不了解，所以提出的建议完全不相关，但是管理人员还是会向他们保证，一定会十分认真地考虑这些建议。身着印花裙子持有10股的女性股东会投下感谢的一票，感谢"你们凭借着高超的技巧管理着'我们的'公司"，而管理层会扮出感激的样子将这席话全盘收下。所有出席的股东都表现出对批评人士的强烈不满，尤其是那些利用股东大会攻击企业的社会、政治或军事行动的人。真正的大股东不会出席大会，大会也不会进行任何决策。美国大企业的年会可能是最细致地展现大众幻想的活动了。

在1956年，超过10万名的伯利恒钢铁公司股东将代理权交还给管理层下属的一个委员会。而这一管理层委员会一直利用代理权投票给由管理层选出的董事，而这些董事全部是从管理层中选出的。所以次年在华盛顿就发生了以下对话：

基福弗参议员：这份文件显示，在1956年，董事会成员给自己支付了 649.9 万美元的薪酬。

霍默先生（伯利恒钢铁公司的总裁）：参议员，我想打断一下。并不是我们自己支付给自己。我希望您不要用这种字眼。

基福弗参议员：很好，我更正一下，是在股东同意的情况下。

霍默先生：您这么说就好多了。[1][2]

---

[1] Hearings before the Subcommittee on Antitrust and Monopoly of the Committee on the judiciary, United States Senate, Eighty-fifth Congress, First Session, Pursuant to S. Res. 57, Part II. *Steel* (1957),p. 562.

[2] 在 1966 年或 1967 年初，当本书第一版付梓时，IBM 内刊《思考》（*Think*）的嗅觉灵敏的编辑已经打算付出合理的稿酬来发表这一章。不过这一章最终并没有发表在杂志上。他们之后解释说，虽然本章解释的真相是毫无疑问的，但是就像直接告知股东他们其实并无实权一样，这将是很无礼的行为。

第 8 章
企业家与技术专家阶层

一

企业允许组织为适应需求而做出改变。由于不同目的下的需要是不同的，所以组织为适应做出的改变也是不同的。现代大公司需要顺应先进技术及其所要求的大额资本和全面计划所产生的需求。这反映出大公司的技术专家阶层对不受外界干扰的自由的需求。技术专家阶层可以通过各种不同的方式来赢得这种自由，包括使用自有资本。

如果是很简单的技术，就不需要大笔的资本供给。由于这时市场将稳定地运行，所以没什么机会也没有什么必要使用计划。上述情况也使得企业对专业智能和相关组织性的需求减少。最终，企业的规模会很小。只有大公司有能力设计和制造喷气式发动机或构造核反应堆，而零售汽油或种苹果的工作仍可以由相对较小的公司完成。

如我们所注意到的，这样的小公司会受制于市场的影响。它无法影响买入的价格或是在此价格上卖方提供的商品数量，也无法影响卖出的价格或是在此价格上买方愿意购入的商品数量。没有什么可以比市场更有效地让人们意识到自己的无能为力，这样它们就可以有效地减少努力或智力投入，同时又不会引起焦虑。与生产有关的决策同样简单，一个占主导地位的股东已经拥有足以全盘考虑生产过程的智力。同理，其他提供资本的股东也可以了解自身投资的情况。如果公司由聘用的职业经理人打理，情况也是一样的。而小公司的股东通常也很少，所以股票的投票权仍然很重要。因此，小公司的可理解性使得这种知识变得有效。鉴于小企业所面临的市场风险，企业主也必须小心看管他们的财产。他们也确实可以做到这一点。所以企业的形式可以很好地适应小企业的需要。我们在后文将会看到，这种适应符合（而大企业通常不符合）公司法中所概述的公司设计，以及被奉为经典的经济学教科书中所宣扬的形式。

随着规模的增长以及经营的日益复杂，小企业主或经营较被动的企业主往往会丧失自己的决策权。股东数量通常会增加，而每个股东所拥有的投票权自然就减少了。更重要的是，股东无法获取足够的信息了。那些不在管理层中任职的股东对企业现状了解得越来越少。当企业的规模逐渐扩大，经营越来越复杂，因而需要越来越多的知识才能做出明智的决策时，这些股东也没有机会了解到这一点。与之相对的是那些仍然保留权威的个人，他们仍然掌握着这些与权威天然相关的信息。在没有投票控制权的情况下，这些信息通常会赋予个人凌驾于企业之上的充分权威。其他人则别无选择，只能接受他的领导。对小股东或是被动型股东而言，比损失权力更糟的是权力在其不知情的情况下被执行了。所以企业再一次改变自己以适应需要，即在企业成长的某一特定阶段，权力必须集中在少数股权拥有者手中的需要。这种权力集中在那些同时掌握了资本和拥有对企业发号施令能力的人手中。这样就出现了传统意义上的企业家形象。

工业发展的迅猛并不影响企业家。经营大矿和经营小矿一样都在他的能力范围之内。在炼钢的早期和初级阶段，不管是管理一座还是数座贝塞麦转炉[1]，他对每一座都具有同样的权威。而保有这种权威至关重要的条件是，技术和计划都仍然相对简单，或者说有限。

少数股东，或者甚至可能是非常分散的大多数股东权力的减少也为企业家提供了通过合并使企业成长的机会。如果企业家拥有控股权益，那么他不但可以获得企业内部的资本，也可以获得企业外部的融资。一旦拥有资本，企业家就可以收购业内其他企业的控股权益。真正需要用现金支付的只是被收购企业总价值的一部分。由这些比同业更加高度资本化或更加积极的企业家所进行的收购行为，几乎成为美国所有行业的特征。除了那些直接负责的人，其他人对这一收购过程总是感到不安。人们唯一认可的是最终的结果。这种收购常被视为自由企业的有力表现形式。石油、钢铁、烟草、铜、运输、肉类包装、加工食品、奶制品、电力、煤气、通信、杂货店、药店，甚至是宾馆、汽车旅馆、汽车剧院，以及其他的休闲娱乐约会场所都曾经历或正在经历自己的并购时代。那些名字与这些并购案紧紧联系在一起的人——洛克菲勒、摩根、杜克、哈里曼、古根海姆、杜伦、杜邦、克莱斯勒、哈特福德、希尔顿都无一例外地在企业中同时拥有资本的控制权和无可争辩的权威。[2] 在先前和接下来的观点中有一点值得注意：在这些先锋企业家之后，再也没有人享有与他们同等的声名。继

---

[1] 贝塞麦转炉是在贝塞麦转炉炼钢法中所使用的炼钢炉。该炼钢法由英国冶金学家贝塞麦发明，并由此得名。——编者注

[2] 这种权威不一定是直接行使的，可以通过代理人间接行使，就好像 J. P. 摩根通过阿尔伯特·加里行使权力一样。

第 8 章　企业家与技术专家阶层

任者的名字在历史中湮灭，或者从来就不为人所知。

二

事实上，伟大的企业家的一生总会被拿来跟雄蜂比较。它们以自身的灭绝为代价使雌蜂受孕。老一辈的企业家合并的是技术上并不复杂的企业。正如世纪之交的钢铁业案例：当美国钢铁公司成立时，一小队的经理人和主管就可以领导大量的相对缺乏训练的技能同质化的工人。企业的合并使其拥有了对市场的控制，这正是现代计划的先驱。但是，对石油、钢铁、烟草和其他产品定价并不需要什么高超的技巧，也不用考虑客户的感受。竞争者们被以地道的英语告之必须遵守行业领导者设定的价格，否则就等着关门大吉。这些都不需要专业人才。

但是合并为企业带来了新的工厂和产品，因而企业也需要按照功能和知识进行专业化分工，而且早晚会出现更加复杂的计划和控制任务。而动态发展的技术最后又会增加对资本、专业人才以及日益全面的计划的需求。① 因此，企业家最终创造出的东西势不可当

---

① 在世纪末之前，新泽西州标准石油公司，也就是标准石油公司的前身就已经在技术表现上取得优势，不过这一优势并不是主要创始人的功劳，而是管理团队的功劳，该团队包括 H. M. Flagler, John D. Archbold, H. H. Rogers, Charles Pratt, Oliver H. Payne 等。参见：Allan Nevins, *Study in Power: John D. Rockefeller.* Vol. 2 (New York: Scribner, 1953), Chapter 22。早在1882年，约翰·洛克菲勒就已经从现居总部的下属那里获得了以下的报告。"虽然在纽约的时候，我已经与制造委员会（制造委员会已经隶属执行委员会）有了许多接触，并且在私下讨论过许多已经出现以及未来即将出现的问题。不过我们的观点仍有冲突，委员会成员也有许多出于个人利益的顾虑……这些都不利于我们得出正确的结论……" Nevins, Vol. 2, p. 21.

地超出了他的权威范围。他可以改造企业，可以在一段时间内继续施加影响力，但是如果要实现他的初衷，这一创造最后必然会取代他本身。企业家所创造的企业最终只会由一组分享专业信息的人才经营。①

有时，因为企业家拒绝交出权力，逆势而为，反而产生了戏剧化的结果。历经20世纪20年代、30年代，直到步入40年代，亨利·福特越来越老，也越来越专制。他越来越痛恨组织化，虽然没有组织化他的企业根本无法运行。他拒绝与拥有专业技术背景的员工打交道，在很多年里，位于胭脂河的福特公司都没有聘用过大学毕业生。福特还很有规律地解雇所有不断升职的员工，因为他认为这些人会夺走本该属于他的责任和权力。汽车行业里许多极受尊敬的名字都被福特排挤或"砍杀"了，包括卡曾斯、威尔斯、霍金斯、罗科尔曼、努森（他推动了通用汽车的建立）、利兰家族（凯迪拉克和林肯的创始人）、克林根史密斯和坎茨勒。很长一段时间里，"行刑官"都是查尔斯·索伦森，到最后，福特为索伦森"行刑"。在40年代初期，福特只剩下一位重要的高管哈利·贝内特。贝内特和各种拳击手、密歇根刑法体系培养出的本科生、被免职的足球教练，以及其他差不多素质的同事一起，花费大量时间确保无

---

① 已故教授本·B. 赛里格曼（Ben B. Seligman）对这些问题有敏锐的观察，他曾经在更加广义的层面上做过总结。"……金融资本主义的寿命出奇的短暂，因为新一代的管理人员发现他们可以从公司累积的利润中获得充足的资本供应，所以无须华尔街的帮助，他们也能很好地经营……如今统治企业的是受薪的专业人士。"参见："The American Corporation: Ideology and Reality," *Dissent*, Vol. XI, No. 3, Summer 1964, p. 323。

人可以动摇福特意图独占的权威。[1]

结果，企业几乎遭遇灭顶之灾。福特生产的汽车不是太落伍就是技术上有问题。企业运营几乎不存在计划性，对市场的掌控更是少得可怜。有几年时间，福特一度禁止公司做广告，他表示顾客可以拥有任何颜色的汽车，只是它是黑色的——这正是他对现代营销态度的经典写照。到20世纪30年代，企业已经出现大额亏损。在战争时期，福特公司的业绩太差以至于政府都在讨论是否要接手，另一个令福特倍感屈辱的提案是公司由斯图贝克公司接管。[2]不过人们仍然怀疑福特是否替代了团队进行决策。相反，他越发压制团队决策，让更加没有名气的人参与决策，最终损害了团队决策。[3]所以他虽然拥有整个公司，但还是失败了。在他过世后，欧内斯特·布里奇重建了技术专家阶层，公司很快就收复了失地。

在20世纪三四十年代的蒙哥马利·沃德公司，休厄尔·艾弗里发起了一场相似的斗争。虽然他只拥有少数股东权益，但是很多年来都没有人挑战过他的法定控制权。"……在蒙哥马利·沃德做到高层的职员都知道，他们的工作不太可能做得长久……"[4]艾弗里认为权力属于他，所以在掌权的过程中不断地解聘、另聘，很好地

---

[1] 我曾讨论过福特的发展史，参见："Was Ford a Fraud?" in *The Liberal Hour* (Boston: Houghton Mifflin, 1960), p.141 et seq。彼得·德鲁克也得出过类似的结论，参见：*The Practice of Management* (New York: Harper, 1954), pp.111-120。

[2] Drucker, pp. 113-114.

[3] 福特公司的中层管理人员在战争期间曾经秘密来到华盛顿与我的部门和同事商谈价格的问题。福特不愿将设定固定价格的权力让渡给政府，所以这些谈判都是瞒着他进行的，或者说他对于谈判的内容并不完全知情。

[4] *The Executive Life,* by the Editors of *Fortune* (Garden City, New York: Doubleday, 1956), p. 192.

诠释了"铁打的职位，流水的高管"这句话。在他的任期里，有大概 50 名高级管理人员被解雇。曾经一度与西尔斯·罗巴克公司分庭抗礼的蒙哥马利·沃德公司现在已被对手远远甩在身后。而最终，艾弗里的命运和福特一样——企业再也无力承担这种人事频繁变动的成本，股东们联合在一起将他逐出，那时的他已经是风烛残年的老人了。之后权力被技术专家阶层牢牢地抓在了手中。

有人会说，亨利·福特和休厄尔·艾弗里都是非常古怪的人，他们对权力的渴望随着年龄的增加越来越强烈，与此同时，他们又非常缺乏以一人之力掌管一家超大公司的能力。的确如此。一个人但凡少一点争权夺利之心，多一点明智的判断力，就根本不会做这种尝试。在绝大多数情况下，控制权从企业家移交到技术专家阶层的过程都是非常顺畅的，上述的例外只能说明这种权力移交的过程是多么有必要。①

在接下来的篇幅中，我们需要区分两种企业：第一种是成立年限较短、规模较小、运营相对简单的企业，这种企业的权力仍然属于控制资本的个人；第二种就是技术专家阶层已经接管运营的企业。我将第一种称为创业企业（entrepreneurial corporation），第二种则直接使用前文已经用过的简洁名称，成熟企业（mature corporation）。

---

① 民航业无论是规模还是技术上的复杂性都增长得非常快，这也为我们提供了另外两个关于控制权转移的案例，不过都不是完全和平的转变。霍华德·休斯持有大量股份，所以在很长一段时间都反对将环球航空公司的控制权转交给技术专家阶层。东部航空的艾迪·里肯贝克也面临相同的问题。两家公司在这段时间都遭受亏损，而被技术专家阶层接管以后，两家公司都迅速恢复元气。近期的并购潮和 20 世纪 60 年代末期的并购行动令许多企业家名声大噪，例如 LTV 的詹姆斯·林恩以及之前提到的联合品牌公司的伊莱·布莱克，他们都不具备好好管理一家公司的能力。

三

一直到最近，成熟企业的高级管理人员都很享受被公众视为企业家。他们对自己的描述是自立自强、个人主义、略显傲慢（但他们完全有理由骄傲）、非常有竞争力而且骨子里有冒险因子。个人主义的音符在"商业信条中的地位就好像拜占庭合唱中的音高"。[1] "他们生来就是为了赛跑。就好像你生来就属于某一个民族，这是你与生俱来的东西。"[2] "做生意是很艰辛的，不是请客吃饭。"[3] 这些特征和技术专家阶层的要求不一定能和谐共存。团队协作要求关注他人而非对他人漠不关心，要求适应组织而非个人主义，要求亲密无间的持续合作而非竞争。

时至今日，我们仍然会遇到企业高管宣称自己竞争性的个人主义，这已经成为一种仪式、一种传统，是虚荣和自欺欺人的表现。这种情况并不罕见。二战期间，装甲部队的指挥官不管是在前线还是在后方，都一直忧虑汽油、备件、援军，以及他们对艾森豪威尔的影响，也将自己类比为卡迪根勋爵（Lord Cardigan）[4] 和轻骑兵。

在传奇故事中，过去总是比现在好得多。几乎每个行业的历史上都有一个著名且有时爱炫耀的企业家。一家现代企业的领导者就好像上文提到的装甲部队指挥官。虽然在他所统领的企业中，所

---

[1] Francis X. Sutton, Seymour E. Harris, Carl Kaysen and James Tobin, *The American Business Creed* (Cambridge: Harvard University Press, 1956), p. 251.
[2] 利顿工业的总裁查尔斯·桑顿（之后担任董事会主席）曾经这样描述高管所应具备的素质。参见：Osborn Elliott, *Men at the Top* (New York: Harper, 1959), p. 21。
[3] J. Peter Grace, President of W. R. Grace and Co. Ibid., p. 69.
[4] 卡迪根勋爵是在克里米亚战争巴拉克拉瓦战役中，带领英军轻骑兵向俄军发起冲锋的将领。——译者注

有的重要行动都由委员会花费大量时间考虑过，所有可能发生的情况事前都被仔细预测过，所有可能发生的不利情况不是进行了预防就是被提前消除，但企业家眼中的自己仍然是以前的比较英雄化的形象。这种想法有利于他的自尊心，可能对他的家庭生活也有帮助。另外，他的职能其实是作为权力的象征出现在股东大会、董事会议和其他商业仪式上；向顾客和客户致以同等或更高的敬意；在协议、合约和契约上授予等同于"皇家的"认可；在与政府的名誉关系中代表企业；作为通识教育的使者；在恰当的公共场合加强人们对自由企业、企业社会责任感，以及延续传统美德的信心。就这些仪式而言，继承卡内基、洛克菲勒或亨利·福特的衣钵都是非常有益的。[1]

而我们相当确定的是，这种想要继承传统企业家衣钵的时代已经过去了。年青一代的高管已经接受组织化及其对行为影响的现实了。"令人惊奇的是，美国的商人和商业作家已经不再在我们讲究合作的社会中宣扬个人主义了，他们也不再用'竞争'这样的词语来掩饰我们对安全感的追求了……"[2] "……只不过人人都成了按月支薪的管理者……已经很少有（美国500强企业的）首席执行官会认为自己是企业家或资本家了。"[3] 人们已经认识到企业中的相互依存性。就像在所有组织中那样，我们会对那些因为运气不佳、性

---

[1] 这里有一个理由可以解释为什么陆军上将、海军上将和外交官在为公共事业献出一生后，通常会在人生最后的时光担任企业的领导者，而且会在如此明显无法胜任的职位上取得成功。这是因为他们其实非常适合承担仪式性的职责，而这（包括在华盛顿的荣誉亮相）基本就是这个职位要求的全部职责了。

[2] Earl F. Cheit in *The Business Establishment,* Earl F. Cheit, ed.(New York: Wiley, 1964), p. 155.

[3] Charles G. Burck, "A Group Profile of the *Fortune* 500 Chief Executive," *Fortune,* May 1976, p. 308.

格问题、个人能力不足或酗酒成性而半途而废的人施以保护性的同情。①高管的职业生涯是十分安稳的，与竞争和危险无关。1952年，大约300家工业、铁路和公用事业企业的800名在任高管拥有所在企业最高的薪酬，其中75%的高管已经在所在企业服务超过20年。②1955年的一项研究调查了1925年全美最大的数家企业在任的308名高管（包括董事长、总裁等）直到生命终结的任职情况。其中265人继续在同一家企业服务，直至去世或退休；只有13人在退休前辞职，其中有人是因为找到了更好的下家；16人因为企业控制权的变更而失去工作，不过也有人是在选择抛售自有股权后离开的；只有5人是因为公司破产或被解雇失去了工作。1900年在任的313名企业高管中，只有157人终身在岗位上或是最后体面地从企业退休。与他们相比，1925年在任高管任期内的安全感要高很多。③1970年的一项针对500强企业中的250家的首席执行官的研究表明，将近2/3的高管在1950年以前就加入了现在的企业，另外9%则是在1956年以前加入的。而在那些销售额超过10亿美元的超大型工业和零售企业里，3/4的高管已经在企业工作超过20年。④1974—1975年衰退期间，确实有不少高管失业，当然很可能是因为他们竞争力不够。现在有一种印象越来越广为接受，即高管越来越可能因为对现状不满或是渴望更好的发展前景而离职。不过，数据依然显示高管的任期具有显著的稳定性。1976年的一项研究

① 参见："The Alcoholic Executive," *Fortune,* January 1960, p. 99 et seq.。
② *The Executive Life,* by the Editors of *Fortune* (Garden City, New York: Doubleday, 1956), p. 30. 这些回答并不十分全面，平均每家公司的参与人数少于3个。
③ Mabel Newcomer, *The Big Business Executive* (New York:Columbia University Press, 1955), p. 93 et seq.
④ *Fortune,* May 1970.

显示，前 100 家最大的工业企业的首席执行官在升到高位前已经在企业平均任职 21 年。①

四

值得注意的是，金融市场在很久以前就接受了这样一个现实：技术专家阶层明显不同于企业家。如果一家大企业由一位充满决断力的企业家掌管，任何影响到他任期的事都会对企业未来的盈利、增长和资本利得产生重大影响，因而股票市场会十分关心这些事。如果他病了，财经记者会想尽办法在医院挖掘可靠的消息。股价会随着他的心电图跳动。大股东会让人将医生的简报拿给正在拿骚度假的自己，以便随时掌握信息。市场行情会随着企业家的体温、血压和胆固醇数值忽上忽下。

同理，企业家计划退休之前的数月会令投资者非常不安。记者们会不断搜寻信息以确认是否有训练好的接班人或是否找到合适的替代者。新人就像一匹被束缚住的马——人们评估他的特殊才能、经验、秉性、家庭状况、工作时间和饮酒习惯。如果一家公司的掌舵人很有能力但是烟瘾很大，那么其公司的股票就会略微折价。

但这些事不会发生在通用汽车或 IBM 这样的企业身上，因为人们知道，退休、死亡、换人这些事不管对当事人来说有多重要，都丝毫不会影响通用汽车或 IBM 的业绩。② 人们都已经认识到，权力已经移交给了技术专家阶层，所以权力的执行不会因为任何人的

---

① *Fortune*, May 1976.
② 相反，由一人掌管的小公司或新公司的股票价格确实会因人事变动的新闻而波动。

年龄或是疾病而受到影响。虽然人们会给予大企业的领导人其职位所要求的尊重,但是没有人会允许这种尊重影响到他的财务判断。

五

由于在我们的文化中,个人比组织更有地位,所以我们常常将本该属于组织的功劳记在个人的头上。并不是宝洁本身赢得了洗涤剂的新世界,而是在现任首席执行官卓越的领导下,宝洁做到了。而组织的领导者也乐于为这个神话添油加醋。"在每一个转折点,首席执行官都必须准备好说服他人,让他们相信唯有他的观点才是最棒的。"[1]

很明显,有些人确实为组织增光添彩了。伟大医生的杰出成就只属于他自己,而不属于他服务的医院;诗人的成就只属于他自己,而不属于他常驻的机构。同样的道理也适用于歌剧演唱家或演员,以及伟大的科学家——虽然有时并非如此。

事实上,人要么被组织维系,要么维系着组织。不是他们因为组织受到尊敬,就是组织因为他们受到尊敬。个人本身很难正确地判断这些事。那些因组织受益的人几乎总是将他们的成就归结于自身的性格。

但是有这样一个屡试不爽的测试,也就是观察当此人离开组织或是退休后,他身上会发生什么事。伟大的医生不会因为离开医院就受到严重的不良影响;诗人也不会因为离开常驻大学就失去才华,只会失去一份常规的薪水;有实力的报社记者、伟大的科学家和娱

---

[1] 语出时任默克公司总裁的约翰·康纳,*Men at the Top*, p. 10。

乐界人士也不会因为离开组织受到很大影响,因为是他们在维系所属的组织,而不是反过来。

相反,竞选失利的政客、退休的大使、退休之后只保留名誉头衔的大学校长和不选择成为企业领导者的和平时期的将军,则要面临完全不明朗的未来。因为他们是被组织维系的,一旦失去组织的支持,他们将永远被阴影笼罩。对于那些打心底里认为是自己的奋斗造就了自身辉煌的人,这个事实令他们非常震惊。其他人也能意识到他们的情况。所以也就不难理解为什么政客会对争夺席位并将席位一直保留下去怀有如此本能的热情了。对政客来说,在职和不在职的差异太大,如果不在职,就等于失去了一切。

但是这种转变对大企业高管来说却是最猛烈的。即使是品格有缺陷的州长或无聊乏味、混吃等死的参议员,在待遇优厚的退休生活中也可以指望从公职中获得一些好处。比如他可以成为全国大会的代表来推举候选人,或者在筹款晚宴上被介绍为"伟大的政治家",而且他可以一直保留之前的头衔。对企业总裁来说,情况完全不同,等待他们的只有冥河般的无尽黑暗。最后一次搭乘完公司专机之后,他们最多只会成为董事会的名誉董事,没有人会特别想读他的回忆录。联合基金会需要的是有实权的人。所以他退休后唯一保留的公众职责只存在于他所属的教会,他的名字也不会出现在除他的死讯以外的新闻里。伟大的企业家生命中最后的时光常用来处理他的财产或者是阻止那些想要他处理财产的人。然而,现代企业的高管通常没有多到足以使他忙于处理的财产。这就是他的谢幕。我们无须过度强调这个结论:毕竟,这位组织中的人是被组织维系着的。

第 8 章　企业家与技术专家阶层　　105

第9章
社会主义制度下的公司

> 从雇员的角度来说,所在国家的官方意识形态已经越来越不具有实际意义,供职于政府还是商业机构也越来越没有差别了……
>
> ——阿诺德·J.汤因比

一

在创业企业中,权力属于做决策的人;在成熟企业中,权力已经不可避免且不可逆转地从个人手上移交到了团队手中,因为只有团队才能拥有决策所需的信息。虽然企业章程将权力归于所有者,但是技术及计划的紧要性又将权力转移到技术专家阶层手中。

由于是技术和计划将权力赋予技术专家阶层,所以只要生产过程需要技术和计划,权力就属于技术专家阶层。企业的权力不会专属于所谓的自由企业或资本家体系(这也是意识形态宣传中最出彩的部分)。如果我们必须阻止私营企业中以所有者形式表现出的私人权威的介入,我们也必须阻止上市企业中公共权威的介入。否则,这种介入就会像福特和艾弗里的介入那样具有破坏性。

一个更深层次的结果是出现了足以与"社会主义不由社会控制

之谜"相匹敌的"资本主义不由资本家控制之谜"。最终的结果是，社会主义的前景至少会以绝大多数社会主义者认为值得拥有的形式发生修正。以下三个发生在社会主义体制下与技术专家阶层相关的案例将有助于解释这几点。

二

二战后，在议会的支持下，英国走上了有限的社会主义道路。英国人本能地拥有更为卓越的公共管理能力，所以虽然现在观点已经不同，但是当时人们都认识到公有行业拥有自主权的必要性。一个看似微不足道但其实起到决定性作用的关键在于"议会质询"。如果技术专家阶层做出决策表示同意，那么部长们必须提前获悉这些决策，否则他们都会犯下玩忽职守罪。但是这些决策，或者说其中重要的决策，也就是议会最可能进行质询的决策往往依赖复杂的技术性信息。如果部长想要做出明智的判断，那么他就需要员工的帮助。这样一来，责任就从企业身上转移到了政府部门身上，时间成本也会很高。只有排除议会的介入，企业及技术专家阶层才能快速尽责地做出需要专业信息的决策。所以煤炭、电力、燃气、运输、航空等公有企业都被赋予了这样的自主权。

无论是进行小的决策还是处理政策类的大问题，这种自主权都是必要的。很明显，像是否能利用原子能发电这样的决策就涉及政策问题，但是利用原子反应和分子反应发电的比较优势只有通过各种科学、技术、经济和计划判断才能最终得出。只有一个专门的委员会，或者更确切地说是许多委员会组成的委员会集团才能融会贯通各种相关的知识、培训和经验。而应该使用哪一国生产的哪一种飞机飞越北大西洋也是相同的问题（正如之后发生的一切所展示的，主张使用超声速飞机的政治介入对企业的收入产生了非常坏的影响）。在对铁路的管理和国有化中，企业同样需要自主权。在每一个案例中，团队都包揽了成功决策必需的知识。后来，一位杰出的英国经济学家、社会主义者观察到，最终在英国"……公有企业到现在也没有真的对议会负责，而议会的职能也只是局限于断断续续的碎片式的没什么效果的事后批评"。[1]

对绝大多数社会主义者来说，社会主义的目的是由社会来控制生产企业。对于追求民主的社会主义者来说这就意味着需要建立立法机关。没有人，或者说没有多少人追求社会主义是为了将执行权力交给一个拥有自主权的权威，但是权力又必须交给这样一个权威。重申一下，这种情况不单适用于权力下放的小型决策，也适用于立法机关具有发言权的大型决策。而社会主义者的宿敌资本家也会遭遇同样排挤的事实却并不重要。绝大多数社会主义者特别看重与现实脱节的传统信仰。尽管资本家也差不多成为组织的牺牲品，但资本主义还是资本主义。但是对一个行业的公有化并没有产生多大影响，这引起了很多人的困扰。"如果火星或金星上的智能生命可以来地球对所有的当代大型企业——公有也好私有也罢——进行考察，那么我猜他只会注意到，正在运营的企业几乎没有什么不同。"[2] 无论是公有企业还是私有企业，企业的技术专家阶层都拥有相似的权力并且使用相同的团队方法进行决策，所以两种情况下的企业看上

---

[1] C. A. R. Crosland, "The Private and Public Corporation in Great Britain" in *The Corporation in Modern Society,* Edward S. Mason, ed. (Cambridge: Harvard University Press, 1959), p. 268.

[2] A. M. F. Palmer, "On Public Accountability," *Socialist Commentary*, January 1960, p. 13.

去非常相似也在意料之中。

安奈林·贝文是英国最聪慧善言的社会主义者之一,他在去世前不久还呼吁议会加强对公有企业的控制,以阻止企业权力不断向下渗入技术专家阶层。这种呼吁当然与技术专家阶层易受外界介入并遭受损害的脆弱性有冲突。正如我们在后文将要分析的案例所显示的,这种控制将损害企业的竞争力。更多来自发达工业国家的社会主义者已经意识到,公有企业本质上是"疏远的不负责任的机构,不受大众监督或民主控制的影响"。[1] 他们已经放弃为公众所有权抗争,或只为其提供精神上的支持。许多国家的社会主义已经变成由社会主义者掌权的政府,而这些社会主义者认为以往所理解的社会主义是不具实践性的。

三

许多刚成立的国家开始尝试已被英国放弃的对企业的社会控制实验,结果这些寻求经济发展的国家几乎一致认定这是个令人失望的实验。

英国人和法国人还在牛津大学、伦敦政治经济学院和索邦大学为逝去帝国的精英灌输社会主义信念。后文我们会看到一个相关的实践案例。新兴国家发展所需的资本大部分来自国外公开组织的援助、当地税收,或者有其他公共来源,但并非来自个人或

---

[1] C. A. R. Crosland, "The Private and Public Corporation in Great Britain" in *The Corporation in Modern Society,* Edward S. Mason, ed. (Cambridge: Harvard University Press, 1959), p. 268.

企业的主动储蓄。①政府将公众筹集的资金投资于公有企业似乎是很合理的做法，而具备所需竞争力和责任感的私营企业家一般不多。

印度、斯里兰卡以及一些非洲国家并没有像英国那样授予公有企业自主权。这些国家的社会主义信念认为议会控制是必要的，即议会有检查企业预算支出、审核政策的权利，尤其是负责任的部长有权就企业的任何行动质询管理层。而这些国家有一点和其他地方一样，即部长在进行质询的时候也必须具备相关知识。他不能推说自己掌握的信息不够，因为这会显出他的无能，而政客是无论如何不能承认自己无能的。

不管过去还是现在，新兴国家的技术人员都要比老牌国家的技术人员缺乏经验，组织也不够成熟。这些都会导致企业的失误，所以议员和公务员认为有必要请到更高级也更加有能力的权威来仔细审核这些决策。②与存在大量工作机会且更容易获得业务的发达国家相比，发展中国家因为贫穷导致因裙带关系和偏袒而获取合约的做法既富有吸引力又容易遭受谴责。③这就要求更深入的审核。英国为应对有限的管理能力而采用的严格的人事和公共服务规则进一步延伸到公有企业，使企业无法轻易组建、重组团队以获取相关信

---

① 尤其是通过将资源从个人和私有企业手中买走，进而以通胀手段强制经济体的私人部门储蓄。
② 尤其是在印度，过去的被殖民史让官员产生了自身无所不能的幻觉，进而使其插手涉及高科技的决策。
③ "雇佣政策尤其容易受到外界压力的影响；关于雇用多少人以及解雇多少人（解雇也许更重要），雇用或解雇哪些人的决策在失业严重及员工忠诚度很高的地区都会招致政治干预。" Elliott J. Berg, "Socialism and Economic Development in Tropical Africa," Quarterly Journal of Economics, Vol. LXXVIII, No. 4 (November 1964), p. 570.

息来应对不断变化的问题。而我们已经知道，这恰恰是技术专家阶层实质上采取的有效行动。①

剥夺企业的自主权导致技术专家阶层无法改变自身以适应不断变化的任务需要，这最终会使企业的经营出现明显的不足。而政府对企业决策的审查导致的延误又为企业添加了新的特别成本。在企业经营中，当失误明显表露出来的时候只需一点成本就可以纠正一个错误的决策，但是延误决策导致的成本，包括等待决策的过程中人力和资本的闲置虚耗是无法挽回的。

这种介入带来的一个更深层次的结果是，社会控制对两类决策的影响最大，而它们与大众利益的关系最密切：向大众收取的价格以及支付给工人的工资。相比握有绝对权力的技术专家阶层所允许的水平，这具有压低价格和抬高工资的效果，因而降低甚至是消除了企业的净利润以及以之作为来源的储蓄。这就使得最需要资本的贫穷国家无法拥有这种富裕国家中最主要的资本来源。

在印度独立后的大约 20 年里，几乎所有的公有企业都在亏损经营。20 世纪 70 年代，这些企业的表现大幅提升，这说明无论是公有企业还是私有企业都在学习有效管理的基本课程。②

---

① 我曾根据印度的国情讨论过这些问题，详见：*Economic Development* (Boston: Houghton Mifflin, 1964), Chapter 8；以及 *Economic Planning in India: Five Comments* (Calcutta: Indian Statistical Institute, 1956)。关于斯里兰卡，参见：*Papers by Visiting Economists* (Colombo: Planning Secretariat, 1959)。

② 印度早年间存在两个例外，分别是印度航空和印度斯坦机床公司，这两家公司都有相当大的自主权，这也证实了我们的观点。而铁路由于一直以来的传统也是基本保持独立。有趣的是，政府虽然不愿意将自主权授予其他企业，但是却会定期将自主权授予航空公司，而且也取得了不错的成果。看来，作为航空业重要客户的政府官员可能已经感觉到，如果该行业不具备自主权，可能会产生独特的危害。

四

当19世纪90年代出现民主社会主义时,资本主义的企业家仍然占据权威地位。当时的企业规模足够小,应用的技术也足够简单,所以企业家还握有重大决策权。而企业家的权力会被议会或其直接负责的代理人取代的看法也并非天方夜谭。一个公共机构当然可以夺走资本家设定价格和工资的权力,并最终夺走资本家剥削消费者和工人的权力。

民主社会主义的不幸其实就是资本家的不幸。当后者失去控制权时,民主社会主义也就不再是备选方案了。技术的复杂性、计划以及与之关联的运营规模在将权力从资本家手中夺走交到技术专家阶层手中的同时,也将权力转移到社会控制无法企及之处。

在几乎所有的非共产主义世界里,社会主义就好像美国强制实行反垄断法的承诺一样,与其说是政治活动不如说是怀旧序曲。民主社会主义面临的选择无非两个:无须社会控制的成功和不会成功的社会控制。在这样的情况下,民主社会主义似乎不再值得抗争了。技术专家阶层接管企业几乎没产生什么比这更重要的结果。

事实上,这种接管对拥有自主权的公有企业产生的影响比现代社会主义者了解的更多。公众所有权使企业更能适应社会目标。在住房、医疗、公共交通这样的行业里,有效的技术专家阶层以及相关的计划并没有发展起来,因而在私有企业占主导的情况下,行业的表现也非常不足,所以在这些行业中公有化成为不可避免的趋势。我会在后面的章节继续讨论这一点。

五

如果说技术专家阶层要有效地运营就必须拥有自主权,那么这条也该同样适用于苏联式经济体中的企业。有这样的要求,是因为团队需要将拥有不同专业信息背景的人组合在一起。这种要求并不针对某一个经济体制,也不会因为意识形态的不同而不同。[1]

然而一家苏联企业所需要的自主权可能在某种程度上会少于一家处于相似行业的同等规模的美国企业所要求的,因为这家苏联企业的职能可能远少于这家美国企业。之所以会这样,是因为在苏联式的经济体中,政府代劳了许多在欧美会由企业自己进行的计划工作。大型的美国企业会自己设立最低价格,组织对其产品的需求,建立或协商原材料及零部件价格并采取措施来确保其供给。它们还会设立或协商不同类别的经过训练的专业人才和普通劳动力的工资水平,并且同样会采取措施来确保人力资源的供给。但在苏联,上述企业职能都由政府的计划部门代理了,有些代理得很好,有些却不尽然。[2] 在美国,企业自己设立生产和投资目标,但在苏联,这些都是由政府直接设立的,企业在实际操作中只有很小的灵活性。在西方经济体中,企业是最基本的计划单位;但在苏联体系中,政

---

[1] "苏联工业企业是美国公司和美国工厂的某种混合体。它像一个拥有自主权的金融实体一样运营,拥有独立的银行账户。它的经营也是可能盈利可能亏损的,不过它即使不盈利也可以生存下去。究其本质以及在法律意义上,苏联企业都是管理国有资产和生产性资源的关键单位。" Barry M. Richman, *Management Development and Education in the Soviet Union* (East Lansing, Michigan: M.S.U. International Business Studies, 1967), pp. 80-81.

[2] 虽然由公家供应原材料和零部件导致供应很不稳定,但是法律依然禁止苏联企业雇用"加速者"或采取其他手段来干预采购过程。

府才是计划的主体。

这种政府包办的结果就是苏联企业的组织性远不如美国企业复杂。苏联企业中不存在类似的销售、促销、经销商关系、产品计划和采购或是类似的部门。苏联企业中绝大多数的高层职位都属于工程师,这与其看重技术和管理职能而不看重计划职能的特点是相符的。①

尽管如此,这种以美国标准看来非常简单的组织所具有的自主权仍然得到了相当程度的重视,而且重视的程度还在不断增加。苏联企业主要的外部介入来自两个方面②:政府的计划部门和共产党。③苏联的经济学文献不断警示,反对官僚对企业运营的介入。"苏联人的经验告诉他们,一家企业不可能在不断受到诸多外部权威的介入和指示的同时保持高效尽责的运转。来自外部的相互冲突的指示给了管理层无数的借口来解释自己的失败、浪费和无效率,而导致这些错误的真正原因可能是管理层试图遥控公司而不是直接管理。西方商业管理讨论中涉及的授权、放权、分权的观点在俄国都有对应的观点,只不过采用的术语不同。而且随着苏联的产业不断发展、变得日益复杂,苏联国内也越发强调放权的重要性。"④ "在起草和

---

① "在美国和其他西方国家,管理问题包括计划和创新……但在苏联,这些都超出了企业经理人的决策范围。" Report of the IIE Seminar on Industrial Technology in the Soviet Union, March 24-25,1960, Institute of International Education, New York.
② 第三大来源是工会,不过工会远没有那么重要。我会在第 24 章讨论这个问题。
③ 这些信息不只是来自关于苏联计划的文献,还来自我于 1959 年春和 1964 年夏访问苏联时获得的相对全面的第一手观察资料。我十分感谢热情好客的苏联经济学家和工厂厂长。
④ Ely Devons, "The Enigma of the Russian Economic System," *The Listener,* Vol. LVIII, No. 1483 (August 29, 1957), p. 299.

执行一项计划的过程中，真正起到决定性的重要作用的应该是计划机构与实施的经济纽带间职能、权利和义务的合理分配。没有哪个更高级的机构会像企业本身那么了解企业的内部资源和生产条件。因此在中央计划体制下，采用必要的放权措施来确保地方计划及行动可以在充分的范围内进行就尤为重要。"①

工厂的管理者会毫不犹豫地向来访者强调他们对自主权的需要，以及他们过去遇到的困难。有时他们也会维护自己忽略或违背外界命令的需要。②另一方面，（尤其是大企业的）管理层经常遭到谴责，称他们与上级断绝联系，行事像凌驾于法律之上的"封建地主"。在苏联，很长时间以来，最重要的表达社会评论的媒介除了诗歌就是小说；而在二战后，最有趣的一部小说就是弗拉基米尔·杜金采夫的作品，他维护地位低微的独立发明家，谴责冷冰冰的钢铁铸就的官僚机构。③

党委书记的地位也很尴尬。他是以一名员工或劳动力的身份进入工厂等级秩序的，同时又受到来自工厂外部的党的权威的约

---

① V. S. Nemchinov, "Socialist Economic Management and Production Planning," *Kommunist*, 1964, No. 5, 经翻译后发表于： *Planning, Profit and Incentives in the USSR*, Volume I, Myron E. Sharpe, ed. (White Plains, New York: International Arts and Sciences Press, Inc., 1966), pp. 173-174.

② 关于这点请参照大卫·格兰尼克（David Granick）的 *The Red Executive* (Garden City, New York: Doubleday, 1960), p. 162 et seq 以及他早期的专著 *Management of the Industrial Firm in the USSR* (New York: Columbia University Press, 1954)，尤其是第 127 页及以后。关于封建领主的内容参考后者第 128 页。

③ Vladimir Dudintsev, *Not by Bread Alone* (New York: Dutton, 1957). 该作者在感情上与美国人一致，后者遵循布兰迪斯传统，认为天才的小企业家可以与古板、行为缺乏想象力的大企业对抗。二者从人性的本能中得到的支持都多于来自现实的支持。二者也都忽视了在现代技术中调动专业知识的机械化已经成为最基本的要求。作者笔下的发明家无论多么具有吸引力，都无法以个人之力将宇航员送入太空。

束。如果他作为决策团队的一员出现，那么他就自然而然地需要对这些决策负责，他就不再是党的独立代理人。如果他不参与团队决策，那么他就不能掌握当下发生的情况。如果他是一个很好的消息来源，"……那么他就会在党内得到晋升，但……这样一来他就无法即时地掌握工厂的情况，于是就没有人会相信他了"。[1] 格兰尼克教授将这种关系总结为"令人不安的妥协"。[2] 鉴于团队决策的重要性以及团队自我保护免于外界介入的必要性，这似乎是唯一可能的结局。

总的来说，苏联对工业企业中的权威问题的解决方法看上去似乎和西方没什么不同——当然这一点没有人能完全肯定。苏联已经宣告了对大型企业拥有完全的社会权威。就好像美国的股东和董事会，这种社会控制会在所有的公共仪式中得到庆贺。人民和党是至高无上的。但在实践中，企业已经被授予了大量的且越来越大的自主权。

而苏联和其他东欧国家所谓的"放权"的趋势也说明了这一点。这使企业在价格、个人工资水平、生产目标、投资和盈利的其他用途方面拥有了更大的自主权。在西方，尤其是在职业意识形态学家和义务宣传员中，这被广泛称颂为向市场化迈近了一步。但其实不

---

[1] Joseph S. Berliner, *Factory and Manager in the USSR* (Cambridge: Harvard University Press, 1957), p. 265. 这项研究基于熟悉苏联工业生活之后来到西方的个人所透露的信息。演讲者曾经是工程师以及一家大型机械制造厂的高管。不过我们必须时刻记住，这种从观察中得来的信息的更新换代是很快的，过分关注单一来源的信息也可能导致偏见。

[2] David Granick, *The Red Executive*, p. 205. 苏联的评论家对本书第一版（曾于苏联出版）关于党的作用的讨论持有异议，认为这些讨论的观点来自心存偏见的苏联问题专家。不过这种反对非常宽泛，并没有明确指出需要改正的地方。

然。苏联的大型企业并没有打算让其产品、生产需要或劳动力供给乃至其生产决策服从和受制于不受控制的市场。考虑到技术水平及其相关的时间和资本的投入,以及技术对市场运作的影响,这种情况发生在美国的可能性要比发生在苏联大。

苏联式经济体中的放权并不是回归市场化,而是将一部分计划职能从政府移交给企业。这反过来又反映出苏联企业中技术专家阶层需要更多的手段,以使其可以利用自身权威实现成功经营。这有利于企业为自己争取到更多的自主权。苏联和西方体系间并不存在因以前者回归市场而趋同的趋势。它们都已经超越了这个阶段。如今它们在同一种形式的计划方面倒是有不小的一致性。

下面要讨论的问题对社会主义社会和非社会主义社会都很重要,那就是当技术专家阶层获得了它所要求的自主权后,它将做些什么:它有什么目标?这些目标和社会的目标是否一致?[①] 这二者之间又是怎样相互作用的?在完成了梳理现有观念的准备工作之后,我就开始讨论这些问题。

---

① 格兰尼克在最近一部著作中将这列为苏联经济表现的重大问题。苏联工厂的管理层有太多的理由不做到最好,或者按他们相当可怕的说法,次优化。"次优化的问题以多种形式呈现:将误导性数据和观点呈献给高管,以换取难度较小的企业目标计划;重量不重质;在价格固定且与需求关系不大的情况下,为了实现产量和利润目标,按照不合理的比例生产不同类型的产品。所有的组织都需要投资资金,许多项目在资金不足的情况下就已经开工,因为按照合理的预期,政府会追加资金以避免项目停滞,结果就是投资项目完成的时间很不合理。经理强烈并成功抵制了计划中新产品的开工,所以苏联工业在产品创新上总是进展缓慢。" David Granick, *Managerial Comparisons of Four Developed Countries: France, Britain, United States, and Russia* (Cambridge: M.I.T. Press, 1972), p. 51.

第 10 章

已认可的矛盾

> 经济学中的理性人假设最美妙的一点在于，我们完全知道理性人追求的是什么。
>
> ——阿尔弗雷德·诺思·怀特黑德

一

市场只对企业发出一种信息，即承诺让它们赚更多的钱。就好像威斯康星州那家奶牛厂的单独行动对牛奶的价格没有丝毫影响一样，企业如果不能影响价格，那么它追求自己的目标时也别无选择，唯有努力赚钱，从现实的角度看，它还必须赚尽可能多的钱。其他企业也是一样。如果它不能遵守游戏规则，等待它的就只有亏损、破产，最后被行业淘汰。在没有其他特别高的收入补贴的前提下，将工人、奶牛或消费者的利益置于企业盈利之上的决策意味着企业将遭遇财务困境。考虑到企业最大化收入的需要，可以说企业是完全受制于市场权威的。

当企业有能力影响市场价格的时候——也就是说当它拥有垄断势力的时候，人们在很长一段时间里都认为企业将会攫取尽可能多的利润。它可以接受自己的利润达不到最大值，但是人们假设它努力寻求垄断势力就是为了有一天自己的收益可以不受市场竞争的限制。如果有一天它获得了垄断势力，那么它又何必接受少于它能力范围的利润呢？当市场需求强劲的时候，垄断企业可以从市场中攫取更多的利润；当市场疲软的时候，它得到的也会少一些。但是只要它试图获取尽可能多的利润，它就会受到市场的控制，最终被贪婪驱使，受到消费者以购买形式表现出的偏好的控制。如果身为垄断者却还持续接受少于最大回报的收益，那么企业一定是受到了市场力以外的限制。这些外力同需求的大小一样会成为影响价格、生产和利润的因素。因此，如果要将市场奉为至高无上的经济行为监管者，就要认为市场中的企业总是以最大化盈利为目标。如果我们有这样的假设，那么通过排除法就可以明确我们没有必要再寻找其他动机了。

当计划替代了市场，这种对经济行为极为简单的解释就不再成立了。技术及其配套的资本和时间投入迫使企业从市场的不确定性中解放出来，而且专业技术使得市场越来越不稳定。因此，企业要控制购入原材料、零部件以及雇用人才的价格，并且采取措施以确保在此价位上有必要的供给量。企业还控制了它出售产品的价格，并采取措施确保公众、其他生产者或政府会在此价位购入计划的数量。所以企业不但没有被市场控制，反而尽自己所能使市场为自己的计划目标服务。价格、成本、生产以及所产生的收入不是由市场决定的，而是企业通过计划决策决定的（在以后将加以审查的广泛范围内）。

这些计划决策的目标仍然可以是获取可能的最大利润。我们已经知道这种高额稳定的盈利流入对技术专家阶层的成功有多么重要，但是市场已经不再明确说明并强力推行这一目标了。相应地，利润最大化，也就是唯一符合市场规则的目标，也不再是必需的了。竞争型企业不能选择自己的目标。垄断企业可以选择接受少于最大值的收益，但是这就与它成为垄断者的目的不符。而计划并不是想要利用市场机会的结果，而是和其他因素一样，是市场不稳定的结果。对市场及其所传达的指示的服从已经不复存在了，所以也没有先验理由让我们相信利润最大化会是技术专家阶层所追求的目标。它仍然可能是，但是我们要眼见为实。不过如果对掌权的技术专家阶层的成功来说有比利润更重要的东西，也就是说如果有其他目标能更好地实现其利益，那么我们就很难看到这一点了。如果进行决策的技术专家阶层拥有权威却并不能得到利润，那么利润最大化也很难被先验性地证明。

如果技术专家阶层追求的是利润最大化以外的目标，这就是一件很重要且很令人感兴趣的事了。在任何时候，总统、内阁官员、立法者、法官、将军们的公共目标，无论是公开承认的，还是未曾披露的，抑或是秘密隐藏的，都滋养了大量的学术活动、专家意见、记者报道，甚至是白日梦。同样，州、市和学区的政府在较小的程度上也起到了这样的作用。但是我们生活中的很大一部分，以及几乎所有涉及采购和收入使用的事都受制于技术专家阶层的决策。它会设置某件产品的价格，说服我们购买某件产品，并将所得的收入分配给那些参与生产的人员。我们已经看到，技术专家阶层的计划还会扩大到对那些由政府购买的产品的需求进行管理。所以如果我们想知道自己是如何以及因什么目的被统治，就很有必要了解技术专家阶层的目标。它们的目标早已不再局限于利润最大化，而是有别的选择。而价格、生产及收入都会因这个选择的不同而不同。企业在上述几方面都没有绝对的权力。不过政客也不具备绝对的权力，但其意图中的利益也不会因为那个理由而减少。容易满足的人只想知道他们是如何被华盛顿、奥尔巴尼[①]、萨克拉门托[②]、市政厅统治的，另一些人则还会想要理解工业计划的目标。

然而很明显，只有当人们一致认为市场并未处于完全控制的地位时，才会开始考虑这些问题。而关于市场地位这一点仍然存在相当激烈的争论。我们现在必须来考察这种抵抗的本质。

二

经济学家普遍认同的一点是，组成计划体系的多家企业在定价方面拥有很大的权力。于是市场的支持者又采用了第二道防线：市场对这些企业的控制并非体现为奶牛厂厂主的完全服从，而是体现在一般情况下传统的垄断也会受到市场的控制。

这道防线分为两个部分。人们一般不认为这样的企业可以对消费者或政府的购买造成显著的影响，也不再讨论他们是否保有至高无上的地位，这已经成为一种信仰。人们还进一步假设，虽然企业可以有别的选择，但它们仍然忍不住要去最大化利润。因此，随着消费者的选择或政府的要求不断变化，达到利润最大化的价格和产出水平也在不断变化，而企业会不断应对这些变化。因而企业的行为仍然受制于市场的控制，最终受制于消费者的控制。不管企业

---

① 美国纽约州首府。——译者注
② 加州州政府所在地。——译者注

多大、权力有多大,只要它将自己可用的权力全部用于利润最大化,那么情况就会是这样的。

人们自然也预计到保守人士会坚持利润最大化的假设。而市场的权力,也就是传统态度依靠的支点依赖于这条假设的有效性。即使是承认达到剥削程度的利润垄断也远远好过承认市场的无能,而虔诚的保守人士就像神职人员一样履行他们的职责。人们一直认为利润最大化是"掌管企业最强大、最普遍且最持久的力量"。[1] "几乎没有哪一种趋势能比企业管理者接受社会责任,而不是为股东赚取尽可能多的钱,更能削弱我们这种自由社会的基石了。"[2]

但是自由派人士同样也在维护利润最大化。自由派信念中的一个分支认为垄断是古老的黑兽,令人避之不及,因而将任何暗示大企业不能获取法律许可的那一磅肉[3]的行为斥为特别的求情。暗示这一点就等于为垄断道歉。而另一小部分人虽然认同企业可以不最大化其收入,但还是认为企业应当如此,因为这是唯一合法行使企业权力的手段。如果企业不以利润最大化为目标,也就是说企业追求利润以外的目标,那么企业就在承担不属于其任务的公共责任。"企业的职能就是产生可持续的高水平的利润。自由企业的精髓就

---

[1] George J. Stigler, *The Theory of Price,* rev. ed. (New York: Macmillan, 1952), p. 149. 不过,即使是最虔诚的人也会有所怀疑;此书之后的几版在某种程度上就不那么教条了。之所以维护利润最大化的假设,部分也是因为其他的假设都是无效的。参见:3rd ed. (New York: Macmillan, 1966), p. 177。

[2] Milton Friedman, *Capitalism and Freedom* (Chicago: University of Chicago Press, 1962), p. 133. Earl F. Cheit in *The Business Establishment,* Earl F. Cheit, ed. (New York: Wiley, 1964), p. 163. 大众一致认为,斯蒂格勒教授和弗里德曼教授是全美最支持传统经济学观点的两个人。

[3] "一磅肉"的典故出自莎士比亚戏剧《威尼斯商人》,指的是法律范围内许可的权利,但是获得权利的手段本身非常残忍、不人道。——译者注

是以任何符合其生存目的的手段来追逐利润……大众福利应该由政府照管……"① 如果企业追求福利目标，那么它就会成为统治力量。"如果需要统治者，那么我们也要参与挑选统治者的过程，并且统治他们。"② 一种更加克制的观点认为："……企业不会对公共福利产生什么贡献，除非人们认可。第一，企业只能非常好地完成某些特定的工作；第二，企业必须盈利……每一个企业的基本章程都是为其股东获取利润。"③

本书的其他部分充分地讨论过这样一种观点，即消费者和政府并不能掌控自身的需求，而是受到为他们提供产品和服务的企业的管理。而这种管理采用的方式，像其中最有名的通过广告来管理消费者行为，是无法秘密进行的。读者也具备亲自验证的能力。但是支持（和反对）收入最大化的案例必须从细节入手进行考察。这种做法很有必要，即使案例中的自相矛盾之处对绝大多数读者来说都相当明显，而且这对于那些本能地维护那些观点的传统主义者来说也是在策略上合理的做法。一旦人们抛弃了利润最大化的假设，就不得不迎接如潮水般涌来的新奇的、令人不适的甚至是令人不安的想法。这么看来，那些本能地固守着旧观点、拒绝令人不安的新真相、坚持排挤新思想的传统主义者就显得十分精明了。

这种利润最大化的情况中呈现出的矛盾也不会改变传统主义者，虽然在没有进一步的回报前，这还需要一定的耐心。在我们的文化

---

① Theodore Levitt, "The Dangers of Social Responsibility," *Harvard Business Review*, Vol. 36, No. 5 (September-October 1958), pp. 41-50.

② Ben W. Lewis, "Economics by Admonition," *American Economic Review*, Supplement, Vol. XLIX, No. 2 (May 1959), p. 395.

③ David B. McCall, "Profit: Spur for Solving Social Ills," *Harvard Business Review*, Vol. 51, No. 3 (May-June 1973), p. 52.

中，没有什么是比看到别人因心口不一而尴尬更有趣的了。这种有趣发生在一个自由派人士解释为什么他的房产契约上会有限定性合约的时候。这种有趣在过去就体现为一个主张种族隔离的市长被人发现出入黑人妓院的时候。当然，这种有趣还体现在清廉财政的倡导者被人抓到将手伸进收银机行窃的时候。在1938年，刚刚成为纽约证券交易所主席的理查德·惠特尼被控从为别人设立的信托中窃取上百万美元的罪名成立。这件事令公众感到有趣，并不是因为人们残忍或享受看见一个同为公民甚至是哈佛毕业生的人进入新新监狱，而是因为惠特尼先生之前因坚持宣称"他和货币市场的所有其他成员因为受到财政神圣性的触动而不会行差踏错"而出名。如果斯皮罗·阿格纽、约翰·米切尔和理查德·尼克松早前没有在公众面前宣扬他们对法律、秩序以及老派美式美德与道德的推崇，公众也不会觉得对他们发起攻击是件有趣的事。经济学家在很长一段时间里都态度强硬地坚持，没有什么动机能与个人对自身利益的追逐相匹敌。而经济学家关于企业利润最大化的案例与据说会进行个人利益最大化的行为人假设结合在一起时（实际上，企业利润最大化假设行为人既没有也不能进行个人利益最大化），显得十分有趣。

三

这种认为人类追求自身回报最大化的假设具有一种不带感情色彩的吸引力。资本主义者总觉得有义务维护这种行为，而社会主义者总认为这种行为令人愤慨，但是也不得不承认这是符合人性的。如果人类的构成决定了他会为别人劳动，那么这将是一件好事，但事实上我们可能并不能接受他真实的样子，尤其是在现代企业。

不过人们现在也一致认为，现代大企业通常由管理层控制。而管理层革命[1]，即最高管理层对权力的接手已经获得认可。只要企业的盈利还维系在高于某个最低值的水平，人们就广泛认可一点：管理层对股东就没什么好害怕的。不过管理层寻求利润的最大化也是为了这些遥远的没有权力的未知股东。管理层也不会太出格地奖励自己——一个好的管理层是该懂得自制的。已经到了这一阶段，在企业已经接受的观念中，利润最大化涉及大量的矛盾——那些掌权的人会放弃自己的奖励来增加他人的奖励。

当一个人认识到技术专家阶层的作用后，这种矛盾就越发尖锐了。如果人们认为权力属于少数几个高管，那么可以想象，他们的金钱利益至少可以与企业的所有者相媲美。企业的盈利越高，他们就越有理由获得高薪，他们所持有的股票带来的收益就越高，而他们发行给自己的股票期权的前景也就越好。即使是这些观点，也只经得起有限的考察。几乎没有哪家企业会暗示管理层的薪水达到了最大值。正如一个批判性的企业行为观察家注意到的："……即使在顶级企业，其经理人的平均薪酬也不会特别高。"[2] 天文数字通常只限于非常高层的管理者。管理层的持股数量通常很少，而且经常

---

[1] "管理层革命"一词出自詹姆斯·伯纳姆的 *The Managerial Revolution* (New York: John Day, 1941)。这本书非常重要，因为它帮助人们改变了对现代企业本质的看法。也许部分是因为伯纳姆是极端的，有时甚至极端到古怪的保守人士，而经济学中的变革通常由自由派领导，所以他的贡献始终没有得到应有的认可，在本书的第一版中我忽略了这个问题。

[2] Wilbert E. Moore, *The Conduct of the Corporation* (New York: Random House, 1962), p. 13.

可以忽略不计。[1] 股票期权是指在股票升值的时候以约定价格买入股票的权利。股票期权虽然常见，但也绝不是人人都有。期权的价值既会受到一般股市投机活动的影响，也会受到管理层努力的影响。与其说期权是激励机制，还不如说它是避税工具。[2] 所以即使是个人收益最大化的情况也不够有说服力。

随着技术专家阶层的崛起，关于少数经理人也许会通过最大化股东的收益来最大化自己收益的概念不管多么脆弱，都彻底瓦解了。权力被移交给了组织，连高管拥有小额股权利益也不再是常态了。薪水无论多少都要根据等级来，它们不会随利润变化，至少是不会紧跟利润变化。而所有好员工都应该回避那些随着决策权力出现的赚钱机会。技术专家阶层的成员们拥有产品、生产过程、价格变动、将要签订的政府合约，以及现代术语所谓的技术突破方面的高深知识。这些信息都可以被利用。如果人人都这么做——操纵公司的股票、供应商的股票或大宗商品市场，将自己和自己的知识出卖给另一家企业，那么这家企业就会出现充斥着竞争与贪婪的混乱局面。一个优秀的企业雇员是不会做这些事的，一般也会有有效的企业准则来禁止这种行为。另外

---

[1] 正如第 7 章提到的，1939 年戈登研究的 176 家大企业中，高管和部门主管持股的中位数为 2.1%。而历史悠久的铁路公司中高管的持股比例比新兴工业公司的要少得多。戈登的研究对象还包括像福特这样仍然完全由掌握着控股权的股东持有的公司。在接下来的数十年中，管理层持股的数量进一步大幅下跌。R. A. Gordon, *Business Leadership in the Large Corporation* (Washington: Brookings Institution, 1945) and Mabel Newcomer, *The Big Business Executive* (New York: Columbia University Press, 1955).

[2] "当然，这些都是为了避税采用的手段……因为出售股票的收益是按照资本利得进行纳税的，税率最高可达 25%……" Moore, pp. 13-14.

团队决策也确保几乎所有人的行动甚至是思想都会被其他人知悉。这就使得企业准则可以得到强制实施，当然高标准的个人诚信也绝非偶然。技术专家阶层决不允许孕育过失与渎职的隐私权出现。

所以技术专家阶层也不可避免地禁止个人的牟利行为。而在实际操作中，普通科学家、工程师、合同谈判人或者销售管理者应杜绝的行为也同样适用于高管。如果人们知道以权谋私仍然是身居高位者的特权，那么企业也无法要求底层员工抵制金钱的诱惑。

技术专家阶层的成员并不会得到他们努力使之最大化的利润，而是必须回避个人牟利的行为。相应地，如果要支持这种传统意义上的对利润最大化的承诺，那么他们也一定愿意为他人，尤其是股东，做企业禁止他们为自己做的事。如今成熟企业中关于最大化的教条正是以此为基石的。企业想要盈利是出于基本的冲动，但是这种冲动并非直接对参与人奏效，而是对第三方奏效。这与自我无关，代表的是无名、匿名、毫无权势且完全不知道他们的利润是否真的被最大化的人。如果再进一步以性别歧视者做类比，你就必须想象一个精力旺盛、强壮且绝对是异性恋的男士，为了最大化那些他仅有耳闻的其他男人的机会，而回避一个与他近距离接触的可爱的单身女性。权力与奖励彻底分离，就是利润最大化的教条所依赖的基础。

四

在企业发展的早期阶段，尤其是在 20 世纪 30 年代，人们曾担心掌握企业控制权的人会将企业变成为他们自己牟利的工具。人们还担心，这将摧毁企业。

这种征兆似乎非常不祥。当英萨尔（Insulls）与联合燃气和电力公司（Associated Gas and Electric）等大型公用事业帝国在大萧条中崩溃的时候，一件愈渐明显的事是，个人股东的金钱利益已经无情地成为为企业掌权者的财富和野心服务的牺牲品。在那一时期陨落的其他大型电力、运输和工业企业的情况也是一样。在这些企业中，拥有控制权的人的财务利益与企业的总资产相比都很少或者说微不足道——范·斯威灵根兄弟是非同一般的克利夫兰铁路的管理者，他们以 2000 万美元的投资控制了价值 20 亿美元的铁路系统。掌管大通国家银行的阿尔伯特·维金在 1929 年股灾时大量做空自己银行的股票，也因此在股票下跌时小赚了一笔。而他又如此能言善辩，所以在之后他又辩称，持有空头的本质，即不持股，会使一个管理人员对企业拥有更大的兴趣。1932 年 3 月 12 日，伊瓦尔·克鲁格在同他信任的巴黎金融界朋友道别后，用一把新买的手枪结束了自己的生命。之后人们才知道，他利用自己对位于十几个国家的企业的控制权从企业所有者处搜刮了数亿美元。这真的是数额巨大的个人利益最大化。学者们认为，那些掌控大企业的人一旦有能力这样做，就一定会将这种个人利益的最大化与扩大个人权势结合在一起。最后的结果可能是数额巨大到史无前例的偷窃行为。哈佛大学的威廉·雷普利教授是 20 世纪 20 年代一流的企业研究权威，他曾经警告柯立芝总统，"变戏法、二度洗牌、利益交换、欺瞒和卑鄙行径"[①] 正在威胁整个经济

---

① William Allen White, *A Puritan in Babylon* (New York: Macmillan, 1938), pp. 337-338.

体系。小阿道夫·伯利是继雷普利教授之后企业研究方面的重要权威，他认为成熟企业不会将任何有效的权利授予企业的所有者。这样一来就只可能出现两个结果。一个是经理人成为受托人，在受到恰当监督的情况下代表"不活跃且不负责任的"[1]所有者，不过这会对经理人的主动性产生不利影响；另一种是经理人将"以自身利益为出发点来经营企业，并且……将一部分资产或资金挪作自用"。[2]这样就会发展出"一种企业寡头政治，同时可能出现一个企业掠夺时代"。[3]伯利教授认为，这两种结果都不尽如人意，所以需要政府从经理人手中接管企业。[4]

危险被遏制住了。毫无疑问，这部分是因为法律禁止了一些更有"前途"的致富手段。《1933年证券法》以及之后的修订法案都要求管理层披露他们的薪酬和养老金权益。证券法案还要求披露任何出售给企业的产权或服务的价值，因为这些资产的价值一旦被高估，就会以惊人的方式将企业的资金吸入经理人的小金库。证券法还要求披露企业内部人士的股票交易活动，并且禁止内部人士做空本企业的股票。1935年的《公用事业控股公司法案》限制了经理人通过采用控股公司作为排除所有者控制权工具的金字塔形持股结构。政府还成立了美国证券交易委员会来管理这些法案。这些法案的创立者坚信，那些控制企业的人所追求的利润最大化明显不同于

---

[1] Adolf A. Berle, Jr., and Gardiner C. Means, *The Modern Corporation and Private Property* (New York: Macmillan, 1948), p. 354.

[2] Ibid.

[3] Ibid., p. 355.

[4] 这个令人生畏的结论是在一本很厚的著作的结尾以谨慎的措辞表达出来的。它似乎一直都被人忽视。如果批评家们更加勤奋些，可以想见，伯利教授早期投身于社会主义的行为在他漫长而又杰出的公共事业生涯中也许会更加为人所知。

企业所有者所追求的，会深深伤害企业的利润体系。多加一句，立法者限制管理层因而保护整个体系的努力通常也为他们赢得了激进主义的名声。

不过法律主要影响的还是那些觉得很难遵照已经受到认可的行为准则的人，就像不那么光彩的行业里的杀人犯和窃贼。绝大多数企业即使是在20世纪20年代也不存在这种滥用职权的行为（即当时人们对企业内部人士最大化个人利益行为的称呼）。而立法法案也只是禁止了一小部分经理人的致富手段。每一家成熟且盈利颇多的企业的管理层都有许多合法的且没有被充分利用的机会，他们可以以牺牲股东利益为代价来增加个人收入。绝大多数的手段——更多的支付、更多的递延薪酬或养老金权益、更多的股票期权或股票购买计划、更多的利润分成——都只需要法律顾问的例行批准或年度股东大会的批准。

随着权力被移交给技术专家阶层，经理人的个人利益最大化带来的损害风险也消失了。而在20世纪二三十年代，在所有个人利益最大化引起人们警觉的企业中，都存在一个主宰一切的企业家角色。他的投资通常很少，但是他的控制权往往基于财务地位而不是管理或技术上的竞争力。新的专业态度以及广泛分散的权力使技术专家阶层可以抵御个人的贪欲或盗窃行为（每一个团队成员都是其同事的审计师和监督者），所以随着技术专家阶层的崛起，这种个人利益最大化的危险也消退了。虽然在二三十年代，大众对企业能否在那些把持着财务控制权的经理人的个人利益最大化倾向下幸存存在广泛的质疑，但在接下来的半个世纪里，这种顾虑很大程度上变成了学术性话题。①

有些读者可能已经感觉到本章的讨论与前文我们对权力与生产要素间不断变化的关联的考察之间的关系了。当资本起到决定性作用、资本家掌控企业的时候，资本家最大化的即是他提供的钱，尤其是在他投资很少因而企业盈利提高也不会给他带来什么收益，反倒是掠夺企业资产可以使他身家大涨的时候。技术专家阶层供应的不是资本，而是专业才能以及组织性，因而可以先验性地认定我们没有理由相信它会最大化资本的收益。更加合理的看法是，它会最大化自身作为一个组织的成功。不过在追寻这条线索前，很有必要对最大化的捍卫者说出我们的总结陈词。

五

为数不少的经济学家避免反思利润最大化与人们通常认为的健全管理行为之间的冲突，而是简单地忽略当代现实，尽管这种做法并不完全令人放心。现代大型企业无论是在教学中还是在理论建模中都被忽略了。但是经济学家会假设存在企业家。对"绝大多数经济学家来说，即使在今天，'企业家'仍然只意味着身兼管理者职务的所有者，其言下之意是，他们管理的企业都是一些小型制造

---

① 孤立的案例时有出现。在 20 世纪 60 年代早期，克莱斯勒公司的高管从供应商处获得高额回扣的事被揭发。不过这起案件引发的巨大关注以及克莱斯勒之后的迅速纠正也说明这种事其实很少发生。另外很重要的一点是，这件事发生的同时，克莱斯勒管理层的表现也普遍糟糕。可以预计的是，顶层的技术专家阶层注重个人利润最大化势必导致企业业绩不佳。1977 年，美国证券交易委员会开始调查许多大企业中出现的管理层薪酬过高的现象，这显然是高管追求个人利益最大化的具体表现形式。

企业"。①

有趣的是，大学经济系等级森严的结构也支持这种简化。经济理论是最知名的教学主题。农业经济学、劳动经济学和市场营销学是经济学中较低层次的研究，产业（即企业）组织学和公司财务也是。对研究企业的学生来说，大企业中所有权与控制权的分离已经是老生常谈，但是由于这种分离是出自较低级的知识理论，所以会被理论学家忽视。居于更高等级的理论学家只要想，就可以做出这种假设。相应地，他会假设企业的管理会继续涉及对营收活动的大量参与。企业由身兼经理人的所有者运营，那么就没有理由质疑最大化收入的假设了，② 从而也更没有理由去考虑其他目标。这种安排并不会令所有人满意，许多人会因将通用汽

---

① R. A. Gordon, *Business Leadership in the Large Corporation* (Washington: Brookings Institution, 1945), p. 11. 这段话写于差不多 35 年前，很少有哪句话能如此经得住时间的考验。几乎同样的观察结果出现在 1964 年罗宾·马里斯的重要著作 *The Economic Theory of "Managerial" Capitalism* (New York: Free Press of Glencoe, 1964), p. 5 中。戈登教授又补充说："数理经济学和一般均衡理论的发展强化了分析企业家行动时采用的机械方法。"（第 8 页）所有权与管理权结合在一起的假设对于这种理论和数学分析来说既方便又必要。提出的假设不是基于现实而是为了适应分析手段，这种科学研究的程序很令人怀疑。经济学中的一大疑团就是，那些为自己研究手段的科技先进性感到自豪，甚至有时主动提出担任科学道德审查官的人，居然会经常采用这样的研究手段。

② 其实许多理论学家是很谨慎的。我的同事罗伯特·多夫曼教授非常优秀地做出了以下更为严谨的假设："权衡来看，最大化的假设并不具备基础科学假设那种牢牢扎根于现实世界的特质。不过它所暗示的行为的大量长期分化也是很罕见的，尤其是在参与者众多的行业。所以我们仍然可以将它视为一个合理的研究假设。"参见 *The Price System*(Englewood Cliffs, New Jersey: Prentice-Hall, 1964) 第 42 页斜体部分。在后期的 *Prices and Markets* [2nd ed. (Englewood Cliffs, New Jersey: Prentice-Hall, 1972), p. 9] 中，多夫曼教授就没有那么谨慎了："……'利润动机'……决定了商人将如何应对不同的环境，进而决定了整个系统是如何运作的。"

新工业国

车、通用电气、埃克森，以及与它们规模差不多的企业和组织排除在现代经济学理论之外而感到不安。但令人惊讶的是，人们却反过来用相同的方式排除了利润最大化以外的目标，从而维护了市场的权威性。

不过已有越来越多的现代理论学家接受了通用汽车的运营。他们认同现代企业是由经理人经营的，并且接受了通用汽车的市场力。而且他们还谨慎地同意，通用汽车并没有最大化自身的收益。"只要企业发展到一定的规模，并且开始享有一定的价格控制权，那么**它通常就可以在最大化行为中放松一点了**。"[1]

"当然大企业确实具备小农场主或传统家庭作坊所不具备的单边行动空间。大企业可以出钱改造贫民窟，可以不完全以利润为目标，可以追求增长——即使这种增长是灾难性的而非健康的，可以劝说消费者购入它想要销售的产品。"[2]

"……只要出现显著的市场扭曲（即无法实现收益最大化），那么一定是市场力出现了失误。"[3] "……利润最大化的假设更加适用于由许多企业组成的行业而不是垄断或寡头行业。"[4]

仔细思考这些观点就会发现它们做出的不是小让步。它们从最大化中排除了大企业和那些拥有市场力的企业。如果承认大企业只要有市场力就不必最大化其收益，或是暗示企业还有空间追

---

[1] Paul A. Samuelson, *Economics*, 10th ed. (New York: McGraw-Hill, 1976), p. 508. 本句的粗体文字是直接引用原文，其他则是对本书早期版本中观点的典型的妥协。

[2] Ibid., p. 512.

[3] Shorey Peterson, "Corporate Control and Capitalism," *Quarterly Journal of Economics*, Vol. LXXIX, No. 1 (February 1965), p. 14. 彼得森教授的这篇文章清晰巧妙地维护了这里所审视的正统案例。

[4] Dorfman, *The Price System*, p. 42.

求其他目标，就等于承认我们这里所关注的经济体中的一部分不存在最大化。在企业市场力不是一般大而是相当大的行业中，最大化不会发生，例如汽车、铝、橡胶、合成纤维、运输、涡轮、锡罐、口香糖、玻璃、早餐食品、香烟、大多数电子产品、飞机、计算机、打字机、绝大多数化学品、所有的通信，以及许多其他行业。[1]利润最大化的捍卫者似乎没有付出多少，但实际上付出了许多。人们也许会假设利润最大化，但是作为对现实的屈服，计划系统——经济中最大、最典型，也是最现代的一部分——被排除了。那些吹毛求疵的人对于美国社会地理学中的任何描述都能挑出毛病来，他们把纽约、芝加哥、洛杉矶以及所有比锡达拉皮兹市大的社区排除在理论假设之外，由此就可以用小城镇、邻里社区的现象对国家的本质进行描述。只有当一个假设对经济学来说非常重要时——正如传统教学中教导的——才能解释为什么会有这样可疑的维护。

在其他语境下，经济学家更加明确地抛弃了对利润最大化的执念。因而典型的情况是，紧跟着集体议价合约谈判的就是计划体系中的价格上涨。但是如果在工资上涨后，企业可以通过提高价格来增加收入，那么企业在之前就可以提高收入了。所以制定价格的过程一定涉及利润最大化这一目标以外的考量。

现代经济学政策中的一条支线假设存在这种限制。这种政策想要通过生产率的提高来将工资增长的成本维持在企业可以承担的范

---

[1] 上面所列的行业中除了运输和通信，都是从将近90个行业中随机挑选的，而这些行业中最大的前八家企业预计占到1972年总发货价值的75%。United States Department of Commerce, Bureau of the Census, *1972 Census of Manufactures, Special Report: Concentration Ratios in Manufacturing* (1975).

围内，因而企业不必增加成本，产品价格也可以基本维持稳定。一般来讲，这种政策只限于，或者说是强烈鼓励计划体系采用。人们都相信受到这种限制的企业可以通过提高价格来赚取更高收益。这种政策牢牢地基于这样一个事实，即企业并不需要或者说不是真的打算最大化收益。相应地，强烈鼓励这一政策的经济学家已经心照不宣地放弃了他们对最大化收益的执念。我在后文会论证，这样的政策其实是计划体系的经济管理中不可或缺的特征。

最终，一小群学者，包括现在就职于马里兰大学的罗宾·马里斯、普林斯顿大学的威廉·鲍莫尔、伦敦大学的杰克·唐尼，更谨慎地说还有我聪慧的前同事——麻省理工的卡尔·凯森，已经接受了成熟企业中所有权与控制权分离及其对利润最大化的影响。他们继续对管理行为进行解释，这些解释与这种分离一致或者说似乎一致。这些努力仍然受制于市场的神秘性。他们如果能充分意识到抛弃利润最大化假设的重要性，就会继续像这样将现代企业视作一种超越市场的计划工具。不过他们已经照亮了一部分前进的道路，而我将在后面的章节里充分利用他们的贡献。[1][2][3][4]

---

[1] Robin Marris, *The Economic Theory of "Managerial" Capitalism*. 还可以参考他对本书第一版的书评：*American Economic Review*, Vol. 58, No. 1 (March 1968), p. 240 et seq。

[2] William J. Baumol, *Business Behavior, Value and Growth* (New York: Macmillan, 1959).

[3] Jack Downie, *The Competitive Process* (London: Duckworth, 1958).

[4] 其他的相关论文包括：Carl Kaysen, "The Social Significance of the Modern Corporation." *American Economic Review*, Vol. 47, No. 2 (May 1957), p. 311 et seq; *The Corporation in Modern Society*, Edward S. Mason, ed. (Cambridge: Harvard University Press, 1959); "Another View of Corporate Capitalism," *Quarterly journal of Economics*, Vol. LXXIX, No. 1 (February 1965), p. 41 et seq。

六

正如我们现在充分强调的，利润最大化排除了企业的其他目标。这就是为什么如果要在经济学家的范畴内讨论企业行为，很有必要的一点就是确认利润最大化。这也是为什么经济学家会如此迫切地维护利润最大化假设。

近年来，除了少数几位经济学家已经倒戈，还有相当数量的商界领袖和发言人也已经不再执着于最大化。但是我们不能完全当真：在过去，那些出了名的贪婪之徒通常认为抗议他们对更高道德的效忠好过抗议对赚钱的执着。只有极度轻信的人才会相信他们。利润最大化的信念仍然被这种似乎容易上当的人的恐惧维系着，不过有些人已经相当坦诚地感受到成熟企业在盈利之外还施加了绝对的权力。这会对社会产生影响。他们已经根据自己设定的标准和偏好开始明确使用规则了。

结果是出现了一堆嘈杂的宣布企业目的的声音。其中，新泽西州标准石油公司的前董事长弗兰克·艾布拉姆斯先生提出企业的主要目标是公平地分配收入，即"在各种直接利益相关集团——像股东、雇员、客户以及整个社会大众——间保持一种平等且有效的平衡"[①]，还有宣称要重点关注提升高等教育、增加经济学教育普及、抵制共产主义者颠覆证券、支持美国的外交政策、构建社会、加强两党制、支持宪法、修正宪法，以保持初衷、捍卫自由和自由企业、恢复生态。许多年前，后来成为国会成员的广告人布鲁斯·巴顿曾

[①] Eugene V. Rostow, "To Whom and for What Ends are Corporate Managements Responsible?", *The Corporation in Modern Society*, p. 60.

总结说，如果今天耶稣还活着，他会去从商而不是从事建筑业。有时这种崇高的企业目标宣言实在太过谄媚，观察家们不禁好奇巴顿的梦想是不是已经实现了。"如今企业发布的关于社会责任感的宣言太过泛滥，以至于很难在媒体中获得体面的报道了。所有人都参与其中，而且几乎所有人都所言非虚！奉献精神持续影响着企业的上层管理者。"①

如果我们将这些企业发言人做出的关于社会目的的言论完全视作竞争性的陈词滥调，那也是不妥的。它们也反映出了深层次的现实，即现代企业有权选择目标。这种权力也不会因企业发言人遵循经济学传统主义者的建议、声明自身以利润为唯一目标而消失。权力可以被用于追逐利润，也可以用于追逐其他目标。

不过企业不会在新闻发布会和演讲中公开宣称这种权力的真正目标。正如许多人猜到的，真正放出来的消息都是烟幕。正如你所预料的，权力真正被用于服务的是技术专家阶层的更深层利益或目标。这些目标是不会公开披露的。相反，就像绝大多数的人类雄心，它们在很大程度上是被视为理所当然的。我们现在的任务就是确定这些目标以及社会服务于这种目标实现的手段。

---

① Theodore Levitt, "The Dangers of Social Responsibility," *Harvard Business Review*, Vol. 36, No. 5 (September-October 1958), p. 42.

第 11 章

动机通论

一

我们需要知道技术专家阶层的真正目标以及他们是如何实现这些目标的。这样我们就可以知道，我们生活中受计划体系影响的那一大部分究竟以何种目的、何种方式被统治着。人们在很长一段时间里都认为了解政府如何决定税制很重要，然而更加重要的是了解在这种被统治的过程中，自己的收入是如何被决定的，物价是如何被设定的，以及自己的购物习惯是如何被培养的。

要研究企业目标的问题，我们要先从个人相对组织的关系开始，在这里组织指的就是技术专家阶层。组织成员想从组织中获取的东西可以反映出组织想从社会中获取的东西。如果士兵服役只是为了津贴，军队就不可能深深地参与到政治中——至少只要军队随时付得出津贴。但是如果像克伦威尔的部下是为了拯救自己的灵魂，那么至少在一个邪恶的国家，他们是不可能想要保持政治中立的，议会将努力禁止他们进入。如果像在拉丁美洲那样，人们参军很少是因为有挥之不尽的战斗勇气，更多是出于政治野心，那就更加危险了。如果一个人就业主要是为了从企业那里获得金钱，那么企业的主要目标也是从社会中攫取金钱。如果雇员对经济安全或个人名望更感兴趣，那么企业经营的业务中也几乎总能反映出这一点。

类似地，社会可以从组织中获取的东西也依赖于组织相对个人的关系。如果士兵服役是为了津贴，那么政府就必须支付给士兵报酬。南方庄园主可能会被强制带着自己的奴隶入伍，因为奴隶别无选择，只能跟随主人。而由加州理工学院管理的实验室可能会被要求进行长时间的工作以追踪空间探测活动。这是因为操纵仪器的人是因共同的科学兴趣而联合成为组织的。一家纺织厂或汽车厂却无法做出相似的应对，因为它们的操作工人或雇员只是为了钱才工作。

经济学家却没有对这些事进行充分的研究。根据假设，人在经济事务中的行为只是为了获得金钱补偿，除此之外唯一的可能就是被武力胁迫。不过鉴于武力胁迫在现代社会虽然绝不是完全过时但也在很大程度上落伍了，所以唯一重要的还是金钱补偿。一般来说，个人得到的金钱补偿越多，他就会越发投入、持久地努力。只有涉及那些非常贫穷和从事家政服务这种卑微职业的人时，才偶然需要考虑过多的薪酬可能会损害他们的人品，进而损害他们努力的程度。

反过来，金钱补偿作为一种动机也会支持利润最大化成为企业的唯一目标。利润最大化意味着从市场中获取最大收益，这就使企业有财力支付足够的薪水换取员工的最优努力。

虽然这一切使经济学家的研究大大简化，但不幸的是，这与现实世界不符。除了金钱补偿，还有两种力量将个人与现代企业组织有力地联系在了一起。这两种深层次的动机与企业追求利润最大化的投入不符。这种不一致是和谐的。我们刚才也看到，利润最大化与技术专家阶层在成熟企业中的行为是不一致的。是其他的动机修复了这种不一致性。更重要的是，要想对技术专家阶层的行为给出令人满意的解释，就必须要有这些其他动机。真实世界总是有其内在的和谐性。

二

"组织"最出名的定义是："由两个或更多人的活动或力量经过有意识的协调构成的体系。"① 这里最关键的一个词就是"协调"。协调意味着经过劝说后的参与者会将个人目的或目标搁置，改为追求组织的目的或目标。所有人都这么做的话就意味着大家都在朝共同的目标努力，也就是说某样事物在对他们进行协调。而动机就是影响这种协调的方式或者激励——也就是说，这种方式或激励可以引导个人放弃自己的目标，转而以更大或更小的热情去追求组织的目标。

通过一队人挖掘沟渠的例子我们可以很清楚地了解动机这件事的本质。普通人不太可能会天生就对挖掘沟渠这件事抱有热情，但是"成功完成挖掘任务"是有可能成为一个团队或组织的目标的。问题是如何才能让个人放弃自己的偏好转而爱上统一挥舞铲子这件事。以下几种方式都可以实现这一点。

1. 团队可以强迫成员接受其目标——拿着铲子的人身后站着一个手持棍棒的人。成员如果不接受团队目标就会招致"负奖励"，也就是惩罚。这种惩罚导致的动机没有什么新意，可以称为"强迫"(compulsion)。

---

① Chester I. Barnard, *The Functions of the Executive* (Cambridge: Harvard University Press, 1956), p. 73.

2. 团队可以通过花钱"购得"成员对共同目标的接受，比如在沟渠尽头站着一个捧着钱的人。接受组织的目标带来的不是负奖励而是正奖励。作为对这种激励的回报，个人会"将同质的时间和努力……奉献给组织"。① 这就是"金钱动机"（pecuniary motivation）。

3. 当个人开始融入团队也许就会认为团队的目标比自己的目标更重要。在挖掘沟渠的例子中，这种情况出现的可能性要小于室内乐团、政治阴谋或海军陆战队，但它还是存在的。如果挖沟渠可以清理干净一个特别恶心且传播疟疾的沼泽，个人在接受了他挖掘工的身份后也许就会意识到，团队共同的事业将为大众带来福利。也就是说，他发现团队的目标比自己先前的目的更加重要，所以决定加入这一事业。"人类与机器相反的是，他会根据其他人的价值来评估自己的立场，进而将别人的目标视为自己的目标。"② 这种转变并不是团队强迫的结果，也不是团队花钱"购买"的结果，尽管它与薪酬并不矛盾。借用赫伯特·西蒙（中文名司马贺）教授的话来说，这种鼓舞人的影响力可以称作"认同感"（identification）。③

4. 最后一种情况是，个人服务于组织不是因为他觉得组织的

---

① Herbert A. Simon, *Administrative Behavior*, 2nd ed. (New York: Macmillan, 1957), p.115.
② James G. March and Herbert A. Simon, *Organizations* (New York: Wiley, 1958), p.65.
③ 这个术语由于具有中产阶级心理的色彩，所以不能完全令人满意。当我第一次产生这些想法时，我用的词是"一致性"（conformance），我的学生在他们陈年的课堂笔记里一定能找到这个词。不过这个词暗示个人在某种程度上受到了压迫，或者说被迫去服从，但这并不是我的本意。"认同感"这个词没有强迫性的内涵，而且先前也被使用过。我要感谢西蒙教授和他的同事，关于组织和组织理论的文献非常枯燥，但是西蒙和他同事的专著却是个例外。其中最重要的两部是《管理行为》（*Administrative Behavior*）和《组织》（*Organizations*），所有研究组织学的人都必须了解这两部艰深但是十分有益的专著。

目标比自己的更崇高，而是因为他想使组织的目标与自己的目标更趋一致。作为这一挖掘沟渠的组织的成员，他希望挖掘的容量、深度或方向都更加符合他认为理想的情况。

不过还是要说，挖渠工的例子并不是非常有力，更好的例子是内阁官员或高级官员为了推进自己认同的措施而有时也会同意那些他极其厌恶的行动。他渐渐变得跟美国的大多数政府官员一样，就好像那些卷入越战的官员后来纷纷出来解释为什么他们会通过参战决定一样。动机相似的还有抱着宁为凤尾不做鸡头的想法的政客，他们宁可做会对大党派的政策产生微弱影响的人，也不愿意成为一个负责单人行动的最高长官。企业的高管也是一样，他们之所以愿意忍受大量自己认为毫无创业精神的想法，只是为了给自己的几个新想法赢取支持。

参与者希望组织的目标与自己的偏好更加一致。基于这种前景或希望而去追求组织目标的动机是动机中很重要的一种。但是不同于强迫、金钱补偿甚至是认同感，这种动机在组织理论中的地位远不如前三者。我们必须自创一词来为这种动机命名，我提议将它称为"适应"（adaptation）。很明显，适应与组织世界中对权力的强烈要求有很大的关系。

强迫、金钱补偿、认同感和适应这四种动机可以单独或共同驱动一个人。我将它们共同的影响称为"激励机制"（motivating system）。我们将根据任意给定动机或激励机制能否有效地使个人支持组织目标来对其强度进行衡量。激励机制的强度会因构成动机的不同而有很大的不同。有些动机互相冲突，所以会彼此中和；有些动机组合在一起就是简单的效果叠加；有些却可以大大增加彼此的强度。所谓有效的组织，就是在很大程度上拥有一个不断进行内部强化的激励机制的组织,因而组织就可以尽可能有效地追求自身的目标。下面,我将开始讨论几种动机之间的关系。

三

强迫与金钱补偿会以彼此不同程度的结合而存在。那些因畏惧负奖励而被迫接受组织目标的人,通常也会因为接受目标得到一些正奖励。奴隶会因为不干活而挨鞭子,也会因为干活而得到食物和不怎么样的住所。如今,关于究竟哪一种动机在战前的南方最为强大的争议依旧很大。① 正如我们现在看到的,这是不同程度的强迫与金钱补偿的混合体。

强迫与认同感、适应都是不兼容的。一个人如果被迫接受组织的目标,那么他不可能会觉得这些目标比自己的更崇高,至少是在他仍感到被强迫的情况下。这种冲突也不是绝对的。在主人家里服务的奴隶不同于在田地里劳作的奴隶,前者已经接受了主人的目标,所以人们不认为他们会成为可靠的起义力量。不情愿地应征入伍的士兵最终会开始珍惜营房和阅兵场,但是那条通行的规则依然成立:被强迫而做出的选择不是真正的选择。正常的结果往往是格格不入,而非获得认同感。人们通常以为奴隶和农奴热爱他们的主人,换言之,他们完全将主人的目标视作自己的目标。但是这并不能阻止他们在机会出现时提出与主人迥然不同的目标。而这通常是在他们烧掉主人的房子、烧死房子中的住客或以其他相似的形式表

---

① 争议是由罗伯特·福格尔(Robert Fogel)和斯坦利·恩格尔曼(Stanley Engerman)的《苦难的时代》(*Time on the Cross*, Boston: Little, Brown, 1974)引发的。

达他们的厌恶后。

强迫与适应间也不存在一致性。如果个人被迫接受组织的目标，他不会指望可以将组织的目标改造得更加接近自己的目标，他也不会热情地支持组织的目标。如果他是被迫接受，那么他就会明白，自己完全没有能力去影响这些被迫接受的目标。农奴、奴隶或囚犯会把所在组织的目标当作给定目标，除非在特殊情况下，否则他们一定是与这些目标格格不入的。他愿意完成这些目标只是为了逃避惩罚。同理，一条古老的规则是，被迫入伍的士兵只会随遇而安，而不主动冲锋。

金钱动机也许或多或少会与强迫混合在一起。这将取决于具体的薪酬水平和个人备选方案的性质。如果强迫的成分很多，那么金钱动机自然就不会与认同感和适应相一致。如果强迫的成分很少，那么金钱动机就很容易和认同感及适应动机共存。此处的差异对我们理解现代经济行为非常重要。

一名加尔各答麻纺厂的工人如果失业了——就好像他美国的同行在大萧条时期一样——就很难有机会再找到一份新工作。他没有积蓄，也没有失业保险，如果失去现在的工作，那他唯一的结果就是慢慢地被饿死。所以他虽然在名义上是一个自由的工人，但实际上是被强迫的。美国南北战争爆发前想要起义的南方奴隶和亚历山大二世出现前的农奴的命运不会比这种情况悲惨太多。在饥饿和被奴役之间的选择反映的也只是个人的偏向。人们对强迫成员接受其目标的组织的极度反感在每种情况下都差不多。在这种极度反感下，人们不可能产生认同感。这里重申一下，工人出于无奈而在组织工作的事实，充分揭示了他们面对组织及其目标时的无能为力。所以适应动机也被排除了。

相反，现代工业企业的雇员如果失业或辞职，仍然可以找到另一份工作。他在失业期间享有失业保障金，也许还会有一些个人积蓄可以度日，即使到了最坏的境地，也可以申请社会福利。饿肚子的危险大大减少了，因而强迫的成分也大大减少了。而在收入更高的行业里，这种强迫成分会更低。随着金钱补偿动机中的强迫成分逐渐减少乃至消失，人们会更容易获得认同感和适应动机。

四

强迫动机在金钱补偿中的作用越来越小，这种现象对历史发展非常重要。它和其他一些要素一起在很大程度上解释了奴隶制的消亡。200年前，世界上绝大部分地区领工资的劳动者工作的动机与奴隶没有本质上的差别，他们得到的都少得可怜，但是因为害怕失去工作都拼命干活。

所以奴隶也没有理由去羡慕那些有自由身份的工人，他也不会很努力地去改变自己的地位。社会也不会为了他去想办法废除奴隶制。但是随着工人的物质条件逐渐改善，他们工作中被强迫的成分也逐渐消失。这样一来，自由人与奴隶之间的差距就拉大了，奴隶制也变得岌岌可危。即使没有南北战争，美国的奴隶制也只能再维持几年。因为在相对较短的一段时间内，北方的工业化和日益提高的生活水平加上日益发达的通信技术会使奴隶越来越难安分地待在田间劳动，而且监工巡逻的费用以及为了替代逃走的奴隶而购入机器的成本，再加上那些成功逃跑进入北方就业大军的人带来的资本损失是南方庄园主无法承受的。庄园主为了保住自己的人不得不进行物质奖励，也就是工资。当经济发展到和其他国家处于大致相同的阶段时，奴隶制就会被废除了。这种改革的成功可以被归功于人与人之间与生俱来的人性。1880年或者最迟1890年，受人尊敬的哲学家就会恭贺国家和平地解决了一个人们一直担心非武力手段不能解决的问题。

就好像否认良心在人类事务中起到的作用是错误的一样，最小化经济学在人类事务中起到的作用一样是错误的。当奴隶仍然是宝贵的个人财产时，关于这同一个话题，亚当·斯密观察到："宾夕法尼亚的贵格会教徒最近所做的解放所有黑奴的决议，可以使我们相信他们的奴隶数目不可能很大。"[1]

五

如同强迫和金钱补偿动机可以以不同的比例进行混合，认同感和适应动机也可以，这二者是高度互补的。当一个人渐渐融入组织之后，他如果希望改变那些他觉得不满意或是难以接受的目标，就更加有可能用组织的目标来替代自己的目标。一旦他对组织的目标有了强烈的认同感，这种认同感就会强烈地促使他想要改进组织——调整（也就是适应动机发挥作用）任何他觉得不满意的目标以使它们更加符合自己的目标。一个党员如果觉得自己具有一些可以影响党派纲领的能力，就会对所属党派有更强的认同感。这就是为什么厉害的政界领袖在不能真正参与构建党派项目的情况下，也会想方设法给下属留下自己积极参与的印象。

---

[1] Adam Smith, *Wealth of Nations,* Book 3 (New York: Modern Library, 1937), Chapter 2, p. 366.

认同感与适应动机间的关系还部分取决于当事人的脾性。按照有些人的性情，融入一个组织就意味着接受其目标；但是对另一些人来说，这意味着改进其目标，就好像依照性情的不同，有些大学校长和外交官就会接受自己所代表的机构的目标，而另一些则会想方设法推进教育的目的或和平。适应动机也部分取决于当事人在组织中的等级地位：较之四处行走的邮差，美国总统更易被激发出这种动机；同理，总经理和牧师也比前台接待员和教堂杂役更易激发出适应动机。

六

当强迫成分占很大比重的时候，即除了艰辛劳作赚取收入外再没有其他可以接受的选择时，金钱动机是无法与认同感和适应动机相结合的。但是当强迫成分很小时，这种结合还是可能的。这就意味着贫穷国家和富裕国家的激励机制是不一样的，穷人和富人的激励机制也是不一样的。这种程度上的差异不断扩大，最终就变成了不同的两类。

一般而言，在贫穷国家和低收入人群中，劳资关系是严苛且令人愤怒的。与低薪相关的强迫成分使工人与雇主间的关系十分疏离。如此，雇主也不会想要培养员工的忠诚度，即鼓励员工对企业产生认同感，因为他知道这是不可能的。工人没什么可失去的，所以行事傲慢或冒犯他人也不会有什么损失。因此，无法对企业产生认同感的工人就会更愿意接受工会的目标。但如果加入工会，工人很容易受到被解雇的威胁，因为被解雇正是他所担心的，也迫使他不断努力工作，因此工人和雇主都有理由做出不友好的行为。相关方的行为几乎总是符合这种预期。

在富裕国家和收入较高的人群中，一切都显得更加温和。强迫成分已经消散了，所以，员工几乎或完全不会存在格格不入的疏离感。这为员工接受组织的目标创造了条件。员工加入工会的动机也会减弱，而且就算加入，他也不怎么担心被解雇了。雇主会想方设法鼓励员工对企业产生认同感。由于员工不再像以前那样担心失业，所以雇主也很难再利用他的这种恐惧了。员工对企业的认同感越强，工会就越难激起员工对雇主的敌意。激励机制促使劳资双方都能允许并奖励对方更为友好的行为。因为富裕而产生的这种劳资关系的成熟，可以功归于人类善良的本能、更加开明的雇主、更加负责的工会，以及业界政治家风度的传播。①

这里出现了一个关于金钱动机的悖论。一般来说，薪酬越高，金钱动机相对其他动机就显得越不重要。在绝大多数情况下，收入越高，当事人对某一特定工作的依赖性就越小，所以强迫的成分就会越少，而这又为认同感和适应动机奠定了基础。这两种动机会补充甚至可能超过金钱补偿在激励机制中的重要性。

很明显，这里我们有一个方法，或者至少是有一个线索可以解决上一章提到的矛盾。金钱补偿不必成为技术专家阶层成员唯一或者主要的动机，认同感和适应动机也可以成为驱动力。收入超出某个水平后，这些动机就与收入没什么关系了。对技术专家阶层的成员来说，最大化收入已经不是他们的首要考量了，但是他们认同哪些目标，又想要使组织适应于他们的哪些个人目标，这些问题仍然十分重要。不过很明显，这两种动机就跟他们和企业共同追求金钱

---

① 我会在第 23 章和第 24 章继续讨论这些问题。

回报最大化，简言之，就是接受传统经济学中的动机一样，是不会与股东利益产生绝对冲突的。

七

判断社会分析是否合理的一种方法是看它能否同时解释小事和大事。美国企业高管请求政府减税以鼓励主动性和工作投入的呼吁虽然经常在公开场合被重申，但却最令人感到疑惑，因为几乎从未有高管承认因不满税后收入而在工作时有所保留。如果暗示高管存在这种有所保留的行为，无疑会被认为是严重的冒犯。[1]

现在有一个现成的解释。激励是一个古老的话题，源自更加原始的收入与付出的关系。减税或者将更多的现有负担转移给穷人的自然愿望似乎是体面的、关乎社会效用的，但现实是，高管当前的收入水平导致他的动机更多是关于认同感和适应动机的。也就是说，这些才是真正对他起作用的动机，也是仅有的对个人而言不影响名誉的动机：高管不愿意让别人以为他对企业目标的投入是有所保留的，或者认为他完全不在乎那些可以对目标产生重大影响的机会。高管如果表示金钱动机比后两种动机更重要，就无异于承认自己不够格。

---

[1] 参见 Robin Barlow, Harvey E. Brazer and James N. Morgan, *Economic Behavior of the Affluent* (Washington: Brookings Institution, 1966)，这本书强烈证实了这一点；另见 "A Group Profile of the *Fortune* 500 Chief Executive" (*Fortune,* May 1976)，这篇论文表明，全美最大的前 500 家工业企业的首席执行官每周工作小时数的中位数为 55.7，而休假时间的中位数为三个星期。通过减税来增加每周和每年的工作小时数是不人道的。

第 12 章

正确看待动机

一

随着时间的流逝，经济生活中的权力已经从古时候的与土地结盟到后来的与资本结盟，再到最近的与构成技术专家阶层的知识和技术结盟。现实也反映了相似的情况，具体表现为人们应对的动机发生了改变。历史上强迫动机就是与土地联系在一起的。金钱动机与资本间也有类似的关联。认同感和适应动机则与技术专家阶层有关。

土地作为生产中具有战略意义的要素高度利用了强迫动机。农业的本质决定了农民将星星点点地分布于广阔的空间中，因此他们需要受到保护。而统领这些农奴的封建领主也会组织成立基本的军事单位，以保卫地主和农奴的共同利益。而地主与统治他的君主间相似的关系又进一步揭示了这种关系的一致性。领主要想和平地占有土地，作为交换就必须向君主提供军队以保护国家或开辟疆土。这种人口的分散化也使农奴间不会产生像城镇人口大量聚居时会发酵出的异端思想和不满情绪，也使农奴们聚集在一起发动起义，将他们的主人以祭祀般的仪式烧死的概率大大减小。

城镇化与强迫动机间融合得并不好。城市几乎是不可避免地赋予了个人摆脱其桎梏的机会，而且孕育出的思想还在道德上认同了这种摆脱桎梏的行为。不过要将奴隶制中的主仆关系改造成工厂中的劳资关系也并非易事。在工厂系统发展的早期阶段，被饥饿恐惧驱使的雇佣工也几乎肯定比被挨打的恐惧驱使的奴隶要廉价。所以随着资本作为新的战略性生产要素出现，金钱补偿又成为主要的动机。资本使工业企业拥有了权力。用钱，也就是资本的实体表现形式来购买劳力似乎是再自然不过的事。就好像封建领主拥有武力，所以就可以用武力来迫使他人跟随他的目标；资本家拥有资本，也可以用资本来激励他人跟随他的目标。没有人比马克思对这种变化的赞美更加生动。通过资产阶级，资本"无情地斩断了把人们束缚于'天然尊长'的形形色色的封建羁绊，它使人与人之间的关系除了赤裸裸的利害关系，除了冷酷无情的'现金交易'，就再也没有任何别的联系了"。[①] 所以人们认为这种也许冷酷无情的现金交易最终成了经济体系中唯一值得严肃对待的动机。

正如我们所见，专业知识以及对它的协调现在已经成为经济成功的决定性要素。这就要求人们以团队的形式开展工作，而权力也被移交给了这些团队。团队成员都有不错的收入，几乎没有人不对自己的薪酬感兴趣。但是随着渐渐融入团队，人们发现自己会被其目标吸引或推动，并会用这些目标替换自己的目标。人们也发现了放弃对自身目标的努力追求，从而对拥有更大权力的组织产生较小

---

① Karl Marx, *The Communist Manifesto*.

影响的好处——可以获得权力和影响力。因此，组织中又发展出进一步的激励机制。就好像金钱补偿和资本、强迫动机与土地之间一样，这种进一步的激励机制是符合时代背景的。金钱补偿作为努力工作回报的作用如今已经减弱了许多。

经济学家尚且要费一番功夫才能得出这样的结论，更不要说普通人了。人们对人类主要是被金钱激励的假设还是充满热情，并且坚信人所依赖的仍然是看上去似乎很原始的人性的表现。人类学研究中所坚守的最令人妒忌的简化假设就是，我们永远不必考虑用喜爱金钱以外的理由来解释人类的行为。

不过值得回顾的一点是，曾经人们对武力的忠诚也是同样强大的。古典经济学家曾在18世纪末期和19世纪初期写道，有必要详细地阐述自由劳工相对于奴隶劳动力的优势。理智、实际的公民是不会相信这些的，殖民时期的庄园主甚至都不会考虑这些。[①] 很长时间以来，人们抱有一种返祖的观点，认为优越的社会态度总是与土地所有权联系在一起。更重要的是，现在仍有一种返祖的观点认为武力具有独特的激励价值。所以人们认为，那些由于没有良心或对文明行为缺乏基本的尊重而有能力使用武力的人拥有巨大的优势。在那些依然允许对文明社会使用武力的地方，因为同样的理由，武力仍然受到极大推崇。这一点值得我们注意。

---

① 亚当·斯密在阐释这一观点时进行了令人震惊的夸大。"我相信各个时期和各个国家的经验都证明，由奴隶完成的工作虽然看似只支付了维持他们生活所需的费用，但最终的花费却是最高昂的。"参见：*Wealth of Nations,* Book 3 (New York: Modern Library, 1937), Chapter 2, p. 365。这完全不对。在那个时代，由于奴隶从事的主要是农业活动，所以他们的劳动比雇用其他任何自由劳动者都更加经济。

二

二战期间，人们普遍认为，德国独裁统治无情行使的权力是力量的主要来源，表现之一是它能指挥来自欧洲所有种族超过 700 万的外国劳动者。[1] 抗德阵营不得不对抗这种惊人的权力。但我们仔细思考便会发现这种权力并没有优势。奴隶的引入不是优于雇佣工的选择，而是替代雇佣工的权宜之计。至于这是不是最优的权宜之计，尚无定论。负责任且具有智慧的德国领导人认为，通过付薪水将法国和其他西欧国家的工人留在他们自己国家的工厂工作获得的产量，要高于将他们作为奴隶送到德国从事生产获得的产量。或者说，德国领导人更青睐采用招募的方式来招揽雇佣工。[2] 又或者说，他们就像英、美那样呼吁更多的妇女和家政工人参与就业。战后一项关于德国经验的细致研究得出了结论：在英国，被纳入劳动力的妇女和家政工人同德国的奴隶劳动力是无差异的替代品关系。"……在英国，平民就业靠的是内部流动，而德国靠的是外劳

---

[1] 其中 180 万是战犯，还有一部分是自愿前来的。*The Effects of Strategic Bombing on the German War Economy,* United States Strategic Bombing Survey, 1945, p. 34.

[2] 这是负责招工的部长弗里茨·绍克尔与聪明绝顶的装备部部长阿尔伯特·施佩尔之间的主要争论点。战争期间，施佩尔曾安排指定的法国工业企业生产弹药，并承诺企业的工人不会被强征到德国进行劳动。绍克尔的手下却迅速前往这些工厂强行将工人带到德国进行劳动。由于没有人愿意将自己暴露在这种被强行征工的危险中，所以没有人会主动去工厂工作，绍克尔因而有效终结了这项实验。当战争结束，绍克尔和施佩尔被盟军监管后，他们之间的争吵仍然没有停歇，而我正是其中一个监管人。两个人都暗示对方应当被绞死，最终绍克尔被绞死了。令绍克尔不满的是，纽伦堡法庭只判了施佩尔 20 年有期徒刑，而施佩尔的回忆录也成为最广为流传的二战回忆录。

输入。"① 但其中主导了第三帝国以及人们对第三帝国态度的返祖观点非常重视强迫动机。纳粹和外国人都认为强迫是力量的表现形式。

同样地，人们普遍认为苏联在过去通过迫使人们努力的权力获得了巨大的优势。"因此，西方通过自由意愿的方式，苏联主要是通过强迫的方式，为了社会的经济发展……两种关于社会生活目的和手段的截然不同的概念（被设计出来）……西方自由主义的发展方式要比极权主义或威权主义在经济上的难度更大，在道德上的要求也更高，但其物质和精神奖励也相应更大。"② 但同样，我们仔细考察会发现，从强迫中得来的收益消失了。我们都以为这种收益在斯大林时代的劳改营里达到了最大值，而赫鲁晓夫解散劳改营的行为被广泛认为是选择了更文明的过程而不是效率，但这种劳改营似乎从未为现代工业提供过劳务。它们处在偏远地区，所做的工作无非是土地清理、林业、采矿和建设，几乎可以肯定，其劳动生产率是很低的。而劳改营的关闭使劳改人员、守卫和管理人员在更具生产力的企业重新就业成为可能。而这种收益一定是很可观的。

在正常情况下，苏联人可以通过工作获得薪水，而且可以自由地换工作。在苏联的产业中，认同感和适应动机都被认为是非常重要的。工厂的布告栏上都贴着辛勤劳作的无产者的宣传画，他们的身上佩戴着大量的勋章且在公开仪式上居于十分显眼的位置。这些

---

① Burton H. Klein, *Germany's Economic Preparations for War* (Cambridge: Harvard University Press, 1959), p. 144.

② *The Political Economy of American Foreign Policy,* Report of a Study Group Sponsored by the Woodrow Wilson Foundation and the National Planning Association (New York: Holt, 1955), p. 179. 该书的 10 位作者，包括威廉·艾略特（William Y. Elliott）、哈里·吉迪恩（Harry D. Gideonse）、克利夫兰（H. van B. Cleveland）都是战后美国外交政策既定观点的坚定支持者。

都给人一种印象，即组织在认真听取并仔细考虑他们提出的关于提升业绩的建议。强迫的感觉与这种对认同感和适应动机的强调是不一致的，它将削弱，而不是加强激励机制。许多人强调个人在这些事情上的自由，但这些人的典型看法是，这种自由虽好，却没有好到具有效率的地步。

美国的军队中也长时间存在类似的对强迫动机的采用。这也是一种返祖现象。服兵役曾经是令所有人都觉得痛苦且危险的事。以现代标准来看，那时的国家都很穷，税收体系也不健全；农村人口占大头，且他们不愿意从事其他职业。即使军队承诺支付较高的津贴，应征入伍的人也不会太多。如果他们真的选择入伍，那费用将极其高昂。赋税会高到令人难以忍受的地步，更不必说战争本身在经济上就不划算。

随着时间的推移，军队虽然不情愿，但是也开始适应起现代社会的现实了。在美国，海军、空军和海军陆战队早已认识到强迫不利于产生认同感，而志愿征兵从整体意义上看更有效率。也是受到越南战争中被强制入伍的士兵极度缺乏认同感的影响，军方最终认同了志愿征兵。但是放弃强迫方式，也就是放弃强制入伍，仍然被许多人视为道德上的倒退。有些人会觉得强制入伍可以被视为在道德上具有优势。当然，人们还认为，强制入伍可以将军事服务的部分成本从富裕的纳税人身上转移到那些被强征入伍、以低于市场的价格进行服役的士兵身上。

三

在成熟企业中，当我们从金钱动机转向获得认同感和适应的辅助角色时，衡量我们任务的是强迫制的残存力量。我们长期认同的观念具有一种独特的神圣性。更重要的是，认同感和适应动机不同于支付给不同员工的薪水，它们无法自动进行量化和对比。基于这个原因，我们无法轻易地将它们纳入数学和数理逻辑的简化。经济学中的科学真理并不总是与现实相一致，它们往往只可以通过貌似科学的方法进行处理。关于经济学中教授的内容还存在一个进一步的问题。授课内容取决于教科书，在这里真理必须根据市场需求进行调整。有市场的教科书就是宣扬我们通常认同的观点的教科书，或者说是包含我们通常以为我们认同的观点的教科书。无须多言，这里所谓的大众认同的观点，就是金钱补偿是唯一有必要进行分析的"真正"的动机。那些出于任何理由觉得当前的观点难以接受的人都不应该受到不必要的干扰，他们面前不会是平坦大道。我冒昧地向读者推荐本书附录部分关于社会争论及其抵制变革的本质探讨。

然而，这些想法与人们的日常态度是一致的。我们对一位美国总统的衡量理所当然要通过他被认同感和适应动机激励的程度——通过他对国民目标，也就是通常所说的国民福利的投入程度，以及他利用所在职位促进他认为理想的目标的意愿，这一点用通俗的话说就是发挥领导作用。一个总统候选人如果被人认为太过汲汲于金钱，也就是说在他的职业生涯中太过明显地倾向于从石油、地产、木材、电视或股市中赚钱，他的候选之路就会受到严重的阻碍。当然，一旦上台，总统必须回避所有的金钱利益。[①]

这也适用于其他政客，不过是以更恶劣的形式。认同国家、州

[①] 这是本书早期版本中的观点。理查德·尼克松的经历充分证明了这一观点的有效性。他为了个人利益而在避税和房地产方面使用的伎俩，最终使自己深陷泥淖。

或社区的目标，以及为"任职期间一定要成功"的理想而努力适应改造，是唯一可以接受的动机。如果有人暗示竞选国会议员或类似职位的候选人只是为了高工资，那一定会遭到他的断然否认。

律师、医生、艺术家或科学家的动机则被假定为是相似的。一个优秀的人会致力于共同的职业、艺术和科学目标，并且试图依照自己的本能、品位或知识来改变这些。光是这些就已经是可敬的动机了。斤斤计较于金钱回报的思想是不达标的。即使是那些大方肯定金钱动机首要地位的经济学家，对那些过于热衷从企业拿咨询费、卖教材或由基金会报销出差费用的同事也会颇有微词。学术礼貌也许会要求他不当面指责，但责任使然，当后者不在时，他也会大力批判这种出格的行为。

否定适应动机和认同感对经济学家来说有时就是在自找麻烦。近年来，喷气推进实验室承担了遥远太空探索的领导工作。这个实验室是由加州理工大学代表美国航空航天局运营的，是一个非营利性组织。我们可以理所当然地认为，该实验室的科学家、工程师和技术人员都对组织的目标有强烈的认同感，并且深深地为自己对组织的贡献（即他们的适应动机发挥的作用）感到自豪。而如果暗示金钱补偿是他们工作的唯一哪怕是主要动力，似乎都很傻，而且也是对他们的冒犯。而在几英里之外，洛克希德和休斯飞机公司聘请了一批水平差不多的科学家、工程师和技术人员来从事性质和难度差不多的工作。洛克希德和休斯飞机都是私人公司，而人们也会假设它们的员工多多少少只是为了薪水而工作。显然，这种区分毫无意义。

出于对现实的尊重，我们要认识到，人类是为了响应一整套复杂的激励机制才服务于组织的。不同情况下，这种动机的混合也是不同的。在创业企业中，由于掌权者关心的是收入，所以强烈的金钱动机可能贯穿整个企业。而在成熟企业中，认同感和适应动机可能要重要得多，如果该企业有很强的科学技术导向背景，这一点就尤其有可能。而且在成熟企业中，不同等级或不同种类的参与者的动机也是截然不同的。下面，我就来谈谈这些差异。

# 第13章
动机与技术专家阶层

一

成熟企业是一个庞大而复杂的组织，而个人则通过变化着的各种动机的组合，使自己与组织的目标保持一致。我们如果舍弃了传统的企业组织架构的形象，就可以很好地理解这一激励机制了。这种架构表现为几何式的等级制度，权力自上往下传递。在架构最高处的长方形方框里的是股东，象征着企业的终极权力；其次是股东的代表——董事会；接下来是行政人员或最高管理层；两边的是律师、审计师、公共关系专家、处理政府关系的人士以及其他工作人员。权力从高管处向下穿过部门、分部门、工厂、单元以及其他细分后的部门。这种说法也许有些得罪人，不过处在企业架构底层的就是所谓的"无产者"。

然而在成熟企业中，股东并没有权力，董事会通常是被动地为管理层所使用的工具。由于决策的复杂性往往与其重要性呈正相关，所以决策实际上是团队的成果。这些决策在组织中向上的运动要比向下的运动典型得多。所以说，传统的组织架构形象——常规的组织结构图——在很大程度上误导了我们。因此相应地，任何以组织结构图为指导对个体、团队与企业间关系进行的分析，也都具有很大的误导性。我们必须抛弃正统结构指挥权的概念。

更有用的做法是将成熟企业的组织架构想象成一组同心圆。每对同心圆中的环形都代表一组拥有不同激励机制的参与者。半径越大的圆之间的环形也越大，也就代表人数越多的团队；一般情况下，这种团队的激励机制决定了他们对企业较低的附着度。而处在圆心的就是现在所谓的高管层，他们对企业的附着度是最高的。这二者之间就是剩下的其他人了。脑海中有了这样一个形象，我们在考虑企业中不同参与者的激励机制时就会更加清晰。

二

在成熟企业的同心圆架构中，最外围的环代表的是普通股东。这一部分人从所有实际的目的来看是纯粹的金钱关联。典型的股东不会对企业目标产生认同感，也不打算影响这些目标，他拥有所有权份额，唯一关心的通常是企业是否可以回报给他尽可能多的钱。如果他能在别处以同等的安全性获得更多的收入或资本利得，他就会卖掉所持股票转而去别处投资。一般来讲，他不会出于对企业的忠诚，也就是对企业目标的认同而放弃这么做。

这是一般的情况。那些在董事会中占有一席之地或被代表的大股东的做法就不一样了。如果企业所有人都像过去的杜邦家族那样参与企业的管理，情况也是如此。随着企业的成熟，这些情况的重要性也在减弱。已故的比利·罗斯是他那个时代一位著名的词曲作者和戏剧赞助人，他去世时还是美国电话电报公司最大的股东。但是他似乎不大可能对电信业有很强的认同感，或者说视自己为电信业的中坚力量。除了极少数例外，埃克森、通用汽车、美国钢铁和类似企业最大的股东与公司间的关系也是同样客观的。当然，普通股东与企业间的关系也是如此。

如前文所述，企业在公开仪式上往往会想方设法让股东觉得自己拥有公司，但是很少有人会上当。普通股东与企业间的关系就是纯粹的由金钱驱动的关系。

三

从最外向内的下一个圈是由生产工人占领的。在这里，动机已经不再纯粹。显然，金钱补偿很重要。有一种测试测的就是支付边际减少产生的效应——比如说，如果将加班费从双时薪制下调为单时薪制，在绝大多数企业，这会立刻带来工作小时数和精力投入的减少。这一部分工作是乏味或单调的。无论这些努力服务于什么目标，都不会是工人的目标。工人追求的是握着钓竿、看着电视或者喝着威士忌，他从不幻想自己可以令组织的目标服从自己的目标。

然而事实上动机更加复杂。工人不同于股东，他们与组织有直接的日常关联，这本身就能激发他们的认同感。工人会逐渐把自己当作 IBM 的人、康宁玻璃（Corning Glass）的人或西尔斯的人。这种关联中的强迫成分已经消退，同时消退的还有阻碍工人产生认同感的障碍。创业企业谋求的是为所有者最大化收益。根据人性，遥远的、明显经过仔细伪装的富人最大化金钱收益的目标不太可能会令普通工人产生认同感。技术专家阶层[①]的目标越是含糊，越是

[①] 见第 15 章。

自负得不明显，就越不会与工人的认同感产生尖锐的冲突。相对稳定的任期，体力活不繁重，以及有时比较有趣的现代技术流程，都会降低工人产生认同感的壁垒。

其实，生产工人的动机是金钱补偿与认同感混合的结果。依照行业和企业情况的不同，这种特定的组合也会有很大差别。如果工资高、工作内容有趣而且非常稳定，同时企业似乎还关注除尽可能为股东或管理层赚钱以外的其他目标，员工的认同感将会很强。如果只是乏味的流水线工作，并且经常有被裁员的危险，企业似乎只是为了赚钱，那么员工产生认同感的可能性就会比较小。只有少数人会子承父业继续在流水线上工作也说明了这一点。

这些差异与企业在劳工政策上使用的策略也有很大关系。如果员工认同感很强，并且可以进一步加强，那么工会就没有什么机会。后者只有当员工对企业目标的投入足够小的时候才能赢得员工对自身目标的投入。（通俗地讲，员工对企业的忠诚不能与他们对工会的忠诚产生尖锐的冲突。）而用自动化流程替代手动流程可以增强员工的认同感。通过这样一个步骤，企业就减少了容易被工会目标影响的工人人数，而且通过提高剩余工人的工资、兴趣并降低他们的劳动强度，还可以增加他们产生认同感的倾向。[①] 有了这样的认同感且消除了相关的工会势力后，工业计划就变得更加稳定。工资成本变得可以预测，企业也不用担心罢工导致的劳动力撤离危险。由此可见，尽管自动化的流程更加昂贵，但是由此产生的员工认同感以及对计划的支持说明还是物有所值的。显然在判断计划体系中的劳工关系前景时，这些都是头等重

---

① IBM 是一个有趣的例子，它在很大程度上回避了工会组织。

要的大事。我会在后面的章节再谈论这些问题。[①]

四

接下来再往里的圆圈里是领班、监督人员、文书员、销售和其他常规白领工作人员。这些人员与组成技术专家阶层的技术人员、工程师、销售主管、科学家、设计师以及其他专家在内圆边界汇合。技术专家阶层以上位于圆心处的就是行政人员或管理层。当一个人逐渐移向内部的圆圈时，认同感和适应动机也变得越来越重要。

获得认同感的障碍消失了，没有了强迫感，阻止人们自愿接受受雇组织目标的障碍也消失了。在创业企业中，至少在原则上，所有人不分等级都在为别人赚钱。正如我们前文指出的，一个品性正直的人是很难接纳这样一个目标的。相反，在成熟企业，权力已经移交给了技术专家阶层，无论目标是什么，他们都不能（而且正如我们将看到的，也不会）对自己的成员怀有敌意，这就很容易形成认同感。技术专家阶层握有实权也保证了它在一定限度内有权令企业目标适应于自己的目标，也就更有助于形成适应动机。随着一个人逐渐移向技术专家阶层的中心，认同感和适应也越来越成为有力的动机了。

关于认同感，西蒙教授和詹姆斯·马奇教授表示，成员如果看见或感觉到参与者在分担组织的目标，认同感就会变得很强。这就重申了前文所描述的倾向性。此外他们还列出了以下四种会引发认同感的情况：

[①] 参见第23章和第24章。

1. 吸引成员产生身份认同的团体或组织的声望很高且广为人知。
2. 组织成员间经常互动。
3. 个人的大量需求都可以在组织内获得满足。
4. 组织成员间的竞争可以最小化。[1]

成熟企业可以满足以上所有要求,这一点在技术专家阶层的内部也越来越明显。所以虽然像后面章节提到的,商业组织的声望也许会下降,但是大企业仍然是我们文化中成功和成就的象征。[2]大企业将这份声望赋予其成员,成为通用汽车或西电的员工显然要比做一个普通的、无所依附的市民要强。当两个人在飞机上或是在佛罗里达州遇见时,自然而然地会彼此发问:"你在哪里高就?"在知道这一信息以前,个体都是无名小卒,在全局中没有一席之地。人们不知道他该得到多少注意,更不用说尊重了,甚至连他是否值得注意都是个问题。但是,如果他是一个大型知名企业或一个优秀团队的员工,那么他立刻就变得重要了。"组织中的人"（organization man）已经成为一个充满悲伤的话题。但是那些哭泣的人已经记起,他们之所以会屈服于组织,是因为组织能为他们做的比他能为自己做的更多。就目前而言,成熟企业拥有足够的声望可以诱导和鼓励个人放弃自己的目标转而接受组织的目标。

参与者之间频繁互动的要求也得到了满足。我们已经看到,技术专家阶层是一种团队决策的机制。这样的决策是个体之间激烈互

---

[1] James G. March and Herbert A. Simon, *Organizations* (New York: Wiley, 1958), pp. 65-66. 以上是我用自己的话对他们所提要求的复述。

[2] Ibid., p. 67.

动的结果。① 因此，就其本质而言，技术专家阶层就提供了产生认同感的诱因。

技术专家阶层，特别是在内层圈子里，认同感也满足了个体大量的需求。就在最近，企业高管在医疗娱乐和社区服务以外还拥有一些非商业的兴趣，尽管不是强制性的，但已经成为一种潮流。收集抽象艺术品、印第安陶器、旧的竞选海报或古董口琴，赞助芭蕾或计划生育事业，搞些怪异的办公室装饰，都是这一趋势的表现。不过通常来说，高管将清醒时的所有能量都投入企业仍然是一件值得骄傲的事。其他所有的一切，包括家庭、政治、性甚至酒精，都是次要的。"对高管来说，工作与生活的其他方面之间存在着一种他永远无法解释清楚的统一性……高管们会问，如果工作就是你的生活，那怎么会有过劳这回事呢？"② "企业和工作已经占据了我的整个生活，其他一切都已经是次要的了。我知道我已经付出了代价。我是获得了一些乐趣和成就，但也付出了代价——这点毫无疑问，不过我可能要再次付出代价。举个例子，我因为工作离了两次婚。我已经得出了一个结论，就是我没有办法同时做到婚姻幸福和

---

① 根据相关采访以及对221位高管和不同等级经理的调查，小威廉·H. 怀特认为："……每个高管平均会将8小时办公时间中的约6小时用在与其他高管举行会议上，如果他独自出去吃午餐就会被认为是个怪人。" *The Executive Life,* by the *Editors of Fortune* (Garden City, New York: Doubleday, 1956), p. 69.
② Ibid. 关于工作和家庭生活，怀特引述了一位钢铁公司高管的话："晚上根本没时间放松，因为还有一大堆工作，到十一点的时候，你会对自己说：'管他呢，不干了，我现在要喝上一两杯然后上床睡觉。'但事实上我会在办公桌前继续熬到十二点半或者半夜一点。结果就是，我因为精神不济吃早饭的时候就像灵魂出窍一样。我妻子说，我就傻呆呆地坐在那儿，好像梦游一样。也许她说的没错，但只有这样我才能对公司业务了如指掌。"

事业成功。如今，我完全相信这一点。"[1]没有人会怀疑组织充分满足了提供上述证词的人的所有需求，而这种对认同感的诱导也同样被充分满足了。

最后，虽然在技术专家阶层内部也存在竞争，但是这种竞争并不是零和游戏。虽然只有一个人能晋升到最高职位，但是所有人都可以得到晋升。这也是与认同感一致的。相比之下，小城镇的汽车经销商争取客户或是一个小城市的承包商争取某个特定的铺路合同才是零和游戏（被参与者称为"你死我活"的游戏，这一点值得注意）。当某个经销商赢得了销售或合同，他的竞争对手就失去了它，反之亦然。这种激励针对的是个人确认的目标，而不是团队协同接受的共同目标。

在技术专家阶层内部，我们也许会承认，西蒙和马奇所列出的导致产生认同感的因素已经呈现出明显的趋势。

五

再次重申，技术专家阶层将决策权交给了团队。这涉及大量职称、职位悬殊的个体，因此许多人可以获得权力，或者说有可以获得权力的幻觉。创业企业的目标与企业家的金钱利益严格相关。正如这些目标不会令员工产生认同感，这种投入的僵化也不能鼓励员工产生适应动机。而在成熟企业中，已经有迹象表明，它不会那么僵化地规定目标。而且这些目标在技术专家阶层控制的范围之内，

---

[1] 一位执行副总裁的话，出自：George de Mare, *Corporate Lives* (New York: Van Nostrand Reinhold, 1976), p. 123。

因此适应的范围也显著扩大了。

适应作为一种动机,当人越是接近技术专家阶层的内部圈子时就会变得越强。在这里拥有权力的幻觉和事实都是最强大的。个人越来越有理由相信,通过服务组织,他可以将组织的目标与自己的目标更加紧密地联系在一起,他所参与的团队决策的范围也会更广阔。而在等级制度中占据更高的职位,也有助于他产生拥有权力的感觉。[1]

个人有一种几乎不变的倾向,即他们眼中的世界与他们的视野相吻合。因此,在成熟企业中,适应动机也会因个人的这种倾向而强化。这是最重要的。老师的世界就是他所在的学校。牧师的世界以信仰不够坚定的会众为界,会众以外的人在实际而非理论上属于"二等公民"。官僚的世界就是他的单位、部门、分支机构或办事处,他会因特权及其表现产生强烈的责任感,但对政府的其他部分就只感到某种漠不关心、憎恶甚至是轻蔑。对大学教授来说,没有什么比他所处的院系更加重要的了,大学则是超出他活动范围的更加客观的世界;而只有非常有野心的人才会在现代语言协会的遥远世界里寻求影响力。正是在这些局部而不是完整的世界里,每个人观察到的斗争、欺骗、奸诈、偏袒和政治结盟,就好像他看到的那样是真正重要的。而他真正希望能适应自身目标的是子世界。个人所希望的是按照自己的目标来塑造世界,而思虑周全的上帝又给了他具

---

[1] 现代管理学著作强调参与和适应对决策质量以及参与者表现的影响。"当经理有机会对影响自己职权范围的计划做出贡献时,他做出的计划往往是最好的。确保充分了解计划的一个好方法是,让经理尽可能多地参与计划,这也提高了经理对计划的忠诚度。"Harold Koontz and Cyril O'Donnell, *Essentials of Management* (New York: McGraw-Hill, 1974), p. 122.

备完成这件大事的能力的错觉。这是通过将每个人的世界缩减到可以管理的大小来实现的。所以，适应作为一个动机就这样被大大增强了。①②

成熟企业中的子世界很多，而且对他们的成员而言，这些子世界在生活中也变得差不多庞大。对那些关注招聘的人来说，没有什么比人事政策更重要，对于那些关注信息的人，与数据控制、计算机一比，其他所有活动都是次要的；而对那些联手开发新产品的人来说，没有什么比这更重要。对律师来说，法律总顾问的办公室就是企业的大脑；对会计师来说，会计工作才是；对销售人员来说，销售工作才是。这一切都增强了适应动机的作用。

六

所以我们可以合理地得出这样一个结论：在技术专家阶层中，

---

① "清谈俱乐部"由来已久，其乐趣人所共知，这种乐趣就源自人们对自己"小圈子"的关注。那些隶属同一个"小圈子"的人都有这样一种感觉：他们自己的世界最重要。对"小圈子"以外的人来说，这种谈话既狭隘又无趣。
② 这种倾向在政府中是非常重要的，许多小的行政分区往往会给相关人士一种他们比现实更有权势的印象，因而赢得相关人士的勤奋、投入和巧妙的服务，以及忠诚的效力之心。二战之后，当哈佛经济系的博士论文主题充斥着战争回忆时，我收到了一份长达数百页的文稿，研究的是价格管理办事处这一机构的运作，该机构负责由皮革和合成材料制作的鞋底、鞋跟的价格管理。从这份文稿中我了解到，该机构的工作人员在管理这些产品的价格时充分运用了自己的热情、智慧和创造力——他们将鞋跟装在华盛顿邮差的鞋子上进行测试，根据鞋子走过的里程制定价格。这篇论文几乎要将战时管理的成败与这个物价控制组织的小单位的成败联系在一起。虽然我之前主管物价控制事宜，但是我都不知道这个单位的存在，也不知道他们的成就。这篇论文也没有提到我所在机构的贡献，只是将它作为一个遥控的、反应迟钝的、没有具体贡献的审批机构。

认同感（即个人自愿将自己的目标替换为组织更优的目标）和适应动机（即个人希望通过融入组织来影响组织的目标，使其与自己的目标更加一致）都是强大的动机，而且这种动机在越靠近圆心的圆圈中越强。这一点之所以会被忽略，是因为在一个人进入最内层的圈子（也就是常说的最高管理层）后，金钱补偿就会变得十分丰厚，对大型企业的高级管理人员来说，金钱补偿有时甚至高得惊人。那些将问题过分简化、只能看到表面的人总是将动机与这种高薪联系在一起。

  但是正如前文所讲的，在成熟企业的内部圈子里，我们很少能像确定薪酬和努力之间不存在密切关系一样确定一件事。[①] 在企业的中心位置，薪酬只是同时允许认同感和适应动机充分表现的庞大的激励机制中的一部分。在简短的总结后，我们下面就要讨论这些动机所服务的具体目标了。

[①] 参见：R. A. Gordon, *Business Leadership in the Large Corporation* (Washington: Brookings Institution, 1945), p. 312 et seq., and Mabel Newcomer, *The Big Business Executive* (New York: Columbia University Press, 1955), p. 121 et seq。两位作者都认为，实际上超出给定的薪酬水平后，金钱动机是次要的，当然总会有例外。就像前文提到的那样，薪酬的增减不会影响投入。在采访高管的过程中，怀特发现高管虽然常常抱怨个人所得税太高，但是也承认税收其实不会影响他们的投入。因此，在任何情况下他们都会尽全力。参见 *The Executive Life*, p. 66，亦可参见：Robin Barlow, Harvey E. Brazer and James N. Morgan, *Economic Behavior of the Affluent* (Washington: Brookings Institution, 1966)。

第 14 章
一致性原则

一

现在有必要进行总结，并重申一个规则。整个社会与组织间的关系必须同组织与个人间的关系相一致，社会、组织和个人的目标也必须一致，而且激励组织、个人追求这些目标的动机也必须一致。

和往常一样，在社会事务方面，这里有一个内部紧密关联的矩阵。所以我们如果了解社会的目标，就会了解该如何建立服务于社会的组织目标以及用哪些人来组建这些组织。反过来依然成立。同样，我们如果知道如何激励个人，也就会知道如何激励组织。反之也成立。

不走运的是，确立原则既不能赢取理解，也不能建立证据，所以有必要进行详细说明。

二

在简单的情况下，我们可以理所当然地认为组织和个人的动机及其追求的目标存在一致性。回到前文的例子，如果封建领主被传唤履行军事义务，他会反过来召见那些有义务陪侍左右的小领主。被传统掩盖或加强的强迫动机激励着二者。就强迫的本质而言，君主要求领主及其下属接受相同的目标。如果君主要求领主最大程度地展示斗志，这一目标也会被施加在领主的追随者身上，否则就会因为拥有流血勇气的领导者和极其谨慎的追随者之间的冲突性反差而无法实现。这种情形在历史上并不罕见。

领主除非也拥有号令权，可以号令自己的追随者，否则他便不能带领下属履行义务。因为领主是无偿履行义务，所以在不具财务吸引力的情况下，他不可能长时间地以现行市场价格雇人完成服役。他如果因履行义务而得到回报，那么迟早也会与他手下的人商讨金钱方面的安排，最有可能的是以掠夺的方式来分享利益。① 在已经为服役发放津贴的情况下，别人不可能授予他强制他人服役的权力，也不大可能会有人在没有津贴的情况下积极地为他人的利益而服务。因而环境就这样促使组织以及构成组织的个人拥有一致的动机和目标。

这些规则在市场经济中同样适用。这样一个社会公认的目标是最大化其财富和收入。我们通过财富和收入水平来衡量一个社会的成功，所以企业设法实现收入最大化的目标是与社会目标相一致的，而个人设法最大化其收益的目标也与企业的目标相一致。社会不赞成人们接受低于自己能够赚取的最优价的行为，也不赞成企业不最大化收入（通常是经营不善的企业），或是以垄断、欺诈的方式进行利润最大化，从而使整个社会无法达到福利最大化的行为。就像武力同时激励了领主和他的手下，金钱回报也同时激励了企业及其成员。

---

① 直到19世纪，海军都是如此行事的。

正如我们所看到的，成熟企业并没有被迫最大化其利润，事实上它也的确没有那么做。这在原则上就允许它去追求其他目标。这也赋予了技术专家阶层的成员类似的其他选择。不过，对一致性的需要仍然成立。企业的目标虽然不受约束，但是也必须与社会的目标相一致，并且反过来与组成企业的个人的目标相一致。动机也是一样。

三

更具体地说，成熟企业的目标反映的是技术专家阶层成员的目标。由于大企业在经济社会中占据主导地位，所以经济社会的目标也会倾向于大企业的目标。如果就像我们所看到的，技术专家阶层的成员十分看重自主权以及可以确保自主权确定的最低盈利水平，那么这就将成为企业的目标之一。而对这种自主权以及维系这种自主权的收入的需要，将反过来得到社会的承认或强调。如果企业的增长有利于技术专家阶层，那么经济增长也自然会成为社会福利。

其他目标也是一样，而且事情反过来也同样成立。如果社会看重发达的科技，并且以快速推进技术的能力来衡量成功与否，那么这也会成为企业以及组成企业的员工的目标。当然，它作为目标也许要服从于企业维持最低收入水平的需要——虽然成熟企业的目标是多样的而非单一的，但这并不意味着这些目标都具有相同的优先级。相反，对目标进行排序似乎是相当合理的做法。而且鉴于社会、企业和个人目标之间所必需的一致性，我们也无法事先就假设两家企业的目标会有完全一样的优先级。

动机（即令个人和组织追求目标的刺激物）中也具有同样的

一致性特征。金钱补偿对技术专家阶层的个体成员来说，在一定范围内是极其重要的刺激物。他们如果得不到期望薪资，就不会工作，但是一旦满足了这一要求，工程师、科学家或行政人员也不会因为更多的钱而投入更多的努力，此时起作用的将是其他动机。同样地，在达到企业最低盈利要求之前，金钱动机仍然是很强大的。超出一定水平后，其他目标就会变得更加重要。

在认同感的情况中，一致性同样必要。只有当个人发现企业认同某些重要的社会目标时，个人才会认同企业的目标。致力于开发有效新药的企业，会因自身产品所服务或打算服务的社会目标而赢得员工的忠诚和认同。从事太空探测器设计或制造的人之所以认同所在组织的目标，是因为组织也是在为科学目的服务，或者出于将俄罗斯远远甩在身后的强烈希望。特殊导弹或性能更好的核弹头触发器的制造商，则是通过令组织成员相信他们是在为自由事业奋斗来激发他们的忠诚感。但也许同样成立的一点是，被这些武器毁灭的人类可能天生就有滥用自由的倾向。

如果一家企业只是忙于为企业家赚钱，也没有宣称有其他的社会目标，那么员工就不会产生类似的认同感。值得注意的是，一家企业的资产在被掌权者洗劫一空时，它同时也面临着管理人员和普通员工的士气大跌。此时所有相关人士都意识到，该企业不再为任何形式的社会目的服务了。

四

个人和组织对社会目标的认同感可能存在一致性，因为从个人到组织到社会态度的平行线就体现了适应动机作为一种激励力量的存在。我们已经看到，个人会因为有可能令组织的目标与自己的目标更加一致而为组织服务。如果他的目标反映了一种特定的社会态度和愿景，那么他会设法让企业也为这样的态度或愿景服务。更重要的是，他通常会认为他所追求的目标具有社会意义（个人有一种说起来很好听的能力：不管做什么事——常见的是科学研究、种族限制性分区法和前文提到的制造致命武器——都可以将其赋予崇高的社会目的，从而为他们的个人利益服务）。如果他成功了，企业会因为这些目标具有社会重要性而反过来推进或捍卫它们。因而企业就成了一种工具，用来将社会目的归于组成企业的人的目标。通过这一适应过程，社会目的就成了为技术专家阶层的目标服务的工具。

在我们的时代，这个过程是非常成功的。许多我们认为具有社会重要性的事，其实只是社会态度在顺应技术专家阶层的目标系统。这里重要的是我们相信什么。这些社会目标虽然实际上是从技术专家阶层的目标那里衍生出来的，但我们仍然认为它们具有最初的社会目的。因此，企业的一般成员，尤其是技术专家阶层的成员，会基于企业为社会目标服务的假设对企业产生认同感，但事实上企业只是在为它自己的目标服务。如果这种想法源自一个人的良心并且他真心认同，那么即使是最敏锐的社会良心也不会产生什么不适。

五

社会目标适应于企业目标并最终适应于技术专家阶层的目标，这个过程不具分析性，或者说不是理性的。相反，它反映的是未经检验但是不断重申的思想假设的胜利。技术专家阶层主要关心的是商品的生产和对这些商品需求的配套管理和开发。显然，重要的一点是，这应当被赋予崇高的社会目的，且商品生产规模越大，它提供服务的目的也应该越崇高。这就使得尽可能多的人可以认同社会职能。

从客观的角度看，许多商品的产出增加并不会被轻易赋予社会目的。更多的香烟会导致更多的癌症；更多的酒精会导致更多的肝硬化；更多的汽车会造成更多的事故、伤残和死亡，也会抢占更多的高速公路和停车场，也会有更多的空气和道路污染。所谓高标准的生活，它在相当大的程度上是由避免消耗肌肉能量、增加感官愉悦和将热量摄入提高到任何营养需求之上的安排组成的。但是认为扩大生产规模的行为就符合崇高的社会目标的信念太绝对化了。这种信念是被假设强加的，而普通人在日常经营过程中遇到这种假设的概率是每年上千次。生活变好了是因为产量和国民生产总值提高了。这种提高是杰出的，比以往任何时候都要快。很多人认为社会进步就等同于生活水平的上升。之前从未有哪个社会有过像我们如今这样高的生活水平，所以我们的社会是最好的。认同古典经济学信念的经济学家们对此表示了类似牧师式的认可。他们承认，国民生产总值的增加并不是一个衡量人类进步的完美标准，但是他们也没有对其他任何观点表示认同。那些质疑的人之所以在这些事上有一定的话语权，也只是因为他们展示了有趣的独特性。

这里还有其他的实例。要想在昂贵精密的技术领域成功计划，就需要政府承担包括研发成本在内的费用，并且确保制造出的产品有市场。因此对技术专家阶层来说很重要的一点是，不管哪种技术变革都必须被赋予崇高的社会价值。这点也被认同了。因此，政府对精密技术研发的担保也已经成为人们认可的社会职能。举证责任落在那些反对以和平为目的改进核能应用而进行国家干预的人身上，以及那些抵制以军事目的进行创新的人。① 社会目的又一次成为适应的结果。这明显是件很重要的事，我也会再讨论这个话题。

　　这里并不是说所有的社会态度都源自技术专家阶层及其需求。社会中的有些目标也源自与主要经济机构不相关的需求，有些也是社会向成熟企业施加的。在这里和在别处一样，我只讨论一个双向的过程。成熟的企业影响社会态度，但也会回应社会态度。真理不会因为被夸大而变得更真，也不会因为它比那些断言金钱目标和金钱动机具有简洁优越性的既定观点复杂而不那么真。

　　令人高兴的是，随着这些一般规则被实际投入使用，这种复杂性也明显减弱了。

---

① 不过，自本书初版面世以来，这种质疑的倾向有所增加。后来我举了超声速运输方面的公共投资作为一个不受社会批判的例子。

第15章
计划体系的目标

一

技术专家阶层中的个体成员之所以会认同成熟企业的目标，是因为企业认同的目标具有（或者说是在他看来具有）社会目的。成员会设法使企业的目标与自己的目标尽量一致，而进一步的结果是企业会设法使社会态度顺应自己的需要。因此，被认为良好的社会目的部分地反映了企业和技术专家阶层的目标。剩下要做的就是为这些关系赋予具体的形式。我们需要明确企业及其技术专家阶层成员所认同的社会目的，还必须明确他们在与自身需求相一致的情况下被归于社会目的的目标。

我们也许要再次提醒自己，这些在某种程度上都是新问题。如果我们将经济生活视为平常，那么这些问题也不会出现。至高无上的消费者有自发的欲望和需要，或者顶多是想要模仿其他消费者的消费行为。消费者会通过在市场上购买或不购买的行为来表现自己是否存在这些欲望和需要。这些和其他人的类似行为共同构成了社会敕令。企业和其他所有的生产商都会对此有所回应，而且由于它们致力于收益最大化，所以除此之外也没有其他选择。企业就按照这样的规定完全服从社会敕令。因此相应地，组成企业的员工也是如此。他们不会将自己的印记强加给社会目标。

这是一个令人欣慰的方法。企业所服从的社会意志的执行是简单地由公众主人处转移到了企业仆从处。后者的影响力或权力不会引起任何忧虑。如果读者感到这可能低估了像通用汽车、埃克森、通用电气或通用动力这样明显具有影响力且被人们认为是无所不能的组织的社会作用，那么这位读者就已经猜到本书的主旨了，并且也容易接受本书的论点。如果他开始怀疑正统经济学所讲授的内容某种程度上只是一套信念体系，目的是让学生和其他聆听者对既定社会安排具有的良好趋势感到放心，而不是揭示真理，那么他也是正确的。

因为事实正是如此。现代经济学信念在很大程度上是培育社会的仆人，而它为社会提供的服务里没有一点是向年轻人提供指导的，这又相当系统地排除了年轻人对大型经济企业为了自己的目的而对社会态度进行塑造的推测。这种服务也不会因为总体上显得单纯且是以科学真理的名义而变得不那么重要。相反，它如果是被安排的且有偿的，就不会这么有效了。

二

一个组织就好像一个生物体，对它而言，天然具有最优地位的目标或者目的就是组织自身的生存问题。从理论上讲，这点也同样适用于技术专家阶层。

对技术专家阶层来说，生存的首要条件就是能掌握其决策权所依赖的自主权。如我们所见①，这就意味着企业必须达到安全的最低盈利水平。当技术和计划需要专业知识和团队决策时，权力就移交给了技术专家阶层。只要盈利多到足以向股东进行惯例支付且能为再投资提供储蓄资金，权力就依然牢牢地掌握在技术专家阶层手中。如果盈利低于这个水平，那么就必须求助于外部的资本供应者。这些外部供应者反过来可以发问并提出条件，从而削弱技术专家阶层的自主权。如果企业不能按照惯例支付股利，我们也不能完全指望股东能保持沉默。如我们所见，大企业中控制权的争夺几乎总是发生在那些亏损的或是盈利微薄且波动很大的企业。②

低盈利和高盈利对技术专家阶层的影响并不相同。当出现低盈利或亏损时，技术专家阶层就容易受到外界影响，失去自主权。但盈利超过一定水平后，更多的盈利无助于增加他们的安全感。尤其是对非常大的企业来说，这种自主权已几乎成为绝对的了，这反过来又有助于解释成熟企业会设法最大化利润的假设。出于对自身利益最基本的考量，技术专家阶层不得不将防止亏损的目标置于最大化收益之前。亏损会毁灭技术专家阶层，高收入则归他人所有。③如果最大化收入的过程会增加亏损的风险，正如经常发生的那样，

---

① 见第6章。

② 管理层之所以想要保护最低回报率，还有另外一个更深层次、更深刻的原因。虽然资本的供应者已经认识到，或至少是含蓄地承认现代企业的决策需要自主权，也就是说他们不可以"干涉"管理层的决策，但是若回报率低于资本供应者的预期，他们就有权对企业进行调查和研究。而为此而生的管理咨询行业完全可以提供这样的调查研究服务。这样，技术专家阶层长远的职位、薪酬和业绩就会受到严格的审查，而这一点正是绝大多数高管极力避免的。

③ "他们（即大企业的高管）在冒险成功后不会得到因冒险产生的利润，但是一旦冒险失败产生重大亏损，他们在公司的地位就会遭到损害。" R. A. Gordon, *Business Leadership in the Large Corporation* (Washington: Brookings Institution, 1945), p. 324.

那么技术专家阶层出于自身基本利益的考虑就应该放弃最大化。[①]

而保住最低盈利水平的必要性反过来又对工业计划产生了重要的影响。虽然理想的情况是实现计划，但更重要的是避免出现计划之外的灾难。前者令人满意，后者却可能是致命的。比一个好价格更重要的是防止出现价格暴跌，比产品拥有强劲的需求更重要的是不出现大规模拒收的情况。我会在接下来的三章继续讨论这些要求对价格和需求管理的影响。之后我们就会发现，成熟企业与政府间的关系，包括政府通过采取管理总需求的措施来支持企业以及政府大力鼓励公众承担昂贵的技术成本，同样是因为企业想要排除任何威胁到它实现最低盈利目标的努力。类似的考虑将被视为构成现代劳工政策的基础。

三

如果一致性原则成立，技术专家阶层的自主权就应该是社会政策的目标。而只要稍加思考我们就会发现，的确如此。

计划体系的教条有力地强调了其固有的且职能上独立的特点。

[①] 参见：Robin Marris, *The Economic Theory of "Managerial" Capitalism* (New York: Free Press of Glencoe, 1964)；以及 William J. Baumol, *Business Behavior, Value and Growth* (New York: Macmillan, 1959)。这两本书的作者都在书中强调了最低回报率的重要性，尤其是后一本书的第 48—53 页，虽然强调的力度不及此处。卡尔·凯森教授也得出了相同的结论："虽然高度竞争的市场中的企业不得不追求利润最大化，否则它们的利润就不足以维持企业的运营，但是在竞争程度没那么激烈的市场里，企业可以选择是要追求利润最大化，还是在利润达到'可以接受'的水平后就去追求其他目标。"参见：Edward S. Mason, ed, "The Corporation: How Much Power? What Scope?", *The Corporation in Modern Society* (Cambridge: Harvard University Press, 1959), p. 90。

这是私营企业的制度。人们认为政府和企业间隔着一条鸿沟。只有在极其罕见的情况下，公众接受的神学才会认可任何跨越这种差异的限制性行动。没有什么比涉及监管（即公众对工业企业自主权的干预）的衡量标准——比如为汽车安全、药物广告、包装重量、抽烟导致的健康索赔提供标准——更具有举证责任的了。

人们捍卫自主权的理由显然是不真实的。人们认为，谁都不可以干预企业所服从的市场机制的独立运行。正如我们已经充分意识到的，成熟企业主导下的现实是，价格在很大程度上是由企业控制的，而且企业会继续对在这些价位上购入或售出的数量施加影响力。技术和资本使用的必要性不允许企业服从市场，而正如我们现在看到的，成熟企业还不具备在与政府分离后继续正常发展的能力，所以它只能继续与政府保持密切的关系。

由于不能清晰地了解企业需要自主权的真正原因，所以市场力量以及私营企业和政府间据说根深蒂固的分离被拿了出来作为替代。如前所述，二者都与信念有关。这体现了适应动机可以为技术专家阶层的自主权赢得有利的社会态度的能力，而这种社会态度与现实间的关系可以忽略不计。

而且，毫无疑问，必要的社会态度已经得到了保证。技术专家阶层的自主权已经被彻底接受，而且极为偶然的是，它拥有保证这种自主权的盈利的权利也被接受了。直到最近都没有出现在施政纲领中提到要收紧对业界监管的雄心勃勃的公共职位竞选人。只有当人们开始理解企业要求自主权背后的欺诈性基础后，才会有人开始那么做，而且数量仍然有限。而要求政府摆脱对商业的依赖对绝大多数政客来说都很有吸引力，当然这里指的是与采购军火、监管航空公司或提供道路不同的公共措施，这些措施并非服务于计划体系。

几乎没有人会质疑足够的利润水平的必要性,一般来说,不管企业生产什么产品都适用。

人们对公共监管的恐惧在很大程度上被误解了。对创业企业来说,政府对其收入构成了威胁,因此会出于保护自身利润的目的抵制公共监管。现代观察家注意到,成熟企业拥有良好的回报,并且充分设置了法律和文书机构来处理因公共监管导致的程序细节,但观察家惊讶地发现这些企业的高管对政府干预发出了警告并且要求没有人打算给予的安慰。"他们为什么如此担忧?"他问,"毫无疑问,他们都赚了很多钱。"他不知道的是,技术专家阶层正在保护的是比利润还要重要的东西,而这也是利润在保护的东西,这就是他的自主权。①

四

一旦最低的盈利水平可以保证技术专家阶层的安全,那么技术专家阶层就可以对目标进行选择。至于哪个目标会被重点强调,基本上不存在疑问,那就是以企业销售额衡量的尽可能高的增长率。

这是最符合技术专家阶层自身利益的目标。产出的增加意味着技术专家阶层本身的扩张。这种扩张反过来又意味着承担更大责任的工作岗位,也就意味着更多的晋升和更高的薪酬。"当一个人做出的决策使得企业成功扩张时,他不仅创造了新的职位,而且

---

① 我曾经讨论过一些相关的考量,参见:*American Capitalism: The Concept of Countervailing Power*, rev, ed. (Boston: Houghton Mifflin, 1956),第六章。

表明他和他的同事是这些职位特别合适的人选。"① "简单地说，单个企业的扩张意味着管理职位金字塔结构高度的增加，以及货币奖励和高层实权的膨胀。"② 现代经济学动机中的悖论是，如果以利润最大化作为目标，就要求技术专家阶层的个体成员将他的个人金钱利益置于遥远和不知道名字的股东的利益之下。相比之下，作为目标的增长就与那些参与决策指挥企业的人的个人和金钱利益完全一致了。读者将又一次感受到，利润最大化在捍卫传统经济学理论尤其是市场规则中起到多么重要的作用。它的使用存在于与那些反映出直接参与者自身利益的目标的竞争中。③ 实证证据也与我们这里提供的假说相符。约瑟夫·蒙森、约翰·邱和戴维·库利对比了 1952—1963 年 12 年间由管理层（即技术专家阶层）完全控制的大企业和拥有大量所有者权益的大企业间的盈利。由管理层控制的企业的投资资本收益一直远远低于后者的

---

① Robin Marris, *The Economic Theory of "Managerial" Capitalism* (New York: Free Press of Glencoe, 1964), p. 102. 虽然马里斯先生关于成熟企业目标的结论是通过非常理论化的手段得出的，但是这个结论还是跟我的看法一致。鲍莫尔教授的结论部分基于理论论证，部分基于实证观察，也与我的看法一致。

② Tom Burns, "On the Rationale of the Corporate System" in *The Corporate Society,* Robin Marris, ed. (New York: Wiley, 1974), p. 131.

③ 肖雷·彼得森教授认为，需要用利润支持增长就意味着实际上增长目标与利润最大化的目标没有什么差异，所以对利润最大化的目标来说，增长也许是最优的长期策略，但事实并非如此。虽然说如果等待的时间足够久，我们迟早会发现某一个策略是失败的，另一个策略能更好地服务于我们的目的，但是我们应当考察事前而不是事后的行为。在任意给定的时间区间内，价格、销售额、成本以及其他最大化增长的政策不同于利润最大化的政策。就好像在存在技术专家阶层的情况下，因为某种原因而要最小化风险，那么利润的最大化是不可能实现的。参见："Corporate Control and Capitalism," *Quarterly Journal of Economics,* Vol. LXXIX, No. 1 (February 1965), p. 11。

收益。①

企业的扩张也是在为技术专家阶层的另一个重要目的服务，这是预防企业规模缩减的最好手段。对由一小组经理人、主管和大量无差异的蓝领工人组成的企业来说，适当缩减产量这件事没有太大难度。只要张贴一下告示，工人就会离开，在需要的时候还可以将他们重新召回。那些张贴告示的人自己并不会牵涉其中。

随着技术专家阶层的崛起，任何程度的产出缩减都会变得十分痛苦且具有破坏性。光靠裁掉蓝领工人并不足以降低成本，因为眼下总成本中很大的一部分花在技术专家阶层身上。如果这部分保持不变，企业会因组织只能部分运行而产生很大的开销。技术专家阶层以团队的形式进行工作，企业不能开除整个团队，而解雇个别成员，或者个别成员因为意识到会被解雇而主动离职，会损害那些留下来的成员的工作效率。此外，缩减的决策是由技术专家阶层内部做出的，这就涉及他们自己的成员。这就无法像解雇一个并不亲近的或者处于不同社会阶层的员工那样客观、不会令人产生不快。

而扩张可以避免这些可能出现的不愉快的情况，就连相对不划算的扩张也会因为能避免这些问题而显得合理。这就是我们经常听到的关于企业做生意不是为了利润，而是"为了保持组织不解体"这种说法的含义。这是一种非常理性的做法。②

---

① R. Joseph Monsen, John S. Chiu and David E. Cooley, "The Effect of Separation of Ownership and Control on the Performance of the Large Firm," *Quarterly Journal of Economics,* Vol. LXXXII, No. 3 (August 1968), p. 435 et seq.
② 另一种观点认为，随着技术专家阶层的发展壮大，劳动人口中工资必须作为运营成本的人口比例上升了。但这种运营成本是很特殊的，不同于机械或是工厂的运营成本，在没实现充分就业的情况下，这种成本会自动减少。

五

技术专家阶层以企业增长为目标的行为受到了一致性原则的强烈支持。没有哪个社会目标会像经济增长这样受到强烈的公开支持，也没有哪个对社会成功的测试能像国民生产总值的年度增长那样几乎被所有人接受。而这点适用于所有国家，无论是发达国家还是发展中国家，无论是社会主义国家还是资本主义国家。日本因其国民生产总值自二战以来一直高速增长而被认为是成功社会，德国的情况也一样，法国在大部分时期亦是如此，英国因其增长要低得多，情况危急，已经接近失败。社会主义国家由于其产出上或多或少的增加，也或多或少地成为非社会主义国家的竞争对手。对于共产主义和非共产主义这两个世界用于衡量经济增长的统计量的有效性和概念，这两个世界的学者存在分歧，但是在目标本身的有效性上不存在异议。同样，现在人们也认同，对古代文明——印度、中国和波斯（现代伊朗）——应该用国民生产总值增长的百分比来衡量文明进度，而且它们自己的学者对此最为坚持。

鉴于人们一致认同应将经济增长视为社会目标，技术专家阶层的目标也有了强大的社会目的。成员们在确知自己是在为一个比自身目的更宏大的目的服务时就会产生认同感，也会设法促进企业的增长。这又进一步促进了经济的增长。而认同感作为一种动机也强化了与这种扩张相关的自身利益。

一个不可避免的问题出现了，那就是经济增长这一被广泛认同且广为人知的社会目标在多大程度上反映了适应动机。它是否反映了最初的社会需要？它是不是被技术专家阶层强加给社会的？我们无法明确回答这一问题。毫无疑问，对经济增长的强调部分根植于人类古老的且似乎总是匮乏的商品供给。而在现代社会，增长已经成为消除失业的主要手段。[1] 经济增长也简化了经济体中的许多分配问题——从增加的产出中拿出一部分资源分给教育或扶贫事业，要比通过降低现有生活标准来挪出资源容易得多。不过我们照例必须警惕一种双向的影响。人们接受经济增长作为社会目标的时点与成熟企业和技术专家阶层权力崛起的时点重合，而后者又完全有理由高度重视增长目标并使之成为社会目标。成熟企业和技术专家阶层也不曾论证这一目标的优势。这一目标照例又是通过重大假设推动的。还有什么其他目标可能具有这样的社会紧迫性呢？[2]

六

和企业扩张一起成为技术专家阶层目标的是技术的发展，这也满足了其成员的需求。技术进步意味着技术人员可以获得更多的工作机会和晋升。企业扩张的能力也在很大程度上依赖创新的能力。企业正是依靠真正的或模仿出的技术创新为自己现有的产品留住老客户、招揽新顾客的，并向新的产品领域扩张。显然，这种创新能力对于保住或扩大企业在武器、空间和其他技术高速发展的行业的份额十分重要。不过这种创新往往本身就已十分重要了。就好像在大学的科研工作中，成功的从业者总是享有很高的声望，人们总是

---

[1] 西方国家经常将失业率作为衡量一个制度成败的标准。但是对几乎所有的学者来说，失业率仅仅是说明产出不足的指标。如果国民生产总值的增长率更高（照此标准就意味着经济发展更加成功），那么至少绝大部分的失业都会消失。
[2] 想要验证这一点的读者，现有一个简单的方法可以满足你的心愿。你只需体会一下主流书评对本书早期版本的评价语气。

很容易对这样的目标产生认同感。这里一致性原则又一次引导我们去关注社会态度。这里我们又一次发现技术进步就好像它听上去那样重要，已被实实在在地奉为社会福利。这就是进步。它等同于社会成就。总体上，质疑家庭和宗教的神圣性引发的争议也会比质疑技术进步的绝对优势要少。

只有当科技的先进性不会影响企业获得最低水平的盈利时，技术专家阶层才会将它纳入自己的目标。鉴于研发成本高昂和不确定性，技术很可能对收益产生威胁。一旦如此，企业就必须放弃这一目标，或者必须将成本和相关的风险转移给政府；也就是说，企业必须寻求政府对特定开发或基础研究的支持。鉴于技术变革所具有的崇高社会目的，政府大力支持这种开发的社会化。适应动机——将科技进步作为社会目标——为此铺平了道路。我们不必去在意相对其他选择，这种对技术和基础科学发展的资源投资是否重要，也没有必要去衡量空间探索成就相对帮助穷人的好处。在成功适应的本质中，我们再一次假设了技术进步的绝对优势。

七

现在必须向看似正统的理论做出妥协。技术专家阶层的另一个目标通常是实现超出投资需求且能承担不断上升的股息率的盈利速度。这种回报不能通过设定会阻碍企业扩张的价格来实现。最能说明增长这一目标重要性的，就是任何以牺牲增长换取利润的行为都会被强烈谴责为是不明智的。为更高收益承担的风险必须不能损害盈利的基本水平，这点不言自明。但是从创业企业那里继承来的传统还是将成功与已实现的不断上升的盈利水平联系在一起。而总体上，社会态度也是将盈利随时间不断提高视为对社会的良好贡献。此外，虽然计划系统中规模最大的那些企业不会有此威胁，但是不断上升的盈利水平还是可以使规模稍小的企业的管理层免于企业被收购的威胁。对所持股票的低价不满的股东会在他人的劝说下卖掉股票，而提高盈利和企业价值可以避免这种情况的出现。

技术专家阶层的首要目标是实现安全水平的盈利以及与为必要的投资提供的收入相一致的最大增长率。技术的先进性和不断增长的股息率则是次要的，这两个目标的实现一定不能干扰前面两个目标。在实现这些目标后，其他各式各样不那么重要的目标也有机会实现，它们受到的唯一限制就是一定不可以干扰两个首要目标的实现。并不是说它们不合理或不合法，而是这些进一步的目标有时会威胁最低盈利的实现，而且并不总是有助于企业的扩张，所以它们所起的作用会受到严格的限制。

建设一个更美好的社会，改善教育，更好地理解自由企业体系，有效地治疗心脏疾病、肺气肿、酗酒、硬下疳或其他致残疾病，加入选择的政党，都属于上述进一步的目标。有些人也许会同时服务于首要目标和次要目标——为所谓的良好企业形象做出贡献，从而帮助企业招贤纳士并鼓舞员工士气，避开不受欢迎的税收或令大众对企业产品产生好感。我们并不需要这些来证明企业活动的合理性，只要企业能致力于技术专家阶层（和社会）认为的好目标，而且这些目标不会与更重要的目标产生冲突就足够了。

几乎所有的经济学家和其他许多人都认为追求这样的目标不过是无关紧要的门面功夫。这种认知其实是错的。只要人们能清楚地意识到这些目标彻底的从属作用，包括成本对其施加的限制，那么它们似乎就完全合理地表达了技术专家阶层中个体成员的目标，而这些人共同组成了成熟企业。所谓的"社会企业"是成熟企业及其成员动机在逻辑上的表现形式。然而，门面功夫以及陈述社会目标时措辞的作用确实不可忽略。

八

在任何时候，企业成功的标志都忠实地反映出企业在实现人们当前追求的目标上的成功。在19世纪后半叶，经济体系中最伟大的民间英雄是老洛克菲勒。这是属于创业企业的时代，以当时的目标来看，他是最成功的，因为他赚的钱最多。

在我们这个时代，再没有哪个富人可以享受与之媲美的荣耀。个人也不再受到那样的尊敬，技术专家阶层的本质决定了他们完全隐没在团队之下，受到尊敬的是企业而非个人。而在这之中，企业的首要要求就是具有保障性盈利水平，任何做不到这一条的企业结局都会很悲惨。它的管理层会遭人鄙视，而下面的员工也迟早会感到丧失了公众的尊重，于是也无法尊重自己的工作。就像后来的铁路员工一样，因为觉得整个世界，尤其是顾客都在与他们为敌，所以他们行事粗心又粗暴，或者另谋高就。

考虑到安全水平的盈利，受人尊敬的往往是大企业——那些保持扩张的企业——或者以特定速度增长的企业，而后者正越来越受到尊敬。一个企业如果以技术创新闻名，那么它会被称为智能企业，之后，它的股息记录就会被提到。人只有在掌握了阐释生活的理论体系后才能理解生活。不过，几乎所有的理论都可以在生活中得到检验。

第 16 章

计划体系中的价格

一

显然,使现代企业服从于市场的要求会为曾经受人尊重的经济学课题带来严重的问题,但是价格行为理论却是矛盾最为明显之处,其中缺乏逻辑的毛病也是最令人沮丧的。当然,这也是厘清真相后收获最大的地方。

价格确定的方式,也就是经济学家所谓的价值理论,直到最近都是这一课题的核心。对成千上万心不甘情不愿的学习者来说,很长时间以来,他们在经济学教育投资上唯一永恒的收获,是几条遥远记忆中的曲线,它们描绘了供需之间的相互作用,并由此确定了价格。现在,让我来更加详细地讲述一个之前介绍过的论点。

长期以来,人们对于如何在理想世界中进行定价已经达成了一致。这应该是一个客观的过程。个人或企业无法通过自己的存在或缺席而对市场产生持久的影响力。因为如果可以这样做,它们就会以对自己有利的方式来影响价格。当所有参与者相对其所参与的市场来说规模都很小的时候,这种影响力也是最小的。但是当市场上只有少数几个甚至是只有一个买家或卖家的时候，这种影响力将会达到最大。后一种情况即垄断者，是这种不适当的影响力的最高表现形式。在英语中，只有像欺诈、颠覆和鸡奸这种词才具备比垄断更邪恶的非暴力内涵。

然而，计划体系的特色市场中只有少数几个卖家。美国的汽车市场由四家企业共享，并由其中三家主导。原铝、铜、橡胶、香烟、肥皂和洗涤剂、炸药、玻璃、冰箱、纤维素纤维、照相器材、罐头、计算机、巧克力和许多其他产品的市场都是由四家企业主导，[①] 几乎都是我们这里关注的成熟企业的例子。这就是计划体系。

这种市场情况在所有现代微观经济学理论中都得到了承认。在寡头的名义下，人们假设它在定价方面有部分垄断权，也会对竞争产生一定的限制。各种安排和惯例也有助于它实现垄断目标。虽然可能极为罕见，但是也有可能存在各方对价格进行秘密磋商，最后确定一个对各方都有利的价格的情况。或者由某一家企业充当价格领导者：它会计算好一个符合所有人利益的价格，当然也会特别关注自己的需求，其他企业则会永久遵循这一价格。或者，在所有人都了解成本和需求的基础上，每一家企业分别计算并公布认为最符合行业利益的价格。最后公开的计划中就会出现细微的差别。这些程序的不确定性使寡头价格对参与者来说无法像垄断价格那样精确地达到最优。还有一种倾向是在相当长的时间里保持价格不变，因

[①] 在上述所有的行业中，1972年时行业中最大的四家公司占有不少于60%的市场份额。参见：United States Department of Commerce, Bureau of the Census, 1972 *Census of Manufactures, Special Report: Concentration Ratios in Manufacturing,* (1975)。沃尔特·亚当斯在 *The Structure of American Industry,* 4th ed. (New York: Macmillan, 1971) 中展示了大企业是如何通过控制相关和不相关的其他市场从而进一步加强这种控制的。

为任何重大变动都可能导致他人不再追随的风险。

虽然价格竞争不符合企业达到尽可能接近垄断价格和利润的共同目标，而且确实会引发其他的严重问题，但是这并不意味着在传统观点里竞争就该被废除。人们还是认为竞争是企业家的动物精神中固有的一部分。他会因为不能降价而更加努力、更加激进地宣传推广产品以作为对这件事的回应，而且会出于同样的原因重新打造、包装产品，有时还会提升产品以便从竞争对手那里抢夺客户。①

虽然寡头垄断下的定价理论还需要进一步的精炼，但是这在经济学中并不是一个特别复杂的领域。尽管读者会对任何太过简单的事物表现出疑虑，但刚才提及的正是现在所教授的内容的精髓。

二

在这样的分析中，无论规模多大的寡头企业都依然安全地受到市场的控制。一般来说它总是希望能最大化利润。它会尽最大努力去实现这个愿望，虽然它失败了，虽然它的失败使它的表现比起垄断更能让人接受，但是这并不能使它脱离市场的控制。所以独立追求其他目标——与市场动机无关的绝对权力——的精灵仍然被安全地禁锢在瓶子里。寡头正在安全地从其竞争性的前身中退化，但是

---

① "寡头关注的主要是自身的销售策略。能否在不改变价格的情况下吸引更多的客户决定了企业的成败，这种情形也只存在于寡头这种市场形式。情况之所以复杂，是因为当一个寡头在竭尽全力的时候，它的对手也不会袖手旁观，而是会模仿它的创新生产出属于自己的商品，并且在广告宣传上与它展开竞争。"Robert Dorfman, *Prices and Markets,* 2nd ed. (Englewood Cliffs, New Jersey: Prentice-Hall, 1972), p. 159.

这一成就的代价相当惊人。寡头是工业市场组织的普遍形式，它效率低下，不应该存在。

那是一个关于垄断的古老的结论。垄断者可以收取相对于成本更高的价格，但竞争性企业却不能。它以收取更高价格的方式获得了本该属于卖家的财富，而与更高的价格对应的，是与设定竞争性价格的企业相比更少的销量和更低的商品产出。更高的价格、更少的销量和随之而来更少的产量导致多余的劳动力和资本必须寻找其他较差的机会。寡头不像垄断那样邪恶，不过事出有因，它是有心无力。寡头是不完全的垄断，就好像二元君主制的统治是因其无能才得以保全。

当代经济学的讨论和指示中并没有回避这些负面的结论。人们都承认寡头以及组成计划体系的企业在经济上缺乏效率。既然这一点已经得到承认，那么这件事的解决办法就是通过一个进一步且通常心照不宣的协议，也就是不采取任何重要行动，顺其自然。最终人们承认，虽然每一部分都缺乏效率，但是总体上却是有效的。从纯逻辑的角度来看，这种解释似乎无法令人满意，但是在协调关于事物如何运行的错误观点和真实情况的过程中总是存在一定的困难。标准文献总能轻易揭示出这种矛盾。

回顾一下，美国商务部在其一次普及经济学基本教育的行动中为有效定价建立了如下的标准："如果价格的实现是通过不客观的手段——买卖双方的任一方可以支配或影响定价——那么我们控制资源有效使用的系统就没有在正常地运行。"[1] 由于所有大型企

---

[1] *Do You Know Your Economic ABC's? Profits and the American Economy,* United States Department of Commerce, 1965, p. 13.

业都可以支配或影响价格,这就意味着无论它们出现在哪里,经济都无法正常运行。在没有意识到自身行为的情况下,商务部就对美国经济提出了大量指控,如果其观点中隐含的结论被人们充分理解,商务部部长会被弹劾。最优秀的教科书也得出了同样颠覆性的结论。"寡头因其特有的僵化和对市场环境的不敏感而遭到抨击。它们在现实中也被迫在广告和花里胡哨的产品特点上浪费经济资源……垄断和寡头的盛行体现出负责组织经济活动的自由市场体系的严重缺陷。"① "(寡头和其他市场失灵的)经济弊端不仅在于垄断利润……垄断和寡头定价……扭曲了资源分配(低效率和反应慢),即使所涉事企业已为超额利润缴税或超额利润被竞争者夺走。"② "要想减少竞争的不完善之处,一个国家必须永远保持警惕。"③

我们也许要再次强调这一重点。绝大多数工业生产是由在市场上具有广泛权力的大企业完成的。它们就是寡头。所以教科书上说,现代经济主要是通过收取的价格进行剥削,其利用资源的方式既浪费又低效,而其必须进行的改革却又困难重重。然后,人们又是从同样的书中得出了现代经济总体令人满意的结论。理论上的表现很糟糕,但是总体表现又很出色。④ 如果有人坚持要弄清楚这种矛盾

---

① Robert Dorfman, *Prices and Markets,* 2nd ed. (Englewood Cliffs, New Jersey: Prentice-Hall, 1972), p. 168. 多夫曼教授很诚实,他承认原则上讲糟透了的事在实践中产生的不良影响却"惊人得小"。

② Paul A. Samuelson, *Economics,* 10th ed. (New York: McGraw-Hill, 1976), p. 532.

③ Ibid., p. 531.

④ 在近期的著作中,多夫曼教授和萨缪尔森教授在关于经济表现的问题上都表现得更加克制。萨缪尔森在所著教科书的早期版本中预测,"即使经济活动不活跃",也能有4%的稳定增长率。参见: *Economics,* 8th ed. (New York: McGraw-Hill, 1970), p. 816。如今,他认为:"……有迹象表明经济增长在放缓,但是它并没有停滞。"(10th ed., p. 370)

是如何解决的，答案是其实没有解决。从寡头垄断下的定价理论得出的结论与理论学家所赞同的结论（即生产率收益）并不相符。①②

三

计划体系中脱胎于当前定价观点的公共政策也涉及与理论一样的矛盾和大致相同的解决之道。垄断是违法的。原则上人们也不认为和寡头或少数参与者相关的市场力会产生不同的结果，所以寡头也同样被怀疑是违法行为。但因为它的普遍存在性以及在实践中似乎不错的进展，人们也没有对它采取什么行动。这种回避被大量的边缘诉讼掩盖，而人所皆知的趋势是，任何复杂的讨论，只要足够浩繁总能掩盖问题。

很久以前英国的普通法就已经断言垄断是邪恶的，自1890年以来，美国的法规也确定了这件事。在那一年，《谢尔曼法案》禁止以限制贸易活动的方式进行合并，并将"垄断或企图垄断"任何州际或对外贸易的行为定为轻罪。威尔逊政府早期颁布的《克莱顿

---

① 在许多当代经济学的教学中，冲突又一次被劳动分工掩盖了。市场理论属于微观经济学，这里垄断盛行，效率和业绩的问题非常严重。而经济体整体的增长被划分为宏观经济学问题，也就是说与收入和产出的总体运动有关。这里并没有考虑有关市场行为的问题，也没有考虑寡头的问题，但生产率的提高很明显。

② 出于纯粹技术保护的目的，我也必须指出，光是声明"虽然寡头垄断下，市场行为和它导致的资源分配非常差劲，但是寡头带来的高额资本投资、有效组织和技术上的先进性将会抵消这些劣势"无法解决矛盾。除了人们通常所声称的"寡头制定的价格太高且对资本和劳动力投入不足"，很明显的一点是寡头的庞大规模使它有效利用了资本、组织和技术；而正因为它的规模很大，所以被判定为寡头。没有人有权要求它为了资本投资、组织和技术而成为寡头，或者为了价格和资源分配的有效性而维持较小的规模、成为竞争性企业。我们必须尊重社会现象中存在的统一性。

法案》和《联邦贸易委员会法案》将禁令扩大到了可能会削弱竞争的具体步骤，包括价格歧视、排他性合约、收购竞争企业的股票以及其他不公平的做法。而二战后的《塞勒-凯弗维尔反合并法》禁止可能会加剧垄断的企业合并，这就使得早期关于不得购买竞争对手股票的禁令生效，但这条禁令却恰好没有禁止直接购买竞争对手的资产。

每个关注反垄断法实施的人原则上都认同寡头是不完全的垄断，法院判决时对此也有一定的接受度。1946年，大型烟草公司就因设定香烟价格时几乎完全一致的行动被成功起诉，而这正是寡头定价中经常出现的现象。[1] 而且越来越多的人认为，寡头并非特例，而是呈现出普遍化的趋势，它反映了计划体系中的市场结构。一个旨在针对"市场力量的存在及其显著性问题"的反垄断政策，不会"仅仅以边缘或特殊现象为目标，而是以那些在整个经济体中广泛传播的现象为目标"。[2]

不过人们的解决方法还是简单地忽略寡头。垄断是违法的，但是被普遍认为跟垄断有相同的后果只是力度较小的寡头则是合法的。这就好像刑法判定用大榔头重击邻居头部的人触犯了伤害罪，却判定使用稍钝的工具或者准头不够的人无罪。究其原因，虽然寡头在理论上是有害的，但如果以拥有市场力作为评判，法律在实际操作中是不可能起诉经济体中的整个计划部分的。而且有时也不得承认，寡头的表现其实不一定就与理论预期完全一致。"我们（不）

---

[1] *American Tobacco Company vs. United States,* 328 U.S. 781(1946).

[2] Carl Kaysen and Donald K. Turner, *Antitrust Policy: An Economic and Legal Analysis* (Cambridge: Harvard University Press,1959), p. 41. 特纳先生后来成了美国司法部主管反垄断部门的助理总检察长。

能……从市场结构中预测市场表现。"[1] 也许结果并没有那么糟糕。

一方面,从法律上对垄断施以谴责,另一方面,却在事实上接受不完全形式的垄断,即寡头,这二者之间的冲突十分明显。如前文所述,在现实生活中,这一冲突被掩盖了,包括详尽的围绕这一主题的讨论,以及大量并非涉及寡头和市场力的事实而是涉及宣扬寡头行为的执法活动。这也导致了更深层次的矛盾。

法律对定价方面任何公开共谋的处罚都是非常严苛的。这种共谋简化了寡头设法达成有利于所有参与者的价格的行动。政府也严密监视任何可能使单个寡头的市场力增强的并购行动。因此,这些措施最重要的影响,可能是使那些不具市场力或难以实施市场力的企业无法获得市场力,同时豁免那些已经获得市场力的企业。

因此,汽车行业的三巨头由于同处一城而对彼此的行为进行长期、细致的研究后,就可以设定反映共同利益的价格了,而且这种设定可以做到非常精确,无须进行探讨。这种程序也没有法律风险。事实上,即使法律允许众企业在互相讨论后商定出一个一致同意的价格,这个价格也不会跟现实中的价格有太大不同。

而一组汽车行业零部件或小组件的小供应商就不会有这种估算彼此需求和意图的能力了。它们的数量可能也更多,也就是说,它们各自的市场力较小。如果这些小供应商因为市场地位较低(处于竞争性更强的市场)而团结在一起协商设定价格,从而在一定程度

---

[1] Carl Kaysen and Donald K. Turner, *Antitrust Policy: An Economic and Legal Analysis* (Cambridge: Harvard University Press,1959), p. 61. 作者在其他章节(第 44—45 页)更加大胆地表示:"反垄断政策的主要目标是在维持理想的经济表现的情况下对不恰当的市场力量进行限制。"当然,这暗示着更高水平的市场力量是与更优的经济表现联系在一起的。换言之,市场力量具有社会有效性。不确切的经济和法律结合在了一起。

上赢得那些汽车业巨头天生就拥有的控制价格的能力，那么法律就会重拳打击。法律可以赦免那些拥有市场力的大企业，并且通过攻击那些想要获得相似权力的小企业的努力而部分掩盖它对大企业的偏袒。

同样，如果一个庞大且极有影响力的企业在某些钢材、化工、药品、交通工具或其他产品市场上拥有 40% 或 50% 的份额，并且还在积极扩张，法律会认为这一行为是良性的。但是如果两个较小的互为竞争对手的企业联合起来，哪怕仅仅是共同占有 15% 的市场份额，都很可能会引起司法部门的注意。这里，法律又一次豁免了那些已经拥有市场力的企业，却将火力集中在那些试图取得市场力的企业。法律反对垄断的形式，却豁免垄断的本质。我们瞧不起那些因为市场参与者众多所以处于弱势地位、必须通过原始或公开的手段来控制市场的企业，却偏袒那些因为已经实现了很大的规模、获得了市场力所以不必受到这种管制的企业。

这当然不是反垄断法的全部。它们也反对那些被社会视为不正义的大企业对小企业的进攻行为；有时也会遏制那些熬过企业家模式，并打算联合起来以公众的牺牲为代价充实自己钱袋的个人和企业的贪婪。但是反垄断法与计划体系的关系，以及反垄断法必须在实践中赦免那些它们在原则上谴责的市场力的需要，都使得它们不得不与现实相悖。

它们也起到故意蒙蔽的作用。在一些相当特殊的情况下，当无法轻易预知行业中其他企业的价格行为时，就需要进行非法沟通，因此技术专家阶层的成员就面临着违反反垄断法的风险。如果被抓到，他们的个人名誉就会受到相当大的影响。否则，反垄断法就丝毫无法伤及大企业。与此同时，这些法案又强化了市场控制一切的幻觉，法律肯定了理论中确认的市场的至高无上性。人们宣布或承诺或要求法律强制执行。而那些不坚定的人和那些像爱情人一样爱着市场的人，可以说服自己市场的至高无上性正在被恢复，或者说可以被恢复。不仅仅是经济学家，美国的法律法规和法庭上的裁决都在维系着这块权力的遮羞布。

反垄断法还是赢得了律师的充分喜爱，毫无疑问，这部分是因为它们给律师带来了丰厚的诉讼回报。在20世纪70年代以后差不多10年的时间里，它们在经济学家眼中的崇高地位逐渐下降。绝大多数思想不那么僵化的人都会同意，它们其实与市场力的主要来源没有什么关系。人们还会在一定程度上同意当前的执法只是在攻击市场力的表象而不是实质。[1] 但是，关于为什么市场力不存在自古就与垄断相关联的有害倾向，在很大程度上一直没有得到解答，并且被现代经济学理论忽视。这种状况会持续下去，直到有一天人们将价格的现代作用视为为计划的目标所服务的工业计划工具。

---

[1] 对于人们对垄断法的日益不信任及其原因，有个有趣且重要的说法，它与我们此处的观点类似，参见：Richard Hofstadter, "What Happened to the Antitrust Movement?" in *The Business Establishment,* Earl F. Cheit, ed. (New York: Wiley, 1964), p. 113 et seq.

第 17 章

计划体系中的价格（续）

一

谴责系统低效率的价格理论与因其高效率而受到称赞的结果之间的矛盾很麻烦，或者说应该很麻烦。这就是正统观点带来的结果。当价格被置于整个工业计划的语境中进行考察，并且全力服务于技术专家阶层的目标时，这种矛盾就消失了。

具体来说，工业计划要求能控制价格。我们已经看到，现代技术降低了市场的可靠性，并且增加了生产所需的时间和资本投入。出于这个原因，我们不能将价格交给变幻莫测、不受控制的市场。

但是很自然地，施加这种控制是为了完成技术专家阶层的目标。我们已经知道，这些目标首先就是最大限度地降低损失风险，从而减少对技术专家阶层自主权的损害；其次就是最大限度地促进企业的增长并同时关注利润的增加。价格的管理就是为了服务这些目标。企业必须预防价格竞争以及随之而来的危险。价格必须低到足以招揽客户、扩大销量，但同时也要高到令盈利足以提供企业增长所需的资金并使股东满意。这些价格很容易与公认的社会目标或是企业说服社会接受的目标相协调。技术专家阶层可以毫无障碍地对这些目标产生认同感，但是如果企业的目标是为素不相识也不参与管理的股东谋求绝对垄断利润，可能就会存在产生认同感的障碍了。

这就是为什么成熟企业的价格控制不会导致传统理论描述的低效率业绩，而是出现拥护者承认的总体向好的业绩。这也是为什么这种控制可以享有法律豁免权。不管价格控制在原则上有多么不利于社会，其结果却并非如此。总的来说，法律无法对社会认可的行为做出惩罚。

我们可以先看看价格控制是如何发生的，再来看看如何确保不会出现灾难性的价格失灵，最后看看设定的价格水平。

二

计划体系需要价格控制，但价格控制同时又是计划体系自身发展自然而然的结果。现代工业计划要求并同时奖励企业的大规模。这意味着，典型的市场将由相对较少的几家大型企业共享。每家企业行事时都会同时充分考虑自己的需求和行业共同的需求。每家企业都必须能够控制自己的价格，并且意识到这是一条共同的要求。每家企业都会放弃任何有损价格控制共同利益的行动，尤其是任何甩卖行为。这种控制不一定是刻意为之，也不是非常难维持，除非是在少数极其复杂的情况下。

我们都受到市场至高无上性理论的严重影响，任何不符合市场要求的东西看上去都很糟糕或不正常。由卖家单独定价似乎不太合理。相应地，人们需要有强大的意志，才会将价格固定视为正常且具有经济职能的行为。事实上，这在所有发达的工业化国家都是正常的。① 除美国以外的其他非社会主义国家经济体也会运用它，不过通常是以不太尴尬且更加公开的方式。由卡特尔或其他行业成员间的协定发起的正式价格固定是很常见的。企业间就定价进行的大量直接沟通也是如此。不过即使是在加拿大或英国这种在某种程度上不赞同这种协定或沟通的国家，也还是存在着这种心照不宣的控制，就好像美国的寡头垄断一样。如果市场极其有效而正式的价格操纵十分无效，那么那些避开前者使用后者的国家就会在发展过程中遭到极大损失。但没有任何迹象表明它们出现了损失，这是因为它们所采用的仅仅是美国工业价格控制更加正式的变体。

当然，社会主义工业在价格控制的框架同样正常运行。20世纪80年代，苏联和其他一些东欧国家也采用了南斯拉夫早期的做法，赋予企业和行业一些调整价格的灵活性，就好像美国更加非正式的演变赋予美国体系的灵活性一样。② 这种做法被这些国家广泛称颂为回归市场。那不过是海市蜃楼。就好像在美国体系中，这并不意味着大型社会主义企业受到市场价格的控制且对价格施加不了任何

---

① 即使是在一般情况下，受市场调控的现代农业也无法有效地适应剧烈的价格变化，所以所有农业高度发达的国家都走上了行业计划的道路，以最低价格担保的形式建立价格控制体系。这是科技发展和资本要求大幅提高的直接后果。而价格稳定和相关的计划能力导致的结果（尤其是在美国），是农场主们在新资本和科技上大幅增加投资。进一步的结果是，近年来农业的生产率利得大幅超过工业。应该指出的是，由于农场主人数众多，所以不同于计划体系，农业是不可能通过政府调控以外的方式控制价格的。农业的价格控制必须由政府进行。由于人们对于"企业一定是由市场在控制"的执念太过深重，所以经济学家尚不能完全接受这一无从隐藏的价格调控行为，即使是对农业的效率表示赞许的经济学家也不能例外。人们认为，通过资源的扭曲来固定价格的行为造成了市场的低效率；但他们没有看到的是，也正是这种固定价格的行为促进了科技的发展和更高的资本投入，最终大大提高了生产率。
② 这往往是在以小型单位为其特征的那部分经济之中，通常由服务业、手工业和农业组成。

影响力，只是说明在出现变化时它可以更加灵活地实施控制。

三

正如我们所看到的，技术专家阶层关注的头等大事就是保住企业的最低收益，从而保住其自主权乃至自身存在，所以它必须最小化任何可能威胁到企业最低收益乃至自身生存的开发活动的风险，尤其是在不受控制的市场中可能出现的价格崩溃，或者爆发竞争性价格战导致的价格崩溃。技术专家阶层需要耗费大量精力来排除这种危险，而且，除了极少数例外，它是成功的。

在所有一般情况下，这都是通过对明确认定的共同危险进行共同应对完成的。在由少数几家企业组成的现代行业中，任何大企业如果采用价格作为武器发动竞争性进攻，只会迫使其他企业以相同的方式应战，所有企业都会蒙受损失。因此，无论企业间的竞争有多么激烈，或者机构间的宿怨和厌恶有多么深，这种行为总是被管理可接受的企业行为的最强法则驱除。正是人类所具有的社会能力，使他们成功避免了这种两败俱伤的可能。

但在因为技术困难无法达成一致价格的特殊情况下，两败俱伤确实也会发生。这就需要采用非法的共谋手段，这也解释了为什么成熟企业偶尔也会发生轻微触犯反垄断法的行为。

因此，在20世纪60年代初期，通用电气、西屋、阿利斯-查尔默斯、英格索兰和其他电气设备制造商因合谋操纵重型电气设备的价格而被起诉。其中几家企业的许多高管还被短暂地关押在监狱里，而根据之前的经验，人们认为这样的管理人员无论如何触犯法律，都不会遭遇被收监的命运。这在当时是个令人纳闷的问题，究

第17章 计划体系中的价格（续） 203

竟是怎样的牺牲精神让受薪的高管会为那些素不相识的股东承担背负如此骂名的风险？理由却是很明确的。这种价格固定是针对变压器和开关设备的，它们按特定的规格生产，部分以密封投标的方式出售。这些电器不同于标准的电动机、洗衣机或冰箱，不具有统一价格。由于不存在这样的价格，企业不可能完全依照一个给定的价格或价格表进行定价，而价低者可以得到所有的业务。在过去，这种情况导致了严重的降价行为；而在当时，这可能导致惨重的损失。

正是由于隐性控制的技术难度和可能出现亏损的前景，高管们走到了一起。简单的提高利润的想法不足以导致这样的共谋。高管的失误不在于操纵价格，而在于参与到极难进行价格操纵的业务分支中去。企业同样可以在电动机和家用电器领域进行价格管理，只不过在这些领域企业无须共谋就能实现价格操纵。

随后对钢铁企业的诉讼是控告它们在特殊钢材产品定价中的共谋行为。很明显，这些诉讼都涉及定价中一个相似的问题。虽然这一共谋行为被单独拎出来检控，但即使是最积极投身于反垄断法的朋友也不能否认，普通钢材的价格遵循一个人所共知的、全行业通行的价格表，所有企业都视之为理所当然。

四

工业品的价格一旦确定，往往会在相当长的时间里保持不变。没有人会认为基本钢材、铝、汽车、机械、化工品、石油产品、集装箱或计划体系中的其他同类产品的价格会因成本或需求的波动产生变化，从而导致商品价格不断调整，就好像不是十分重要的农产品的生产仍然受到市场的控制。价格在面对不断变化的成本和需求时的稳定性也进一步表明，成熟企业短期内追求的目标不是利润最大化。

稳定的价格部分反映出企业对避免价格竞争的安全性的需要。在现代工业环境下，卖方很少会设定单一价格。更多的情况下，企业会有一个考虑到所有与价格相关的型号、品质、风格和规格的非常复杂的价格表。要想几家企业差不多同时改变价格，并且不让其中任何一家企业的任何一部分生产线得到一定的价格优势，同时还要企业间不做任何讨论，整个过程非常精细。而人们总是认为一家企业是有可能会为自己的某部分生产线谋求竞争优势的，但这可能会引发报复性的降价，从而违反公司间的行为准则，最终可能导致整个价格计划的崩溃。因此，企业为了能便利并安全地保住盈利，最好还是在相对较长的一段时间内保持价格不变。

但是稳定的价格也是在为工业计划的目的服务。如果价格是固定的，那么它们在相当长的时间里都是可以预测的。因为一家企业的价格就是另一家企业的成本，所以成本也是可以预测的。因此，稳定的价格有利于控制和最小化价格崩溃的风险，以免危及技术专家阶层的自主权。稳定的价格通过这种方式可以为技术专家阶层的首要目标服务。与此同时，它们也有利于我们所讨论的企业以及那些购入其产品的企业的计划。

这种控制的结构要远远重要过它所精确控制的价格水平。不单是各大汽车企业间的利润相差很大，就是同一家企业每一年的利润都有很大不同，克莱斯勒有时也会出现亏损。不过所有企业（包括克莱斯勒）都正在或已经被保护，以防止因利润的大起大落导致价格和收益崩溃。企业无论利润高低都可以进行计划，一切都能正常运转。但是，如果一个标准车型因为人们的突发奇想或是新奇事物产生的反应而导致钢材、玻璃、塑料、油漆、轮胎、小组件以及劳动力的价格在3000美元到10000美元或是类似的区间波动,那么一切就都无法成功进行了。

五

然而价格的高低异常重要。当成本出现重大变动时——通常是重新商定工资合约的时候,行业中的所有企业都会收到一个共同的信号——价格也必须变动。

如此确定的价格将反映出技术专家阶层对企业扩张增长目标的投入。这样的增长需要两个互相矛盾的要求进行支持,而价格就涉及这二者的折中。增加销量是企业扩张的必要条件,它通常会要求企业设定低价。与此同时,根据成本行为中需求和需求管理问题的实质,要想获得支撑增长的利润,企业就要设定高价。对于结果,没有规则可以规定。价格似乎通常是被一个行业设定在可以为股东提供既定红利,同时能够覆盖那个价位可能出现的扩张所需的投资(当然也会留有安全边际)的水平上。[①]但这充其量只是一种可能性。没有任何先验的理由说明任何两家成熟企业会采用相同的政策,因为我们没有理由假设在任何两种情况下的目标,即考虑盈利需求后的增长投入会完全一样。此外,当企业规模很大时,它们也

[①] 只考虑单向的因果关系其实是很危险的。价格自古以来就被认为是可以调节经济政策的工具,而像工资这样的变量就不是,但是由于控制价格和稳定价格的目标,价格就不能轻易调整了,而其他的数值需要根据价格水平进行调整。价格也许不会被设定在可以产生投资所允许的最大增长的水平。相反,在满足了股东的要求之后,至少是在短期,投资量是由当前价格水平所能产生的盈利决定的。参见:John R. Meyer and Edwin Kuh, *The investment Decision* (Cambridge: Harvard University Press, 1957)。

会更多地和其他大企业打交道。某一处的规模和相关权力使得其他地方也必须如此。在这种情况下，价格反映的就不是对所需要东西的独立判断，而是企业间的协调。[1]虽然这种政策还没有被正式接受——这里我们又遇到了另一个实践远远背离理论的实例——但是计划体系中的定价行为也因为社会对价格稳定性和稳定的价格-工资关系施加的压力发生了调整。[2]

六

如果人们发现价格控制是为了确保技术专家阶层的安全性，并同时服务于增长目标，而且并非偶然地为计划决策提供稳定的分子，那么我们也不必因为它可以在事实上获得反垄断法的豁免而感到惊讶。反垄断法攻击它反倒会令我们感到惊讶。相当不公平的一件事是，那些已经占据了强大的市场地位的企业可以享受这种豁免权，但是那些弱小得多，因而想通过并购或共谋来增强自身地位的企业却不能享受。毫无疑问，在一个公平的社会里是不应该存在这种异常的执法现象的。但开始修订法案时，它就必须充分认识到反垄断法会成为法律的一部分是为了保住市场的权力，使他人不能利用市场力达到垄断的目的。与此同时，一些非常与众不同的事发生了。成熟企业已经控制了市场——不仅是价格，还包括购买哪些产品——但并不是为了垄断而是为了计划。控制价格对这种计划来说是非常必要的，而计划本身又是计划体系所固有的。由此可见，试

---

[1] 我在 *American Capitalism: The Concept of Countervailing Power,* rev. ed. (Boston: Houghton Mifflin, 1956) 中详细讨论了这个现象。

[2] 参见第 22 章。

图维护市场的反垄断法在更大的工业计划的世界里其实是不合时宜的。它们维护的不是市场，而是市场的假象。过去反对反垄断法的人总是被怀疑有不可告人的利益，这种怀疑有时也会得到证实。他们想要违反这些法律，或者说他是个理论学家，有偿或无偿地为那些违法的人辩护。而现在，几乎总是无意地怀着不可告人目的的反倒是反垄断法的支持者们。他们维护这种做戏行为，并且赋予其合法性——这种行为只是为了掩盖工业计划的现实及其相关大企业的价格控制行为。

第 18 章

特定需求的管理

在一般情况下，百时美公司（Bristol-Myers）不会先在实验室开发好产品，然后决定如何销售。相反，它通常是从广泛的消费者测试和其他市场调研工作开始，并由此开发出一些关于营销机会的概念，甚至包括一些关于广告活动的概念；在这之后它才会转向实验室，开始生产符合这些特殊要求的产品。

——《财富》，1967 年 2 月

关于消费者需求的决定要素的问题，他其实天真得令人吃惊。他似乎认为，是美国的富裕导致人们的欲望容易受到操纵……

——斯科特·戈登教授对本书第一版所述的正统倾向的评论

一

无论是在美国还是在其他工业社会，对所有的工业计划来说，对价格的控制都是策略性的。这些都必须服从计划单位的权威，否则不受控制的价格波动会导致亏损的风险，而且产品和投入的单位数也无法乘以一个可靠的数字来得到预期的收入和支出。如果我们不能获得这些可靠的估计量，那么关于生产什么、用什么来生产以及如何生产的决策里就都有很大的随机成分，而结果就充满了不确定性——是会盈利还是会亏损？盈亏又是在什么层面上出现？这样的错误完全是有效计划的反义词。思考片刻我们便会明白，这样一来现代工业的成就几乎成为不可能的事，而且在现实中这种价格不受控制的行为又是多么不切实际。

计划体系中的价格控制并不完美，这种不完美的事实不仅对其本身很重要，对经济论战也非常重要。在遇到一些无法轻易与大众偏好的信念和谐共存的观点时，一种常见的论证技巧是指出反例，虽然也许很容易被识破，但也不失为一种有效的手段。如果有什么并不是一直存在的，那么就可以认为它不存在。经济学在古老信仰的推动下，坚信企业由市场控制。所以有些人会禁不住认为，既然成熟企业对价格的控制并不完全，那么就可以忽略这种控制。这种论证模式不会阻挡我们，一旦我们认识到这只不过是一种论战手段，它就不再具有说服力了。值得一提的是，直到相对近期的时候，工会才不再被那些认为工会在分析上不便且因为工会没有彻底的控制权或者说权力有限而在工资设定上相对不重要的人把持着。[1] 就连大企业都因为没有完全取代个人独资企业而被忽略。计划体系中的价格控制虽然不完美，但是有机的——它在为计划体系最基本的目标服务。幸运的是，对任何想要了解现实情况的人来说，这种控制的事实都是显而易见的。

---

[1] "弱小的工会可能远比强大的工会多……统计研究表明，工会化和工资的长期波动之间几乎没有关联。"George J. Stigler, *The Theory of Price,* rev. ed. (New York: Macmillan, 1952), pp. 256—257. 还可以参见本书最后的"关于经济学方法和社会争论本质的补遗"。因为拥有令事实服从于理论的聪明才智而受到同行敬佩的乔治·斯蒂格勒教授，在后续版本中似乎真的承认工会化和长期的工资波动之间存在着更为密切的联系。

价格的控制带有这样一个目的——技术专家阶层的安全性以及可以按照计划追求更深层次的目标。但是除非可以同时控制在此价位上买卖的数量，否则价格控制对推进这些目标几乎没有帮助。安全、增长和为达到这两个目标进行的有效计划，都会被不稳定或不可预测的价格行为损害，但是公众不打算在被控制的价位上进行购买的决策也同样会使这些目标受挫。成熟企业在设法控制了价格后，让客户在该价位按照自己的品位和想法随机购买产品的做法无疑是极其不现实的。这种销售量的波动对计划及其所服务的目标带来的伤害不会比价格的波动更少。此外，销售量的波动会因为价格控制而加剧，价格的下跌（通过需求的弹性）不再能抑制购买量的下跌，反之亦然。因此，和控制价格的需求紧密相连的是控制那些价位上销售量的需求。

其实对需求的控制或管理本身就是一个庞大且快速增长的行业。它包含了一个庞大的通信网络，一个庞大的由营销和销售组织组成的阵容，几乎整个广告行业，众多的配套研究、培训和其他相关服务，等等。通俗地讲，这个大型机器以及它所雇用的高要求、多样化的人才积极从事的工作就是销售商品。用更加明确的话来说，它参与的就是对那些购买商品的人的管理。

需求管理的关键是有效地管理最终消费者的购买，也就是个人和政府的购买。如果这些购买都得到有效的控制，那么企业对原材料、零部件、机械和其他构成最终产品的物体也会有相对稳定的需求。如果消费者对通用汽车生产的汽车有稳定的需求，那么通用汽车就可以跟其供应商签订长期供货合约。而且即使没有签订这些合约，也还是会存在有助于计划稳定且可以预测的订单流。虽然管理政府采购的技术有别于管理消费者需求的技术，但是它们通过主要承包商和子承包商为计划做出了相同的贡献。

对消费者行为进行有效管理并没有涵盖控制需求的整个任务。汽车企业必须确保消费者在总体上将自己支出中可靠的一部分用于购买汽车，尤其是用于购买它生产的汽车。即使消费者将其收入的固定份额花在该企业生产的交通工具上，但是如果消费者每年的总支出有很大的波动，那么汽车企业的销售额仍将是高度不稳定的。由此可见，有效控制消费者需求不仅需要对其收入的支出方式进行管理，还要对其可以支出的收入金额进行管理。企业必须同时对特定产品需求和总体上的产品需求进行管理。维持理想水平的总需求的措施是工业计划任务的基本要素。[①] 我们这里关注的是对特定产品需求的管理。

二

计划体系中的变革往往会使变革需要的条件成为可能。控制消费者行为就是计划的要求。而反过来，计划又因为先进技术和资本的广泛使用，以及组织相关的规模和复杂性变得必不可少。这些使商品的生产变得高效，结果就出现了巨大规模的批量生产。更深层次的后果是，那些只是为了满足基本生理需求的商品，包括仅仅是为了填饱肚子、抵御严寒、遮风挡雨、抑制疼痛的商品，在总生产

---

① 如前所述，有一种情况极大地削弱了经济学中一种常见区分的重要性，也就是微观经济学（或者说价格理论与市场）与宏观经济学（或者说与国民总体性有关的理论）之间的区别。价格和总需求最终都要适应于技术专家阶层的计划需要。我会在第20章继续讨论这个问题。在第26章和27章中我会讨论将政府作为消费者进行管理的特殊问题。

中所占的比重越来越小。绝大部分商品并不是为了抚慰个人因为贫穷而产生的明显不适，而是为了满足个人因其富足而产生的精神上的需求。这些商品令消费者获得个人成就感，令他感觉到自己与邻居是平等的，使他不再忧虑，满足他在性方面的需求，使他获得社会的接受，提升他对健康、富足或有序流动的主观感受，并且根据传统审美使他的外在更美好或者使他在心理上更舒适。

因此，当计划体系发展到对计划所要求的消费者管理有需求时，它同样通过激发心灵来服务那些源自心理因而也极好管理的欲望。

饥饿和其他的生理痛苦都有一种客观且不可阻挡的特点。如前文所述，我们无法说服一个肚子空空的人相信他要的不是食物而是娱乐，一个冻得瑟瑟发抖的人会对任何能取暖的东西有强烈的绝对偏好，但是心理反应却没有这样的内部支柱；因为它们存在于人的意识中，所以任何影响意识的东西都会影响它们。虽然我们无法说服一个饥饿的人在面包和马戏团间选择后者，但是我们可以说服一个无饥饿之虞的人选择后者，我们还可以说服他在不同的马戏团和不同的食物间进行选择。一个越是没有生存之忧的人就越是容易被说服，或者说被引导购买某样产品。也许这就是日益富裕的生活条件对经济学产生的最重要的影响。①

---

① 我早先两次讨论过关于这种倾向的问题。[*American Capitalism: The Concept of Countervailing Power,* rev. ed. (Boston: Houghton Mifflin, 1956), Chapter 8; and *The Affluent Society,* 3rd. ed., rev. (Boston: Houghton Mifflin, 1976), Chapter 11.] 所以我在这里只讨论最基本的方面。这里提到的概念，尤其是基于生理和基于心理的欲望的差异以及收入导致的边际效用递减，虽然读者觉得显然这是很合理的概念，但是经济学家却是在一段时间以后才逐渐接受的（参见本章开头部分斯科特·戈登教授的抵制性评论）。这种抵制当然有方法论方面的理由，但是很遗憾，它更多是经济学家出于自我保护的本能而不是出于科学的理由。正如在别处提到的，很长时间以来，经济学的中心问题是在不同用途中分配资源，也就是说，在不同产品间分配资源。如果这个选择得不到重视并且随收入的增加变得越来越不重要，那么除了这些问题外别无研究选择的学者的地位也就岌岌可危了。

第18章 特定需求的管理

三

　　除了要有管理消费者需求的机会，还要有管理的机制。这里我们并不认为运用权威是很好的方式。通过给每人发一张配给卡，或者将他要用的特定商品分配给他，来要求个人根据计划进行消费，这种控制非常烦琐，也不适应不同人的个性差异。除了在战时那种压力极大的环境或者是向极其贫困的人发放食品券，先进的工业社会已经不可能接受这种形式了（即使是正式的计划经济体——像苏联和东欧国家——也把配给当作失败的象征）。管理计划体系中的需求时，劝说的方式要比命令更加容易，即使不够精确，也够用了。

　　虽然人们认为广告是这种管理的重要特征，而且广告也确实非常重要，但是管理还涉及许多其他事情。管理人员中还包括销售商品和设计销售策略的人，还包括许多我们以为是参与商品生产的人。需求管理包括为某一个特定产品制定销售策略，还包括设计出可以围绕其制定销售策略的产品或产品特征。产品设计、型号变化、包装，甚至是业绩都反映出提供所谓强大卖点的必要。因此，它们既是需求管理过程的一部分，也是广告活动的一部分。[①]

四

　　需求管理的目的是确保人们会购买生产出来的商品，而关于在

[①] 在崇尚技术变革的文化背景下，人们自然会假设任何"新"的产品都会优于旧产品。设计销售策略的人会充分利用人们的这种观念，结果许多产品和包装的改变仅仅是为变而变、为新而新。这就解释了为什么几乎所有的产品广告都在不断宣称"这是一个新产品"。广告中出现得最多的字眼就是"新"了。

所控制的价格上计划出售的数量则是在实践中完成的，但这并不是所有的广告和销售活动的目的。根据迄今人们的观察，这一事实具有争论的重要性，因为人们可以轻松列举出与需求管理和工业计划的目的无关的广告和销售形式。

因此，一定数量的广告，例如分类广告和百货商场的展示广告，它们的目的不过是传递信息——告知公众某个人或某个企业正以某个价格出售某件商品。这种广告被用来说明广告的一般功能仅仅是传递信息，虽然就像我在其他场合提到的，只有极其愚钝的人才需要别人来告诉他美国烟草公司有香烟出售。

被垄断竞争的糖衣包裹的经济学理论在很长一段时间里描述了卖家的特征，他们试图通过广告赋予自己的产品某些特质，从而降低产品被竞争者替代的可能性。然后他们就可以设定更高的价格，并且至少在短期内可以获取垄断利润。这种情况是有可能出现的，虽然教科书对此施加了一定的条件使之不太具备现实意义，比如存在大量的可以相对容易地进入该行业的卖家。智威汤逊（J. Walter Thompson）、麦肯（McCann-Erickson）和奥美所珍视的客户并不是那些参与垄断竞争的卖家。

最后，传统的经济学理论将广告及其相关创意领域与寡头联系在一起。在这里，计划体系中的典型企业会因为太过危险而回避价格竞争，同时引导其竞争对手通过不断变化的策略来争夺彼此的客户。"实际上，寡头……不得不把经济资源用于广告和产品华而不实的特征变化。"[1]

---

[1] Robert Dorfman, *Prices and Markets,* 2nd ed. (Englewood Cliffs, New Jersey: Prentice-Hall, 1972), p. 168.

如果假定消费者是至高无上的，那么除非他不确定要购买哪一种产品，否则一个不可避免的结果是：广告以及许多其他支出，包括模型和设计上的支出，都是无用的。[1]企业花钱来争夺彼此的生意，因为不可能所有企业都成功，结果就陷入了僵局。唯一的结果是资源被浪费了，产品价格更高了，利润却更低了，但是如果能通过政府或工业界政治家的某些法案来抑制这种斗争，就不会出现上述情况了。[2]

但是这种无用的、浪费资源的概念本身是毫无道理的。如果广告能影响特定产品在不同卖家间的需求分配，并且迫使竞争对手采取防御性的反击，那么我们也可以假设它会影响不同产品间的需求

---

[1] Franklin M. Fisher, Zvi Griliches and Carl Kaysen, "The Costs of Automobile Model Changes Since 1949," *Journal of Political Economy,* Vol. 70, No. 5 (October 1962), p. 433 et seq.

[2] 研究表明，在广告上投入非常多的行业的利润率比其他行业高得多。参见：William S. Comanor, Thomas A. Wilson, "Advertising Market Structure and Performance", *Review of Economics and Statistics,* Vol. XLIX, No. 4 (November 1967), p. 423 et seq。这项研究的作者根据正统理论将这个现象归因于广告所创造出的产品差异化最终导致了垄断收益。他们在 *Advertising and Market Power* (Cambridge: Harvard University Press, 1974) 一书中又再次强调了这些结论。但是他们将更高的利润归因于垄断收益的结论在逻辑上存在缺陷，他们无法证明如何在寡头垄断中令所有寡头成员从产品差异化中获益。但是通过有效需求管理进行的计划却能令所有寡头成员获益。

有一点需要注意的是，关于"经常做广告的行业回报率较高"的发现对于眼下的论证并不是很重要。计划还有其他更重要的目标，例如企业的增长。不过还有其他因素会影响不同行业的利润。之所以不将广告量和回报率之间的关系作为衡量计划成功与否的标准，还有一个更深层次的原因，那就是学界对于如何评估广告量和回报率之间的关系尚未达成一致。参见：Robert Ayanian, "Advertising and Rate of Return," *Journal of Law and Economics,* Vol. XVIII (2) (October 1975), p. 479 et seq, 以及 Stanley I. Ornstein, "The Advertising-Concentration Controversy," *Southern Economic Journal,* Vol. 43, No. 1 (July 1976), p. 892 et seq。

分配。这就不会是无用的，相反它一定会增加广告商的收入。其实在计划的大背景下，广告起到的作用更大，因为它和其他的需求管理方法一起使企业可以对自己的收入产生决定性的影响。在传统的市场经济学家看来似乎无解的只能导致僵局的洗涤剂制造商之间的斗争，其实有着更深入且非常重要的目的。

这一结论也会给人一种安慰。目前传统经济学理论认为，计划体系每年核销的数十亿美元的广告和类似的销售方法支出是无目的或无结果的，这种倾向即使从最保守的角度来说也是不同寻常的。没有任何其他合法的经济活动会受到这样的否定，所以关于销售和广告支出在体系中发挥有机作用的发现，也许不是完全没有道理的。

从最广义的角度来说，销售工作的一般作用是将商品购买的决策点从无法控制的消费者手中转移到可以控制的企业手中。就好像对价格的控制一样，这种转移绝对不是彻底的。不过同样的道理，不完善的并非不重要。"一般的规则是，它们造出什么我们就会买什么，出现例外的可能性比我们想象的小。"[1]

具体的策略虽然在不同行业和不同时间内有所不同，但是首先要招揽一批忠诚的或自发的客户，这种行为被称为构建"客户忠诚度"或"品牌知名度"。如果这一步成功，就意味着企业拥有了稳定的客户群，而且这个客户群不会在可以自由行使消费者选择权后就发生大规模"叛变"。这是对企业计划行为的初始贡献。

但是纯粹的防守策略是远远不够的。鉴于技术专家阶层的目标，所有企业都会设法扩大销售规模，所以如果不想输给对手，每一家

---

[1] Andrew Hacker, "A Country Called Corporate America," *The New York Times Magazine*, July 3, 1966.

企业都要设法扩张。经过这种努力，在完全有能力参与这项游戏的企业的推动之下，一个大致的均衡过程得以形成，其中每一个参与者都可以得到合理、稳定的市场份额。运作过程大致如下。

  当一个企业得到现有客户的支持，同时能招揽到新的客户时，其现有的销售策略通常在广义上被视为是令人满意的。企业不会跟成功过不去。如果销售停滞甚至下滑，那么企业就需要改变销售方式、广告策略、产品设计甚至是产品本身。测试和实验是可能出现的，企业迟早会开发出一个新的方案来赢得理想的客户反馈。到那时，不能继续盈利的企业就不得不发起反击。

  行动和反馈的过程涉及博弈论的知识，这一过程会导致参与企业形成大致的均衡。每家企业都可能有输有赢，不过整个博弈过程中的输赢都限定在一个很小的范围内。就好像帕卡德（Packard）或斯图贝克（二者均为汽车制造商）的情况一样，没有足够的资源（尤其是产品设计和再设计所需的巨额成本）参与博弈的企业会落败，最终消失。而那些有能力参与博弈的企业有时会发现客户会坚决抵制某一具体的产品，无论设计怎样的策略，企业都无法仅凭可以接受的成本就获得反馈。[1]成熟企业的规模和产品多样化使其可以偶然承受这样的失败而不致伤及根本。但是根据计划体系的常规假设，如果销售下滑，企业总是可以设计新的销售方案来挽回局面。总体而言，这是一个合理的假设，也就是说，企业几乎总有办法将

---

[1] 就好像埃德塞尔的情况一样。我之所以再次提到它，是因为那些不接受新理念又不愿承认自己落伍的人，总是喜欢拿埃德塞尔的例子来证明计划需求的无效性。我可以开诚布公地说，埃德塞尔的例子确实说明计划不是万无一失的，但是所有真心反对计划的人现在都该认识到，埃德塞尔之所以如此失败，是因为它本身的特殊性，这不应该让计划负全责。

消费者的自行决策限定在可以控制的范围内。

即使全美国只有一家汽车制造商而且没有进口汽车，这家制造商也仍然要着手全面管理客户的需求，否则拥有与企业计划不一致的至高无上选择权的消费者，也许会寻求其他的交通工具或消费途径。（正统观点认为，广告主要是市场寡头引发的，而这就是本书对此的回答。）在目前的情况下，整体汽车销量的下滑会使所有企业采取销售策略（这总是包括产品的再设计）来抑制这种下滑。而这反过来又稳定了行业的支出。

五

前文大致描绘的那种程度的劝说需要，要求管理者与被管理者之间进行全面、反复且令人信服的沟通。这种沟通应该能在相当长的一段时间里，以相对轻松的方式吸引消费者的注意力。它应该能影响所有知识层次的人，没有人会因为不具备读写能力或不愿意阅读而被排除在外。当大众的欲望主要集中在生理需要时，这种大众传播方式是不必要的。在那种情况下，企业很难劝说消费者进行消费，因为他们的钱都花在了基本的食物和住所上。而少数富裕阶层的欲望是可以被管理的。不过由于这些人通常具有读写能力或者说设法给人这样的印象，所以企业可以通过报纸和杂志这种发行只限于文化阶层的媒体来进行有选择的营销。而随着大众逐渐富裕，大众的需求管理也成为可能，企业也就不再使用这些媒体了。

技术又一次解决了自己创造出来的问题。随着大众收入的增加，广播和电视先后出现了。这二者都具备毫不费力地吸引受众注意力的能力，还能不被受众学历限制而接触到所有文化圈层，非常适合用来进行对大众的劝说。因此广播和电视，尤其是后者，已经成为管理消费者需求的主要工具。严肃的社会科学家坚持一种倾向，就是认为任何以押韵或唱歌为特征，以诚挚且催人泪下的嗓音宣扬极限享乐，以讽刺夸张的手法展示人体食道在正常或受损情况下的功能，以非常不合理的手段暗示可以增加毫不费力且安全卫生地进行色诱概率的广告方式，本质上都不值一哂。这是一个极大的错误。计划体系深刻地依赖着商业电视，没有商业电视计划体系就无法以现在的形式存在。不愿讨论其经济意义或是将其视为恶劣浪费的经济学家想要保护自己和所归顺的加尔文式苦行的声誉，但是这种声誉的巩固并没有意义。

六

从这里可以看出，对需求的管理从各个方面来看都是社会设计中非常微妙的安排。它不是作用于个人，而是作用于大众。任何个人都可以根据自己的意愿和决心来避免被其影响。正因如此，企业无法迫使个人购买某样产品。对于所有反对某一产品的人来说，自然而然的回答是：你可以自由地离开！不过这也存在一个潜在的危险，即会有足够多的人因其个性损害企业对大众行为的管理。

需求管理对当前公认的经济学理论来说是关乎成败的大事。如果生产者可以接近并影响消费者，那么许多事就都不一样了，而且许多事都由生产者掌控。如果生产者无法接近消费者，那么一切都没问题，还是老样子。批评这些想法的人已经充分意识到立场坚定的重要性。许多人声称批判者本人不会受到劝说行为的影响，即杜绝了劝说对自己的影响，所以推己及人，认为其他人也不会受到影响。"我知道这与我的情况不符。我也不认为自己在这方面就比其他人聪明。"但是根据个人的反应来推断公众的反应并不科学，但是当涉及维护前人珍贵的知识资本时，科学方法总是会被轻易牺牲掉。

不过这种管理还提供了另一项服务。除了在很大程度上控制了需求，它还在总体上为一般商品提供了无休止的宣传。从清晨到深夜，人们不断地被告知商品为他们提供了多少服务、他们是多么深刻地依赖这些商品。企业仔细研究每一个产品的每一个特征和每一个方面以找出卖点，然后运用智慧来极其严肃、深刻地将它们描绘成健康、幸福、社会成就或社会地位改善的原因。即使是一个不重要商品的次要品质，也会得到极其郑重的详细描述，这种郑重即使用于宣布重大消息也毫无不当之处。更重要的服务，比如将衣服洗得更白的好处，在营销时会相应地得到更大的重视。

其结果是，虽然商品变得更加丰富，但是它们似乎并没有变得不重要。相反，它需要一定的意志来想象世上还有其他事物会如此重要。在道德层面上，我们承认并不能用商品的供给来衡量人类的成就，但其实我们理所当然地认为就该如此。

不过也许并不如此。在没有与需求管理配套的大规模的巧妙劝说手段的情况下，物质的不断丰富也许会降低人们获得更多商品的兴趣。人们会觉得没有必要加倍添置那些围绕着他们的人工制品，比如汽车、家电、洗涤剂或化妆品。没有人会向他们灌输新包装、新形式的加工食品、新设计的牙膏、新止痛药或是其他老产品的新一代有多么好用。一旦没有人向他们灌输获得这些东西的必要性，他们的收入支出就不会那么稳定了，他们也不会为了得到更多而稳定地工作。消费的倾向变得更低且更不稳定。这种结果对于计划体系绝非好事。该体系要求人们在眼界毫不受限的情况下工作以购买更多的商品。如果他们在获得一定物质基础后就停止工作，那么体系的扩展就受到了限制，企业就无法再以增长为目标了。广告及其相关的手段使人们变成了计划体系实现目标所需要的人，即因为总是想要获得更多所以稳定地支出、稳定地工作的人。

这一努力还进一步维持了计划体系的威信。商品由计划体系供应。广告通过使商品变得重要，也间接地使计划体系变得重要，因而也帮助维持了技术专家阶层的社会重要性和威望。就好像地主和资本家因为土地和资本不再具有社会决定性而丧失威信一样，如果有一天，工业产品的供给就像雨水充沛的年景里自来水厂的水一样寻常，技术专家阶层也会很快隐于幕后。如果不是广告在不断向人们强调商品的重要性，劝说人们购物，这种情况在很久以前就会出现了。

当我们在相对较小的计划体系背景而不是绝对美德的背景下看待这一问题时，我们会发现广告及其相关的手段显然具有很强大的社会功能。这种功能既包括对需求的管理以及对价格的必要的相应管理，也包括对计划体系的表现和威信所必需的态度的塑造。被经济学家视为极大的社会浪费是广告人心中长久以来的痛。他们不太明白该如何回应这种蔑视。但无疑，一些人已经感觉到，在一个欲望基于心理的社会，能够成功通往人们内心的工具绝对不会是无关紧要的。他们是对的。也许我们这里识别出的广告职能远没有高要求的广告业哲学家们所希望的那样崇高，但是鉴于计划体系一贯用来衡量成就和成功的标准，没有人可以怀疑他们对计划体系的重要性。

第 19 章

修正序列

可以说，消费者就是上帝……消费者就像选民，用他的投票权来督促企业按照他的想法行事。

——保罗·萨缪尔森

一

又到了进行总结的时候。几乎所有的经济学分析和教学都假设主动权掌握在消费者手中。消费者出于源于自身或者由其所处环境激发的欲望而在市场上购买商品或服务。而市场对生产型企业发出的信息是，消费者的欲望给了它们或多或少的赚钱机会。因此，企业会根据市场信息行动，最终是根据消费者的指令行动。指令流的方向是单一的——从个人经由市场最终到达生产者处。而这一切又被暗示消费者拥有所有权力的术语以并无不妥的方式确认了，即所谓的消费者主权。"市场经济体总是预设了消费者主权的存在。"[1]

---

[1] Franklin M. Fisher, Zvi Griliches and Carl Kaysen, "The Costs of Automobile Model Changes Since 1949," *Journal of Political Economy*, Vol. LXX, No. 5 (October 1962), p. 434. 这三位作者是学界非常推崇的理论经济学家。他们的陈述值得我们注意，因为他们不愿意完全接受"消费者主权"的概念，这个概念仅仅是他们进行研究时采用的框架。

而单一方向的从消费者经由市场到生产者的指令流可以被称为"公认序列"（accepted sequence）。

我们已经看到，这个序列并不成立，而我们现在也已经分离出一个强大的反向方法和动机论。成熟企业轻松地掌握着控制卖出价和买入价的手段，同时掌握着管理消费者在其控制的价位购买产品数量的手段。这种控制和管理的手段都是成熟企业进行计划时所必需的。而计划源自技术和资本的使用及其所需的时间投入，以及专业技术产品和人才市场有效性的式微。

技术专家阶层的动机就是支持变化后的序列。其成员想方设法要令企业的目标更加适应其自身的目标；再者，企业要令社会态度和目标更加适应技术专家阶层的态度和目标。所以至少部分的社会信念源自生产者。因此，个体市场行为和社会总体态度对生产者需求和技术专家阶层的目标的适应是该体系固有的特征。随着计划体系的增长，这一特征也变得日益重要。

由此可见，"公认序列"已经不再符合现实，而且越来越脱离现实。相反，生产企业开始控制市场、管理市场行为，并且塑造那些表面上被它服务的人的社会态度。对于这种现象我们也需要给它起个名字，"修正序列"（revised sequence）也许是个合适的称呼。

二

据说，渴望打败敌人的人最希望发生的一件事就是敌人能出本书，如果他能有所夸大就更好了。我并不认为修正序列已经取代了公认序列。在计划体系之外——大型企业的界限之外仍然是市场体系——公认序列仍然占统治地位。在计划体系中，消费者仍然可以拒绝卖方的劝说，所以消费者及其同伴仍然可以通过市场来迫使生产者适应自己。但是企业还是可以管理消费者及其购买价位，而且它就是这么做的。公认序列和修正序列就像可逆的化学反应那样共存着。如果只存在一种序列，事情无疑将简单些，但是现实又一次告诉我们，它就是看似合理却又杂乱无章的。

我想，以上述形式展现的修正序列应该不会受到太多经济学家的质疑。当然要想逃避无可避免的事也是存在一定难度的。更危险的可能是人们承认这一观点的正确性却忽视它的重要性。为了确保不会出现这种事——为了给所有支持预防疗法的人提供文本——我们要简短地勾勒一下修正序列引发的后果。

三

修正序列为思想落伍的经济学理论博物馆提供了关于消费者支出均衡的新概念，反映了消费者满足感的上限。根据这一深受经济学授课钟爱且在经济学课本中颇受推崇的学说，个人或家庭在安排其购物计划时，会确保在若干消费机会或商品使用上所花费的最后一美元都具有大致相同的满足感。[1]如若不然，比如在

---

[1] "对一样商品（例如糖）的需求量会一直增加，直到在上面花费的每一美元（或每一便士）产生的边际效用等于在任何其他商品（例如盐）上花费的每一美元（或每一便士）产生的边际效用。为什么会有这样一条法则呢？因为如果购买某一件商品带来的边际效用更大，消费者就会将钱从其他商品转移到这件商品上，从而获得更多的效用……如果购买某一件商品带来的边际效用低于正常水平，那么消费者就会减少购买这件商品，直到在这件商品上花费的最后一美元产生的边际效用回升到正常水平。" Paul A. Samuelson, *Economics,* 10th ed. (New York: McGraw-Hill, 1976), pp. 435-436.

化妆品上花费的最后一美元比在汽油上花费的带来的满足感更大，消费者就会增加在化妆品上的支出而减少在汽油上的支出。如果情况相反，那么相应的支出增减也会反过来。换句话说，当为不同目的增加的一点支出带来的收益不同时，消费者总是可以通过减少满足感较小的产品的支出、增大满足感较大的产品的支出来提高总的满足感。因此当所有支出对象的小幅增量收益相同时，消费者的满足感最大。

但同样正确的是，因为个人从各种消费机会中获得的满足感属于他自己，所以这个均衡过程不应受到干扰。

他人关于分配收入的指导无论多么值得表扬，也不会反映出当事人特定的享受模式。它反映的仅仅是指导者的偏好、价值体系、享乐或需求。

这就是既定的原则。如果个人的欲望受到生产者的管理，那么这就是对消费者的干扰，而他在消费对象间的收入分配就反映出这种管理。那么对应不同生产者不断变化的管理有效性会有不同的收入分配方式，也就会有不同的平衡。① 如果学者想要对消费者行为形成充分的观点，就必须考察这种管理的本质和目的，而不是仅仅考察个人为最大化其满足感付出的努力。

当然，消费者可以继续想象自己的行动完全是出于自己对满足感的看法。这种根据对欲望的管理创造出的幻觉是肤浅的和直接的，只有那些想要回避现实的人才会满足于这样一个简化的解释。其他人都会注意到，如果一个人从汽车的额外支出上获得的满足感小于从买房上获得的，那么这种不均衡除了用增加住房支出的方式，还

---

① 读者会将此视作广告宣传的效应不断变化导致的正常的、意料之中的结果。

可以通过汽车公司改变销售策略的方式来纠正。① 同样地，一个边际效用处处相等的完全均衡状态不会因为个人收入的改变，或是可供购买的产品的变化而被破坏，却会因为消费者受到的劝说的变化而被破坏。

这里出现经济学问题仍然不是因为它一开始就错了，而是因为它过时了。消费者分配自己的收入，以最大限度地满足源于他自身以及所处环境的需求，这种观念并不适用于经济发展的早期阶段。当商品没有那么丰富且主要是服务于紧急的生理需求时，或者当人们会在仔细考虑后才进行购买时，购买行为就没有受到那么多的管理。而另一方面，在那个简单且不那么讲究技术的世界里，生产者也不是一定要进行计划。因此它们也不需要通过劝说来管理需求。根据这些条件设计的消费者行为模型并没有错，错的是不根据计划体系时代的新情况做改动就把模型直接拿来用。那么，这个老模型不能描述新时代就一点也不奇怪了。②

四

抛弃公认序列的影响不仅仅体现在教学上。即使是最空洞或最重要的社会理论都可能支持着某种结构的社会态度和行动，而公认序列及其引发的消费者满足感最大化理论还维系着很多其他的东西。

---

① 作为一个相关的技术点，无差异曲线并不符合修正序列。无差异曲线反映的是在任意给定的时间所讨论的产品背后采用的销售策略的相对有效性，它会随着这些销售策略有效性的变化而变化。它的逻辑要求它必须与它所描述的个人偏好相一致。
② 经济学家总是会采用一种简单却有效的方法来缩小理论和现实间的差距，即采用面包、茶、橙子、盐、糖这种在计划体系之外生产的商品，或者说是难以进行需要管理的商品，作为讲解消费者行为理论的例子。参见本书第 225 页的脚注。

具体来说，它支持"个人是经济体系中权力的终极来源"。它还向我们保证，这种权力的行使是个人凭借充分利用自身处境的能力、不受他人左右、依照内心倾向做出的。想到个人应当拥有，或者说被幻想拥有这样的权力和相应的使用能力是非常令人感到宽慰的。也许在我们这种极其看重个体甚至将个体抬高到精神高度，并且总是怀疑个体会被组织威胁的文化中，这种理论尤其令人感到宽慰。因此，传统价值观的捍卫者集结起来维护公认序列也是可以理解的了。

公认序列也为广泛的社会行动设置了障碍。这些行动虽然实际上给组织尤其是技术专家阶层带来了不便或不快，但在理论上却被认为与个人满足感的最大化相冲突。我们已经看到技术专家阶层如何精心地守护自己的决策自主权。对需求的管理也要求进行劝说时拥有最大的自由。任何限制了它对某一种产品做出声明的行为都在某种程度上干扰了对需求的管理。公认序列认为，个人在用他的收入获取最高水平的满足感的同时，引导了整个经济体前进的方向。任何干扰他做出选择的行为都会导致对个人来说不尽如人意的结果，即较低水平的满足感。在由个人组成并引导的社会里，这对整个社会都是不好的。因此，政府反对致人丧命的汽车设计、使人致残的药物、让人毁容的美容用品或降低高热量的化合物，是对个人选择的干预，从而干涉个人对最大化满足感进而对经济反馈的设计。公认序列因而以保护个人的名义禁止了各种各样的公共法规。这就赋予技术专家阶层的自主权强大的保护，并且使其管理需求的手段得到法律豁免。名义上为了个体的理论实质上是为了组织。而这完全依赖公认序列。无论在哪种情况下，一旦认同个人被管理，也就是接受了修正序列，那么让它免受（比如说政府）干扰的情况就消失了。此时被保护的就不再是个人的购买权，而是销售者管理个人的权利。

公认序列以强调个人所拥有的权力的方式来为组织正名。人们之所以接受大型工业企业的纪律，就是为了服务个人消费者的终极利益。他们服从规矩、收起个性服从组织、成为团队的好成员，都是为了扩大个人消费者的选择范围。为了更多人更大的自由而牺牲小我的自由是恰当的做法，或者说这就是传统经济学给出的理由。

这种理论还令许多行为变得正当。工业生产造成的肮脏、空气和河流污染、美学价值的牺牲（甚至是押韵的广告词和广告牌都成为消费者管理的一部分）扩大了产品的数量和种类，因此它们扩大了消费者行使自主权的范围。人们又一次认为，少数派的价值观应该服从于更多人的自由，因为在一个拥有最大选择范围的经济体系中，这种自由是和个人最终的控制权联系在一起的。经济学也又一次为工业目的服务了。

在采用修正序列后，这些争论都消失了。组织中的少数人自由要服从更大的消费者自由的情况已经不存在了，除非后一种自由真的存在。如果后者已经服从于组织，那么这种争论也是无效的。工业肮脏并不是为消费者的更大自由服务，而是为工业便利服务。

工业企业在工业生产中行使的权威还因为其授予消费者更大自由而获得了合法性。根据公认序列，这是唯一值得服务的权力；而在刚才的分析中可以发现，最大的企业并不是消费者卑微的仆人。"摆脱这种尴尬责任的一种方法就是相信消费者是真正的主宰，商人仅仅是执行他们的命令……用表示政治民主过程（即市场中的无记名投票）的措辞来描述消费者主权的做法并非偶然。"[1] 如果消费者没有自主权，即如果部分无记名投票是在生产者的命令下进行的，那么这种争论也不仅仅是消失这么简单。它反而会对那些利用它的人不利，因为它也会让人们注意到同时支持消费者管理的权力。

五

如果想要有效地管理消费者，那么可能有必要让他们相信自己没有被管理。我们被教导要重视自己经济选择的自由，当意识到这种权力受到他人管理时，我们也许会努力设法确认我们的独立性，从而变得难以管理。如果经济学中受到经济学课本强大智慧支持的教导宣称人们部分地服务于那些供应他们商品和服务的人，那么那些受过良好教育的人也许会放弃那种服务。

无论是不是这样，显而易见的一点是，最重要的态度，即高度保护计划体系的态度源自公认序列。这就是神话的巨大作用。

如果有人认为这种有用的神话会被轻易抛弃，甚至期望人们会对戳穿神话的人表达感激，那实在太乐观了。不过正如绝大多数人将会承认的，即使是这里也发生了变化。在本书初版面世的时候，许多针对药品、香烟、美容产品、减肥产品广告宣传（每一个都是典型的例子）的监管活动，正在因其过度限制了自由市场的选择而受到抵制。绝大多数人都会将这种观点视为诡辩。现在，人们认可

---

[1] Francis X. Sutton, Seymour F. Harris, Carl Kaysen and James Tobin, *The American Business Creed* (Cambridge: Harvard University Press, 1956), p. 361.

相关的法规是对消费者管理行为的限制，而且除了教科书以外，人们已经将这种管理当作生活中的客观存在。思想贴近真理的过程也许就像冰川移动那样缓慢，但是这种移动也像冰川一样，很难被阻挡。

第20章
对总需求的调控

一

计划体系要求对价格进行有效控制，同时设法对购买者在既定价位上的购买量施加尽可能大的影响。它还设法确定生产所需的重要原料的供给和价格，正如我们目前看到的，它正稳步提高人力供给的确定性。这一切都使计划更加精确。这也能很好地为技术专家阶层的目标服务，尤其是安全性和增长性的目标。但是还有一个非常重要的风险没被消除，就是计划体系所有产品总需求的严重波动。我们现在必须更加全面地考虑这个问题和它的解决之道。

从工业企业的角度来看，对总需求的调控最为紧迫。它不仅需要劝说公众购买与它决定生产的数量大致相当的汽车、盒装麦片或家用电器，还要确定消费者有这样的财力。如果出现失业率上升，劳动者的收入也大幅缩水，消费者因而不再有能力（或意愿）像以前那样购物，那么即使是最好的消费者行为管理也不会起作用。一个马上要被绞死的人是不会担心感冒问题的。如果不消除主要的不确定性来源，那么光是消除次要的不确定性来源是没有意义的。同时，购买力必须可靠且足以吸收计划体系在既定价格的当前产出。

由于其发展的性质，计划体系对购买力或需求的调控需要变得更加迫切。经济体在生产过程中需要支付周薪、月薪、利息和利润，而这些又构成了购买经济体生产的产品所需的资金。在一个贫穷、简单的社会，所支付和支出的往往与所生产的价值相当。低收入人群并没有突然不消费而增加储蓄的选择。支出被生理需要束缚，因此消费函数是稳定的。

此外，在这样的社会里，由于储蓄的规模小，所以投资也少，绝大多数的生产是为了当前消费。以当前使用为目的的生产要比响应投资决策的生产更加稳定，因为投资决策对未知未来的估计是不断变化的。

我们也看到，在社会的早期和原始阶段，因为储蓄很少，稀缺的资本成为生产的决定性要素。也就是说，通常有许多索取者想要获得储蓄资金。显然，社会为消费支出的钱就是支出了，但是在这种更为原始的环境中，社会减少消费储蓄起来的资金也会因投资需求而不断被支出。所以，所有从生产中来的收入都会重新被投入到生产中去。萨伊市场定律（Say's Law of Markets）是大家熟知的经济学定律。该定律认为，经济体总是能提供足以购买自己产出的需求，因此不可能出现购买力或需求不足的情况。现在已经没有人信奉萨伊定律了，但是在萨伊的年代，也就是将近200年前，这条定律是有很多优点的。

二

相比之下，计划体系中的个人储蓄不再需要以忍受生理痛苦的代价获得,绝大多数的个人储蓄是由收入中上阶层的人贡献的。对许多人来说,储蓄是自发行为,而企业保留盈余的重要性远远超过后者,个人储蓄在1976年达到778亿美元,同年,前者高达1986亿美元。这些储蓄的决策是由技术专家阶层做出的,企业不会因消费者施压而花掉这些资金,消费者也没有权利做这样的选择。

一般来说,技术专家阶层会随着保留盈余的增加而增加企业的投资。在照顾好股东和债权人的利益后,技术专家阶层也就保住了自身的安全,之后它就会将资金投入具有第二优先级的目标,也就是企业的增长。如果可用资金不足,技术专家阶层会增加企业盈利或从股东处扣下更多的分红。[1]

因此,计划体系内的储蓄和投资支出往往同升同降,但这并不意味着它们会相等,即投资将抵销储蓄。在有组织的经济体中,也没有任何机制可以保证储蓄决策和投资决策的结果完全相等。[2]

如果各种增加储蓄的决策不能被相似金额的投资决策抵销,或者如果减少资本支出和其他投资的决策不能和减少储蓄的投资匹配,那么计划体系的部分当前产出就找不到购买力和买家,产出和就业都会减少。在萨伊的世界里,商品的价格会下降,增加的储蓄会被其他人在低价时增加的购买抵销。但我们已经看到,计划体系中的价格是被控制的,所以初始的效应是作用在产出和就业上的。这可

---

[1] "……从短期来看……在固定资本和运营资本上的投资支出似乎是……当前经营所实现的总的净资金流减去既定或传统的红利支出剩下的余额。" John R. Meyer and Edwin Kuh, *The Investment Decision* (Cambridge: Harvard University Press, 1957), p. 204.

[2] 很多年以来,经济学家都不认为利率这种古典均衡机制还有这样的功能。虽然假定利率的变动会对投资产生影响,但是对于利率变动对储蓄总量产生的影响,学界尚未有统一的结论。

能会反过来导致进一步的投资缩减，接着是生产和就业的进一步削减，接着就进入了自发的螺旋式下降。

综上所述，计划体系非常全面地将调控总需求的需要构筑到自身体系中去。它先进的技术和对资本的高度使用都需要计划，而对资源使用的计划导致了允许高储蓄水平的充分生产。技术专家阶层有很强的动机进行高水平的储蓄。如果这些储蓄不能被抵销，就会导致严重且持续的总需求下降。而迫使工业企业不得不进行计划的先进技术和资本高度使用，也使企业难以应对总需求的下降，而技术专家阶层也一样会受到损害。所以对总需求的有效调控至为重要。

这还不是全部。如前所述，对总需求进行有效调控又会很矛盾地增加对这种调控的需要。这样的调控可以防止收入和储蓄出现累积螺旋式下降。在过去，这和储蓄及资本积累有相同的逻辑关系，就好像饥荒与印度人口的关系一样。大萧条使个人储蓄从1929年的42亿美元降至1933年的负9亿美元，使企业储蓄总额从112亿美元降至32亿美元。[①] 在1974年的第三季度，由于1974—1975年的经济衰退，年度个人和企业的储蓄额比衰退前1973年第四季度的峰值少了340亿美元。[②] 在没有衰退的情况下，储蓄额将继续走高，资本投资和由此产生的购买力也会继续走高。因此，经济体也会继续依赖那些抵销储蓄的方式。

如果不能抵销储蓄，产出和就业就会减少。当经济体处于或接

---

① *Economic Report of the President, 1970*, p. 198. 就是这种储蓄的减少使它们最终又回到了均衡状态，不过此时的投资水平也已经大幅降低了。

② *Economic Report of the President, 1976*, p. 192. 考虑到通胀因素，私人储蓄额直到1975年第二季度经济复苏揭开序幕才重回经济衰退前的水平。

近充分就业时，如果储蓄被过度抵销，产出和就业不能增加或不能明显增加，价格反而会上涨。在计划体系下，虽然有详尽的价格下跌保护措施，但价格上涨却更容易发生而这对技术专家阶层并不具相同的危险性。正如我们目前看到的，这就导致企业更加需要政府的介入。它还需要反向的总需求调控，一定要有既可以纠正需求短缺又可以纠正需求过量的办法。

显然调控总需求是计划体系的有机需要。在没有调控的情况下，需求几乎一定会出现不可预测的大幅波动，而销量和生产也会有相应的波动。如此一来，计划将严重受损；资本和技术的使用必须比现在更加谨慎，但也肯定没有现在有效。技术专家阶层的地位因为盈利减少也会变得岌岌可危。现在人们已经完全接受对总需求进行调控的需要了。然而，它与现代经济发展间密不可分的关系却从来没有得到应有的重视。人们有一种印象，就是构成计划体系的企业很敌视调控的手段。之所以有这种印象，部分是因为人们对调控这段历史的好奇，部分是因为人们一直没有将调控过程视作一个整体。但是在仔细考察后我们就会发现，事实远非如此。

三

20世纪30年代时，对需求的调控已经成为公认的公共政策。这一政策被凯恩斯（后来被授予男爵爵位）大力提倡[1]，又被美国

---

[1] 尤其是在 *The General Theory of Employment Interest and Money* (New York: Harcourt, 1936) 中，虽然凯恩斯和其他人早期的大量提案已经预测到了这一点。

相对少数的自由派经济学家（当时被普遍认为强烈反感大企业的社团成员）宣传，[1]最后被罗斯福政府（也与商界有争执）付诸实施。该政策被主要视为（但不限于）拯救失业的手段——这也是它至今仍保留的特质，所以看上去是代表劳工运动的行动。此外，在一个充斥着激烈的劳资纠纷的时代，它获得了劳工的支持，所以很自然地，它被社会大众和商人视为可疑的实验性的福利措施，人们预计它可能会以某种不确定的方式对企业造成损失或伤害。

更重要的是，对总需求的调控会对创业企业和成熟企业产生差异巨大的影响。在20世纪30年代，企业发言人仍然允许创业企业表达自己的利益并相信这反映的是所有企业的共同利益，但其实这只反映出常见的且确实没有太大变化的文化滞后。

创业企业对调控总需求的要求比成熟企业少得多。成熟企业本身适应了先进技术和大量资本的使用——计划和技术专家阶层就是这种适应的一部分。计划需要通过对总需求的调控来获得确定性，这种调控也是保护技术专家阶层所必需的。采用的技术更简单且资

---

[1] 保守派一直争辩说，美国的凯恩斯革命是凯恩斯的几位"门徒"、倡导者和理论阐释者通力合作的结果。革命的骨干人员主要集中在哈佛大学，而革命也主要是由阿尔文·汉森教授，能言善辩、经常充当凯恩斯主义发言人的西摩·哈里斯教授，以及来自麻省理工、写作了第一本伟大的凯恩斯主义教科书的萨缪尔森教授领导的。人们认为这些人已经将凯恩斯的思想运用到美国的情境中，并且直接或通过学生间接地将这些凯恩斯理论推向了华盛顿和大众。这种指控当然遭到了抗议，甚至是否定，不过我不太明白他们为什么要抗议，因为这完全就是事实。凯恩斯革命也为计划体系的发展和保护我们通常所称的资本主义做出了划时代的贡献。设计了这样一场有益的革命的策划师应当为他们的成果感到自豪才对。我曾在 The New York Times Review (May 16, 1965) 上撰文详述凯恩斯革命的历史以庆祝凯恩斯《通论》简装版的出版。这篇文章的原版没有经过审查，之后又收录于 Economics, Peace and Laughter (Boston: Houghton Mifflin, 1971)，简短版本的历史描述刊载于 The Age of Uncertainty (Boston: Houghton Mifflin, 1977)。

本投入更少的创业企业就不是那么需要计划，通常也没有（或者有但是规模会小得多）技术专家阶层。这就意味着在实践中，如果需求下降，它可以通过裁员来进行调整。相反，成熟企业却无法减少资本投入。它的技术专家阶层通常规模很大且需要大笔资金维持，缩减它就意味着瓦解企业的大脑。

我们也已经看到，技术专家阶层的自主权很容易因盈利失败而受损，而最可能导致盈利失败的就是需求的缩减以及同时发生的经济萧条。创业企业的控制权牢牢掌握在企业所有者手中，如果不是负债累累，它可以安然渡过暂时的盈利失败难关。

此外，20世纪30年代少数几个有远见的企业家可能已经发现或感觉到，对需求的调控需要政府大大增加其在经济体中的作用，而税收制度也会从募集收入的手段变成调控需求的手段。这也会对创业企业和成熟企业带来差异巨大的影响。

实际的企业和个人所得税负担在很大程度上是由企业家背负的，企业所得税不会直接影响技术专家阶层。考虑到收入的规模，个人所得税对团队成员的影响通常也会小于对企业家的影响，而支付较多或较少的所得税本身是有区别的。

最后，仔细观察最终采用的调控的特定形式，我们会发现一个有趣的事实，那就是它确实得到了成熟企业及其技术专家阶层的强力支持。

四

20世纪30年代，在凯恩斯革命的初期，人们普遍认为在税收水平保持不变的情况下，总需求可以通过增加或减少政府支出来调节。人们不认为这种政策会从根本上改变政府与经济体间的关系。政府会在某些时期增加支出，又会在某些时期减少支出，但是平均来看仍然保持着与经济体整体比例大致相同的关系。

关于政策的这一观点完全是空想。虽然需要时间，但是政府可以增加公共支出，然而一旦增加，就很难再减少了。所有人都认同支出必须是出于有用或者说看上去有用的目的。就像私人消费一样，任何新的公共服务会迅速成为人们习惯的生活标准的一部分。一旦拨款支持了学校、医院、公园或公共交通，这种支持就不能轻易撤回。非经常性的支出，尤其是公共工程方面的支出，可以通过不启动新项目的方式来削减，但是这需要时间，而且这种支出生效也相当缓慢。[1] 相比之下，需求可以很快地下降，而且还有累积效应。

另一种方法是始终保持高水平的公共支出。有了这么大的基数，必要的时候可能也容易增加。这些支出反过来是由随着收入增加而增加的税收支持的，因而会抑制需求，不过这种支持会随着收入的下降而下降，因而需要释放支出来支持需求。政府已经采纳了这种方法。自二战以来，美国政府的支出居高不下，并且在经济衰退或经济停滞时期大幅增加。这些支出是由可以进行自我调节的税收支持的。[2]

---

[1] 参见：J. K. Galbraith and G. G. Johnson, *The Economic Effects of the Federal Public Works Expenditures,* 1933-1938. National Resources Planning Board, Washington, 1940。有些支出（尤其是失业导致的支出）在需求减少、失业增多的情况下会自动增加。

[2] 在经济相对较好的 1973 年和经济开始衰退的 1974 年之间，尼克松、福特政府为经济支出增加了 48 亿美元的政府贡献，即在国民收入增加 299 亿美元的情况下，政府开支却增加了 347 亿美元。第二年，在经济下行触底期间，（公开宣称作风保守的）同一个政府班子增加了 598 亿美元的收入。这是因为政府收入下降了 17 亿美元，而政府支出增加了 581 亿美元。参见：*Economic Report of the President,* 1977, p. 270。

提供这一服务的税种是个人所得税和企业所得税。这两种税经过合理的设计都可以用于调控需求。调控功能是后来出现的，最初设计二者的目的其实是筹集财政收入以及使个人收入分配更均衡，所以这二者有时可以被用于处理现代政府事务实在是运气使然。随着经济体的收入增加，个人的收入也不可避免地增加了，因此他们须缴纳个人所得税，或者如果他们已经在纳税，就需要适用更高的税率。因此，随着个人所得税在增加的收入中的占比越来越大，随之而来的需求会逐步缩减。相反，在收入下降的情况下，纳税额的下降会超过对应比例的数量，人们可能无须缴税，或者适用的税率变低，因而释放出更大比例的收入用于花销。虽然企业所得税的征收税率大致固定，其效果却是相似的。随着收入增加，企业盈利也会快速增加，比任何其他类别的收入增加得都要快。[1] 因为这些盈利需要缴纳企业税，所以全部收入中需要缴税的份额也增加了。当国民收入趋于停滞或减少时，反过来也是成立的。

但是这种调控无论设计得多么合理，只要规模不够大，还是不会起作用。税收如果想影响收入进而影响需求，相对收入就必须有可观的规模。相应地，只有当政府运营相对经济体具有足够大规模的时候，税收规模才会足够大。而政府如果想要有效地运用支出的变化来影响需求，也必须有足够大的规模。如果公共支出增加了200亿美元而政府支出只增加了10%，那么这种增加可以轻松、迅速地完成，但如果要将公共支出增加一倍就需要花费大量的时间了。所以，对总需求进行调控的关键就在于政府支出有足够的规模，也就是说公共部门的规模足够大。

---

[1] *Economic Report of the President, 1977*, pp. 277-279.

五

1929年，美国联邦政府对所有商品和服务的支出共计69亿美元；到1939年，这个数字达到226亿；1976年已经变成970亿。[①]此项支出占国民生产总值的比例从1929年的2%上升到1976年的8%。

虽然与普遍的观念相反，但是权衡来看，政府支出的增加受到了计划体系中的商界人士的强烈认可。相反的观念只注意到了人们对民用服务支出例行公事般的反对，而且并非巧合的是，这种反对大多来自市场体系中的小企业家。这种反对的观念没有注意到计划体系对军事开支、太空探索、支持工业研发和修建高速公路的强烈支持，当计划体系中的个体企业像东部铁路或洛克希德公司那样面对财务困难时，计划体系也会直接施以援手。[②]20世纪70年代，军费支出虽然在总支出中的份额已经有所下降，但仍然是公众支持计划体系所依赖的关键。军费开支为先进技术的应用提供经费，因而也为计划体系在那些成本和风险双高的领域的计划提供了安全保障。它们还构成了一大块一定会得到商界支持的支出。大企业的高管通常会反对政府支出的大手大脚，但是在他主张公有制经济时，却总会小心地将国防支出排除在外。因此，这些支出就有了一个凌驾于普通经济政策问题或对社会主义制度和社会主义国家的日常恐

[①] *Economic Report of the President, 1977*, p. 189. 数据依照1972年的物价。

[②] 虽然发生的可能性很小，但是计划体系内的大企业也会出现不能按期偿还债务的情况。而在包括美国在内的所有工业国家中，大企业在遭遇财务困境后向政府求助都是非常常见的做法。之前关于社会主义风险的口头警告已经迅速转变成了对有建设性的政府行动的认可。

惧的理由。最尽心反映商界观点的立法者会经常提出警告，他们认为政府在特殊武器上支出的资金不足。计划体系与其他社会机构一样，不会否定对其成功至为重要的事。那些认为高管对凯恩斯主义财政政策抱有疑虑的人没有看到他们是如何精准地识别出并支持这一政策中对他们最重要的部分的。

六

许多社会评论，包括众多经济学家发表的评论，都有最小化或者说忽略军费支出在需求调控中的重要性的倾向。对此类支出的依赖令人大感不安。破坏力高达千万吨级别的武器装备与经济体系的表现具有有机联系，这会引发令人不快的反省。这似乎是对计划体系的负面宣传，也给了那些被马克思主义者口诛笔伐的人喘息的机会。所以学术界和教科书都弱化了军费支出在需求调控方面的作用，转而集中于税收政策的精进或其他更有吸引力的话题。军费支出的主题被淡化了，学者们说如果更高层面的国家政策不要求军费支出，那么可以通过转向民用目的的支出或私人使用来轻松达到同样的效果。①

这种说法显然是过于简单了。用于或取自私人支出的收入只有在公共部门规模足够大以及释放或吸收的资源足够多的时候才能有效地调控需求。军费支出有助于扩大公共部门的规模，而且如前文所述，它可以帮公共部门赢得重要的商界支持。而且除了可以增

---

① 参见 Paul A. Samuelson, *Economics,* 10th ed. (New York: McGraw-Hill, 1976), pp. 820-821。我必须承认自己曾经持有相同的观点。

加必需的支出量（和税收），军费支出还可以承担计划体系的技术风险。为学校、公园和穷人投入的支出做不到这一点。替代军费支出的新支出既不会有相同的直接诉求，也不会与技术有相同的关联。现在我就要重新回到这一点进行更加详细的阐述。

七

我们已经看到，修正序列令消费者适应技术专家阶层的目标，而且提供了有利于这一结果的社会信念氛围。如果这种倾向只与消费者有关，如果它所运行其中的政府以及信念氛围完全不会被那些向其出售产品的企业影响，那么这也确实很奇怪。但是如果修正序列与公共采购有关，那么眼下这种规模的国防支出也部分是出于对计划体系和技术专家阶层的要求的适应。

军费支出是为计划体系的需要服务，这种观点对许多（也许是绝大多数）读者来说都似乎是合理的，而且国家政策信念的基本氛围是支持这种做法的，但这并不意味着大众会欣然接受。我们在这些问题上的做法更多是被套话指引，而不是被真理指引。为此，我们也将公共责任赋予那些不会被这种套话困扰的人，也就是那些一旦需要，可以凭着一腔道德热情支持那些荒唐事的人。一口咬定国防要求的设定完全是基于国家利益、与计划体系的任何需要都无关是很有用的套话。它也令那些专门支持计划体系因而无法维护的支出合法化了。它还将可信性赋予了一个对技术专家阶层的自主权十分重要的信念，即政府和私有企业间存在巨大的差异。前者可以决策、命令，后者只能响应。如果政府职能承认是顺应了计划体系的需要，那么它就再也不可能将后者视为独立的实体了。

但是套话不能很好地指引这些问题中的有关方和聪明人。涉及的重要问题包括人身安全甚至生死存亡。我们不该为真理以外的事冒险。现代军事、相关采购和政策其实完全是在适应计划体系的需要（这似乎很可能是所有计划的趋势，不管是共产主义、社会主义还是非社会主义的计划）。在这里，修正序列的可逆或双向反应的运行和别处是一样的。而将政府与所谓的私有企业，或者说至少是其高度组织化的部分划分开的线其实一直是虚构出来的。不过，我们现在必须暂停这一问题的讨论，等考察过对价格和工资的进一步调控以及劳工和工会在计划体系中的作用之后再重拾。

第 21 章
就业和失业的本质

一个拿着镐和平锹工作的美国劳动者如果想要以低工资与挖掘机的蒸汽铲竞争,那么工资将低到令他无法生存。

——诺伯特·维纳

一

工业文明在任何问题上的形象都不及在劳动力问题上来得鲜明。数量如此庞大的人群(他们无处不在)会在轮班开始时如潮水般涌入,又会在轮班结束时如潮水般涌出。工业劳动力由相对不熟练的负责引导、照管或操作机器并且处理工厂内务的操作工,以及少数掌握着超出机器使用范畴技能的高级管理人员共同组成。当系统运作良好时,所有人或几乎所有人都在工作。当系统运作不良时,公告栏里会出现辞退通知,人们只能留在家中或在酒吧度日。劳动力中不断上升的失业人口百分比在总体上衡量着经济体系失败的程度。同样,当劳资关系正常时,人们会平静地进出工厂。当劳资关系紧张时,罢工警戒线就会出现,工厂要么关闭,要么就得顶着厂外示威人群的威胁继续运营。企业中还有其他员工,像经理、工程师、设计师、文员、审计师和推销员，不过他们只是不起眼的背景的一部分，真正起着举足轻重作用的劳动力是大量背景相似的蓝领无产者。

这种形象现在还没有与计划体系的现实产生冲突，但它与计划体系的趋势严重不符。该体系内的蓝领无产者大大衰落，无论是相对数量还是影响力，而传统意义上的失业概念也越来越不重要。失业数据也列举了越来越多的总体上无法满足现代经济体需要，尤其是无法满足计划体系需要，因而实际上无法就业的劳动力。这种能力欠缺也许会跟高素质人才的严重短缺现象共存。前面章节提到的关于体系的观点使我们可以预测这些趋势，而眼下良好的统计数据也确认了我们的预期，或者说与预期一致。

二

我们已经看到，计划体系有很强的技术导向，而技术专家阶层的一个次要目标确实就是展现技术的先进性。技术专家阶层本身除了其他方面的作用，还是一种工具，它将不同分支专业的科学、工程和其他与特定问题的解决之道相关的知识联系在一起。

我们也已经看到，先进技术和大量资本需求的组合使计划势在必行。所有的计划都在尽可能地确保自己对未来的假设成为现实。这也跟技术专家阶层对自身安全的关注是一致的，因为这种控制可以最小化可能有损企业盈利进而影响技术专家阶层任期的发展出现的可能性。

这些因素非常精确地说明了计划体系的人力要求以及劳工政策，并且预测了计划体系几乎所有的主要趋势。

显然，计划体系对合格人才的需求很大且不断在增加。技术、计划以及由此产生的组织协调都需要这样的人才。也许无须注意到这一点，不过计划体系需要的是具有相应教育背景的人才，而不是熟练工。虽然工程师、销售人员及销售经理、经理和管理工程师，以及几乎无数其他领域的专家只在自己特定的任务领域接受过训练，但是只有先接受过预备性的学校教育才能接受这样的训练。而工具和模具制造工、木匠、泥瓦匠或其他手艺人就未必是这种情况了。工程师、销售经理或人事主管需要将专业的脑力资质应用于特定的任务，他们在学习具体的专业知识之前必须具备必要的智力或心理上的准备。熟练工则通过手艺和经验来达到目的，而不存在最低教育背景的要求。

与此同时，计划体系相对减少（从长期看是绝对减少）了对蓝领工人的需要，无论是熟练工还是非熟练工。

这种情况的出现部分是因为技术的本质，机器可以轻松且很好地完成没有太高智力要求的重复性体力劳动。同样，它们也可以非常有效地与体力劳动者竞争，包括那些从事完全没有技术含量的劳动的工人。①

不过，仅仅是从相对成本的角度看待机械化和自动化又在很大程度上最小化了它们的作用，也需要为将经济目标和经济考虑限

---

① 这是笼统的说法。还有许多操作（比如涉及使用电铲车的感官操作）虽然没有太高的学历要求，但是也没有采用自动化的过程。

定在利润最大化的错误上付出更大代价。[1]如前文所述，当与其他目标不冲突时，技术专家阶层会为了自身的利益寻求技术的先进性。更重要的是，它会设法确定生产所需的所有主要投入的供给和价格。劳动力是主要的投入，而大量的蓝领劳动力，尤其当他们受制于工会的外部权威时，会为生产引入不确定和危险的元素。它的成本不是技术专家阶层可以控制的，虽然计划体系有权通过改变价格来对冲劳动力成本的变化，但是罢工的风险和后果仍然存在。

相反，机械化增加了确定性——机器不会罢工。我们已经看到，机器的价格因为大企业间合约关系固有的确定性而确定。购买机械的资本也大部分来自企业的内部储蓄。因此，这些资本的供给和成本在很大程度上由企业掌控。机械化就要求雇用更多的白领员工进而扩大技术专家阶层的规模，而白领员工往往会认同与自身一致的技术专家阶层的目标。这就是用两个掌握计算机知识的员工替换20个蓝领工人的结果。

因此，技术专家阶层有远远超过成本因素（当然这本身也很重要）的动机来替换蓝领工人。

在1958—1976年的18年间，受雇于民用部门的劳动力数量增

---

[1] 关于这样的说法，参见：Charles E. Silberman, "The Real News About Automation," *Fortune*, January 1965。关于相反的，并且我认为更加有说服力的案例，请参考：Ben B. Seligman, "Automation and the Unions" in *Dissent*, Vol. XII, No.1, Winter 1965。"自动化"这个词从狭义上讲，指的是这样一个工业流程：通过自身运行获取数据，一般再通过电脑的辅助将这些数据用来控制整个流程。这样一来，这个工业流程就完全不需要直接使用人力了。不过，虽然自动化机械摒弃了大量的人力，但也不是完全不需要人力，人类对机械的指引也是非常重要的。这种需要部分借助人力的过程也被称为"自动化"。由于自动化这个概念还比较含糊，所以我在使用这个词时也非常谨慎，通常只用于转述常见的观点。

长了约2400万——从6300万到超过8700万。但是1958—1963年，蓝领劳动力的数量大体保持不变，此后它仅增加了约500万。白领就业在就业劳动力中的比重从1958年的42.6%增加到1976年的50.0%；而同一时期蓝领工人的比重从37.0%下降到33.1%。[①]

上述数据是针对整个经济体而言的，但不包括农业和服务业。可以说，它们包括了计划体系以外的蓝领工人，而我们可以假设，上面提到的相对数量的下降比实际要少得多。因此，1964—1976年间，在钢铁和石油生产这两个计划体系的标志性行业中，蓝领劳动力的就业率保持不变或者有所下降。在汽车生产中，蓝领劳动力就业率出现了缓慢的增长。不过，在1951—1976年，虽然汽车行业的总产出翻了一番，生产工人的数量却减少了近两万。[②]

一项近期的关于人力需求的研究认为，在1974—1985年，白领就业人数将会增长大约28%，蓝领就业只会增加13%。需要再次强调的是，后者的增加很大程度上发生在计划体系之外。[③]

三

随着企业对蓝领工人相对需求的下降，企业对那些拥有较高学历的劳动力的需求增大了。这些都是技术专家阶层需要的。虽然他们的学历普通，但对白领工作来说已经足够了。

[①] *Employment and Training Report of the President, 1977.* United States Departments of Labor and of Health, Education and Welfare, pp. 135, 162-163.

[②] Ibid., pp. 223-226 and *Economic Report of the President, 1977,* pp. 231-232.

[③] *Employment and Training Report of the President, 1976.* United States Departments of Labor and of Health, Education and Welfare, p. 336.

由此可见，进一步说，无论在数量还是质量上，如果教育系统没有满足这些要求，那么需要高学历人才的特殊领域就会出现人才短缺，而对学历要求较低或是没有要求的领域就会出现人才过剩。这就是目前的情况。

教育工作者出于虚荣心想将教育体系打造成他们喜欢的样子。他们也许有一些影响力，但是决定性的力量还是来自经济体制。教育工作者通常认为他们在教育问题上有发挥空间，而这往往是对经济需要做出反应时的发挥空间。

在工业化的早期阶段，对工业劳动力的学历要求呈矮胖的金字塔形。办公室只需要几个律师、工程师、簿记员、计时员和文员之类的员工。宽大的金字塔底座反映出对从事重复体力劳动的劳动力的大量需求，而这些劳动力几乎都是文盲。教育体制就是这种金字塔形的，它以最低的成本向大众提供基础教育，那些想要接受更多教育的人就必须缴纳学费或者放弃求学过程中的收入，这就决定了只有少数人才会这样做。直到今天，弗吉尼亚州西部、宾夕法尼亚州中西部、新泽西州北部和纽约州北部老工业区的教育系统仍然像从前一样差劲。人们会自然地假定一个古老的工业区不会有好学校。①

相比之下，计划体系对人力的需求则呈高高的瓮状。它从顶部向下扩展，反映出技术专家阶层对行政管理、协调、计划人才，对科学家和工程师，对销售主管、销售人员和具有其他劝说本领的人才，以及对编程和控制计算机的人才的需要。它的进一步变宽反映

---

① 很长时间以来，计划体系之外也是如此，例如美国南方的农村地区。这里同样需要的是大字不识的劳动力，而当地可以供应的劳动力也无非如此。北方的农业要求更高层次的劳动力，北方农村地区的学校也要好一些。不过，地区间收入的差异既是造成这种劳动力差异的原因，也是劳动力差异导致的结果。

新工业国　　250

出对白领人才的需求。而它在底部大幅收窄，反映出对只能从事重复体力劳动并且很容易被机器取代的劳动力的有限需求。

对学历要求的修正是渐进式的。瓮的顶部会继续扩张，但是底部会保持不变甚至是收缩。教育体制也针对这一变化做出了应对，虽然有时滞，但是任何社会应对都有这个问题。然而，新增的教育需求又要求与企业家的早期社会态度一刀两断。如前文所述，这些人认为政府是巨大的负担；相应地，他们试图将政府职责限于提供法律和秩序、保护财产和共同防御。现在，成熟企业的技术专家阶层必须承认，他们需要依赖政府来获取相比资本对其成功更重要的生产要素。这种态度的转变需要时间，所以相应地，公众对此的应对也需要时间。

四

这种滞后应对的影响是，当就业情况相对理想时，就会有很多适合高学历，尤其是有专业背景的求职者的空缺职位，而绝大多数的失业者既无学历，又没有可以弥补学历缺陷的工作经验或资历。计划体系在大学、学院甚至是报刊广告上为招聘做出的投入也证明了这一点。① 与此同时，由于人们还没有充分认识到这些空缺职位和失业的正常对应关系，所以相关的统计数据也不足。

关于失业者学历的数据更能说明这个问题。1975年春，在美国，按失业者在总劳动力中占比统计的官方失业率为9.2%，而只

---

① 几年前，波士顿一家报纸的编辑发现，在不干预采编政策的前提下，刊登招工广告的收入要超过刊登百货公司广告的收入。

受过不到 8 年的初级教育的人口的失业率为 12.4%，受过 8 年初级教育的人口的失业率为 11.3%；受过 3 年或 3 年不到的中学教育的人口的失业率为 15.2%；而大学毕业生的失业率是 2.9%。[1] 当时，在所有被官方认定为失业者的人口中，44%（接近一半）的人受过少于 4 年的中学教育。此外应该注意的是，只受过几年教育的人所上的学校、所受的教育通常比那些受过更多教育的人要差。

那些工作经验有限、受教育程度有限的非白人青年的失业情况就更加严峻了。1975 年春，在美国，16~24 岁受过 8 年小学教育的白人青年的失业率是 28.9%，而背景相当的非白人青年的失业率为 43.2%。[2][3]

五

少数族裔的状况需要特别说明。自古以来，当就业扩张时，非洲裔工人总是最后一批被雇用；而就业收缩时，他们又是第一批被

---

[1] Bob Whitmore, "Educational Attainment of Workers, March 1975," United States Department of Labor, Bureau of Labor Statistics, *Monthly Labor Review*, Vol. 99, No. 2 (February 1976), pp. 46-48.
[2] Ibid. 通过对比可以发现，在 1933 年，也就是大萧条期间经济最糟糕的一年，美国的失业人口约占其平民劳动力人口的 25%。
[3] 我们必须记住一点，那就是这里讨论的学历要求和学历不合格是关于计划体系中的劳动力的，而关于失业者的受教育特点则针对所有劳动力。而且毫无疑问，那些只受过最基础的教育的劳动力在计划体系外会有更好的就业机会。服务业、建筑业和农业对普通劳动力都有持续、大量的需求。就农业移民劳动力来说，我们会再一次发现教育体系怎样为劳动力的需求服务：收割庄稼不需要任何学历，而且通过或多或少地剥夺参与农业活动的劳动力的子女受教育的机会，农场主可以确保农业人口的下一代还会继续为他们从事农业生产。

解雇的。黑人在就业时确实遇到了特殊的障碍，但是大多数情况下这都与他们的低学历有关，这反映出的并不是计划体系的歧视本身，而是黑人先前在学校和所处环境方面的劣势。一个受过良好教育的黑人未必会是最先被解雇或最后被雇用的。[①]

有些失业也和工业变革有关，像宾夕法尼亚州中部无烟煤开采的减少，沥青产区的机械化和矿业合并，纽约、新英格兰和其他工业地区的行业消亡。不过，我们又必须将大部分原因归咎于为这些地区的产业服务的薄弱的教育资源，这里的典型情况是，当一个男孩刚刚到可以参与体力劳动的年纪就开始在矿场或工厂打工了。受过良好教育的人口不会被困在那里，他们可能会选择根据自身来改造行业。随着载人军用飞机需求的下降，航空工程师可能很难在自己的专业领域找到新工作，但经过少量培训加上主动放弃一点面子，他可以成为一名优秀的电器推销员。

地点很重要。计划体系中的失业者包括无法找到自己专业或技能对口工作的人，也包括技能合格但是居住地与工作地不合适并且不愿意搬迁的工人。这几类的人数会随着需求对劳动力能力的要求降低而增加，最终导致失业增加。但计划体系日益提高的学历要求也增加了劳动力在不同职业和地区间的流动性。只受过少量教育的熟练的手艺人很难掌握新技能，他们必须自己承担迁移的风险。所以，他如果是底特律的工具和模具制造工，很可能

[①] 不过，黑人员工的收入仍然低于与其受教育程度相似的白人员工。在 1969 年，25~34 岁有 4 年制大学学历的黑人员工的收入中位数只有其相同年龄、相同教育背景的白人员工的 78%。"The Social and Economic Status of the Black Population in the United States, 1972," United States Bureau of the Census, *Current Population Reports,* Series P-23, No. 46, p. 25.

会一直留在那里。工程师或销售人员虽然专攻某一类任务，但在必要的情况下还可以获取另一个要求不那么高的资质。他们不怎么依赖所处的环境，如果远在国家另一端的某个地方对他们的专业技能有更高的需求，他们会为企业承诺的工作机会而搬迁，或者直接由新雇主例行公事地调职。

经济学家不断争论现代经济中的失业是结构性的，即工人的资质和技能不能很好地适应雇主的需要，还是由总体的劳动力需求短缺造成的。他们常常为此大动干戈，因为争论的结果对于如何补救很重要。如果失业是结构性的，补救方法是重新培训失业者。但如果问题仅仅是需求不足，待用的一般行动就是增加支出或减税。经济学家总是假设通胀是可以预防的，或者说失业比通胀可怕。利用减税作为需求不足的补救措施同样引发争议，因为主张结构性失业以及相关补救方法的人士担心这会限制政府在教育、培训及再培训方面的支出，而这正是拯救结构性失业的方法。

我们现在已经找到了答案。绝大多数人承认失业可能不仅是因为结构性或需求不足，还可能有其他原因。失业会在总需求放缓时出现，而且主要发生在被绑定在特定职业或地点的人身上，同时会出现对专业资质要求很高的职位的空缺。如果需求更强劲且求职者的前期准备能更好地满足雇主的需要，就业情况也会更好。

不过，失业也能反映出这个体系的文化发展。在文化层面对计划体系的需要适应得越好，那么在任何给定的需求水平上，失业都会更少。如果这种适应够好，那么完全不能工作的功能性文盲的数量也会少一些。此外，会有更多的人不仅可以填补需要更高资历的职位空缺，还可以获得教育赋予的在不同职业和地区间转移的流动性。① 现代的失业不仅反映了总需求的短缺以及针对需要的技能调整的失败，还反映了文化发展的滞后。

上述结论说明，失业作为一个简单的统计学概念现在几乎与计划体系无关。这一体系要求受过教育的劳动力不断适应其需要。如果这种适应不充分，那么专业工作就会出现人才短缺，同时还会出现失业，二者都体现了适应的失败。根据失败的性质不同，失业可以分为三类：受教育程度不够；因为没受过教育所以欠缺在不同职业或地区流动的能力；掌握的特殊技能没有市场，又有与教育无关的原因无法转变技能而失业。或者，失业可能由完全不同的原因导致。也许是因为总需求不足，这也反映出社会还需要进一步适应计划体系的要求。显然，简单的失业统计数据几乎不能揭示任何给定时点的适应失败的本质。一国的粗钢产能曾经是一个能很好度量其修筑铁路和满足其他钢材需要能力的指标，而精加工钢产能的统计数据则能说明扩张时哪里会持续出现产能闲置或是瓶颈，但技术已使这些数据的意义大大减弱。现在，我们必须知道这个行业是否很好地适应了市场对金属更加精细、专业且不断变化的要求。如今钢铁的过剩和短缺会同时出现，劳动力也是一样。这里我们同样要关注总量以外的对学历要求更高、更专业且不断变化的要求。如今劳动力总量也不重要了。和钢铁业一样，技术是使劳动力市场转变的原因之一。

---

① 近年来，西欧大部分地区的失业人口在劳动力中所占的比例一直小于美国。也许这部分可以被归结为西欧地区更加稳定的需求压力以及计划体系之外相对更多的就业机会。不过国民教育标准以及随之产生的更加同质的合格劳动力也是重要的影响因素。当然，德国、法国、瑞士和其他国家也会雇用一定数量的学历较低的外国工人，因而将西班牙、土耳其、南斯拉夫和意大利南部这些不属于西欧的国家及地区与低学历有关的失业率远远甩在了后面。

六

我们可以从一个社会的冲突和激情中了解到它的许多特性。当资本是获得经济成功的关键时，社会冲突集中在贫富之间。金钱有很大影响，拥有或不拥有金钱是贫富双方憎恨或蔑视对方的理由。社会学、经济学、政治学和小说都热衷于讨论贫富间的战争以及山顶豪宅与山下贫民窟间的关系。

近来，教育成为分割两个阶级的工具。拥有教育优势的人就好像早期的有钱人，他们不断被提醒要记得自己的义务，以及沉默是金的道理。他们应该帮助更不幸的人，必须避免大声炫耀他们在知识上的优势。但是这并不能掩盖冲突。几乎每个社会都有这样的问题。

因此，一个国家中能快速适应计划体系需要，即拥有良好的教育体制和高素质劳动力的地区，将吸引产业前来，并且拥有很高的生活水准。对于那些生在欠发达地区却更有活力的劳动力来说，这些地区就是"圣地"。这在很长时间里解释了人们从美国南部、西南以及边境之州向加州、中西部以北以及东海岸的迁移。[1] 许多移民不符合计划体系的录用要求，因此成为迁入地区的失业人员，领取失业福利。我们可以从人们给他们冠以的外号——乡下人、奥佬[2]、黑兔之王——中窥得他们受到的屈辱。这并不是因为他们过去和现在都很穷，而是说他们没有文化。正是这样的群体，而不是工作的无产阶级，正在怨恨并用暴力对抗自己的弱势地位。

---

[1] 随着教育水平和技术型人才供给的提高，可以预见，这种迁移已经不断减少，甚至出现了反向的迁移。
[2] 奥佬（Okies）指俄克拉何马州的当地人。——译者注

政治也反映出这种新划分。现在，美国人怀疑或憎恨的不再是资本家或暴发户，而是知识分子——没落的势利小人。人们怀疑他们，并对他们抱有警惕。这是意料之中的，我们也不必对半文盲的百万富翁变成了领导者或资助愚昧的人对智力特权阶级展开斗争这类的事感到惊讶。这进一步反映出我们这个时代的相关阶级划分。

这种就业和失业新格局的进一步后果是，虽然充分就业仍然是经济体系成功的重要测试指标，但是要想达到充分就业需要克服越来越大的阻力。正如前文所述，虽然失业者的数量有所减少，但是他们中越来越多的人因为受教育程度低而无法在计划体系中就业。和这一核心阻力相对的是，越来越多的岗位需要高素质的人才，而已就业的人才有很强的议价能力。这就导致了计划体系最终的不稳定源头，并且不得不求助于政府。下面我们就要来考察这一点。

第22章
对工资-价格螺旋式上升的控制

一

保守人士喜欢疑神疑鬼。调节总需求对大众工资和价格政策产生的影响证实了他们的怀疑。

政府试图通过提供足以雇用现有劳动力的购买力来调节总需求。低失业率是公认的判定经济体有成效的标准,也是判断指导经济体发展的人士具有专业性的指标。正如上一章提到的,这并非易事。就业和失业的概念在计划体系中并不明确。其中涉及高度多样化的资质与高度多样化的需求间的复杂匹配。企业对受教育程度最低的劳动力的需求也相对少得多。如果他们还有被雇用的价值,那么只有当总需求的水平很高时他们才有就业的机会。而那时,高资历人才会十分短缺。

当需求高到一定水平后,计划体系中的价格和工资自然会不稳定,尤其是当需求强劲到需要开始录用那些或多或少难以被雇用的失业人员时。然后,工资和价格就会以螺旋式上升的方式不断推高对方。在描述这种螺旋上升结构时,我们如果能从工资作用于价格的地方开始分解,分析起来会方便得多。不过这是一个持续的过程，不能仅仅因为将工资增加作为起始点而赋予它任何因果意义。

二

当失业率较低时，一般来说工会的议价权会得到增强。工会成员知道自己不会因罢工而被免职；更现实的是，他们知道罢工会对雇主的生意造成极大损失，而罢工结束后，他们很快就可以被召回复职。

从雇主的角度来看，在这种情况下，最明智的做法是向员工保证会加薪。强劲的需求确保了因提高工资而增加的成本可以被转嫁到消费者或其他买家身上。当失业率降低到不能再降时，就总是会出现某类生产工人的短缺。①高工资似乎是一种继续留住或招募劳动力的方式。集体议价通常会出现在大部分企业中。这就意味着所有或绝大多数企业会同时受到工资增加的影响，从而导致价格上涨。因为担心部分企业行动不一致会导致对计划如此重要的价格控制受到损害，人们常会感到恐惧，但价格上涨加上强劲的需求会减轻甚至消除这种恐惧。

成熟企业的崛起显著增加了工资-价格螺旋式上升的可能性。人们认为创业企业会最大化当前需求所允许的利润。我们也同意这就是它的倾向。如果利润在此前实现了最大化，而价格就保持在使利润最大化的水平，那么企业就无法将工资增加的成本以涨价的方式转嫁出去，已经达到最高就无法再提高了。企业如果不能将工资

---

① 这种短缺不同于技术专家阶层要求更高资质的职位空缺。

增加的成本转嫁出去，就必须用自己的盈利来支付。而创业企业的性质决定了这些盈利在很大程度上是为其所有者积累的。当其所有者要从自己的钱包里掏钱支付时，这种感觉就尤为不适，他有理由抗拒。如果他确实屈服了，那么工资的上升也未必会导致涨价，前文提到过，价格已经设定在可以产生最大利润的水平上了。

在成熟企业中，技术专家阶层设定价格并不是为了最大化利润，而是为了最好地促进自身的安全以及企业的扩张。这就意味着除了极少数例外情况，定价上还留有余地，企业可以通过涨价来提高收入。因此，它也可以将工资上升的成本转嫁到价格上。技术专家阶层会采用上述做法，因为罢工意味着超出技术专家阶层控制范围的不确定性，而这种不确定性总是对其安全性构成威胁。更重要的是，劳资冲突不利于员工的身份认同，从而损害激励机制。当我们从现代、全面的角度看待动机时，这点就尤为明显。最后，决定工资的是技术专家阶层，但它无须自己支付工资。

我们现在可以画出这个工资与价格互相作用的圆圈了。价格上涨对顾客来说就是成本的上涨，此处的顾客不是其他行业就是最终消费者。无论是哪种情况，价格上涨要么最终要么立即增加人们的生活成本，从而成为新一轮工资需求的导火索。鉴于对需求进行调控的目标是实现充分就业，所以在缺乏其他步骤的情况下，这种工资-价格螺旋上升的情况是计划体系的内在特色。[1][2]

这也与我们的经验非常符合。现代大型企业理所当然地具有将工资上涨的成本转嫁出去的选择。如果需求和就业水平都很高,没有人会问钢铁、汽车或铝业这些行业在订立新的集体议价合约后是否能涨价,人们只会问它们是否有必要或者是否会选择涨价。[3]

---

[1] 许多年来,经济学家都在争论:究竟是需求推高了价格,还是工资推高了价格?为了这个问题,争论的双方都付出了不少代价。不过这里又一次涉及科学的真实性以外的问题。如果推高价格的罪魁祸首是需求,那么通过精确地调控需求(主要是通过有效的货币管理和财政政策,当然也需要一点运气),我们就可以将失业最小化并且控制住通胀。这样一来也不会有关于价格和工资控制的问题了。但是,如果工资才是真正的罪魁祸首,而更高的价格又进一步推动新的工资需求,那么合理的做法也许是控制工资或价格,或者双管齐下。成本推动型的主题同样不符合最大化的理论,因为正如前文提到的,如果一家企业可以通过提高价格和增加净收入(有些只会对边际成本的变化做出应对)来应对工资上升,那么它早在提高工资之前就可以这么做了。但是它并没有那么做,这就意味着它在提高工资之前并没有最大化收入。

事实上正如前文提到的,在计划体系内,在充分就业或接近充分就业的状态下,强大的需求和成本的上升都会影响价格的稳定性。而那些不愿承认工资和价格会互相作用的人在现实面前也不得不低头了。关于这些关系更深入和详尽的讨论,请参考:William G. Bowen, "Wage Behavior and the Cost-Inflation Problem", *Labor and the National Economy* (New York: Norton, 1965)。一项重要的研究证实了成本推动说,我从这项研究中也获益匪浅,参见:Sidney Weintraub, *Some Aspects of Wage Theory and Policy* (New York: Chilton Books, 1963); 亦可参见:Abba P. Lerner, *Flation* (New York: Quadrangle, 1972)。

[2] 但计划体系之外的经济体未必就有这样的特征。在农业和其他专业的服务业中,以及进口产品和某些原材料的采购中,工资的推动作用不怎么明显,价格的提高主要是因为强劲的需求。经济学家过去经常争论成本推动型通胀和需求拉动型通胀的相对重要性,但是这种相对重要性不过是不同的人在观察了经济体的不同部分后得出的结论。

[3] 几乎所有经济学家都承认存在这种选择,但是在实践中这种选择无论如何也不符合利润最大化的理论。

三

通过政府机构来调控是对工资-价格螺旋式上升情况的一种似乎很明显的补救方法。在二战和美国的朝鲜战争时期，强烈的需求对劳动力和工厂的产能要求很高。在战争期间，尤其是二战时期，除了这种极强的需求压力，战时形势并没什么独特之处，宣不宣战都不会明显改变经济体制和经济行为。在两次战争中，美国政府的控制都成功地抑制了工资-价格的螺旋式上升。1941年和1942年，美国的工业品批发价格指数上涨超过7%。在接下来的3年里，虽然需求大大增加且几乎实现充分就业，但在政府的有效控制下，指数只上升了2.4%。与计划体系密切相关的机械、化工和金属制品的涨价幅度就更小了。1950—1951年朝鲜战争爆发后，资本品的批发价格指数显示其价格上涨了7%，耐用消费品的批发指数上升了5%。次年，在对工资和价格进行控制后，每个指数都只上涨了1%。

然而，这种经验却没有很大的影响力。人们普遍认为，战争在某种程度上创造了新的环境，同时引发了新的需要。这就使得这种经验不适用于和平时期。然而，所有具有影响力的相关群体也都有反对控制的传统。

创业企业抵制价格控制，因为价格控制的唯一目的就是减少企业利润。这种态度仍然影响着技术专家阶层，他们也担心对定价的公共干预可能会削弱其自主权。一个将自由定价与自由联系在一起的理论，即使是无稽之谈，也是很有影响力的。

工会在很长一段时间以来也对此反感，这是它们从之前与创业企业打交道的经验里总结出的教训。创业企业出于自身利益的需要而抵制工会需求。工会有接近报纸、舆论和政府的特权。工会认为，除了设定最低工资，任何工资调控都是为了压低工资。即使是对最友好的政府的依赖，也意味着失去为推进合法诉求而采取独立行动的能力。

很明显的一点是，对经济学家来说，其中涉及大量的知识领域的既得利益。如前文所述，几乎所有的教学和学术讨论都假定了生产者在其中寻求收益最大化的市场的存在。承认价格或工资控制的必要性，就等于承认市场体系及相关的理论工具存在不足。利润最大化以外的目标在指导价格的设定。教科书通过精确合理的图表来揭示能够使生产者利润最大化的价格的做法不再适宜，更必要的做法是考虑官员认为的与工资-价格稳定性相一致的定价。这样的话，经济学会被简化为政治学。真理有责任维护自己的尊严。

此外，有人认为这是行不通的。在这里，我们又一次遭遇人性贪婪的问题。只有意志不坚定的人才会认为政府可以通过调控来抑制个人自利的原始本能。

所以，职业经济学家接受了充分就业时不可避免地会出现的通胀这一现实，或者尽可能优雅地回避这个问题。"如果我们可以坚持拥有完全的价格稳定并且实现最大程度的就业和增长，那就太好了……现代混合经济体中的公民也许无法找到一个可以令他们充分感到安全且无须妥协的避难所。"[1] 卡尔·凯森教授简洁精确地陈述了这一观点："一些商人和官员呼吁对工资和价格进行控制，但

---

[1] Paul A. Samuelson, *Economics,* 8th ed. (New York: McGraw-Hill, 1970), p. 816. 在之后的几版中，萨缪尔森教授认为经济学家无须如此为市场失灵道歉。他已经放弃了这种妥协。

是绝大多数经济学家都表示反对。然而，只有勇敢的经济学家才敢于断言，在当前的制度框架下，充分的竞争是可以实现的，从而可以自信地依靠市场力来对抗通胀。不过只有少数经济学家有这样的勇气。"①

四

然而矛盾的是，计划体系的所有相关方也可以从价格和工资的限制中大大获益。原则上反对的在实际中却很有用。不受控制的价格和成本的上升对技术专家阶层安全性的危害，要远远小于类似价格竞争或总需求的急剧缩减引发的不受控制的价格下跌。鉴于一开始就是强劲的需求导致了价格和成本的上升，企业有可能采用涨价的方式来抵消成本上升的影响，但很难通过降低工资或其他成本来抵消价格下跌的影响。而价格和成本的稳定又能促进计划的开展。价格通胀和成本增加在体系中的运行轨迹是不可预测的，这就使得企业无法签订长期合约，同时体系中处处都被迫引入了不受欢迎的随机性和错误因素。价格的稳定性也有利于对需求的管理。一旦给定价格，企业就可以采用各种方式来劝说顾客接受产品的其他要点。如果价格不断变化，顾客也许需要在购买的过程中应对这些变化。他们采用的应对方式无法预测，也就是说这种应对会干扰企业的有效管理。

如果蓝领工人的工资上涨，那么白领工人和技术专家阶层也

---

① Carl Kaysen, "Government and Business in the United States: A 225 Year Perspective," *Business and The American Economy,* Jules Backman, ed. (New York: New York University Press, 1976), p. 79.

会要求加薪。这种情况会在还有空缺职位的时候发生。扰乱薪酬结构以及激起对稀缺人才的竞争会带来一些潜在的危险，因而另一个随机元素也会进入并干扰计划。因此，成熟企业及其技术专家阶层想要避免工资-价格螺旋式上升的愿望是合理的。由于这种限制同时作用于成本和工资，所以接受这种限制并不一定会牺牲企业盈利。即使出现了成熟企业中经常出现的盈利损失，那些当初同意接受限制的人也不会遭受损失。

因此，经济发展又一次展示了其显著的内部一致性。根据计划体系的本质，它必须受到外部对其价格的限制。而随着成熟企业的发展进化，它会接受甚至有可能欢迎这种限制。

这种限制在实际中甚至有利于工会。螺旋式上升要求工会花费大量精力确保工资紧跟价格的上涨。而薪酬的上涨中只有很小的且不可预测的一部分能带来更高的真实收入，剩下的都只是为了弥补价格的上涨。因此，在工资和价格不受控制的情况下，工会面临着一项庞大且本质上毫无成效的任务，那就是仅仅保持收支平衡；而这对普通工人来说效果就更差了。只有经过漫长且复杂的谈判，工资才能获得增长。如果只是为了示威，那么工人偶尔也会罢工，然后这些收益就会随着价格的上涨而蒸发。整个过程就像被欺骗那样令人不快。"老板一边给你的钱包里加了五分钱，一边通过涨价从你口袋里多掏出一角钱，这种做法毫无意义。"[1]

在计划体系之外螺旋式上升也有不利的影响，而这一部分的经济体对公众态度的形成非常关键。这一部分就是指农民、公务

---

[1] A. H. Raskin, "The Squeeze on the Unions," *The Atlantic Monthly,* April 1961. Reprinted in Bowen, p. 8. 他评论的是钢铁厂工人的普遍态度。

员、自由职业者和小企业员工。而在计划体系内，随着工资和价格互相作用推高彼此，员工的收入也会水涨船高。一辆车不论开得多快，车里的乘客都能跟上它，但是在车外狂奔的人就很难跟上了。计划体系的内部人士可以受到体系保护免于真实收入的损失，但体系之外的人就没有这么幸运了。更普遍的情况是，因为总体的通胀运动而被加薪的个人，不会将加薪归因于宏大的经济原因，而是将其归因于自己的美德和勤奋，而且他会将夺走他薪水的高价格归因于糟糕的公共政策。最后，还有许多人的收入是不会稳定地随价格上涨的，例如市政雇员、医院和图书馆等机构的工作人员以及所有的养老金领取者。他们的抱怨，即使有时是无声的但也更加尖锐。

其实在经济体中，工资-价格的螺旋式上升在运作上是与失业联系在一起的。当需求不足时就会出现失业；当需求过多或需求刚好足够时都会引发工资-价格的螺旋式上升，而这很难为传统经济学家所接受。公众认为失业和通胀的出现都表明经济出了问题。经济学家在此处再度登场。他们无论是偏向哪一种观点，都逃不过公众的态度。这将不再为通胀和失业提供借口。同时，由于体系在充分就业时并不稳定，所以也不能采用其他方案进行控制。无论多么遗憾，这都是不可避免的。即使是最坚定的市场捍卫者，当他们抵达华盛顿，在经济顾问委员会任职或体验到自身职责的冰冷现实后，也都会发现这一点。任职期间，他们不得不搁置"在不干扰市场的前提下维持充分就业"的观念。只有当他们安全地重返校园、拥有教授错误内容的自由后，才会重新满怀感激的让这些观念重见天日。

五

由于所有相关团体都在原则上确认了自由市场的重要性（虽然在实际中需要控制），但经常使用的解决方案是在原则上肯定自由市场，在实际操作中施加控制。一种长期以来的共识，即原则上不认可的事在现实中往往是必要的，使人们获得了这种语义上的胜利。

计划体系的技术动态也为这种胜利做出了贡献。技术动态及其相关的资本使用，确保了工人的人均产出可以不断增加，虽然不同行业的增加数量有所差别。这种生产率的提升反过来使企业能够在不涨价、不减少盈利的情况下增加工人的年薪。鉴于合理、充足的工资可以使工人免于基本生存需要的压力，他们可能更愿意接受适中的加薪速度以及稳定的价格，而不是工资的快速增长但同时因生活成本的增加而损失部分收入。由于企业无须承担增加的成本，那么它也会愿意接受稳定的价格作为交易的一部分。剩下的就是等政府对调控给出清晰的举措了。

这一举措是约翰·肯尼迪政府在经济政策上最重要的创新。那届政府上台伊始，与经济政策制定有关的官员都认同，如果要尽可能地实现充分就业，就必须采用某种特殊的限制机制。政府多次尝试呼吁工会和雇主保持克制，但由于没有明确的定义，各方都认为自身的常规行为就是克制的行为。因此，在1961年9月，肯尼迪总统要求当时正在与钢铁企业商定合约的美国钢铁工人联合会在生产率提高所允许的范围内提出自己的需求，他还要求钢铁企业维持稳定的钢价。关于这项应用的具体政策和标准在次年1月出版的年度经济报告里有详细的阐述。"对于非通胀性工资行为的一般原则是，每个行业的工资（包括附加福利）增长的速率应该等于该行业整体生产率增加的平均速率。"①1962年4月,在谈判敲定了一个大体符合上述标准的工资合约后,美国钢铁公司带领全美的钢铁企业宣布,每吨钢铁平均涨价6美元。强大的政界压力、公众和商界的强烈反对,以及总统的历史性的抨击,使钢铁企业不得不撤销了涨价决定。此后数年,所谓的工资"路标"以及对应的价格行为,都成了政府政策中被各方大致接受的特征。工资谈判与这些指导原则高度一致。工业制成品的价格也很稳定。

不过,在政府政策对计划体系采取的各种适应性措施中,根基最不稳固的仍是对工资和价格的控制。这部分是因为意识形态从实际行动中的脱离排除了任何本可以设计出充分有效的控制体系的刻意努力。在公共场合,商人和为数众多的工会领袖仍然宣称他们坚持自由市场制度,经济学家也是如此。要使大众的思维从这些"公开仪式"上转移到思考可以确保按"路标"行事的实际措施上是很困难的。在20世纪30年代,虽然大多数经济学家仍然笃信稳健财政的原则,但是少数人已经接受了凯恩斯主义的理念,并开始研究其在实际财政政策中的应用。这种做法虽然激进,却也并非完全不体面,而想方设法控制工资和价格才是不体面的做法。

意识形态控制和有效设计的双重缺失,使工资和价格的限制机制不是被误用就是无法使用。在某种意义上,控制并不能防止通胀。相反,在需求足以提供充分就业或几乎充分就业的情况下,它们使工资-价格的螺旋式上升不会导致通胀,即与产出扩大无关的各种商品的价格上涨。但需求不能超出太多,否则在计划体系外,即不存在工资-价格螺旋式上升的地方会出现通胀。计划体系内的需求

---

① *Economic Report of the President, 1962*, p. 189.

压力将大到无法被控制，那时将会出现短缺，人们需要为优先交付支付溢价，就业机会和工资都会增多，通胀也会继续。意识形态控制的缺失可能导致以自由市场为行动指导的人手握实权的危险。

在20世纪60年代后期，约翰逊政府想要继续进行那场不得人心的越战，但同时又不想增税使战争更加不得人心，所以他们允许出现需求过度的现象。仍然不完善且非强制的"路标"措施失败了。之后，随着1969年共和党政府的出现，他们在意识形态上的弱点一时成为决定性的了。尼克松政府时期的经济学家坚定地信奉过时的市场信念，坚信自己可以在不对工资和价格进行任何直接干预的情况下实现价格稳定和高就业率。控制无论是否出于自愿都应刻意回避。就好像之前经常发生的那样，现实总是会展现出与意识形态偏好相反的力量。当需求被抑制、失业率攀升的时候，价格还是持续上涨。高就业率和价格稳定的情况没有出现，出现的是就业不充分和可以预见的工资、价格双高。一年半后，即1970年的夏天，尼克松的经济顾问不得不承认工资-价格螺旋式上升的影响，并恳求对其进行控制。同时，国会已采取措施为控制授予法律效力。1971年，尼克松在声明自己"坚定地反对"这样的行为[1]后实行了对价格和工资的控制。1972年，美国的通胀率约为4%；平民劳动力的失业率为5.6%，次年降至4.9%。[2] 之后，尼克松赢得连任后就放弃了控制措施。财政部部长乔治·舒尔茨先生表示，虽然控制措施运作良好，但是在经济强劲扩张时（也就是更加需要控制的时候），效果就不会那么好。

---

[1] 他非常不屑地将此称为"加尔布雷思的诡计"。*The New York Times,* August 5, 1971.

[2] *Economic Report of the President, 1977,* pp. 221, 241.

六

从某些形式或某些术语的角度来说，控制的历史仍然是不完整的。如前文所述，无论是通胀还是失业都令人难以接受。[①]社会主义也好，非社会主义也好，在长期没有此类调控，或某种等价的对价格和工会要求在道义上进行限制的情况下，没有哪个先进的工业社会可以正常运转，即使是美国这种最发达的工业社会也不例外。

控制的必要性源于工业计划的复杂结构。我们已经看到，这种计划用企业确立的价格替代了市场确立的价格。企业通过与同行业其他企业的默契合作获得足够的权力来设定和维持最低价格，而且会继续控制在此价位上的购买量。对单个产品需求的管理，加上对总需求的有效调控，可以确保企业设定的最低价格的稳定性。

不过，这种价格控制的保护只针对降价行为，没有包含工会，所以不针对企业对工会的让步和同时发生的涨价行为。而补救措施又超出了单个企业的能力范畴。它知道其他企业会放弃任何危害所有企业的降价行为，但不能指望其他企业来抵制工资的上涨并拒绝其导致的涨价，因为这些无论对计划还是整个经济体而言有多么不便，都不是灾难性的。既然市场已经被对价格和需求的计划取代了，我们也不能指望它能提供最后所缺失的限制要素。一切就只剩下政府了。所以最终我们只能让政府来完成计划结构的搭建。

企业确立最低价格、管理特定产品的需求，同时政府管理总需

[①] 我曾经以为有可能可以通过给予充分补偿的方式，令人们无论是从社会角度还是政治角度，在价格稳定的情况下对合理的失业水平保持宽容，参见：*The Affluent Society* (Boston: Houghton Mifflin, 1958), pp. 298-307. 现在我已经放弃这种想法了。

求以及工资和价格的最高水平，这样计划体系的结构就有效地构建完成了。剩下的就是确保所有人在任何时候都将它当作未经计划的或由市场主导的体系。无疑，这被证明是可能的。

在这方面值得一提的是，计划体系中强制执行最高价格的组织不需特别强大。由于创业企业受市场主宰，所以在很大程度上独立于政府。如果政府试图控制其价格，就有可能遭遇严重的阻碍和抵抗。成熟企业，作为国家扮演重要角色的全面计划结构的一部分，就没有类似的独立性了。成熟企业认同社会目标并改造自身以适应其需要，所以它不可能轻易对抗与自己关联至深的政府。更具体地说，如果政府想要有效地管理需求，那么正如我们所看到的，经济体中公共部门的规模一定是相对较大的。那就意味着政府是重要的顾客，且在发展超出工业计划能力范畴的先进技术时尤其重要。因此，成熟企业深深依赖着政府，它采取独立或阻挠行动的可能性受到很大限制。相应地，抵抗对它来说也是奢侈的行为。它也许会成功令政府的目标满足自己的需要，但是就像政府的部门一样，它不能追求明显与政府不一致的目标。而且由于其他大型企业也认同那些可以进行调适的社会目标，它们往往会将抵抗行为视为反社会的，同时认为政府的制裁是合理的。[1] 在这件事上，成熟企业是无法坚定地与政府对抗的。

---

[1] 钢铁行业（例如 1962 年的美国钢铁公司和 1966 年的伯利恒钢铁公司）为了突破当时的价格限制做出的努力就是一个很好的例证。这些努力反映了旧式企业的态度。在两家企业的案例中，政府都威胁要使用它作为客户的权力对企业实施制裁——虽然在钢铁行业中，政府真正实施威胁的可能性要低过许多其他行业。公众以及大量的商界人士都谴责这种反社会行为，或者说至少是反映出极差的公共关系的行为。关于后者，详见：Richard Austin Smith, *Corporations in Crisis* (New York: Doubleday, 1963), p. 157 et seq。

第23章

计划体系与工会 1

公众仍然将工会视作拥有权力的巨人歌利亚。

——所罗门·巴尔金 ①

一

工会在美国的历史并不悠久,在存在的绝大多数时间里,它已经是四面楚歌。雇主通常并不希望工会存在。而这种希望通常会得到信念的强化。这些愿望和信念经常会导致抵制行为,而学界也会有论点来支持这种抵制。你总能找到学界支持的论据。自由社会的一种微小却回报很高的职业是,为任何能为此付费的人提供以统计数据和义愤之情充分支持的必要的结论。

这一流派的论据通常指向这样一个结论,即随着工业进步和启蒙运动的发展,工会已经丧失了职能,阶级斗争只存在于老派革命者的"往昔的峥嵘岁月"中;工会之所以还存在,只是因为它们将自己与工人紧紧捆绑在一起,就像《老人与海》中的老人

---

① 一位长期以来备受推崇的工会领袖。

一样，所以工人无法将它们抛开。易受影响的雇主会被这样的观点吸引，有时会向他们的工人伸出友谊之手，结果却往往是被狠咬一口。

在这样的背景下，许多人会对计划体系中工会作用已大大下降这一结论持怀疑态度。不断有人因为这样的胡言乱语受到伤害。衡量一个学者时，我们应当看重他抵制倾向性宣传的能力，而不是他对证据的反应能力。

不过，正如前文所说的，计划体系内工会势力的增长很早以前就开始逐步放慢了。几乎无论从哪个角度来看，工会的态度和政治性都远不如从前来得激进和强大。随着集体谈判已经越来越被现代大型工业企业接受，劳资关系也明显越来越和谐。工会成员及其领袖看上去支持的是保守事业，或者说是以激进的态度反对激进事业。这一切都暗示着某种变化。

目前的分析预示着这种变化的进一步发展，并且可以从中推断出这种变化具有持久的影响。现代劳资关系，尤其是大企业中的劳资关系之所以越来越和谐，不是因为工人领袖和主管劳工关系的副总裁开启了和平、启蒙的新时代，其主要动因是工业界领袖在政界的地位逐步上升，以及犹太教和基督教的伦理和金科玉律迟来的胜利。之所以会出现这种情况，是因为曾经一度激烈对立的利益现在越来越和谐了。并不是人们的行为更文明了，而是利益更一致了。如果双方的利益仍然对立，那么劳资关系仍然会充满争论和谩骂，并辅以棍棒、石块和威力较小的爆炸。这种情绪不会因为现代劳资关系中人们毋庸置疑的专业知识而得到明显缓和。

二

本书考察的所有变革，包括权力从所有者和企业家手中转移到技术专家阶层手中、技术进步、对市场和总需求的调控，以及价格和工资调控的重要性都会对工会的地位产生影响。每一项变革都在弱化工会的作用。

雇员与创业企业间是通过金钱动机联系在一起的。毫无疑问，雇员与雇主间存在金钱利益上的冲突。就像上一章中指出的，当企业已经在最大化利润的时候，劳动力成本的增加（从现实角度来说）只会导致利润的减少。[1] 而这些利润，或者说其中很大的一部分是属于企业家的。除此之外，由于企业家在金钱回报中的利益还涉及他所提供或控制资本的回报，这种利益就更强了。

在这种情况下，工会有权力通过威胁罢工以令雇主产生更高的成本和更少的利润，从而迫使雇主接受相较而言幅度较小的成本上升和利润减少，但是工人个人无法拥有这种权力。由此可见，雇主有充分的理由来抵制工会并厌恶其存在，而工人出于同样的理由希望工会存在。雇主的抵制可能会使工会无法站稳脚跟，但是工会对工人的重要性也让它具有了力量。此外，任何站在雇主一边的人都是在为别人的收入而非他自己的摇旗呐喊。如果他为此得到奖赏，那他就是叛徒；如果他也得不到什么好处，那他就显得很愚蠢。在任何一种情况下，如果他表现出认同雇主目标的倾向，那么他不但

---

[1] 也就是说，如果工资的增加独立于生产率的提高，作为对技术精确度的妥协，我们也许应该注意到一点：在市场结构、需求和成本函数确定的情况下，成本也许会在长周期内出现调整。这种情况并不影响我们现在讨论的案例，因为现在讨论的案例中存在直接的金钱利益的冲突。

会受到鄙视，还会被工会树为反面典型。

在美国，福特、欧内斯特·韦尔、托马斯·格德拉和休厄尔·埃弗里等企业家对工会发起了经典的最后一击。就像最近的 J. P. 史蒂文斯的例子一样，这一击是由纺织业这个在总体结构上接近市场体系的行业中的一个企业发起的。在对阵工会组织的初始战役中，成熟企业率先投降了。

技术专家阶层的首要目标是保障自身的安全。利润通常只要高于保障自身安全的最低要求即可，所以通常次于增长的目标。自然，劳资关系也是根据技术专家阶层的目标而进行的。

这就意味着，技术专家阶层宁愿牺牲利润也不愿出现类似罢工这种难以预测的无目的事件，尤其这种事件还会对员工的认同感和动机产生影响。还有一个重要的事实就是，负责与工会谈判的决策人不需要为谈判结果付钱。

但是向工会妥协也许并不一定就会降低利润。由于成熟企业通常不会最大化其利润，所以它总是可以通过涨价来维持收入。由于工资合约通常会影响行业中的所有或绝大多数企业，所以所有企业都会收到这一共同信号，从而开始考虑此类行动。

事实上，我们无法就技术专家阶层对工会要求做出的反应制定任何绝对性的规则，因为这种反应取决于现有的价格和盈利水平、对产品需求管理的有效性、工资成本的重要性以及其他一些因素。但是我们可以说，成熟企业在追求自身目标的过程中远比创业企业容易向工会的要求做出妥协，所以成熟企业也远没有创业企业那样厌恶工会的存在。成熟企业有时甚至愿为所谓的良好的雇主形象付出更多，这种付出反过来会帮它吸引各个层次的人才。这种种倾向都更好地解释了成熟企业中日趋和谐的劳资关系，这种和谐令所有相关方骄傲。

不过，工会的任务比从前要简单得多，而且它对工人来说也远没有从前重要了。即使在没有工会的情况下，技术专家阶层也可以将相同的权利给予工人。最起码，工会的地位是大不如前了。一个为当事人积极抗争的律师只有在从重量刑的法官面前才显得尤为伟大。

三

长久以来，工会理论中的一条小原则是，所有雇主在本质上都是一样的——都只顾自己的最大利益，所以都在侵害工人的利益。因此，任何把自己的利益与雇主的利益等同起来的雇员都是在犯错。但是，在现代如此激烈地阐述这一理论，可能表明在成熟企业的例子中，人们对这一观点真实性的不安。在发生"宅地屠杀"（Homestead massacre）和普尔曼罢工的时代，这种教导完全没有必要。无论如何，这都不是事实。

和创业企业相比，在成熟企业中，工人与有权决定工资和工作条件等诸事项的人之间很少存在直接的冲突，而且认同感也成为已经建立且被接受的动机制度的一部分。尽管认同感在技术专家阶层中是最重要的，但是它的存在也越来越成为普遍的趋势。忠诚通常会成为企业整体氛围中的一部分，但这对工会来说是个坏消息。此外，在工业技术发展的早期阶段，也就是在早期的钢铁厂或是早期的汽车流水线上，繁重、重复且乏味的劳动使工人无法产生认同感。而机械师、模具制造工、电焊工和其他技术工人由于拥有共同的技能，因而能产生共同的利益感。随着机器逐渐取代了枯燥的重复性劳动并消除了技术性的岗位，阻碍认同感的障碍也减少了。这就增加了工会组织的难度，因而增加了工会的麻烦。

但更重要的是，现代技术为工人大规模脱离工会掌控提供了契机。成熟企业中，无论是资本资源还是技术专家阶层的目标，都为这种脱离提供了强大的支持。

人们已经观察到了这种趋势。[1] 在计划的过程中，技术专家阶层会设法最小化可能发生的超出其控制范围的事件的数量。劳动力的成本和供给就属于这种不可控的事件，尤其是当工会存在的时候。由于机械的供给和成本是完全或者很大程度上可控的，所以用资本——以机器设备的形式——替代不具有上述可控性且可能罢工的劳动力，是一笔非常划算的交易。为此牺牲一些盈利也是值得的。这点也不利于工会，因为那不是它的目的。[2]

就像前文讲到的，这种替代进行得非常迅速。我们可以清晰地从行业雇用的蓝领工人相对数量的下降中看出来。回顾一下，在1958—1976年的18年间，美国包括专业人士、管理人士、办公室和销售人员在内的白领员工增加了1700万，而包括技工、操作工和体力劳动者在内的蓝领工人（不包括农民和矿工）只增加了550

---

[1] 参见本书第 21 章。

[2] 这里还有一个例子可以说明计划体系是如何改造信念使之为体系本身的便利服务的。为数不少的工会都暗暗相信，技术变革会对它们的利益产生不利的影响，所以应当抵制这种变革。这种态度遭到了普遍的谴责，人们认为这种态度是错误的、思想倒退的，就像鸡奸、自残和拒绝使用肥皂一样，是不适合文明世界的。所有能正常思考的人都应该接受机器并且分享社会进步的果实。事实上，工会的想法没有错。而且从那些置身其中的人的角度来看，抵制的策略也许也是合理的。当然，一段时间以后，持抵制态度的工会将会被竞争性的变革瓦解，就好像无烟煤的矿主被石油公司瓦解，铁路联盟被汽车、卡车和飞机瓦解一样。

万。到1976年，白领员工达到4370万，比2890万的蓝领员工多出约1500万。同一时期，专业人士和技术专家，也就是构成技术专家阶层的最典型的职业类型的人数增加了约83%，这一增长快过其他任何职业。没有哪个群体会有如此快速的增长。[1]而在十分典型的计划体系行业中，这种变化就更加惊人了。1947—1975年，耐用品制造行业中非生产性工人在所雇员工中的占比从16%增加到29%；在原生金属行业，这一数字从12.9%增长到21.6%；在金属制品行业，这一数字从16.5%增长到24.6%；在交通运输（汽车）设备行业，它从18.5%增长到22.2%；在电气设备行业，它从21.7%增长到33.9%；在军事弹药制造业，这一增长尤为迅猛，从18.5%激增到54.8%。[2]

美国私营部门的白领本来就不会轻易受到工会组织的影响，随着技术专家阶层的崛起，他们就更不会受到影响了。在创业企业中，凭借所有权或是为所有者赚取利润的能力而跻身领导层的老板，与文员、簿记员、计时员、秘书、推销员这样的纯粹职员之间有着明显的界限。但在成熟企业中，这种界限已不复存在了。决策权从所有权中分离出来了，移向了白领职员的群体。决策人和决策执行人以及雇主和雇员之间的区别，因为那些身兼两职的技术人员、科学家、市场分析师、计算机程序员、工业设计师和其他专家的存在而

---

[1] *Employment and Training Report of the President, 1977.* United States Departments of Labor and of Health, Education and Welfare, p. 161.

[2] Ibid., p. 224. 1976年的数据需要进行微调。就像前文提到的那样，有明显的迹象表明这些趋势会继续下去。美国劳工部（见 *Occupational Outlook Handbook,* 1976-1977 edition. Bulletin No. 1875, p. 16）预测，在20世纪80年代中期，"白领职位和服务业职位将持续快速增加，蓝领职位的增长速度则会低于平均水平，农场工人则会进一步减少"。

逐渐模糊了。位于中心的技术专家阶层和位于边缘的普通白领员工之间存在一个连续体。在某个点上移向中心的动力或机会已经可以忽略不计，但是我们已不可能识别出这个点了。

所以，白领员工会对与他们不存在明显区别的技术专家阶层产生认同感。1957年，一项对此类员工的调查显示，超过75%的白领员工认为自己与管理层的联系比与生产工人更加紧密。[1]因此，"除了少数例外，白领员工，尤其是专业和技术方面的雇员一贯不太关注工会"。[2]对他们来说，"劝导、施压和操纵（以及官僚体制内的小动作）……取代了早期面对面的对抗"。[3]可以想见，有些情况可以增强白领职员的组织化。女性在白领劳动力中占了很大的比重，她们政治和社会意识的逐渐觉醒也许会有这样的作用。而自本书的早期版本出版以来，持续的通胀也对公职人员组织起来起到催化的作用。然而，期望的重量仍然强烈反对计划体系中的白领组织。

四

最终，调控总需求导致的相对稳定的就业环境和物质的相对丰富共同降低了个体工人对工会的依赖。这里，我们又一次发现了

---

[1] A. A. Blum, "Prospects for Organization of White Collar Workers," United States Department of Labor, Bureau of Labor Statistics, *Monthly Labor Review,* Vol. 87, No. 2 (February 1964), p. 125 et seq.

[2] Derek C. Bok and John T. Dunlop, *Labor and the American Community* (New York: Simon and Schuster, 1970), p. 44.

[3] Clark Kerr, John T. Dunlop, Frederick H. Harbison and Charles A. Myers, *Industrialism and Industrial Man* (Cambridge: Harvard University Press, 1960), p. 292.

变革之间相互关联的特点。如果失业是区域性的，且收入接近生存所需的最低要求，那么人们会因为生存受到威胁而不得不固守岗位。在这种环境下，工会极大地提高了工人的自由度。单靠自己，个人是无法离开工作岗位的。但是他知道，如果情况糟到无法忍受，他可以和其他工人一起离开。共同的贫困要比自己一个人的贫困容易忍受。而且，工会也许会提供罢工补贴或是施粥处来减轻罢工带来的艰辛，虽然作用不大，但聊胜于无。

就业率高且稳定以及高收入都可以减轻被迫感，因而可以减轻工人对工会的依赖。如果就业率很高，那么工人会有别的就业机会可以选择，对工作不满意的人就可以离职。因此，有利的就业环境（而不是工会）将人们从对工作岗位奴隶般的依赖中解放出来。在美国，与在英国、加拿大和其他地方一样，工会的存在强力推动了政府通过对总需求的调控来确保更好且更稳定的就业前景。工人运动最想得到的是政府对计划体系需求的顺应。这种设计使工会不再是必要的存在了。①

高收入也减少了人们对物资匮乏的恐惧带来的危险。因此，它赋予了工人一度需要从工会那里获得的自由，从而削弱了人们

---

① 马克思十分强调失业赋予雇主通过企业对劳动力进行控制的作用。"产业后备军（即失业人口）在经济停滞和中等繁荣时期施压于现役劳动军，在生产过剩和亢进时期又抑制现役劳动军的要求。所以，相对过剩人口是劳动供求规律借以运动的背景。它把这个规律的作用范围限制在绝对符合资本的剥削欲和统治欲的界限之内。"马克思同样认为充分就业会产生（从资本家的角度而言）令人无法容忍的影响。参见：*Capital* (New York: Modern Library, 1936), Chapter 25, p. 701。可以想象，马克思会觉得，成功施行一段时间的充分就业政策会对他设想的系统、阶级斗争和资本家积累法则产生根本性的影响。而他的追随者直到近期才愿意承认这项政策的重要性。长期以来，凯恩斯主义经济学都被斥为一种妄图支持资本主义、流于表面的努力，认为它没有对工人地位产生根本性的影响。

对工会的依赖。但是，收入与在计划体系中工作的要求和意愿间的关系却是复杂且充满误解的。这里有必要说点题外话来做个解释。

五

就好像原始社会中所展现的那样，人的自然倾向是持续工作直至达到一定的消费水平，然后他才开始放松，参与运动、打猎、狂欢、祭祀仪式，或是其他形式的物质享受或精神改善。直到今天，原始人的这种知足常乐的倾向都令那些将自己视为文明代理人的人十分失望。在所谓的经济发展中，很大的一部分就是要设计出可以克服人们这种限定收入目标，进而限定付出投入的倾向的策略。使人长期生理上瘾的商品，在很长一段时间里都被认为可以有效解决这一问题。这就解释了为什么在现代文明发展的早期阶段，人们会大力推崇用于与所谓的更原始的民族进行贸易的烟草、酒精、大麻和鸦片。直到今天，人们也没有完全丢弃这种价值观。不过，因新奇性而对有虚荣心或者想要竞相炫耀和显摆的人具有吸引力的商品，现在被认为是更合理的。而且，虽然对食物和住所的需求是非常容易满足的，尤其是在气候适宜的环境下，但是竞相炫耀和显摆的压力却没有明确的终点。加州的农场主和包工头实施过一项既定政策，即鼓励他们的菲律宾工人在着装上大量花钱。债务的压力以及竞相模仿打扮的压力迅速将这群本来快乐且随和的人变成了可靠的现代劳动力。在所有的欠发达国家，人们已经确认，由现代消费品的引入而激起的物欲及其引发的体力投入，在经济发展的策略中最为重要。这些消费品包括化妆品、小型摩托车、收音机、罐头食品、自行车、唱片、电影和美国产香烟。

在先进的工业国家，要想创造欲望从而创造工作的需要是一件非常复杂的事，但原理是一样的。这同样是一件至关重要的工作。1939年，美国在职工人的真实收入已经非常接近最高纪录，而且居当时世界之首。接下来的25年里，工人的收入翻了一番。如果1939年的收入就是终极目标，那么在接下来的25年里，人们在工作上的投入就会减半。但事实上，工人每周实际工作的小时数甚至有轻微的增加，这是一个了不起的成就。

这部分是通过计划体系现在已为人熟知的改造信念以适应要求的能力实现的。增加收入和消费无论在社会意义上还是在道德上都是合理的。人们对休闲娱乐抱有疑虑，尤其是低收入人群。所以，减少每周标准工作时间的社会政策总是被认为是可疑的、会引发道德或精神上的问题。

经济学家正在履行他们现在广受认可的职能之一，即赋予这些信念重要且符合规范的强化。他们将商品生产的增长率列为衡量社会成就的最重要的指标。因此，以休闲娱乐替代工作的做法是反社会的。长久以来，经济学理论都坚持欲望具有同质性和不可满足性。没有证据表明高收入的女士从一件晚礼服中获得的满足感与饥饿的人获得一个汉堡的满足感是一样的，但也没有证据表明这两种满足感是不同的。既然不能证伪，经济学家就认为，应该将这位女士的欲望赋予与穷人对肉的欲望同等的地位。经济学博士生如果做出不同的假设，那么仍然有可能毕不了业，或者至少会得到严厉的警告。如果所有的欲望都有同等的地位，那么不管生产出多少产品，人们为满足这些欲望而必须工作以履行的道德和社会义务的力量仍然是强大的。① 具有过分敏感的被迫害感的企业高管总是会因为经济学家提出的理论而将经济学家当作自己的敌人。其实，经济学的相关职业在很大程度上是为高管所需的信念服务的。乍看之下，为一国所需的国民产出设定限度似乎是很合理的做法。这样一来，衡量经济成就的指标就会变成以多快的速度将辛勤劳作的小时数减少到符合要求的数量。如果经济学家倡导这一目标，加上这一目标可能对计划体系产生的革命性影响，高管就有了抱怨的理由，但没有人会更加不合作。

不过，更直接的确保不存在收入终极目标的手段，就是广告以及相关的推销术。这是又一个相互关联并且很好地为计划体系服务的例子。广告和推销术，即对消费者需求的管理，对计划体系中的计划行为非常重要。同时，这样创造出的欲望也确保了工人会一直工作。理想的情况是，让工人的欲望始终保持在略高于其收入的水平上，然后利用有力的手段促使他举债。而债务的压力又会进一步提高他作为一个工人的可靠性。

当然，人们认为欲望是自然而然出现的。它们深深植根于人类所处的境况。满足欲望不仅仅是对工人的丰厚奖赏，也是整个社会最世俗的职能。哪怕仅仅是检验这一过程都会招来批评，他们会说检验者禁欲、不谙世事、十分不切实际并打算用自己怪异且隐晦的价值观来取代大众更有活力的本能。但是鱼与熊掌不可兼得。如果欲望是天生的，就不需要刻意安排。然而，几乎没有哪个消费品生产者会愿意放任消费者自发地购买产品，也就是不对大众的需求

---

① 我曾经讨论过这背后的理论，参见：*The Affluent Society,* 3rd ed., rev. (Boston: Houghton Mifflin, 1976), Chapters 10, 11。

进行管理。细想起来，如果劳动力不存在购买新车的欲望或是支付上期账单的压力，那么生产者对劳动力供给的可靠性也不会有什么信心。①

现在我们要再次回到工会的主题上。

---

① 如前文所述，职业广告人一直希望社会能为他们的行业正名，所以他们不断争论说，如果没有他们的努力，人们的购物欲望就不会被挑起，人们也不会去工作，经济发展也会停滞。经济学家也几乎总是毫无例外地将这种论点斥为缺乏经济学知识且同情心泛滥的社会的特殊诡辩。事实上，广告人的论点是很有道理的。但是对经济学家来说，承认这一点就无异于承认在没有广告劝导的情况下，人们不会渴望这些商品。这无疑动摇了经济学的支柱观点：欲望是同质的、无法满足的，而且可以用生产总量来衡量社会的成败。我们不能赋予面包和广告刻意营造出的商品同等的地位。我们也不能用能否跟上麦迪逊大道（在20世纪20年代的繁荣时期，这条大道开始成为广告业中心，所以麦迪逊大道是"广告业"的代名词。——译者注）的节奏来衡量经济体的成败。重申一下，我在《富裕社会》一书中更加详尽地讨论了这些问题。

第24章
计划体系与工会 2：部级工会

一

似乎很明显的一点是，计划体系是不利于工会的。权力转移到技术专家阶层手上后，雇主与雇员之间的利益冲突缓和了，而二者的冲突恰恰是工会的立身之本。资本和技术使企业可以用工会无法组织的白领员工和机器取代工会可以组织的蓝领员工。总的来说，对总需求的调控及其导致的高就业水平以及大众生活水平的提高，都使工会变得不再必要或不再有权势，或者二者皆无。这个结局似乎是不可避免的。工会是计划体系发展到某个特定阶段的产物，当这个特定阶段过去后，它一开始的强大地位也一去不复返了。而且略显矛盾的是，工会大力争取的，例如为确保充分就业对总需求进行调控，以及令工会成员获得更高的真实收入，也恰恰促进了其衰败。

不过，现在就看轻工会也未免为时过早。许多组织，例如伦敦城里的鱼贩和鞋匠、大企业的董事会、哈佛大学的监事会，需要定期履行职能才能存在。然而，工会一旦成立就可以毫无难度地继续存在——收集或扣减会费、招揽新雇员入会、举办会议以及任命官员，要想解散一个工会实在是太难了。而且虽然计划体系削弱了工会的旧职能，但它并没有彻底消除这些职能，甚至还为其增加了一些新的职能。最后，并非所有的工会都在计划体系内，体系外的工会有更好的前景。计划体系的崛起确实在很大程度上降低了工会作为一股社会力量的地位，但是工会并没有就此消失或是变得完全不重要。

二

很明显，工会的发展前景越来越不乐观。1956年后，美国工会会员总数开始下降，在接下来的7年里，虽然非农就业人数增加了超过400万，但是加入工会的人数下降了约100万（1956年工会估计有1750万会员，1963年为1650万）。[1] 制造业中的下滑尤为剧烈[2]，而在制造业中受冲击最大的工会分别是汽车工人工会和钢铁工人联合会。这两个工会所在的行业都有典型的计划体系特征。[3] 1956—1972年，非农劳动力中工会成员的比重从33.4%下降到26.7%。[4] 1963年后的几年，就业的大量增加导致工会成

---

[1] *Handbook of Labor Statistics, 1969,* United States Department of Labor, Bureau of Labor Statistics, Bulletin 1630, p. 351.

[2] *Directory of National and International Labor Unions in the United States, 1967,* United States Department of Labor, Bureau of Labor Statistics, Bulletin No. 1596, p. 61.

[3] Ibid., p. 58. 成员数下降居第三的工会是美国煤矿工人会。在那几年，烟煤生产出现了快速的合并和机械化，简单地说，就是整个行业开始并入计划体系。当然，我的意思并不是说这就是工会成员数发生变化的唯一原因。

[4] *Directory of National Unions and Employee Associations, 1973,* United States Department of Labor, Bureau of Labor Statistics. Supplement 3, January 1976, p. 70.

员也大幅增长，但是所有非农雇员中的工会成员比重还是持续下降。①

正如我们在上一章中观察到的，包括技术工人和专业员工在内的白领员工在劳动力中的占比迅速提高，从1900年的17.7%到1976年的50%。②只有大约10%的白领员工加入了工会，其中2/3的是在非制造行业。在1962—1972的10年间，政府雇员中的工会成员数增加了约120万，占这段时间内总工会成员数增加的1/3以上。约有40%的联邦政府、州政府和当地政府的雇员加入了工会，相较之下，在私人非制造行业中这一比例只有20%，制造业中的则只有不到5%。③

---

① *Handbook of Labor Statistics, 1969* and *Handbook of Labor Statistics, 1976* (United States Department of Labor, Bureau of Labor Statistics), Bulletin Nos. 1630 and 1905, pp. 351 and 297 respectively.

② U.S. Bureau of the Census, *Historical Statistics of the United States, Colonial Times to 1970,* Bicentennial Edition, part 2, p. 140. 1976年的分布是白领员工占50%，蓝领员工占33.1%，服务业工人占13.7%，农场工人占3.2%。*Employment and Training Report of the President, 1977,* United States Departments of Labor and of Health, Education and Welfare, p. 162.

③ *Handbook of Labor Statistics, 1971* and *Handbook of Labor Statistics, 1976,* United States Department of Labor, Bureau of Labor Statistics, Bulletins Nos. 1705 and 1905, pp. 304 and 295 respectively. 这里罗列的是1966年政府、私营非制造业以及制造业中白领员工参加工会的相对百分比。和成熟企业不同，政府机构中对工资和工作环境的控制权并没有转移到员工的手中，这种控制权仍然属于立法机构。所以，政府机构中的白领雇员能感觉到自己与雇主间的清晰界限，作为一个纳税人，他与雇主间也存在更剧烈的金钱冲突，所以自然不像计划体系中的白领雇员那样会对雇主的目标产生认同感。正因如此，政府机构中的工会组织才会有比较多的成员加入。无论是法律层面还是其他层面，都对政府机构的雇员的工会成员身份更加放松，这也使他们更愿意加入工会。最重要的原因是通胀，以及钢铁工人、矿工和其他工人的现身说法，现在这些工人的年收入经常会超过警察、消防员、教师或其他公务员。

白领员工并不是唯一的问题。在计算机、数据处理、仪器仪表、遥测、特殊电子设备以及类似的先进技术领域中的生产工人，也不是很容易被组织起来。如果企业的生产工人数量庞大，并且与其密切相关的分支企业中也有工会，那么新加入的工人往往也会加入现有的工会。但如果是独立的分支，或者不存在工会或工程师和技术人员的比例更高的企业，工会就不太容易取得进展了。[①] 工人在实际上已成为技术专家阶层的延伸，而且很明显他们也是这样看待自己的。

三

不过，相反的趋势也存在。如前文所述，在工业化的早期阶段，劳动力是同质化的大众。工会成员的薪酬和待遇可能差不多，至多不过是被简单地分成少数几类。而现代劳动力却刚好相反，他们是高度差异化的。所以关于如何调节工资、其他福利、工龄和晋升及退休条件的规则非常多。无论多么谨慎，对这些规则任何单方面的应用，对某些人来说都显得武断，或者说不公平。工会通过为这些规则制定框架，并通过申诉机制参与规则的管理，极大地舒缓了员工们对这种体系或管理武断、不公的感受。工会的这种职能是非常重要的，所以在没有工会的情况下，良好的管理实践也会要求开发出一些替代组织。通过防止员工出现不满以及与企业格格不入的感觉，工会也消除了阻碍员工产生认同感的障碍，虽然恰恰是这种障

[①] 我非常感谢我的同事、前劳工部部长约翰·T. 邓洛普教授的指导。准确的观点参见：Solomon Barkin, "The Decline of the Labor Movement," *The Corporation Take-Over*, Andrew Hacker, ed. (New York: Harper, 1964), pp. 223-245。

碍赋予了它权力。

此外，虽然有些工会抵制技术变革，但是也有的工会通过令工人适应变革从而极大地促进了变革。工会为工人争取到更高的工资、更短的每周工作时间，也为被解雇的工人争取到遣散费或其他好处。工会也劝说成员接受这一安排。计划体系十分珍视工会提供的这种帮助。提供这种帮助的工会领袖也被计划体系授予最高的荣誉，成为代表劳工的政治家。①

在苏联式的经济体中，很长时间以来，工会的职责都是暧昧不明且不稳定的。作为工人在阶级斗争中的历史性声音，工会必须存在并且受到扶持。但是工会不会被赋予任何会使企业雇员无法完全认同企业目标的作用。最终，这些工会的职能就跟上文提到的那些差不多了。除了举办那些在美国和西欧工会中同样重要的教育和公益活动，苏联工会也是企业和雇员之间进行沟通的渠道，并且赋予了后者参与企业规则制定和管理的话语权。②

四

然而在非苏联的体制中，工会还提供一项进一步的服务。它是计划中的重要因素，因而也是计划体系和政府关系中的重要因素。

---

① 约翰·L. 刘易斯就是一个经典的案例。早年，当他为工资和福利的改善而奋斗时，他在美国劳资关系中的形象非常糟糕。但后来，他因为坚定地支持煤炭开采的机械化而被授予了"劳动政治家"的称号。

② David Granick, *The Red Executive* (Garden City, New York: Doublcday, 1960), p. 219 et seq; and Emily Clark Brown, "The Local Union in Soviet Industry: Its Relations with Members, Party, and Management," *Industrial and Labor Relations Review*, Vol. 13, No. 2 (January 1960), p. 209 et seq.

我们已经注意到，工会在争取政府出台调控总需求的政策中起到了重大的作用。这项政策虽然通常标榜以实现充分就业为目标，但对计划体系中的计划过程也是必不可少的。此外，工会还在稳定政府所采购的特定产品的需求上起到潜在的重要作用。这种采购，尤其是出于国防需要的采购，不能被认为是为企业的目的而服务的。请求政府为帮助企业而增加国防支出是非常不合适的。这种请求在严格符合广泛的国家政策的要求时才是合理的。所以，当技术专家阶层寻求政府合约时，它不能公开地表示这是为了自己的便利、必要或是盈利，但是可以更加得体地提及合约终止、无法续约或新合约的被拒会对其合法雇用的劳动力或社会产生的不良影响。而在这方面，工会的支持、发声是非常宝贵的。近年来，在要求政府购买高科技武器的事情上，总的看来，相关工会的负责人比企业管理层放得开手脚。尽管如此，工会和技术专家阶层之间的合作也绝不是彻底的，在所有的立法事项上二者仍需克服残存的传统敌意。

　　工会为计划提供的更加重要的服务是统一、标准化了不同工业企业间的工资成本，并且确保工资的变动差不多同时发生。这大大方便了行业对定价的控制，同时也极大方便了对价格和工资的公共调控。这两种服务的重要性都远远超过大众认识到的。

　　具体来说，如果有一个全行业范围的工会，它的任务之一就是确保同种工作的工资差不多一致。这是以公平和公正的名义进行的，但也意味着没有哪家企业可以因为工资较低而对产品降价，或者因为工资水平较高而被迫涨价。因而，在企业众多的行业里，价格就这样设定并维持下来了。计划也是一样。

　　当整个行业的劳工合约到期时，价格也会有所变化。这种变化会在几乎同一时刻以几乎同样的幅度影响所有的企业。所有的企业都接收到调整定价的信号，因而都会做出相同的变动。所以，工资调整和相关变动这些曾经可能威胁到行业中最低价格设定的变动，已经不再是个严重的问题了。

同时，工会合同将工资水平纳入了政府的管辖范围。这里的情况类似于外交。和苏联这样的强势政府做生意也许是很困难的，但是一旦做成，事就完成了。但是当时老挝和越南的情况就不一样了。因为这里政府的权限最多只到机场，企业无法强制执行哪怕是政府同意的事。类似地，工会也很难控制工资。后者也许会强烈抵制这些条款，但它同样将工人带到了控制范围内。

工会谈判的结果是达成一项对所有工会成员具有约束力的协议。如果政府可以影响谈判，那么工资水平也会受到影响，或者说控制。而且，由于集体谈判合约的期限往往是一段时间，而为了适应计划体系，这段时间往往延长，政府必须介入的次数实际上被控制在一定的数量以内。其间，合约限定了工资支付的上限。[1] 如果工资合同由个别人达成，或者大量的工人需要被划分到很小的类别中，抑或工人的在职期不能确定，那么对工资水平进行监控也就无从谈起了。

五

工会还提供了另一项进一步的潜在服务。常见的工资和价格

---

[1] 雇主有时会以超出合约议定水平的工资来吸引工人，这种情况更多出现在美国而不是欧洲。

稳定策略在正式实施的时候，就是将工资的增长限定在生产率增长的幅度内。而生产率增长的幅度，也就是人均产出的增长是要一段时间以后才能知道的，而且不同企业的增长也不一样。由于合约存在一定的期限，这使企业可以累积关于生产率增长的信息，从而判断出工资要如何增长才能不影响价格的稳定性。由于工会是在为全行业的会员议价，所以它不会以个别企业可以承担的工资作为标准，因为这意味着不同企业会有不同的工资，这可以说是不可能的任务。工会真正依据的是所有企业都可以承担的工资，这是对这一长期来看不可避免的政策的宝贵简化。

工会并不是有意或者说甚至愿意提供服务来稳定工资和价格，它只是别无选择。如果它拒绝遵守广泛的稳定策略，那么与它有合约关系的企业就会反过来提高价格。如果相当数量的工会都得到了幅度超过生产率增长幅度的加薪，那么所有工会都必须得到这样的加薪幅度，那么企业接下来的定价上涨也会是一般化的情况了。而加薪的部分或全部收益都会因涨价而消失。工会反对公共权力，也许还要冒着令大众不满的危险为成员争取利益。但成员们却认识到这种利益不过是转瞬即逝的。这一选择不断地被强调，但是伴随而来的加速通胀却使它不具吸引力。①

综上所述，计划体系在很大程度上涵盖了工人运动。它瓦解了工会的几个最重要的作用，也大大缩小了工会的行动空间，并且使工会剩余的行动在很大程度上为它自己的需求服务。自二战以来，工业企业对工会的接受，以及随后出现的劳资关系相对和平的工业

---

① 正如这里所描写的，我们就处在这样一个时期。华盛顿的领导人发现，他们必须在对通胀的恐惧和对管制的恐惧间取得一个微妙的平衡。

时代，都被称颂为工会制度的终极胜利。但是仔细观察后我们会发现，它展现了如约拿战胜鲸鱼[①]般的特点。

接下来，由托尔普德尔受难者[②]（Tolpuddle Martyrs）开启的旅途就进行到了现在的阶段。

[①] 圣经故事中，约拿因违抗上帝的旨意被上帝派来的鲸鱼吞入肚中。——译者注
[②] 1834年，英国托尔普德尔村6名农业工人因参与工会组织而被判处流放澳大利亚10年，后因引起公愤被赦免。——译者注

第25章
科教领域

一

随着工会渐渐退入幕后,一个快速增长的由教育工作者和科研人员组成的团体出现了。这个团体在边缘处与技术专家阶层内的科学家和工程师相联系,同时又与外界的公务员、新闻工作者、作家和艺术家相联系。计划体系最直接培养的是在中学、学院、大学和研究机构供职的教育工作者和科学家。他们在计划体系中的地位,就好像工业发展早期阶段的银行和金融界。当时资本起到决定性作用,所以由银行、储蓄银行、保险公司、证券公司和投资银行组成的一个庞大的网络应运而生。它们通过调动储蓄来应对企业对资本的需求。我们已经注意到,如今在成熟企业中,具有决定性的生产要素是合格人才的供应。为了满足这种需求,类似的一套教育机构也以类似的方式出现。而且,社会的价值观和态度也出现了适当的调整以强化这种变化。当储蓄和资本起决定性作用时,节俭是最受推崇的社会美德,至于绝大多数人口一生都是文盲且愚昧无知这一事实则毫不重要。随着合格的人才变得越发重要,节俭这样的美德已经变得过时甚至是古怪。相反，教育现在已成为最严肃的社会目的。

科教领域[①]就好像之前的金融界那样，因其供应的生产性要素而获得社会威望。至少这也是潜在的权力来源。和金融界一样，甚至比金融界还夸张的是，科教领域在政府组织的内部也获得了一席之地。我们本章的主题就是这一领域的本质，其影响力的来源及其与技术专家阶层和政府间的关系。

二

金融界与科教领域有明显差异。二者之所以都能获得威望和影响力，是因为它们都与起决定性作用的生产要素有关联。金融界的权力在于它掌握着供应的开关，它可以决定是否为用户供应资金。值得注意的是，与这种权力的使用联系在一起的表象都是不可信的。权力的执行必须恰如其分地严肃。如果一个人必须服从于另一个人的权威，那么他至少可以要求这样的场合不是过于欢快的。金融交易，包括发行股票或债券以及提供新的信贷额度，仍然是具有庄严仪式的场合，即使这些交易现在不比购买一台打字机复杂多少，而且替代选择也很容易找到。这是金融界拥有权力时的遗留物。围绕着中央银行主要部级职能的许多仪式具有同

[①] 其实，并没有一个现成的词语可以拿来形容这一群体，他们承担了技术专家阶层职能范围以外的教育和科学研究工作。在政治讨论中，他们和作家、诗人一起被划分为知识分子或学究。前者的内涵太局限，也太造作；后者则不够庄严。只有在最无奈的情况下我才选择创造新词。我们的字典里已经有了许多伟大的词汇，新词总是需要一段时间来适应。所以我直接采用了我的朋友唐·K. 普赖斯教授的说法，并稍稍改变了用法。普赖斯教授将科学界称为"科学领域"（The Scientific Estate），读者可以参阅他用该词命名的专著（Cambridge: Harvard University Press, 1965）。

样的严肃性。^① 但是我们不该让这些仪式掩盖现实，而这个现实就是权力已经不再属于金融界了。^②

科教领域并不像银行家掌控获得储蓄资金的途径那样掌控人才的供应。科教领域可以轻微地影响人们的就业选择，但这种认可并非无关紧要。科教领域的绝大部分影响力来自其迅速增加的人数以及随之而来的政治含义、对科学创新的特有访问权及其在社会创新中起到的几乎独一无二的作用。这些就是我们下面要考察的影响力来源。

直到20世纪初，美国教育界的规模都很小，而且主要关注基础教育，但在20世纪中期之后这种局面发生了爆炸性的变化。学院和大学的教授在1900年只有2.4万人；到1920年，这个数字达到了4.9万；而在1960年和1972年分别达到了38.1万和90.7万，在不到80年的时间里增长了近40倍。1900年时，学院和大学的入学人数只有23.8万，但到1959年和1973年这一数字分别达到了321.6万和851.9万。1900年只有不到70万的学生就读高中，但到了1959年和1973年，数量分别达到了960万和1542.7万。^③1900年，美国只颁发了1583个硕士学位和382个博士学位或同等学位；但到了1974年，美国颁发了277033和硕士学位和

---

① 美国人坚持认为，中央银行的运作至少应该在名义上不受联邦官员的影响。这种观点其实就反映出一种类似的怀旧情绪，人们怀念过去的日子，那时中央银行可以促成或阻止政府借贷进而控制政府的税收和支出政策。

② 具体说来，贷出方的权力取决于借入方是否除了向贷出方借钱外别无选择。当资本充裕且企业内部有储蓄时，借入方就还有借钱以外的其他选择。

③ 数据来自 *Digest of Education Statistics, 1975 (1976)*, United States Department of Health, Education and Welfare. 总的教育支出在1929年约为3233600美元（占国民生产总值的3.1%），在1974年达到了108700000美元（占国民生产总值的7.8%）。在1947年，18~21岁的人群中有26%的人都进入大学深造；在1972年，有45%的人进入大学。

33816个博士学位。① 在计划体系发展前，社会只需要很少量的掌握先进技术或其他技能的人才；学院和大学主要为医学、法律、神学、兽医等专业培养人才，或者为富裕家庭的后代提供非常稀有的文化装饰。

除了人数稀少，工业发展早期阶段（在美国则直到20世纪后很长一段时间）的教育工作者在经济和社会上都属于弱势群体。私立学院和私立大学进行高等教育办学的资金由富裕阶层通过两种方式提供：慈善捐赠和为后代支付的学费。就和其他地方一样，这里自然而然地假设提供资金的人拥有所有权。而最惯于行使这种权力的人，即企业家，自然会行使这种权力。"事实仍然是，现代文明社会不愿将自身的重大利益交付给有钱人以外的人，因为这些有钱人通过获取或占有大量财富的方式，证明了他们具有为学术事务把握方向的能力。"② 这种已经被私立院校接受的原则也被用于公立学院和公立大学。而且，由于上学意味着学生无须工作就能有财力负担学习生活，所以这也适用于专为富家子弟提供教育的神学院。

金钱至上的理论，即付账单的人享有终极权力的理论，并没有被学术界彻底接受。原则上，有时也在实践中，教育工作者声称自己有权说出心中所想，甚至是批评那些支付给他们薪水的人。这种倾向与不同目标间的尖锐冲突有关。企业家会直接用金钱来衡量成败，人们评价一个人也是根据他的身家。但是，将这种衡量标准运用于学术界只会有两种结果：要么承认这里十分失败（鉴于微薄的

---

① *The Condition of Education*, United States Department of Health, Education and Welfare, Vol. Ⅲ, Part 1 (1977), p. 187.

② Thorstein Veblen, *The Higher Learning in America*. A memorandum on the conduct of universities by businessmen (Stanford: Academic Reprints, 1954), pp. 67-68.

工资），要么导致过分昂贵的后果，也就是提高学术界的工资。所以，虽然教育工作者有时承认自己的社会弱势地位，而且更多的时候只是想当然地认为是这样，但许多人还是会声称，他们坚持的目标比企业家的金钱考虑有更高的智力要求，对美学的关注也比企业家对金钱的关注更加精细。因此，猜忌和厌恶导致商界和学术界间不断出现小摩擦，而且直到最近都是美国学术场景中的既定特征。[1][2]

学院和大学是美国社会创新的主要来源，这一现实也加剧了这种冲突。虽然美国的企业、工会以及那些与政治有千丝万缕关系的专业人士有权推进或阻止立法，但是他们不具备社会创造性。他们在这方面相对缺乏新意。虽然有一些关于社会变革的想法来自独立的改革者和官僚体制，但是许多年来，这些想法最重要的来源还是学术界。

---

[1] 这种关系造成的紧张局势延伸到了高等学校中。大学校长和其他行政人员出于财务方面的考虑或是坚定信念，不得不捍卫由受托人组成的董事会以及广大商界的价值体系。在捍卫的过程中，他们不断引起教职员的不信任或鄙视。一个更有趣的例子发生在商学院或者说商业管理学科的教职员身上。在几乎所有注重学术的大学里，商学院的教授直到最近才摆脱了学校里"二等公民"的身份。这部分是因为据说商学院的研究课题没有实质性的内容。但是出于工作的要求，商学院的教授在不收受企业家任何酬金的情况下，也必须接受甚至是公开赞同企业家的目标。这样一来，情况简直糟透了：商学院教授既要忍受学术界的相对清贫，又无法去追求崇高的目标而获得尊重。

[2] 艺术家以及不依附商界的知识分子因为相似的原因远离商界。企业以金钱的方式来衡量成果的价值。在一个教育和文化标准已经适应了早期计划体系要求的社会里，人们的品位不会很高。即使是最简单的新文化产品也不会有什么市场，所以艺术家和知识分子的工作成果的金钱价值就很低，他们会用自己的方式来衡量工作成果的价值，并且将商人的金钱衡量方式斥为虚假、粗俗且幼稚的。而这些形容词恰恰指出了资产阶级的品位。关于这个问题请参考：Seymour Martin Lipset in *Political Man* (Garden City, New York: Doubleday, 1960), p. 318 et seq。

在工业化的早期阶段，这些建议绝大多数是为了使工业发展更加均衡、人性化或公正。而教授总是能比那些视自己天生凌驾于教授之上的人，更加清晰地意识到这种改革的必要性。后者不得不旁观那些由学院和大学提出的各种提案，包括限制垄断权力、调控自然垄断企业的价格、鼓励并保护工会、采用累进税制、支持农民的议价地位、限制对自然资源的过度开采和管理就业环境等，有时还有废除私有企业代以社会主义的提案，而且学术界还会辩称这是在行使学术自由。但是，这些改革不再仅仅是学术问题，许多都有成为现实问题的倾向。

毫无疑问，会引起麻烦的观点通常会自行消音或被抑制。学术表达迎合了"受人尊敬的保守的中产阶级中普遍存在的观点和偏见，尤其是握有大量累积财富的富裕精英阶层的观点"[1]，但这并不是故事的全部。大量被创业企业视为极为有害的立法或政策，最初都是由学术界支持与推动的。反对垄断、对资本市场的准入进行监管、支持广泛的福利措施、支持累进税制、代表工会等的法律，都是由学术界率先发起的。

在工业迅速发展的年代，学术界——贫穷、居从属地位、弱势——在与商界的关系中，总是被历史学家描绘成受害方，它在社会上的地位使它既勇敢又危险。公平地说，这些并不确定。学术界进行社会创新的能力使其更多地惩罚了别人而不是被别人惩罚。这一点之所以被掩盖，部分是因为记录历史的正是学术界的成员，这本身就是不小的权力；也部分是因为影响力是以不同的方式表现的。

---

[1] Thorstein Veblen, *The Higher Learning in America.* A memorandum on the conduct of universities by businessmen (Stanford: Academic Reprints, 1954), p. 194.

金钱权力的表现形式是非常直接的，它会用金钱奖励符合它要求的行为或者威胁、惩罚那些不符合它要求的行为。与之不同的是，改革的提案一开始总像是古怪且不合理的提议，然后渐渐赢得支持者。假以时日，它们就变成严峻的现实需要，然后就成了人权。我们很难将权力归因于那些推动这一进程的人。

与社会创新能力相关的权力对于接下来发生的事非常重要。就目前而言，我们只要知道它曾经很好地解释了创业企业与学术界之间的冲突就够了。①

三

随着技术专家阶层的崛起，经济企业与科教领域之间的关系发生了根本上的转变。它们在动机上不再存在剧烈的冲突。技术专家阶层就像科教领域一样，不再只从金钱动机的角度考虑问题。二者都认同社会目标或者说认同为社会目的服务的组织。而且，我们也可以假设二者都在设法使社会目标适应自己的目标。如果说存在差异，那也是目标而不是动机上的差异。

现阶段，科教领域的规模已经不小了，相反，正如我们看到的，它的规模已经很大了。它也不再依赖私人的收入和财富作为资金支

---

① 我们这里可以解释为什么美国保守的组织和个人会如此神经质地关注教育，尤其是大学课堂持有和传授的理论。这样的团体其实反映出老派企业家的态度；这种态度会赢得独立的石油工人或房地产运营商的强烈赞同，但是会遭到技术专家阶层中自尊自重的成员的鄙视。认为高等院校非常具有影响力而且会不断产生新理论，最终令那些依附于金钱成就和价值的权力逐渐衰落的原告也没有错。所以他们的反应无论多么不当，都是情有可原的。学者们应该培养自己达观的态度，不能再像过去那样以为凭借自己理论的影响力就可以免受外界的攻击。

持，大部分办学资金来自政府。从另一个重要的方面来看，其中的私人影响也被削弱了。企业家把强烈的所有权本能与拥有的财富结合起来。技术专家阶层虽然可以获得大笔的薪水和资本利得，但是不太可能拥有同等的可支配财富，被现代学术界筹资人称为传统豪门的人却有。不过，他们如果将这些财富另作教育投资之用，除了可以稍微少交一些税，并没有别的好处。由于他们作为所有者对企业已无影响力，所以也无从判断他们的态度。而且，他们也远远不像从前的企业家那样，以为凭借自己对学术界的资金支持就可以施加影响。他们已经从企业所有权的相关经验中明白，拥有财富并不意味着拥有介入其中的权力。

与此同时，技术专家阶层也开始深深依赖科教领域对训练有素的人才的供给。它也需要与科学领域维持密切的关系，以便紧跟科技创新的潮流。不同于创业企业，成熟企业不太会被科教领域的社会创新困扰。改善医保、保证低保、保护或拯救环境、改造贫民窟，这些改革法案的成本可以向前转移到消费者身上，也可以向后转移到股东身上。阐释或遵守规定的重担也是落在律师、会计师、劳资关系专家或企业的其他部门身上。相比之下，企业家就必须自己支付这些规定产生的成本，小企业家的压力就更大了。可以说，监管带来的负担就像税收负担一样，由于已被其他部门承担，所以技术专家阶层面临的监管就大大减少了。①

---

① 这样至少可以部分地解释为什么医生会抵制联邦政府采取改进医疗保健的措施。"……医药从业者是美国日益萎缩的企业家团体中的一员。绝大多数的医生会继续'经营自己的生意'并反对外界干涉他们的经济事务，这是可以理解的……"参见：Louis Lasagna, "Why Are Doctors Out of Step?" *The New Republic,* Vol. 152, No. 1, January 2, 1965, p. 15。

此外还需牢记的一点是，近期的两大社会创新措施，即对总需求的调控以及为价格和工资的稳定而采取的试探性措施，对计划来说都非常重要，或者说至少与计划一致，因而对技术专家阶层的成功来说也是非常重要或者说是与它一致的。我们已经看到，技术专家阶层是完全从自己的利益出发的。

此外，一件也许不那么重要的事是，所谓声誉良好的社会科学不再具有革命的意味。相反，它否定了这种可能性。这也是我们这里正在解开的复杂的变革之网的结果。正如马克思所描述的，革命的前提是工人阶级不断贫困化。但是预期的贫困化并没有出现，人们反而越来越富裕。马克思主义者本身也不再否认这一点，或者说不再言之凿凿地提出工人生活水平的提高是虚幻的或者暂时的。革命的发生需要资本主义的危机加以催化，而这种危机指的是会令已经格外脆弱的结构化为废墟的世界末日般的经济萧条。但是，作为计划体系必不可少的要求的一部分，调控总需求的安排不但使计划体系可以进行计划，而且还承诺可以以最小的管理投入来防止，或者说至少是减少经济萧条发生的可能性。因此，发生世界末日般的危机的可能性是很渺茫的。而以激烈的手段为工人维权的工会则站在改革的前沿位置。然而正如前面的章节所述，计划体系使工会变得温和，甚至吸收了工会。最终，革命在某些国家发生了。在那里，包括计划、大型生产组织、产生的纪律性以及通过经济增长衡量成功的典型工业化特征，已经不再像半个多世纪前人们所畏惧的那样特别异常或所盼望的那样奇妙了。革命所依赖的一切，甚至是革命本身似乎都已经瓦解了。

四

正如可以预料的那样，技术专家阶层对科教领域的新的依赖正反映在二者的关系中。企业高管进入大学董事会不再是为了提供关于现实社会的信息，或者作为反抗社会异端的捍卫者，而是为了有机会与大学保持紧密的联系，以便招揽人才或是密切关注科学、技术以及社会方面的创新。除此之外，他们还可以获得自己所认可、欣赏且享受的传统意义上的尊重。企业总裁在与教育界的关系中越发成为传统或仪式上的形象，但是成熟企业也越发需要现代科学、数学、信息系统以及通信原理方面的学者，来帮助自己解决科学、技术和计算机化方面的难题。曾经，在董事会成员中拥有一名著名的银行家意味着向世界宣告该企业可以从经济体中获得充分的资本资源；现在，有一名科学家或者至少是一位大学校长再加上前任空军将领坐镇董事会，才能说明该企业已经采用了最先进的技术。

在社会事务上，我们常常将实际上由环境造成的影响归因于智力水平的提高、美德或是更好的做法。早期，在学术界与创业企业间存在动机和目标上的差异时，更加能言善辩且全身心投入事业的企业家不断地公开谴责教授古板的激进主义、不切实际的理想主义、无关紧要的理论化、唆使他人攻击宪法和私有财产权的行为，以及不支持个人自由的行为，不过这里所谓的个人自由就是赚钱的自由。这种谴责现在已经很少了。技术专家阶层的成员已经很少会因为大学的学术讨论而愤怒了。而且，一旦他想表达这样的情绪，他思虑周全的同事都很快会来警告他，这么做会疏远"舆论中重要的一部分"，使企业的公关部门难以开展工作，还可能会妨碍进行校园招聘的同事的工作，甚至可能使企业杰出的学术顾问带着自己的知识和机密转投不喜欢公开发声的企业。

五

我们还有一个需要解决的问题，即受益于计划体系的要求而实现了现代扩张并且获得了显赫地位的科教领域，究竟会在多大程度上与计划体系的目标一致。我们无法一概而论，因为科教领域并不是同质的。我们已经看到，经济学作为一门学科，已经广泛且相当微妙地适应了计划体系的需要。这些需要包括贬低最小化市场和最大化利润的作用、重视广告效应、质疑消费者至高无上的权力、质疑公认序列、坦率地看待成熟企业与政府间的密切联系，或是戳穿那些隐藏企业权力的理论，而不认同这些需要的结论都会被视为异端邪说。无疑，我们可以预计到这样的趋势在其他方面也会出现。可以想见，一个将大部分时间花在杜邦公司或孟山都公司的化学家，自然会认同这些企业的目标（他也许还会令大学的目标对企业的目标有所适应，他所在的院系也许会以手头握有的商业合约和政府合约的数量、实体工厂的规模以及人员和工资的增长来衡量自己是否成功）。同时，像古典、人文和部分社会科学的许多其他的学科，在很大程度上不会因为与技术专家阶层间的新关系受到影响。这些学科的专家学者（在看到其他科学界同事享受高工资和额外津贴时）会保留并且继续更加热情地宣誓效忠学术界原来的目标。这些专家会批评科学界同事的研究过于功利性，批评他们不再承担对知识及其传播的基本义务，也含蓄地批评他们背弃了两袖清风的誓言。内心受伤的科学家则回复声称，他们的德行并没有被金钱腐蚀，而且他们也需要养家糊口。几乎所有的大学对这一讨论都不陌生。

六

但是仍然存在着许多导致科教领域与技术专家阶层间冲突的一般因素。其中一个就是对个人行为的管理。

在无法看清这一冲突本质的情况下，许多争论都集中在管理的技术手段上，而不是冲突的根源。实现管理需要广泛地利用各种通信方式，像报纸、广告牌和广播，尤其是电视。为了确保能获得受众的注意力，这些媒体必须是喧闹且无序的。最重要的是，这些手段可以给受众留下一种所售商品十分重要的印象，无论这个印象是多么华而不实。要想管理一个肥皂销售市场，就必须吸引消费者的注意，否则肥皂就仅仅是一个普通的产品。因此，肥皂的气味、其泡沫的独特质感、布料使用肥皂后的洁净度，以及使用者因使用它在邻里间获得的尊重和威望，都被认为是最重要的。人们想象着家庭主妇会以讨论意外怀孕和核战争的热情来讨论这些问题。香烟、泻药、止痛药、啤酒、汽车、牙膏、包装食品和其他所有重要的消费品的管理都是一样的道理。

科教领域以及更广大的知识界往往对此嗤之以鼻。技术专家阶层察觉到了这一点，但它更清楚需求管理的重要性，所以坚定地维护这种做法，并认真地声明它对经济体系健康发展乃至生死存亡的重要性。这种情况比人们通常想象的更接近事实真相。

这就是矛盾所在。经济体为了自身的成功需要对公众进行有组织的哄骗，但与此同时，它又培养出一个日益庞大的看不上这种哄骗并将之斥为智力退化的阶层。靠这种哄骗才能立足的亚文化只会被人鄙视。这种文化会以一种委屈、内疚且义愤的感觉来回应，而这种感觉又源自它知道正是自身的需求维系并滋养着学术界的批判。

这种与计划的冲突无论何种形式都是无法避免的。这就要求生产机制的需要比个人自由表达的意愿更加重要。这将始终招致个人的不满。在苏联式的经济体中，这种怨恨针对的是政府以及对个人施加控制的大型实体机构。在非苏联的计划中，这种怨恨针对的是管理个人的手段和工具，例如作为载体的广告和大众传播。奇怪的是，无论在哪种社会，这种攻击针对的都不是计划本身这个真正的深层次原因。

七

接下来是一个在近期非常明显的冲突，即学术界的个人主义伦理与计划体系要求统一接受组织目标的需求间的冲突。这也许是工业国家紧张局势的最大单一来源，（我相信）这一分析清楚地说明了这一点。由于计划体系史无前例的对合格人才的需求，大学招收了大量的学生。大学培养了他们从前的工业社会无产阶级所不具备的个性；而老无产阶级者确实被工会教导要收起自己的个性，培养阶级感。学生也会接触到一些社会理论，受到包括经济和政治理论在内的社会理论的熏陶，这种理论让他们认为个人拥有终极权力。但相反的是，他们看到的现实世界中，组织可以行使巨大的甚至是绝对的权力，而公民、士兵、消费者或者组织中的人员都必须服从组织。更微妙的是，就像本书所说的，越来越多的人开始意识到，他们所受的部分教育，尤其是传统经济学，就是为了麻痹他们对企业权力的认知。如果社会中的消费者或公民真的拥有自主权，那么就不会出现这样的不满情绪了。个人是不会与自己的权力行使发生冲突的。如果社会中的生产组织拥有自主权，也就是说它们有权追求与消费者或公民不一致的目标，那么这一切都是可以预测的。

八

最后，科教领域与技术专家阶层间还存在一种潜在的竞争与冲突，这源于二者各自与政府间的关系。技术专家阶层的成员在政治中起到的作用非常有限，他无法脱离成就他的组织，也无法将组织的身份带入自己的政治生涯。另一方面，他作为所属官僚体系延伸出的一部分，又在现实中施加着巨大的公共影响力。

科教领域不会因为与组织间的纽带而在政治上受到抑制。它的规模也在快速扩大，但是它仍然缺乏对自身的认同感。许多年来，它一直处于企业家权力的阴影之下。一种似乎受人尊敬的犬儒主义和马克思主义都反对任何没有以金钱占有为坚实基础的政治权力。不过，科教领域正在成为政治权力的决定性工具，而这反过来又威胁到官僚体系与技术专家阶层之间已经建立的联系。因为就像对消费品需求的管理一样，他们也需要为大众创造大量假象。现在我就要开始讨论这些主题了。[1]

---

[1] 在本书第一版中，我关于科教领域政治前景的较为初步的观点引发了尖锐的反对意见，也有一些人表达了轻微的不屑。但是当科教领域在反对越南问题既定政策中展现出决定性的影响力后，这种反对和不屑就消失了。

第26章
计划体系与政府 1

一

合格的人才对于计划体系的成功起到决定性的作用，而人才所依赖的教育绝大多数是由经济体中的公共部门提供的。相比之下，曾经起到决定性作用的资本绝大多数来自私人部门。供应最先进的技术并最支持计划的市场也是在公共部门。大量的科技创新来自政府或公立大学和公立研究机构或者说由它们赞助。政府对计划体系的产品的总需求进行调控，而这对其计划而言是必不可少的。但是，政府仍然像保守的神职人员端详色情雕像一样，谨慎心虚地对工资和价格进行调控，一旦失去这种调控，计划体系内的价格就不再稳定。很明显，现代组织化经济体的设计是不合情理的。否则，为什么这么多的需求结合起来形成的体系，会在享受自由企业之名的同时如此依赖政府？

事实上，计划体系与政府之间有着千丝万缕的联系。值得注意的是，成熟企业就是政府的分支机构。在重要的事情上，政府就是计划体系可以利用的工具。这与公认的理论截然相反。公认的理论认为政府和私有企业之间存在清晰的界限。这一界限的位置——什么归于政府，什么归于私有企业，决定了整个社会究竟是社会主义社会还是非社会主义社会。没有什么比这个更重要了。无论是自由派还是保守党，都将公共组织和私人组织间的合作视为离经叛道的罪行。对自由派来说，这就意味着公共权力被私人利用以牟取私利；对保守党来说，这就意味着私人组织高度的特权，即在无政府干预的情况下采取行动的权利被政府剥夺了。事实上，计划体系中这条分割公权与私权的界线并不明确，而且在很大程度上是不存在的，而令人厌恶的公共组织与私人组织间的联合是很常见的。一旦明白了这一点，美国经济和政治生活的中心趋势也变得清晰了。我们如果能抛弃传统思想中的旧观点，就一定可以受益良多。

技术专家阶层和政府间的关系与政府和创业企业间的关系有很大的不同。下面，我们就从这不同之处切入主题。

二

政府与创业企业间的关系就像这一体制下的所有其他关系，主要是以金钱为导向的。这种关系也是不稳定的，趋于零和游戏。一种情况是企业很强大，所以可以独立于公共约束。如果可能，它还会利用基本的公共权力来增加自己的收入。或者是政府很强大，那么它就会抑制企业家的私权，进而抑制其利润。如果政府极其强大，就会开始将企业公有化。任何一方的弱势都会被对方利用。所以，时刻对彼此保持警惕对于防止出现商界把持政府或政府把持商界的情况是非常有必要的。

这就是人们对创业企业与政府间关系的一般看法。人们假定这一关系中的平衡已经随时间发生了改变。20世纪以前，在美国，人们认为企业天生具有至高无上的权力，政府对商业施加控制是一件可怕的事。有头脑的人都同意马克思的观点，认为政府已经或终将成为资本主义企业的执行委员会。然而随着时间的流逝，人们对商界主宰政府的恐惧消退了，对政府主宰商界的恐惧却日渐增加。企业曾经像腕足四处乱伸的章鱼，但是现在，至少对商人来说，章鱼已经代表政府了。从前，企业家会聚集在参议院考虑自身所在阶级的需要，如今，他们聚集在大会上反对政府的意图。曾经，企业家打高尔夫球是为了有机会探讨对社会生活的某些方面进行权力合并，如今高尔夫球场变成了他们集体抱怨官员的场合。前后两段时期的恐惧都反映了创业企业所处的环境。虽然二者都在继续影响当代社会的态度，但都不能反映现代的社会现实。

如前文所述，根据一致性原则，创业企业与政府间的关系主要是金钱关系。政府可以为企业提供许多金钱利益，但是它同样可以通过税收和监管来减少企业的收入。反过来，创业企业也可以用钱换取自己想要的东西。而且，几乎没有什么法律或其他方面的障碍可以阻止它。

因此，政府可以通过设置关税来保护本国企业免于与外国企业竞争；政府可以授予企业铁路、电力或其他公用事业的特许经营权；政府拥有可供私人使用的土地、矿产、森林以及其他自然资源；政府可以提供免税或减税的福利；政府也可以为企业管理难以管理的工人提供道义或武力上的支持。更为重要的一点是，在相对简单的决策后，政府可以将上述和其他一些福利授予企业或从企业处收回。

反过来，创业企业也有为反映自身利益的政治目的调配金融资源的能力。企业家自身就拥有取得和支配企业收入的权利，所以他们可以利用企业收入来购买选票、买通立法者或买到想要的立法结果。如果某些法律约束使他无法将企业资金用于政治目的的支出，那么他可以将资金以股利的形式转给自己和合伙人，然后从秘密账户中支出。这样，被购买的公共福利就属于企业家了。这种购买以及企业家的金钱动机意味着，创业企业有机会也有动机花钱购买政治好处。企业的金融资源就这样彻底且合法地被牟取私利的企业家卷走了。

在一个经济活动受到金钱动机强烈驱使的社会里，企业和政府间的关系中的这种动机似乎也很正常。人们认定政府官员会为了金钱利益而对某些机会有所反应。这一点似乎也不是完全不道德的。当社会认同并赞许将赚钱作为最高社会目标时，公务员们也会觉得将自己或自己的决策以应有的价值出售给买家的做法是很自然的。

在创业企业的全盛时期，这种事情时有发生。被企业把持的城镇及州，例如被南太平洋铁路公司把持的加州、被安纳康达铜矿（Anaconda）把持的蒙大拿州、被钢铁和煤矿公司把持的宾夕法尼亚州、被汽车企业把持的密歇根州，都是工业景观的常见特征。人们普遍认为，国会议员和参议员会有偿或义务地成为所在州或地区的工业企业的发言人。创业企业可以从这些被收买或被控制的发言人处得到许多自己想要的东西。这种控制并不是绝对的，但范围之广足以令人相信企业对政府的控制已经成为生活的常态。

直到今天，年复一年地，像高速公路承包商、保险公司、房地产经营者、高利贷债权人这样的独立企业家，仍然是政治资金最重要的来源，也是用金钱换取影响力这一做法的剩余的主要鼓吹者。近代在这一领域取得重大成就的都是独立企业家。例如得克萨斯州的石油运营商就能够从所在州的国会代表团处获得隐性的服从。但是汽车或钢铁企业就无法做到这一点了。

虽然创业企业拥有可以从政府处获得赚钱机会的资源，但它还是独立于政府的。它的收入是从市场中取得的，所以听从来自市场的指令。如果市场要求它与政府对抗，这场战斗也许会花钱，但绝不会是致命的。

三

如前文所述，随着时间的推移，政府主导商界的恐惧已经逐渐赶上，甚至可能部分取代了商界主导政府的恐惧。尤其是在20世纪30年代，这种变化尤其明显。有两大原因导致了这种变化：工会的崛起以及政府对计划体系新需要的反应。

大萧条大大推动了工会运动的发展。经济萧条使工人除了坚守现有岗位别无选择，这就使得工作带有强迫的性质，进而扼杀了工人对雇主的目标产生认同感的可能。这也使得工会对于工人越发重要，工人需要工会支持自己以对抗减薪的压力。由于工人的其他就业机会越来越少，他们需要工会的势力来弥补自身的弱势，从而帮助他们对抗雇主的压迫。在这种有利的环境下，工会逐渐壮大，也逐渐开始左右政治。就好像它们在企业中的作用是负面的一样，它们对政府的影响也是负面的。工会虽然缺乏金融资源，但是却有投票权作为补偿。由于新兴的科教领域[1]长期与创

---

[1] 在这一阶段，科教领域中"教"的分量仍然远超过"科"。

业企业关系疏离，所以它也成为工会的新盟友。而这与一些农民的支持一起构成了罗斯福执政联盟的核心。企业很容易能想象到，自己将会在一个永远由工会和"知识分子"把持的政府的政治权威下。

与此同时，创业企业也在不断让位于成熟企业和由技术专家阶层控制的公司。1930 年，阿道夫·伯利和加德纳·米恩斯对美国最大的前 200 家非金融企业进行研究后发现，44% 的企业（按数量计算）和 58% 的企业（按财富计算）在实质上被管理层控制。[①]

就直接的政治行动而言，技术专家阶层所受的限制远远超过企业家个人。这一点十分重要。技术专家阶层的成员本身不会收到企业的收入。一项旨在限制企业利用其财富获取政治优势的早期举措使企业无法将自有资金用于政治目的。不过这对企业家的影响并不大，正如前文所述，他们可以将资金以股利的形式转移到自己或同事的账户上，之后如何花销就不受法律约束了。但是技术专家阶层就无法如此操作，因为他们没有股利可收。

技术专家阶层也没有动机去做这样的事。贿赂公职人员、买通选民或不加选择地使用金融权力来影响公共决策（例如威胁解雇工人或关闭工厂），这都不是什么光彩的行为。这些通常会导致负面的舆论，还存在风险，即贿赂过程中如果行贿者一时失手，他就会被所有不曾收到他贿赂的人公开批判，也会被那些曾收到他贿赂但见风使舵的人公开批判。对企业家来说，这些风险通常是值得的，

[①] 也就是说，董事会是由管理层而不是股东选举出来的，而董事会反过来又负责管理层的选举。参见：Adolf A. Berle, Jr., and Gardiner C. Means, *The Modern Corporation and Private Property* (New York: Macmillan, 1948), p. 94. 就像本书第 8 章讨论的那样，就对重要决策的有效控制而言，企业所有者的权力无疑已经进一步被侵蚀了。

毕竟如果继承工业海盗的血腥衣钵能收到战利品,那也算有点安慰,但一个只领薪水的人是不会做这些事的。

技术专家阶层的合作特点也妨碍了它的政治活动。政治领导、劝说以及政治腐败都是个人行为;习惯于集体行动的人是无法轻易开展这些活动的。成熟企业是由委员会经营的,但是总体来看,贿赂立法机关甚至是劝说选民,都是由个人来完成的。

这一点无谓深究。技术专家阶层可以很容易地利用像报刊、电视和广播这样的通信传媒,所以也容易获得政治影响力。在对有利的政治行动具有特殊需求的成熟企业中,高管可以在支付给自己的薪水中为政治目的留有一定的余地。

在尼克松丑闻的巨大余波中,人们发现许多企业都违反了禁止政治捐献的法律。[①] 成熟企业现在仍然会通过许多小贿赂,从州议会换得想要的作为或是无作为。不同于老式的直接买通立法者或是选民的做法,它们现在有充足的资金可以用于劝说性的游说活动。尽管如此,结论依然成立,成熟企业的技术专家阶层远不如创业企业有为政治目的调配金融资源的能力,也远没有这么做的动机,而且由于自身的团队属性,它在直接政治行动中的有效性也远不如创业企业。

就像反对工会日益壮大的势力一样,在起到决定性作用的20世纪30年代,反对政府日益壮大势力的活动也是由幸存的企业家而不是成熟企业发起的。欧内斯特·韦尔、托马斯·格德勒、亨利·福特、杜邦一家以及休厄尔·艾弗里等名字都与这场抵抗联系

---

① 尽管惩罚微不足道,但是由此引发的负面的公共影响也许已经足以令企业至少在未来的一段时间不再犯相同的错误。

在一起。而通用汽车、通用电气公司、美国钢铁公司和其他成熟企业都更倾向于接受美国国家复兴管理局（NRA）这样的创新，也更加理性地看待罗斯福，并且使自己适应于罗斯福新政。

在之后的数十年里，这种适应的倾向得到了强烈的肯定。但根据商业习俗，成熟企业的高管在提到政府的时候仍然要显示出忧虑，而且用愤恨的告诫口吻警告他人小心政府的邪恶倾向也是企业公开表达时必须做的。不过更深层次的现实是，成熟企业已经适应政府，政府也保证不会干预，且二者都不愿发生对抗的行为。

四

这并不是事情的全部。我们已经看到，政府活动对创业企业和成熟企业产生的影响有很大的不同，对前者有害的对后者却有好处。一个明显的例子就是对总需求的调控。我们已经清楚地看到，这种调控对于有效的计划非常重要，所以对技术专家阶层本身的安全和成功来说也很重要。由累进税制支持并且有像失业保险这样可以对冲收入下降的机制的大型公共部门本身并不受欢迎，但它是用于调控的着力点。企业所得税是这一机制的中心部分，但是技术专家阶层的成员本身并不需要缴纳企业所得税。这种税由股东承担，或者企业通过价格控制将其转移到客户身上。对技术专家阶层来说，社会保障税和相关的记录保存都不过是需要解决的行政管理问题。

相反，创业企业就不怎么需要对总需求进行调控，而其所有者承担了更多的成本。由于处在发展的早期阶段，它很少进行计划，所以不太会因需求波动感到困扰。出现盈利失败时，企业家只需对自己有所交代；所以无论多么不愉快，这起码不会威胁到他的生存，他也不用保护一个太大的组织。同时，由于他在原则上要设法实现收益最大化，这种最大化自然也带来了更高的企业所得税，而这个所得税最后又落在了他自己身上。他需缴纳的社会保障税、行政费用以及承担的烦恼也一样。

政府为适应计划体系的需要而做出的其他改变也在两种企业中产生了相反的作用。同样，由于创业企业的发展水平较低，它对政府提供的训练有素的人才的需要也较少。由于它的技术也更加落后，它从市场和公共承担研发成本的做法中也得不到什么好处。我们已经看到，政府所鼓励和支持的工会在成熟企业中起到了管理和沟通的作用；但是对创业企业来说，工会的目的仍然是从利润中多分一杯羹。限制价格对成熟企业来说有助于确保工资和价格的稳定性，但是对企业家来说却会减少利润。

过分强调这种差异也是不对的。不过这种倾向并没有错。乍看之下，政府获得权力似乎是不利于企业的，但这主要是不利于创业企业。对成熟企业来说情况就正好相反，因为这反映出政府为了适应其需要而采取了措施。

从20世纪30年代起，商界对政府的畏惧似乎成了美国政治图景中统一而持久的特征。"对政府的反对不仅仅是对某个政党或某一届政府的政策的不满。（美国商界的）信条包括对政客和官僚总体上的不信任和蔑视，无论是哪个政党，也不管他们鼓吹和执行的是什么政策。"[1]

---

[1] Francis X. Sutton, Seymour E. Harris, Carl Kaysen and James Tobin, *The American Business Creed* (Cambridge: Harvard University Press, 1956), p. 369.

但是事情的表象总是具有欺骗性。直到近期，商界在这些事情上的基调和态度都是由企业家决定的。由于没有组织的政治限制，他们也是最直言不讳的。与技术专家阶层不同，他们也有怨言。出于传统的商人智慧，技术专家阶层什么也不会说，或者也只附和企业家关于政府的抱怨，或者他们只对关乎自身在内部决策上的自主权的事情有所反应。商业组织的员工在惯性的指导下继续重复企业家的抱怨。企业家并没有发现，自己的不适很大程度上是政府为适应成熟企业的需要带来的，他们也没有发现自己其实是其他商人与政府间被动合谋的牺牲品。

五

现在我们可以将所有线索连起来了。企业与政府的关系绝对不是一模一样的。从前在属于企业家和创业企业的时代里，所有企业与政府的关系都是一样的。创业企业也凌驾于其包括选票和立法者的直接政治权力之上。成熟企业没有类似的权力，但是政府却愿意为了它的需求做出十分有利的调整。这种调整对于幸存的企业家来说就远没有那么有利了。他们相对政府的地位已经被大大削弱了。虽然他们似乎拥有整个商界的广泛支持，但其实不然。成熟企业一直都在设法实现许多企业家最为反对的事。

很明显，到了这个阶段，成熟企业的政治地位成了一个谜。如我们所见，在采取包括管理选民、控制立法机构和获得法律支持在内的直接政治行动上，它无论是能力还是动机都远不如之前的创业企业。但同时，公共政策的趋势又十分有利于它的需要。如果这是偶然的，那么从成熟企业的角度来看，它反映了历史上最幸福的巧合。但是要在我们正在考察的这一错综复杂的系统中解释清楚这么重要的事是很奇怪的,而且也绝不是这样的。由于计划体系在整体上(尤其是成熟企业)已经丧失了直接影响政治权力的能力,所以它们采用其他方法来影响意义更为重大的社会行动。这就解释了为什么从它们的角度来看政府倾向是善意的。

第27章

计划体系与政府 2

……过去美国全国制造商协会（NAM）的权力集中在中型企业……（的总裁手上）……不过现在它们绝大多数不知去向，被大型企业的代表取代了，这些企业最大的客户是政府，政府作为最大的客户即使不是永远正确，至少也是时常正确的。

——穆雷·肯普顿

美国国家航空航天局局长……表示，政府机构不能将类似空间系统这样的新技术的管理整个外包出去。它必须清楚地列明需要企业完成的任务。

——默里·L. 韦登鲍姆

一

创业企业与社会间存在一种金钱关系。市场将消费者的指令通过自己唯一能运用的语言（即以一定数量的产品提供一定数量的收入）传达给企业家。企业家与雇员间的关系也主要是金钱导向的；雇员工作不是出于对雇主的爱或责任感，完全是为了钱。而主导企业家与政府间关系的因素也是如此，一贯性原则总是成立。企业家会设法影响政府以提高自己的回报。政府需要接受他的服务时，也会付钱给他。政府会通过税收和监管的权力来影响企业家的行为并调节企业家的收入。就像企业家与雇员间的关系一样，企业家与政府间的关系也经常涉及关于回报金额的冲突。这种冲突最小化或者说消除了创业企业对政府目标产生认同感的可能性，尤其是当这种关系中的平衡从企业家控制政府被扭转为令人恐惧的反向控制时。

我们已经看到，在正常情况下，成熟企业的技术专家阶层既不会专门调配资源，也没有动机去直接买通政治权力。与此同时，它还越发依赖政府。创业企业可以从政府那里获得许多好处，上至公共资源，下至有利关税、税收优惠。一旦政府采取对它不利的调控或者提高征税，它的损失也会很大。不过，除了这些有时甚至是它自找的法律法规的约束，它对政府并没有很大的依赖。成熟企业则相反，它需要依靠政府获得训练有素的人才，也需要政府对总需求进行调控。对取代市场发挥作用的计划来说，这些都很重要。政府通过军事以及其他技术采购，承担了企业在其最先进的技术领域的最大额的资本投入。政府还提供了高速公路、航空运输以及许多必不可少的调控，虽然这种调控的必要性常常不被承认。[1] 如果出现大企业遭遇财务困境这样偶尔会发生的情况，政府总会给出各种理由对其施以援手。成熟企业不能买通政治权力，但显然，它需要这种权力。

其实，成熟企业对政府的影响力要远远大于创业企业，只不过是寻找这种影响力的人通常找错了地方。鉴于在过去金钱关系压倒

---

[1] 正如这里所写的，除了一两家例外，主要的航空公司都非常反对减少监管的提案。

一切，所以人们自然也在寻找这些。他们寻找那些拿企业钱的立法者以及容易被金钱诱惑的政府官员。他们搜寻着游说者们，这些人或者摆酒设宴，或者在拿骚和纽约的豪华饭店套房里大献殷勤，或者不是在弗吉尼亚州福尔斯彻奇市一个安静祥和的夜晚招待政客或公务员，就是以活色生香的年轻女性来吸引那些人的注意。最好是能找到一个将钱放在黑色袋子里的传统行贿者，他"雇用"了一名国会议员，或者至少是"征用"了该议员的办公室和电话。实际上，每年都有一个或更多掌握了这种贿赂技能或施加非法影响力的人被揭发，然后被企业中受人尊敬的人开除。直到最近，曾经开除过这种职员的人都认为这种旁门左道对企业有利。这些受害者是利用早期方法论的古老的幸存者，他们因为小小的贪污行为而身败名裂，贪污的金额甚至极少会达到哪怕是最不起眼的现代武器的价格，这种身败名裂只能说是一种净化仪式。狂欢式的义愤宣泄可以将这些小罪恶清洗干净，而不道德的影响也因而从政府那里消除了。如果单纯的人继续相信成熟企业主要通过这样的手段对政府施加影响力，这对计划体系来说是件好事。[①]

二

我们已经看到，技术专家阶层的成员之所以会认同它的目标，是因为他们发现这些目标超越了自己的目标，而且他们有机会使它们适应于自己的目标。成熟企业的技术专家阶层与政府间的关系也是如此。政府十分关注经济体的稳定和扩张（或者说增长），也十

---

① 这个事情最早发生在 1967 年。尼克松总统下台后曾经有过强度特别大的净化仪式。

分关注教育和科技进步，尤其关注国防。这些都是国民目标，而且是老生常谈，所以在谈论它们时人们明显会感到安心。这些目标的精神也会相应地体现在技术专家阶层的需求和目标中。为了计划的顺利进行，技术专家阶层要求需求具有稳定性。企业扩张给技术专家阶层的成员带来了升职的机会和威望。技术专家阶层需要训练有素的人才，需要政府承担研发的成本。军事和其他技术上的采购也支持着它最先进的计划行为。在每一个节点上，技术专家阶层都可以找到可认同的政府目标。或者更合理的说法是，这些目标反映了公共目标对技术专家阶层目标的适应。由于个人是受到复杂的激励体系的激发才为技术专家阶层服务的，而认同感和适应动机又在这一激励体系中起到极为重要的作用，所以相同的激励也反映在成熟企业与政府的关系中。我们发现，一致性原则又一次提供了可靠的参考。那里也提到了成熟企业的影响，在这种对比之下，纯粹的金钱关系显得苍白无力。

现在，让我们将这些抽象概念具体化，同时对它们展开测试。

三

我们可以在国防采购中非常清楚地看到这一过程的实际表现形式。如前文所述，国防部支持计划体系中最先进的计划。它会提供期限很长且需要在先进技术领域进行大量资本投资的合约。价格波动的风险是不存在的，而且还有充分的保护手段来应对任何要求上的变化，也就是不会出现任何需求上的变化。如果合约被取消了，企业已经投资的部分不会有任何损失。除此之外，再没有哪种产品可以让技术专家阶层如此确定、放心地进行计划了。

鉴于计划是无可避免的，所以任何有利于计划进行的环境都有很大的吸引力。

这就使得技术专家阶层对军队的目标产生很强的认同感，而且他们往往会对自己直接服务的陆军、海军或空军中某一军种的特定目标产生认同感。像个人与组织间的那种简单关联也支持这种倾向。所以，技术专家阶层也会像某个特定军种那样，对武器发展的迫切性、技术领先带来的安全感、对特定武器系统的要求，以及空军或海军扩军的优势感同身受。技术专家阶层的成员也和军官一样，深深投入军队的目标。

这种关系为适应带来了平行的机会。要将不同专家和技术人员的成果有机结合在一起，意味着像开发新型武器系统这样的工作需要组织的存在。技术专家阶层通常可以单独提供这种组织服务，所以军队会对其供应商提供的技术开发具有很深的依赖。而在实践中，其他许多任务也需要各种组织资源的帮助，包括对后勤系统进行计划、规划和发展军事基础设施，有时甚至要对某一特定服务或某一分支机构的任务进行定义。这些任务一般都会外包给供应商。"在其20世纪50年代的快速上升期中，空军培育了许多私人企业，这些企业在很大程度上接手了常规的军事行动，具体包括保养飞机、发射火箭、建造和维护发射点、组织和指挥其他承包商，以及进行重大公共决策……空军的成功超越了其他军种……为所有联邦机构构建了可以模仿的神奇公式。"[1]

一个参与开发新一代战斗机的企业可以在较大程度上影响飞机

---

[1] H. L. Nieburg, *In the Name of Science* (Chicago: Quadrangle Books, 1966), pp. 188-189. 这项研究为这里所勾勒的政府与技术专家阶层间的关系提供了非常细致的说明。尤其可以参考第10章和第11章。

的设计和装备，它在飞机用于何种目的、所需飞机的数量、部署乃至所针对的敌人上都有一定的发言权。这将反映出企业自身的观点，并同样反映出企业自身的需要。如果企业被赋予了更加明确的计划职能，就可以帮助建立一些假设，如可能的敌人（实际上就是苏联）的优势和意图、可能的攻击的性质及由此产生的敌对行动，以及国防采购依赖的其他因素等。企业和包括公共机构在内的其他具有计划职能的机构一起确立了国防要求的官方观点以及部分的外交政策。这些都广泛地反映出企业自身的目标，如果再有别的预期反而会很奇怪。

这种影响并不是绝对的。大型专业化武器生产商的影响力最大，这种影响力随着企业规模和国防生产专业化程度的降低而降低。有时，如果某个技术专家阶层的计划水平太差或是极度不胜任管理职能，那么影响力也会不复存在（20世纪60年代末至70年代初的洛克希德公司就是一个例子）。不过这种失败是很不寻常的，所以也臭名远扬。[①]

四

认同感和适应动机不仅对影响技术专家阶层关于武器采购的决策很重要，而且几乎是这种影响力的唯一来源。

我们已经看到，一家现代企业的领导人无法依据一个主要靠想象构建的方案来决定生产一款新的民用产品。想想烤吐司机的

[①] 政府对洛克希德的救援也是意料之中的——这次救援肯定了政府和企业之间紧密共生的关系。

例子。它必须是由科学家、工程师、设计师、生产专家、市场研究员和销售人员组成的团队努力的成果。这就是为什么权力转移到了技术专家阶层手中。也是基于同样的理由，现代企业无法买通国防部使相关决策向自己倾斜。宽泛地说，企业无法买通决策者。相反，这是一个需要很多人长期参与的决策过程，其中一些是技术专家阶层的成员，一些是公共机构的雇员。这一过程决定了新型战斗机或具有无与伦比的规避力和破坏力的新型导弹的可行性、必要性以及设计。到那时，对设计的熟悉以及包括掌握所需的技术知识和经验的其他要求，都将决定谁会拿到合约。这时新入场的竞争者几乎没有机会胜出，而其他企业就像人们所说的那样开始跟进了。企业只有前期密切且长久地参与过才能具有这样的影响力。

但也并非总是如此。当军队想要把骡子、毛毯、鞋子或步枪的供应外包出去时，一个慷慨的说客或者一个坚定的立法者是可以对外包结果施加影响的。只需要一个简单的决策，能控制决策或做决策的人就等于控制了结果。时至今日，国会在是否使用或弃用早期的军事基地、兵工厂、船舶修理设施，以及其他相对不复杂的设施上仍有一定的发言权。但是在关于继续或是放弃某一武器系统的决策上，国会至多只有一点发言权，至于在任命制造商的决策上，国会就更没有发言权了（绝大多数的发言是由委员会主席完成的，委员会主席过去在军队中没有什么实权）。决策先由团队和委员会做出，之后会一步步移交给更高级的团队和委员会进行审核。再一次强调，参与这一过程是获得权力的关键。即使是才干超群、做事高效的国防部长，也必须服从这一团队决策的结果，更不必说一个资质平庸的国防部长了。

五

根据市场的本质，一个组织或企业向另一个组织或企业出售产品，二者之间界限分明。而私人企业向农业部出售奶粉的过程也具有相同的特征。但是当计划取代了市场，当人们除了金钱补偿还产生了认同感和适应动机后，情况就大不一样了。政府和私人企业间没有清晰的界限，这个界限变得模糊甚至消失了。每一个组织对其他组织来说都很重要，成员的日常工作也有很多重叠交错的地方，每一个组织都开始接受其他组织的目标，每一个企业也都试图使他人的目标适应自己的目标，进而每一个组织都成了其他组织的延伸。大型航空类承包商与空军间的纽带无论在表面上与联系空军和美国政府的纽带多么不同，在本质上都是一样的。在每种情况中，共同的目标就是起到决定性作用的纽带。

这一观点受到了强烈的抵制。市场将政府与其供应商分割开的前例造就的传统，要求公共与私人活动间存在明确界限。在美国，社会主义并不是一个会引起共鸣的词语。而这种谜一样的分割也抑制了人们关于成熟企业的公共业务在原则上属于更大的公共政府机构的联想。这也有助于技术专家阶层维护自主权，使它不必受到大量古怪的政府监管。政府可以尽可能少地（虽然不是完全不）介入高管薪酬、费用账户、工厂选址、行政裙带关系和赞助，以及其他一些关乎公共或政治利益的事件，因为这些都属于企业私人的操作。公共机构在支出公共资金时会受到相当严格的伦理约束，而名义上的私人企业即使支出公共资金，人们的态度也要宽容得多。然而，只有那些自欺欺人的人才会无视这一现实，那就是现代激发系统已经使这个界限无关紧要。

虽然企业与采购机构间有共同的目标——认同感和适应动机的结果，但这并不意味着金钱补偿和金钱动机就不存在了。正如我们在第 11 章看到的，结合了认同感、适应动机以及金钱回报的激励体系是具有内部一致性和自我加强性的。由于工资支付不能解释一位将军或五角大楼官员与其工作间的关系，所以金钱动机也同样无法解释成熟企业与采购机构间的关系。如果假设现代武器制造商就像过去的步枪制造商一样，只是为了工资和利润才向政府供应武器，这种假设不免给人一种四肢发达、头脑简单之感，这对于激进的社会主义者非常有吸引力。但是这么想的话就几乎完全忽视了工业权力中的社会现实。

当然，这种权力并不是只在与国防部的关系中有所体现。美国国家航空航天局、美国核管理委员会、联邦航空管理局和其他公共机构都通过涉及大量资本支出和先进技术的长期合约进行了工业计划。几乎所有的成熟企业都与现代政府保持着这样的关系。

六

认同感和适应动机通常无法与对政府、特定政党或某一任领导班子的政治敌意调和。如前文所述，创业企业对政府并不存在密切且持久的依赖；它与政府打交道的成败取决于像获得合约、出售公共用地、征税、设定关税或通过一项法规这样的私人、慎重的行动，而且不必过度考虑整体政治环境。但成熟企业与政府间持久且密切的关系使得政府的大门总是为它敞开，它也总是可以轻松见到政府官员。然而，任何不利的政治行动，甚至是怀有敌意的演讲，都会使这种与政府的接触变得困难。那些拎着公文包整天在华盛顿开会的人，是不会有工夫为那些刚刚猛烈抨击过现任政府及其下属机构的企业总裁的证词辩解的。

这不仅仅是权宜之计。认同感是一种心理现象。如果产生了认同感，就没有什么心理或道德上的障碍可以阻止企业接受政府的目标。这些障碍是政治争论和冲突的结果。谴责民主党人破坏商业发展，谴责共和党人中的自由派是被蒙在鼓里的共产主义代理人，就等于宣布自己不认同他们的目标。对技术专家阶层来说，这无异于否定作为其权力来源的认同感和适应动机。这显然是不合理的。

由此我们可以窥见现代大企业的政治倾向。无疑，大企业的高管会继续与共和党保持在道义上的从属关系，但是他们不会就党派问题公开发表观点。[1]在某种程度上，无论哪一党派执政，他们的企业都会沾染上该党派的气息。显然，无论哪一党派执政，企业都会对其施加影响并与其保持接触。

这一切都是为了保护一个更加强大且重要的影响力，而这一影响力源自与官僚机构的持久且密切的联系。通过这一角色，企业可以参与重要的决策。它可以帮助形成高技术的选择，这反过来又控制了自身产出的军事和其他产品的需求。它可以影响军事策略方面的决策，而这些策略又确定了对此类产品的需要。它还可以帮助确立当前外交政策方面的观点或假设。显然这些都是非常重要的权力。这就是正式庄严的立法听证会，与温度适宜且装有黑板，桌上堆满数据、图纸和磁带的房间之间的差别，而正是在这些房间中，人们一点一点完成了重要的决策。技术专家阶层非常有辨别力也非常明

---

[1] 我在第一版中就表达了这一观点，而商界反对越战的行为也从本质上印证了一点：小企业家组成了强大的游说团体反对战争，成熟大企业的高管却几乎不曾参与这种游说。

智地选择了施加影响力的地点。

七

我们已经看到，工业计划的实施要求对价格进行控制，同时对消费者进行管理。所以，指令不仅仅是从至高无上的消费者处单方向传递给生产者的，也会根据技术专家阶层的需要从生产者处传递给消费者。这就是修正序列。修正序列同样适用于公共采购领域。[1]

那些为了反驳我而希望找到我关于"所有公共支出都是为了适应现代企业需要"的言论的人恐怕要失望了。工业企业对军事采购的影响尤其如此。在这个问题上，如果研究者随意得出一个结论，最后往往会因为言过其实而导致结论的可信度受损。有些人就会说，既然研究者不看重事实的准确性，就说明他们根本不看重事实。研究者得出的结论即使实质正确而仅仅是程度上有偏差，也会被彻底否定。在这里，我无意得出一个十分准确的结论，只是想讨论一下这种复杂的双向作用的影响力。

---

[1] 确实，那些口口声声捍卫寡头垄断、市场和消费者自主权这些既定观点的经济学家，却很少敢将自己的理论应用于军火公司和国防部。在这类机构中，几乎绝大多数人认为拥有自主权的一方是生产者而不是消费者。

第28章
进一步的总结

一

现在计划体系这一版图的主要图景已经完全展现在我们眼前。绝大多数人会认为它令人生畏，几乎没有人会蔑视其可能产生的社会影响的复杂性。我们唯一能确定的是，任何试图对计划体系做出简单判断的人一定是错的。

计划体系生产并提供着大量且不断增加的商品和服务。工业国家中当然还存在许多穷人，尤其是在美国。虽然本书没有将他们作为中心主题进行论述，但这并不意味着笔者无视了他们的存在或是对他们的命运漠不关心，只是因为无论以何种可行的标准，穷人都在计划体系之外。他们不是无法被纳入计划体系的服务范围，就是不具备进入计划体系的资质。而计划体系（我们要记住本书所定义的计划体系范围）不单单是为那些进入计划体系的人消除了贫困，也极大地减少了他们的体力劳作负担。只有那些从未经历过长时间、持续的艰辛枯燥的体力劳动的人，才会对这种负担消除的好处无动于衷。

人们曾经以为，经济体系为人类提供的正是人类出于自身原始且至高无上的欲望而自古就渴望可以环绕在身边的东西。在现今的正统经济学教育中，我们仍然大力强调这种经济动机来源。但是正如我们已经充分看到的那样，如果说这一体系在适应人类的欲望，那么它同时也在令人类越来越适应它的需要，而且它也必须这样做。后一种适应并不是可有可无的推销，而是计划体系不可分割的有机组成部分。高科技和大量资本使用使得计划体系不能受制于市场需求的涨跌波动。它们需要计划，而计划的本质就是令公共行为变得可以预测，也就是说变得可以控制。

而这一控制又带来了更深层次的重要后果。它可以确保无论商品供应有多么充足，男性和数量不断增加的女性工作者都会继续卖力地工作。它也确保了社会将以产值的年度增长来衡量自身的成就。如果人类为自己设定了目标，一旦达到之后就宣布"我已经得到了想要的东西，本周剩下的时间我要用于休息"，这对经济学这一学科来说是最令人不安的事。这种行为会被认定为不负责任绝不是偶然的。如果认可了这种行为，就等于认同增加的产出不再具有社会紧迫性，说够了就真的是足够了。那么我们也不会再以国民生产总值的年度增长来衡量社会成就。一旦生产增加不再具有首要性，那么计划体系的需要也不再会被自动赋予优先权了。社会态度所需的再调整将会是惊人的。

我们所受到的管理其实并不沉重。这种管理作用于大脑而不是肉体。它首先获得默许或者成为我们的信念，然后这种心理上的调节会促使我们行动，所以我们不会感到被强迫。并不是说有人要求我们购买一辆新款汽车或新出的止泻药，而是我们认为自己必须拥有它们。任何人都有机会抵制这一信念并跳出控制，但是对我们的管理并不会因为我们没有在肉体上受到压迫就有所减少。相反，虽然人们对此知之甚少,但是肉体上的压迫比精神上的低效得多。

二

计划体系将资本供给纳入自己的控制,也将劳动力供给在很大程度上纳入自己的控制,因而也使二者被自己的计划行为控制住。计划体系还将其影响延伸至政府的内部。那些对计划体系至关重要的政府政策,包括对总需求的调控、对调控所依赖的大型公共(最好是技术类的)部门的维护、承担先进技术的研发费用,以及提供越来越多的训练有素的人才,都被认为具有最高的社会迫切性。这一信念与体系的需要也是一致的。而成熟企业技术专家阶层的影响力,还可以延伸至为其特定的产品或一类产品调节需求。技术专家阶层的成员认为自己与政府购买的产品的设计、开发和生产有密切的关系,就好像技术专家阶层认同类似有效国防这样的社会目标一样。而技术专家阶层会通过改造政府采购品的设计、开发或需要来使其与自身目标保持一致。所以这些目标不可避免地反映出技术专家阶层及其计划的需要。

与这些既是因又是果的变化同步的是政治和经济权力轨迹的深刻迁移。相对其他人,金融家和工会领袖在社会中的影响力已经骤减。他们之所以受到尊重,更多是因为过去的显赫而不是因为现在的权力。技术专家阶层所施加的直接政治权力要少于从前的企业家。这是因为它现在作为政府机构的分支和延伸已经有了更大的影响力,而且对更大范围的舆论也有了影响。技术专家阶层在科学、技术、组织和计划方面的需要催生了规模更大的科教领域。而且,在计划体系的指引下,虽然我们的文化全心全意地强调发展商品生产,但这也不是全部。不断增加的收入也在计划体系外孕育出了文艺界和知识界。①

三

这就是对这段旅程中主要结果的最简短描述。有两个问题不可避免地会出现：这段旅程的终点会是什么样的？而我们又该如何被引导呢？

其实这两个问题没有一个像我们已经考虑到并且希望解决的问题那样重要。虽然知道自己向着哪个方向前进是件很愉快的事，但是却远不如知道自己已到达何处来得重要。虽然在接受已经存在的事实的过程中总是存在各种阻力（阻力的来源有两种：第一种，虽然是谬误，但也是进行了大量的智力思考才艰辛获得的，可想而知十分珍贵，所以心中恋恋不舍；第二种来自对无所不在的维持方便省事而非符合现实的信念的需要），但是考虑到现在的情况，人在两大法庭上都具有上诉权，这两大法庭即观点的内在一致性以及与可以观察到的现实间的一致性。人们也许会认同，这些测试在这里确实起到了很好的作用。我可以大胆地说，绝大多数读者会因此感到放心。但是当人们转向未来时，这些指引就不复存在了。关于未来的预测有明智的也有愚蠢的，遗憾的是我们不能清楚地区分这二者。

要同时谈论将要发生的事和应该发生的事也是有些困难的。马

---

① 参见：*Economics and the Public Purpose* (Boston: Houghton Mifflin, 1973)，我在这本书中讨论过这个重要的问题以及市场体系其他方面的问题。

克思可能偶尔也会想知道,既然革命像他宣称的那样是不可避免的,为什么还需要他赋予热情和不懈地宣传呢?[①]当一个人希望大众的理解可以逆转有害倾向的时候,是否应该对有害倾向进行预测呢?当一个人相信某种观点以及相关的宣传时,他无法说服自己相信这些观点不具有影响力。事实上这些观点是具有影响力的。而那些钻研理论的人如果够明智,就应该欢迎人们对他们进行攻击。如果这些理论顺利被接受了,他反而应该感到不安,因为这说明这些理论对人们的影响不大。我希望大众的理解可以逆转经济体系中某些不那么令人愉快的倾向,进而废除那些从中得出的预测。我也同样相信争议可以佐证这些变革的重要性。

四

还有另一个原因,无论有什么不便,我们不得不面对未来。虽然那些秉持着崇高科学态度的人经常公开谴责经济学辩论中的英美传统,但它确实是非常规范的。检验一个诊断医生是否应该被认真对待的标准,是他对以下问题的回答:"那么如果是你,你会怎么做?"我主要关注的是说明计划体系究竟是什么样的。但如果止步于此,就等于告诉绝大多数人,这一描述并不是非常有用。

此外,前文的讨论也提到了许多重要的问题。例如,技术在计划体系中的重要作用及其与大规模杀伤性武器间的特殊关联。我们如何才能幸免于此?还有这一体系中的个人问题——无论是在生产

---

① 这种猜测也许稍显迂腐。任何一个坚定的革命者都会努力让不可避免的那一天尽早到来。

中还是在消费中，体系都要求抑制个性。鉴于我们对个人的至高无上和神圣性的承诺，如果真有办法，那么可以通过什么样的手段来拯救人类的个性呢？显然，生命有不同的维度，而计划体系是不会为艺术服务的。人们不禁要问，当教育与计划体系如此之紧地捆绑在一起时，它还是真正的教育吗？此外还有计划体系与智力表述和政治多元化间的关系。我们需要专门来谈一下这个问题。

五

即使是像马克思和阿尔弗雷德·马歇尔这样观点存在巨大差异的哲学家都赞同，在人类历史的绝大部分时候，政治利益和冲突都是源自经济利益和经济冲突。在美国也是如此。我们的政治就是债务人和债权人的利益、国内贸易和出口利益、城市和农村利益、消费者和生产者的利益，尤其是传统上的资本主义企业家和产业工人阶级的利益诉求的冲突与合作。

如我们所见，计划体系在很大程度上同化了这些阶级利益。这部分是通过尽量减少冲突的现实，部分是通过利用产生的可用于赢得信念控制的态度所具有的可塑性做到的。在这一过程中，计划体系的目标变成了所有与之相关的人的目标，稍加延伸后也就变成了整个社会的目标。

在过去，经济利益的冲突及其引发的政治分歧，都允许并诱发了关于经济体系及其目标的批判和反思。资本主义企业家或工人领袖都很少会对自身或自己的目标进行深刻批判，不过二者间的冲突确实促进了不少学术研究。当研究结论不利于某一方时，它们就会得到另一方的暗中保护。

有一个问题是，当计划体系吸收经济冲突时，是否终结了对社会目标的所有审查。计划体系的控制术，即它对市场行为的管理以及它对社会目标的认同感和适应动机，是否也在尽量最小化社会的内省？简而言之，计划体系是否在本质上就是单一、庞大的，而且非常平淡无奇？一个社会又从经济利益的多元化中汲取了多少力量？值得一提的是，经济利益的多元化反过来又支持着政治讨论及社会思想的多元化。

近年来一种有趣且被广泛关注的政治现象，就是人们（尤其是学生和知识分子）对已被接受和认同的社会思想方式不满，而对这种不满的定义是不明确的。这些观点，无论是得到自称自由派还是保守派的支持，都被认为是"建制派"的观点。并无不妥的是，这种拒绝不仅或多或少地延伸到了建制派所持的经济、社会以及政治观点上，还延伸到了衣物、传统住宅，甚至是肥皂、脱毛器和其他产品上，而这些产品的充分使用正是公认的对社会成功进行衡量的手段。这些都被持不同政见者以一种非常明显的方式回避。这是否就是一个包含了之前冲突界限的社会中不同意见的自然界限？现在我就要开始讨论这一系列的问题。

我会从下一章开始讨论经济体系，尤其是计划体系的一些短期后果和需要，之后我将讨论一些更长远的影响。但是再次重申，整体而言，至少是在本书中，相较于我们将去往何方或应当去往何方的话题，我对谈论我们已经到达何处这一话题更有兴趣。

第29章

计划体系与军备竞赛

所有的男人、女人和儿童都生活在高悬的核战争的达摩克利斯剑之下。这把剑拴在一根极细的线上,而这根线随时都有可能由于意外事件、失算或疯狂而被割断。

——约翰·R. 肯尼迪,时任美国总统

一

任何稍有智商的人都知道,出售商品,即对特定产品的需求进行管理需要深思熟虑的谎言来辅助。绝大多数商品的功能都是司空见惯的——填饱肚子,满足酒瘾、烟瘾,从交通堵塞中脱困,促进肠道蠕动或促进排泄。说真的,当这些产品发挥这些常规作用时,实在很难说它们有多么重要。关于它们的功用,一般不允许说谎。但以某种说法代替事实真相,微不足道甚至是凭空想象出来的品质被说成益处多多,这却是必需的。

我们很难否定完全坦诚的好处,但在现实中,上述的小把戏也不会造成什么直接的伤害。如前文所述,只有在相对富裕的国家才有可能劝导人们如何花钱。对富裕的人来说,如何花钱并不是一件多么大不了的事。如果一个华而不实的观点只影响到不重要的决策，那么它显然是无害的。更重要的是，这种情况在主观上就被认定是华而不实的。这是因为现代人本身就要面对大量或多或少有些不可靠的信息，所以他们自建了一套对所接触信息的可靠性打折的系统，并且几乎不假思索地将其应用于各种来源的信息。朋友或邻居如果没有撒谎的名声，那么通常假定来自他们的信息是可靠的。同样，来自相关专业的老师或科学家的信息也是可靠的。而医生对暴饮暴食、饮酒和吸烟影响的判断，以及对除癌症以外的疗法的评估都是可靠的。人们还假定，野史撰写者说真话的可能性要远大于正史撰写者和自传作家。绝大多数的记者也是如此。至于行家和传教士关于世界末日信息的可靠性更要大打折扣了，政客对道德、和平与裁军的讨论的可靠性也是一样。各种形式的广告的可靠性就几乎为零了。即使是小孩也会轻蔑地说，电视中宣称健康且象征身份的早餐麦片不过是"商业广告"。可以想象，只要产品不危及生命，政府大可不必要求企业在广告宣传中坚持实事求是。人们现在采用的这种对信息自动打折的较为全面的保护手段一开始会奏效，但随后会失败。

　　无法赢得信任并不一定会彻底损害管理消费者需求的有效性。管理涉及在消费者心中创造一个有吸引力的产品形象。在这个无须太多思考就进行消费的年代，人们也会多多少少地自发回应这些管理。而要想塑造这样一个形象，触手可及的幻想要比旁证珍贵得多。

二

　　幻想以及形象塑造在计划体系与政府的关系中也起到了重要的

作用。计划体系通过刻意塑造合适的政府立场、前景、问题或危险的形象，可以确保得到有利于其需求的反应。如果将国家塑造成一个技术发展水平落后的形象，而技术发展水平又恰恰是世界上衡量国家成就的主要标准，那么计划体系就可以确保政府会对科学研究和技术发展加大投资；如果将国家塑造成被敌人围困的形象，那么政府就会对武器进行投资；如果将国家塑造成自由受到管制威胁的形象，那么人们就会抵制各项监管。

然而，塑造这些形象的过程远没有创造消费者需求的过程来得明显。所以，人们对这些形象的信任也远远超过对广告的信任。人们对香烟或肥皂的需求管理总带有一定的善意的怀疑，不是所有参与这个管理过程的人都相信这些产品会为自己带来长久的幸福或者永远无害的生活，更多的时候也许是他们可以从这种有效的哄骗术中获得职业自豪感。但与之相反的是，人们非常严肃地看待国家的形象。对国家形象进行塑造（更常见的情况是维持）的人的工作态度是非常严肃的。他们会自我催眠，将塑造的结果视为现实而不是现实的形象。任何暗示它只是塑造出的形象的行为都是不负责任、古怪甚至可以说是颠覆性的。因此，虽说在公共事务中和在私人事务中一样，出于同样的理由，我们都会受到服务于计划体系的计谋的控制，但是我们需要花费更多的心力才能辨别出公共事务领域的形象和计谋。而且，因为这还导致了常规可信度打折系统的失灵，所以我们就更有必要将这些形象和计谋一一识别出来。

三

我们已经看到，计划体系为了稳定总需求要求政府必须设立相关的大型公共部门。我们也已经看到,计划体系在与现代军事采购联手后达到了最高的发展阶段,而后者拥有大量资金的支持。这些都可以通过常规过程很轻松地获得。对总统来说,削减20%的军费开支所要花费的努力远远超过增加20%。最省力的做法是维持一定的军费水平,如果每年都略有增加就更好了。①不过,他必须营造一种世界形象,以证明这种安排所要求的军费开支是正当的或合理的。

政府所需要的形象就是长久以来采用的与各种形态的共产主义社会斗争的形象。这绝不是说这一形象的存在仅仅是为了满足计划体系的需求。苏联革命性的国民雄心及其主张中难以控制的力量,无疑都是这一形象存在的历史因素。但是历史和结果必须分开看待。

简化后我们会发现,军备竞赛与计划体系需求间的关系非常密切。我们与由苏联领导的世界共产主义运动之间永不停息但终归是良性的斗争引发了上述的关系。这种关系又进一步由经济体系间的差异引发,而个人自由间的差异也主要由经济体系间的差异引发。②个人自由间的对比是鲜明且不受束缚的。苏联具有高度组织性和计

---

① "……既定的传统……认为,参议院和众议院必须在几小时之内通过为了战争军备耗费数十亿美元的提案,而促进和平事业的条约或帮助经济欠发达国家的项目……或者……保障所有公民权利的项目,或者……促进穷人利益的提案必须在几周甚至是几个月的时间里经过仔细的审查、辩论、修订和反复讨论。"出自参议员盖洛德·尼尔森(Gaylord Nelson)1964年2月在美国参议院的发言,参见:Julius Duscha, *Arms, Money, and Politics* (New York: Ives Washburn, 1965), p. 2。

② "苏联领导人最终承诺要实现终极的共产主义目标,即消灭资本主义体制并在全世界建立共产主义制度……可以想见,任何与苏联签订的条约和协议在未来都会像过去那样变成毫无意义的片面协议……苏联人决意在不发动核战争的前提下实现这一目标,虽然他们确定自己一定会在核战争中获胜。"Thomas S. Power, General, USAF Ret., *Design for Survival* (New York: Coward, 1964), pp. 43-44。

划性的体系要求个人服从政府的目标，个人的表达被限定在一套被政府接受的观念里，西方的自由企业体系就没有这种对组织或计划的限制。

这两种体系都积极、狂热地宣扬自己的思想。共产主义虽然会选择策略性地妥协于双方共存或关系缓和的局面，但事实上还是坚持实现最终统治全球的目标。任何一个追求自由的人都无法接受一个永远半奴隶、半自由的世界。

这种体系间的不兼容以及相关的宣传意愿都直接导致了军备竞赛。如果可以，苏联人会用武力迫使世界采用他们的体系，而一个强有力的武力威慑可以阻止这件事的发生，并且维持人们对自由必将胜利的信念。总的来说，这是技术层面的竞争——决定性特征就是武器、武器系统，以及相关防御体系的竞争性发展。

这种竞争并非毫无节制，经费虽然充裕但也是有限的。此外，虽然这么说有些鲁莽，但这种竞争归根到底是良性的。这是因为如果双方都大力开发，往往会形成僵局——任何一方如果想要毁灭对方，结果往往是杀敌一千，自损八百。而且，由于双方都是理性的，所以就避免了最后的决战。人们都认同，裁军会对互相制衡以避免两败俱伤的前景构成很大的威胁。因为野心一直都有且双方缺乏互信，所以存在这种危险，即被对方诱入谈判的陷阱做出让步，允许对方在不受法律制裁的情况下发起毁灭行动。因此，人们认为军备竞赛反而更安全，虽然也讨论过裁军，但是几乎没有一个相关人士觉得裁军是有可能的。相反，这种讨论只是为了表示尊重。计划体系明显表示，军备竞赛不是为了它自身的利益，而是作为裁军的替代品出现的。

这一竞赛的所有特征都与需要密切一致。由于共产主义者的雄心是永不停息的，所以暂时的和解或紧张局势的缓和不会导致支出的减少。如果有那也只会是权宜之计。他们的统治热情永远是"如何继续世界革命"。[1]在传统的冲突中，和平的到来会令进一步的资金支出支持突然消失。一场无须正面较量的战争很好地避免了战争终将结束的危险。技术竞争的本质决定了这是一场永无止境的比赛。国家安全依赖于保持高水平创新的能力——不过并不需要达到可能的最高水平，因为有些技术实在太昂贵了。技术竞争中的过时落伍几乎完美地替代了战争中的损耗。停止这种竞争的正式协议不会出现，因为人们相信这将比竞争本身还危险。一旦战争涉及征召大量的低薪参与者，那么参战的危险与不适就格外沉重地落在这些人身上。所以战争会受到劳动大众的反对，虽然这种反对不是普遍的。军备竞赛却不会引起人们这样的反感。现代工会也腾不出工夫来反对这种似乎纯粹是为了切身利益而进行的智力行动，所以它也觉得这种持续竞争的局面是可以接受的。

即使有人认为这种竞赛会在某个时点导致全人类的灭亡，也不能算是明确的反对意见。因为军备竞赛涉及的不是物质条件是否充裕的问题，而是自由。无论面临何种威胁，人们都不能在这种终极价值的问题上让步。"我相信，绝大多数美国民众会坚决拒绝……可耻的失败主义。与之相反，他们会大声宣布：'宁死也不要被赤化！'"[2]所以即使是对竞赛结果最不利的估计都不能阻止它的继续。

在20世纪50年代，这种当时被众人称为"冷战"的斗争形式空前深入人心。当时的国务卿杜勒斯将人们对这个形式的接受不仅

---

[1] 出自迪安·腊斯克于1965年9月在华盛顿特区的美国政治学会上的讲话。

[2] Thomas S. Power, General, USAF Ret., *Design for Survival* (New York: Coward, 1964), p. 69. 这种措辞现在看来是显得过于大胆了。

视为对社会观念的考验，还视为对宗教热情和道德耐力的衡量。这种接受也不是完全出于自愿。国会委员会、其他公共调查机构、人事安全委员会以及电影和通信行业的私人审查官都认为，如果为自由抗争如此重要，那么它就应该是义务的、强制的。若对此持有异议甚至是不够热情都可能导致就业机会减少、其他经济制裁甚至是被社会排斥。这种环境对军备竞赛非常有利，在这一过程中，人们不但热情高涨，甚至毫无约束。大量的武器系统涌现，有些来自军队，有些来自与某些军种建立了联系的企业，它们的发展都是同时进行或是有所重叠的。这不单是与苏联之间的竞争，还是赞助开发的不同军种之间的竞争。通过从工业界的技术专家阶层中选拔任期较短（那10年间的大部分时候，官员的平均任期都不到一年）的国防部官员，更加促进了认同感和适应动机的产生。在这一时期，国防部部长不会干预下属的决策，而是主要履行公共关系方面的职能。艾森豪威尔总统相当清楚地认识到，军备竞赛及其所依赖的国际关系形象部分源自计划体系。他在卸任前提到，"大量的军事建设以及大规模军工业的同时出现"是美国历史上从未有过的，他敦促国民"防范军工集团不合理的影响，不管这种影响是主动的还是被动的。如果权力错置，其崛起将会带来灾难，而这种可能性一直存在并将持续下去……没有什么是理所当然的"。[1]

四

问题是哪些东西不该被当成理所当然，以及要如何才能不当成

---

[1] Robert I. Vexler, ed, *Dwight D. Eisenhower, 1890-1969*. (Dobbs Ferry, New York: Oceana Publications, 1970), p. 143.

理所当然？计划体系使人们相信这种永不停息的争斗（以及相关特征）的形象，从而合理化自身需求。既然赢得了人们的信任，那么军备竞赛就好像那些以此为基础的行动一样变得正常、自然且不可避免。持有异议会显得不正常而且不负责任。由此产生了一种依赖劝导而不是强迫支持的体系的力量。

然而，经考察，我们发现许多我们相信的事不过是幻想出来的。美国和苏联的案例呈现的不过是两个工业大国的现实。我们已经充分认识到，根据两国极为相似的以经济衡量成功的标准，二者都能实现成功的目标。它们的成功绝不是永无止境的斗争，也绝不是现实中进行的零和游戏。

在这两个体系中，其政客、作家、艺术家和科学家所起的作用存在着巨大的且毋庸置疑的差异，没有人能最小化这种由《第一修正案》导致的差异。不过，我们对两个体系的经济管理间是否也存在如此之大的差异就没那么确定了。两个体系都受到工业化重要性的影响，这对二者来说都意味着计划。虽然对那些拒绝计划的人采用的手段不同，但是所有情况下的计划都意味着将市场机制搁置一边，转而控制价格和个体的经济行为。很明显，两个国家都要求人们信任那些为计划机制的目标服务的观点。更为明显的经济趋势是融合，而不是不断导致冲突的差异。

有人认为军备竞赛最终是良性的，这一观点并没有什么根据。意外并非不可能出现。总有一天会有一些信以为真的人对原本表演性质的冲突做出反应，冲破原有的预防措施，挑起最终的决战，这种可能性始终是存在的。

至于一致同意的裁军的风险要大过持续无解的军备竞赛，这种观点同样未经证实。我们也不清楚为什么人们坚信可以在所有事情上与共产主义者通过谈判达成一致，只除了裁军问题。仅仅是简短地考虑了一下自由可能受到的威胁，就冒着毁灭所有文明生命的风险发动军备竞赛，这种逻辑也令人难以理解。而那些做出此等决策的人，本身也大大受制于特定的思想体系，他们本身也不是自由人。

知道我们的想象是部分出自计划体系的需要这件事本身就极为重要。这种意识促使我们产生了本不会有的内省与审视。出于同样的理由，它也帮助我们了解到，我们部分的世界观和政治观不是发自内心的，而是出于计划体系的需要。

不过还有另外两个必要的步骤。一个就是要确保抱着怀疑的态度审视官方宣扬的信念，这种做法要成为一项重要的政治职能。另一个就是要通过比军备竞赛杀伤力更小的方式，来满足计划体系中技术和计划的需要。

五

在过去，人们总是会对有利于企业家的形象进行仔细审查，除了其他理由，一个很重要的原因就是工会的金钱利益与企业家完全相反。如果企业家以提升企业的名义寻求一个让穷人承担沉重税收的制度，穷人可以指望工会代表他们进行反击，但是不能指望工会对政府在外交政策中的形象起到相同的反击作用。这是因为，除了工会在政府面前一贯普遍的弱势外，它们在这些事上的需求与技术专家阶层的需求几乎完全一致。工会过去对越战的支持以及如今绝大多数工会对军费开支的支持都证明了这一点。

这种审查以及相应的实现这种审查的政治权力，主要的希望集中在科教领域。过去，学界在计划体系的形象问题上总是持暧昧态度。我们已经看到，对于像"市场控制企业"或者"至高无上的个人自发产生欲望"这样的问题，经济学的正式倾向总是尽可能地支持计划体系所需要的观点，而思想正统的经济学家在这方面总是得心应手。①但是在外交政策这种更重大的问题上，这种倾向就没有那么明显了。在冷战早期，人们对冷战的信念可谓全盘接受，而且理由非常充分。后来被苏联人承认的斯大林式的压迫也证明这并非捏造。此后，大学里从事冷战策略以及军备竞赛研究的专家的数量激增。核威慑、战争游戏、联盟结构以及战时经济政策的理论等，都成为大学里研究、反思和教学的流行课题。学者们尽全力测算出一旦发生核战争我们可以承受的损失的极限，并对4000万和8000万伤亡的相对劣势进行权衡。曾经对和平感兴趣的大学国际关系研究中心如今只专注于冷战的课题。学术界与军队保持着密切的关系，少数顶尖的学者会定期为兰德公司服务，科学家和工程师也与军队或军工企业保持类似的关系。可以想见，科教领域在这些问题上通过认同感和适应动机，与政府形成了类似技术专家阶层那样的关系。这么看来，我们已经不能指望会出现针对这一维持所有类似形象的不同观点了。

　　总的来说，这种事并没有发生。规模更加宏大的科教领域并没有完全接受这一维持军备竞赛的形象。总体而言，这种情绪逐渐发酵成一种日益增强的怀疑态度。而且，学界中研究冷战的专家也逐渐变成了被疏远的群体。与官方的战争计划保持密切且忠诚的关系的学者，会招致别人对其学术诚信的质疑。随着时间的流逝（这一

---

① 其他人就没有这样的本事了。越来越多的人对这种公认理念表示怀疑，并且这种怀疑已经蔓延到年轻一代经济学家那里。

观察于1967年首次提出，而越战又为其增加了一个重要的新维度），这种质疑也与日俱增。

这种情况的出现有许多原因。科学家的特殊处境使他们能够看到军备竞赛的危险，包括意外或由某些本质上短暂的危机引发的高涨情绪导致冲突的可能性。正是他们，而不是大学里的国际关系问题专家或职业外交官，提出了部分禁止核试验以及与苏联[①]就武器控制和裁军问题进行探讨的建议。这种基于善恶两方双边对峙的永不停息的冲突理论，已经越来越受到大众的质疑。人们已经越来越觉得这种冲突是一种可怕的陷阱，诱使双方做出刺激对方的行动，从而挑起下一轮的刺激和应对。科教领域也开始接受那些显示共产主义世界越发多元化的证据，而这些证据都对大一统和敌对阴谋理论有不利的影响。虽然发展得很缓慢，但是共产主义社会中还是出现了类似的对自由化趋势的回应，这就暗示着最恰当的政策也许不是继续敌对斗争，而是耐心应对。最后，科教领域也乐于接受这样一种观点，即共产主义者所宣扬的和平共处的缓和政策也许不是权宜之计，而是反映出他们避免核毁灭的态度。而维持对方大一统的阴谋形象，就要求我们必须自发应对任何共产主义行动。否则，利用完一个机会后，我们还会被鼓动着去利用下一个机会。科教领域对这一点已经提出了深刻的质疑。总体而言这是一个可喜的进步。

随着科教领域在数量和自信心上都不断提高，随着它开始意识到外交政策基于部分源于计划体系需要的形象，随着它进一步意识到这种趋势是有机的、不可分割的，随着它发现唯一的补救之道是来自它本身的审视与参与，而且这种参与还不是它可以选

[①] 也许是出于同样的动机，苏联科学家也承担了同样的领导角色。

择的，而是它在政治和经济结构中的位置赋予它的义务，我们可以合理推断它会发挥更大的作用。在当前时代，没有什么比这件事更重要了。

六

在国际关系领域，尤其是回溯到冷战时期，美国的高级政府官员往往勤于指导其他国家而不是自己国家的政府工作。虽然国务卿们在与国会的关系中总是保持谨小慎微、恭恭敬敬的态度，但是他们在指出苏联方面的失误时却非常大胆直率。已故的杜勒斯几乎不会放过任何一个建议苏联人重视自由、法治以及言论自由神圣性的机会，但在参议员约瑟夫·麦卡锡的问题上，他却谨慎得多。虽然后者在多个场合对言论自由和正当程序进行了攻击，而且从不避讳与杜勒斯先生所在部门的关系。迪安·腊斯克先生在与国内批评人士，尤其是那些指控政府在与中国的关系中表现出过度自由主义的批评家打交道时也十分谨慎，但在批评共产主义政府各式各样的严重缺点时却表现出一反常态的大胆。在卡特政府的组建过程中出现了对苏联人权问题的爆炸式关注，但他们对在美国势力直达的韩国境内出现的类似问题则视而不见。这也许会成为外交关系中的一条定律，即对方接受建议的可能性越低，就越是要严肃地提出建议。美国的官员会直言不讳地警告英国政府，却小心谨慎地指出国会的失误；但是相比法国，他们与英国的沟通要谨慎得多；他们会毫不避讳地教导苏联人，所以苏联领导人几乎很少发现哪一次的美国国务院发言中没有提及苏联的错误以及改进的方向。而苏联领导人对美国事务指指点点的倾向也是完全一样的。虽然各国针对这些交换建议并没有采取太大行动，但是这也不能阻止对方国家继续提出建议。

如果苏联没有同时采取配合行动，那么减少军备竞赛投入方面的进展也会非常有限。① 我们最好明确这件事。不过，偏离规则并就这一问题向美国提出建议也是有好处的。因为向美国提出建议也许还有被采纳的可能，其他国家也许完全置之不理。而且，美国也比苏联富裕，拥有更多的科技资源，因而更可能成为军备竞赛中的胜出者。我们如果能意识到自己在这些问题上受制于计划体系营造出的形象，并且设法根据所处环境的现实而不是这一形象做出行动，那么我们也许有可能与苏联进行谈判。但这也许会被证明是不可能的，因为我们不能确定苏联人又受制于怎样的形象。明智的假设也许是，就像在其他问题上一样，这里也存在同样的趋势，军备竞赛在苏联社会中也具有同样的内生性的作用和力量。不过军备竞赛中确实存在自我实现预言的元素，因为它确实促生了它所假设的双方互不信任的局面。只有当我们理解了自身的处境以及我们承诺的本质后，问题才有可能得到改进。

还有一件极为重要的事是，在给定计划体系需求的情况下，我们要意识到什么才是最为实际的行动。要想躲避军备竞赛以及随之而来的危险，我们不一定要选择阻力最大的那条路。在过去，我们提出了加尔文主义式的解决方案，但却毫无进展。如果我们采用不那么令人痛苦的解决方案也许会更好，这种方案不是十分符合加尔文主义内核，但却有可能让它存在的时间更长。

---

① 在冷战的迷雾中，有一段时间中国扮演着很重要的角色，中国人的行为也非常符合冷战中长期斗争的形象。不过在现实中，当时的中国无论是在科学方面还是在技术方面都不会在军备竞赛中对美国构成真正的威胁。

七

　　如前文所述，根据传统观点，我们无须克服难以克服的经济困难就可以终止对军备竞赛的投入。我们要做的是通过增加其他公共支出或者减税或者双管齐下的方式来抵销武器支出的减少，并且帮助那些工作受到影响的人重新接受培训、接受再教育和转换行业。这些任务虽然艰巨，但也是可行的。而且在没有最小化所需行动的情况下，关于裁军的正统讨论几乎总是认定这一富有挑战性的任务将会大受欢迎。这种对希望的虔诚表达也与公共崇拜部分相关。鉴于现代武器惊人的破坏力，我们很有必要让自己相信，我们并不依赖它们的生产。而关于经济体的其他观点则令人不安。另外，关于古老的马克思主义的争论，仍然体现在苏联的某些宣传中。这种宣传认为，资本主义经济与生俱来地受到市场规模有限的影响。而像帝国主义目的的军费支出，就是修正这种限制的必要方法之一。没有哪个谨慎的学者会希望自己被别人描述成在有意或无意地为共产主义宣传服务。事实上，在冷战期间，一条针对学者的较为极端的行为准则就是，绝对不能做出这种行为。这种斗争是如此严峻，以至于人们都心照不宣地接受了这一准则，并且出于国家利益隐瞒了这一令人尴尬的真相。

　　其实，马克思的争论点并不符合现实。市场并不像马克思说的那样规模受限，他没有预见到通过不同类型的公共支出进行总需求管理的可能性。我们已经清楚地看到，这种管理可以使市场的规模扩大到就业或其他考虑所要求的水平。[1] 军费开支对于增加总需求

---

[1] 现在这一点至少得到了苏联年轻一代经济学家的承认。

并没有什么特别的价值。

但是，就像目前的分析充分揭示的那样，关于裁军问题的正统说法在另外两方面也存在不足。通过大规模减税带来的私人消费和投资无法替代武器方面的支出。对总需求的调控要求经济体中存在规模较大的公共部门。如果想要保留金额大到可以发挥不可或缺的稳定作用的个人所得税和企业税，就必须如此。

此外，虽然所有的支出，无论是用于军事、医疗、住房还是控制空气污染，都可以增加需求，但不是所有的支出都可以在技术开发方面起到相同的作用。我们已经看到，军费支出在这方面能发挥强大的作用，而且还会为有利于民用品的创新行为买单。如果保卫国家的是几乎没有风险的军用经济体，那么民用经济体就可以承担原本难以接受的高风险。通用动力公司因为政府的帮助，才能从前文提到的灾难性的喷气式运输机事故中幸存[1]；斯图贝克公司能从其汽车业务的巨额亏损中幸存[2]也是因为越来越多地参与军事采购计划（仅限斯图贝克的例子）；洛克希德公司之所以能从其在民用飞机上的失误得到政府救助，也是因为政府认为它作为主要军火制造商对国家安全十分重要，因而为营救它，政府将利润丰厚的武器订单授予它，这个订单发挥了与贷款担保同样的作用。军备竞赛为计划体系带来的这些优势是不会被轻易牺牲掉的。

然而，现代工业社会在其他支出方面也存在压力，这些支出与军费开支间的竞争十分激烈，并且一般而言也是为计划体系的需要服务的。已经证实，城镇化在公共服务方面的支出要远远超过人

---

[1] Richard Austin Smith, *Corporation in Crisis* (New York: Doubleday, 1963), p.67 et seq.
[2] 关于通过军事订单来拯救困境中的企业产生的影响，请参考：Duscha, *Arms, Money and Politics*, pp. 14-15。

们的想象。人们正在努力摆脱那些曾经规定蓝领工人、体力劳动者、黑人或其他少数族裔天生就消费得更少的规定性限制。这就导致人们对私人和公共服务的需求都有所提高。那些为军费支出进行辩护的人，面临着来自民用需求的支持者越来越激烈的竞争。苏联的民用要求似乎也很强大。所有人都希望这种竞争可以持续下去，并且强大到足以迫使两国政府对军备竞赛进行限制，并最终使两国签订避免出现相互残杀的局面的协议。

八

竞争的本质决定了我们无须对胜出后的奖励进行检验。想变得卓越或希望变得卓越已足以证明竞争的合理性，足球、象棋、性能力、赚钱或科学成就等方面的比较也是一样的情况。因而，任何领域的科学和工程竞争都可以像军备竞赛一样让人认真对待。虽然这些竞争也会使双方产生大量的恶意，类似于竞技比赛，但它们在大气污染、发生事故的可能性以及最终的事故结果上都比军备竞赛要好得多。

同样清晰的一点是，在与苏联的关系中，美国沿着这条路已经有所进展了。太空探索方面的竞争虽然没有完全排除军事意味，但已经在很大程度上减少了。这项比赛挑起了双方的竞争热情。除了宇航员，这项比赛对其他人都不存在事故危险。而且与早期越洋航行的竞争相比，这场比赛的规模也要小得多。就计划体系的需求而言，太空竞赛几近完美。它需要在复杂精密的技术上进行高额的支出，也承担了和军备竞赛一样高度发达的计划的成本，因此，它很好地替代了军备竞赛。

计划体系的形象也十分支持太空竞赛。美国的空间飞行器能够率先登上月球以及太阳系的其他部分，人们认为这对于美国的国际声望至为重要。

社会上存在一些对这一形象有效性的质疑。为什么美国率先登上土星这件事就具有独一无二的重要性呢？这种帝国主义扩张的前景是否回报特别丰厚呢？外星球上的可耕种土地面积又能有多少？投入太空探索的这些资源难道就没有更好的用武之地了吗？关于这些问题，我们找不到一个合理的答案，就好像我们不明白为什么协商裁军这件事在本质上就比军备竞赛的持续发展更加危险。这两类事例中的真相都屈从于某种需要以及政府要求的某种信念，但是这并不会影响到太空竞赛的价值，因为它通过相对无害而非极端危险的方式满足计划体系的需要。类似的例子就是国家为更广阔的一般科学研究提供竞争性的资金支持，比如探索海床、进入地壳以下的区域，以及任何其他恰当地结合了先进技术和高昂成本的竞赛。

计划体系之所以选择了军备竞赛，不是因为它的自身偏好或是生来嗜血的本性，而是因为这一领域可以获得对计划最多的资金支持，同时几乎不会受到质疑。而且，由于军队和大炮总是属于公共部门，所以政府支持这一领域的行为几乎不带有社会主义色彩。但是太空竞赛表明，政府支持军备以外领域的做法同样是可以接受的。

美苏这两个大型计划体系的救赎之路在 20 世纪 80 年代已经变得清晰了，但是它们是否真的会沿着这条路走下去在当时则尚无定论。其中一定需要对民用需求给予最大支持。随着对民用品的需求变得越发迫切，它们似乎成了及时出现且大受欢迎的替代品。美苏必须签订停止并消除一切致命技术竞争的协议，因为世界上的工业人口和非工业人口都必须仰仗这一点才不致被毁灭。这样的说法并非危言耸听。至关重要的一点是,我们要意识到过去的许多行动都不是基于现实采取的,而是基于想象以及想象的来源。我们也不能假定美苏双方中只有一方受到这种想象的影响。关于裁军的讨论必须进入行动阶段,我们不能再用讨论来替代行动。

不过,如果竞争仍在继续并且在非致命领域受到鼓舞因而继续扩大,我们就能更容易并且不那么痛苦地达成共识。这种竞争服务于计划体系的内在需要,而且它在发展到巅峰后也不会引发后果惊人的核爆炸。

第30章

深层次的维度

……人类自出现以来,第一次遇到了……永恒的问题——当从紧迫的经济束缚中解放出来后,应该怎样利用自己的自由?科学和复利为人类赢得了闲暇,而人类又该如何利用这段时光使生活更加智慧、愉快、惬意呢?

——约翰·凯恩斯

我们不应该受到那些对经济现实一无所知的极端美化分子的影响。

——弗雷德·L.哈特利,联合石油公司总裁
该言论发表不久,加州圣巴巴拉发生大规模石油泄漏事故,其公司对这一灾难性事故负有重大责任

一

计划体系将自身与社会目标紧密联系在一起,并且不断改造这些目标以使它们适应自己的需要。如果社会成员意识到这一点,明白自己在如何被外界指引,那么这种改造适应就不会如此成功了。计划体系的天才之处就在于,它使那些符合自身需要的目标,包括

商品生产、产出的稳定增加、消费的稳定扩张、对商品的偏好强过对闲暇的偏好、对技术变革毫无保留的投入、技术专家阶层的自主权，以及受过培训和教育的劳动力的充分供应，与社会公德和人类启蒙协调配合。人们不认为这些目标源自所处的环境，而是假设它们源自人类的本性。相信这一点就等于认同人类崇尚物质，质疑这一点就等于承认自己不合常理或崇尚禁欲主义。

也许就是如此。几乎没有什么比反思自己立场的新颖性或原创性更有吸引力了。事实上，最近就不断有人在质疑传统经济学和社会目标，尤其是经济学的价值观。年轻人很明显开始疏远这些理论，在不同时期不同程度地表现为他们对工作、职业、服装和外交政策这些方面传统态度的抗拒。不过，这种不安并非仅限于年轻人，在科教领域中也广为传播，甚至还入侵了大型慈善基金会，这些基金会专门拨款给特别组建的团队来重新检视社会目的。这种重新检视总是会带来对服务于计划体系需要的目标的强烈肯定。[1]

人们相信，前文已经展现出了我们这种不安情绪的重要的社会和经济基础。它们也明确指出挟持我们的力量的本质。那么现在，自由解放的机制又是什么？

勤奋又反应敏捷的读者应该完成了最重要的一步，即意识到是何种力量在限制自己，这就实现了通往自由的第一步。但是另一步

---

[1] 参见：*Prospects for America, The Rockefeller Panel Reports* (Garden City, New York: Doubleday, 1961)，以及 *Goals for Americans*: The Report of the President's Commission on National Goals (New York: Prentice-Hall, 1960)。后一本书提供了经典的传统理论清单。"经济体应该以符合对自由企业依赖性的最大速度增长……我们应当促进和鼓励技术变革作为一股强大的力量来推动经济体的进步……个人和国家的发展都离不开各个层次的教育和各个学科水平的加强……共产主义的进攻和颠覆……威胁到了我们在国内外想要追求的一切……裁军应该是我们的终极目标。"参见该书第 3—20 页。

需要我们清晰认识到计划体系因自身本质而不曾或者说不能为之服务的生活的维度，而正是计划体系在这一方面的无能为力使它倾向于尽量最小化这一维度。

再下面同样重要的一步是确定一种机制，以发扬光大这一被忽视的生活维度，从而与计划体系强有力的适应性机制形成抗衡。用一种不那么令人生畏的语言来说，就是一定要有某种政治力量，它可以促成计划体系忽视的并且认为不重要的事情。我会在本书的最后几章谈到这个问题。

二

计划体系通常会忽视政府所提供的与其需求关系不密切的服务，或者说认为这不重要。国防、对研究和技术发展的支持以及类似高速公路和空中交通管理这样的工业增长的次生需要都不会被忽视。教育也不会。随着时间的流逝，对教育的支持不仅反映出计划体系的需要，也反映出科教领域与日俱增的政治权势。追求自身职业利益的教育工作者与其他人主要的不同就在于，他们能传达出动机绝对纯粹的印象。

如果政府提供的服务与计划体系的需要不存在直接的关系，那么这些服务很难受到青睐。这当中有两个因素在起作用。计划体系不需要但是政府必须提供的服务会受到负面的区别对待。计划体系为了管理需求，通过广告赋予了肥皂和牙膏重要性。公立诊所也许能为人们的健康贡献更多，却不会享受到类似的宣传推广。它们也受到区别对待。政府还有许多其他行动与计划体系或者说计划体系公开宣称的目标以及享有的优先权相抵触，这些行动都遭到了计划体系的积极反对。我们需要对这两种情况略做考察。

政府提供的此类服务,包括老弱病残护理、一般的医疗服务、公园等娱乐设施、清理垃圾、建造设计优美的公共建筑、援助穷人以及许多其他服务,对计划体系来说都没有什么特别的重要性。而且,这些服务还需要和那些由于计划体系对消费者进行积极管理从而产生的欲望争夺资金。结果,它们在争夺公共资金的竞赛中表现得并不好。道路清洁竞争不过停在街上的汽车,用于供人游玩的公园的经费竞争不过电视上播放的暴力节目,等等。

人们的观念虽然没有完全但也广泛地适应了这种区别对待。个人的美德是生产得越多、赚得越多越好;公共美德总体上仍然停留在那些提议用更少的成本做更多事的政客身上,而不是提议以同样的成本做更多事的政客身上。在这片土地上,我们仍然能听到那些希望政府用更少的钱做更少的事的人的声音。那些适应性尤其强的哲学家还是认为政府应该尽量少地提供服务,否则国家就部分剥夺了个人自主决定购买的权利。

因而就出现了一种理论,它支持在计划体系所生产的商品和所提供的服务与政府所提供的不服务于计划体系的商品和服务间创造出一种自然的失衡。关于这些问题,我已经在其他著作论过了。[①] 没有什么比如此详细地认同自己的观点更令人愉快的了,但是在这里我必须抵制这一诱惑。

现在,我的关注点要从对公共服务的负面区别对待转向那个强大得多的反对倾向。这种反对来自政府与反对计划体系的目标的联系。

[①] 参见:*The Affluent Society,* 3rd ed., rev. (Boston: Houghton Mifflin, 1976)。

三

不管如何提供商品和服务，也不管如何刻意塑造针对它们的需求，在这些领域之上的是一个关于美学体验的更深层次的世界。这种体验不是由工厂或工程师来提供，而是由艺术家以不同的形式来提供。要想享受到这种体验就必须进行前期准备；与品尝口感清淡醇和的混合型威士忌的反应相比，审美并非人类的一种先天的能力。

美学体验曾经在生活中占了很大的一部分。考虑到早期社会资源的贫瘠以及现代计划体系的富足，美学体验在人类早期生活中所占的分量确实是大到难以想象。每年夏天，来自美国或欧洲、日本的工业城市的游客都会去参观工业化之前的文明遗迹。雅典、佛罗伦萨、威尼斯、塞维利亚、阿格拉、京都和撒马尔罕这些城市，虽然以现代名古屋、杜塞尔多夫、达格南、弗林特或马格尼托哥尔斯克的标准来看极为贫穷，但是却包含着作为生活一部分的更为广阔的美学视角。后工业化时代的城市在审美情趣上都远不如它们。确实，没有哪个关注美学体验的游客会去参观一个工业城市，除非是像华盛顿、巴西利亚、堪培拉和新德里这样少数专门作为首都设计的城市。他只会访问极少数在1776年亚当·斯密的《国富论》出版之后在建筑和城市设计方面异常杰出的城市。

计划体系十分反感的一个词语就是审美。这是因为美学成就超出了计划体系的能力范围，而且在很大程度上两者是冲突的。如果这种冲突不是计划体系枯燥冗长的陈述的一部分，我们几乎没有必要对它进行强调。

这种冲突部分源于二者目标间的冲突，部分是因为美学目标超出了技术专家阶层的能力范围，也就是说，技术专家阶层无法将自己与这样的目标联系在一起。所以，如果过分强调这些目标，只会导致它们被视为一种制约因素。

一个明显的例子是，如果过分强调美学目标，工厂选址就会受到影响。工厂选址不再以最有效率为目标，而是以最不影响周边环境为目标。而且工厂的运作模式，包括排放到大气中的气体气味以及排入溪流、湖泊和表土以下的废弃物都要受到控制。这就意味着更高的成本、更少的产出或者二者兼具。人们会对产品进行质疑，例如汽车的车型、数量和构造是否与宜人的城镇环境或者舒适的氛围一致。

这种制约会造成不便。维护计划体系的社会思想不允许人们质疑特定产品扩大或更高效的生产是不是一件好事。它本身就是一件好事。

美学目标反对破坏景观搭建输电线，认为电力开发会侵害自然形成的溪流或国家公园，反对在城镇的公共空间建设高速公路，反对在原始森林露天采矿，反对在历史悠久的广场建造现代购物中心，反对在宁静的区域上方规划航线。在本书的初版中（1967年），提出这种出于美学考虑反对计划体系价值观的观点还被认为是新奇的、需要瞬间勇气的。此外，我在初版中还承认，如果计划体系提出反对观点，认为美学目标会对产出、收入和成本产生不良影响，并且这些观点得到强烈支持，那么在通常情况下，这些观点都会起到决定性的作用。但是在这件事上社会态度的转变却非常显著，对环境的要求已经成为理所当然的事。计划体系虽然一边克制着自身的愤怒，一边大力推动着自己的目标，但是已经不能确保这些目标会继续起到决定性作用了。人们已经充分意识到，计划体系的目标虽然通常被呈现为社会目标，但实际上与社会目标并不完全一致。计划体系当然不希望人们出现这种认知，但也不得不将它作为事实接受下来。

坚持美学目标也会严重干扰对消费者的管理，因为这种管理的许多表现形式都需要不和谐，而这恰恰不符合美学的逻辑。一个能完美地融入周边景观的广告牌是没有价值的，它必须与周边环境形成强烈反差才能吸引人们的注意。这种不和谐的效果随后会变得很有竞争力。同样有计划性的不和谐原则在广播和电视广告中就更加明显了。许多工业产品的设计和包装也是如此。有时甚至传统的经济学理论观点也能解释这种不和谐。据说它反映出消费者的偏好，符合他们的欲望。如果消费者不赞同这种做法，他们就不会有所回应。一个人如果被人用斧子痛击，他会反抗，而消费者的反应证明了这一击正是他渴望的。这里也一样，大众的觉醒和抵制也在慢慢浮现，虽然他们还有很长的路要走。

四

计划体系与美学维度间还存在一个更深层次也更为基本的冲突。如我们所见，计划体系十分依赖组织。每个成员都掌握着不同的信息碎片，结合在一起后产生的成果远远超出任何一个团队成员能力所及。不过这种程序虽然对技术发展和不是十分需要创造力的科学研究工作作用巨大，但并不适合艺术创作。艺术家不会组团工作。奇怪的是，工业发展的情况却完全相反，最伟大的工业成就都是由委员会完成的，但最伟大的画作、雕塑和音乐却是个人独立完成的。艺术家也许比传说中更喜爱与人交往。作为极具创造力的人，他们理应忍受残酷的与世隔绝的生活，但值得注意的是，他们实际上通常对此避之不及。相比于会计师、工程师和高管，艺术家更喜欢结交朋友且更合群。但是在工作的时候，他们是完全独立的，他们不能接受与团队一起工作。如此，我们就可以较为合理地解释，为什么计划体系虽然具有很高的技术和生产成就，却常常出现老套甚至是令人反感的设计。

由于美学维度的事超出了计划体系的能力范围，所以计划体系的成员断言美学维度并不重要也就是自然而然的事了。不喜欢拉丁文的青少年、不喜欢数学的经济学家和不喜欢女人的男人都表现出同样的倾向。

这还不是全部。培养美学维度的任务赋予了政府一个崭新且重要的作用，但由于自身的限制，计划体系与这种作用不存在关联。部分作用其实已经显现。当工业和美学存在优先权的冲突时，政府必须站出来确认美学高于工业需要。只有政府可以维护自然景观，使它们不被输电线、广告牌、伐木工人、煤矿工人，常常还有政府自己的高速公路修建工人破坏。只有政府可以裁定某些消费模式与社会目标不符，例如在现代城市的闹市区开私家车。仅靠政府就可以消除广播和电视中刻意为之的不和谐，或者政府干脆提供其他消除广告的选择。政府如果确认了美学的优先性，那么它今后就不能像现在这样只是偶尔才出来维护美学目标，并且只是对出于美学逻辑迸发的极度愤怒进行应对；而是要始终将美学方面的考虑置于首位，并且作为捍卫者对其进行正常且自然的维护。另外，这种目标的实现绝非偶然，而是经常需要以工业扩张乃至经济增长的牺牲为代价。如果我们需要停下来想一想才能确认为了美而牺牲部分国民生产总值的增长是值得，这就充分展示了我们的思想已经被改造得十分适应计划体系的需要了。

五

不过政府在美学维度上起到的不仅仅是保护的作用，还有肯定确认的作用。虽然艺术是个人人格的表达，但是只有在有序的框架下，艺术的重要分支才能蓬勃发展。而这种有序的框架必须由政府来提供。具体而言，绘画、雕塑和音乐虽然不在计划体系的掌控范围内，但是依赖计划体系参与者所提供的赞助也做得非常好。我们有必要就大众对艺术的欣赏和享受进行指导（受体系内风气的影响，人们认为将教育资金投入这些活动远不如投入科学、数学和工程领域）。但是，政府虽然可以通过这里提到的鼓励方式发挥许多作用，但发挥的这些作用并不是决定性的。[①]

在建筑、城市和环境规划中，政府的作用就是决定性的。艺术就是秩序的一种表现形式。如果出现无序的情况，它就是第一个受害者。佛罗伦萨、塞维利亚、布卢姆斯伯里和乔治城之所以美好，就是因为它们的每一部分都与总体保持着和谐有序的关系。现代的商业高速公路、蜿蜒的城市边界、从机场到市区的道路之所以难看，就是因为任何一个部分都与整个大版图不协调。在宽松的环境下，这种有序性很少甚至是从未实现过，只有通过政府或是社会进行施压才能实现。

除非处于一个和谐一致的框架下，否则优美的建筑基本没有什么意义。如果被现代服务站包围，那么高贵典雅的泰姬陵也会失去其华彩。不少杰出的现代建筑就遭到了这样悲惨的命运。19世纪

---

① 自本书的早期版本出版以来，这方面同样有所改善。近年来，美国政府更多是作为一个谦逊却举足轻重的艺术赞助人的形象出现。在公共电视的问题上，它也发起了许多新运动。

的巴黎之所以如此美好，不是因为个别建筑的匠心独运，而是因为整体设计的一致性。

此外，有许多建筑必须由国家充当赞助人，例如漂亮的楼房、有趣的纪念碑、怡人的花园和喷泉、长长的风光带、雄伟的广场、高耸入云的塔楼和华丽的外墙。只有当国民变得非常富裕，而且计划体系使经济发展与生活同步时，我们才会不再假定这种赞助是政府特有的职能。一个常见的说法是它已经没有相应的支付能力了。

六

如果坚持认为美国政府——无论是市政府、州政府还是联邦政府——会是合格的美学目标监管人，那就太愚蠢了。政客们很可能对陈词滥调有特殊的偏好。如果不克制这种个人偏好，他们也许就会认为这是对大众品位的必要妥协。虽然公共建筑对世界做出的贡献远超私人建筑，但是像沙贾汗、科西莫、洛伦佐、彼得大帝和路易十四这样品位高雅、才华横溢的统治者做出的贡献要超过一些民主人士。人们反对现代民主政府赞助美学目标的原因之一是，它们总是品位糟糕、以丑为美。

这一点无法否认。只有在确认美学优先性和为艺术工作提供基本框架时，政府才是责无旁贷的。那些因其缺点就声称政府必须放弃对艺术的所有关注的人，也否定了美学的优先性，他们最终会成为无序环境的倡导者。

政府对环境的控制虽然从艺术的角度来说是不完善的，但是聊胜于无。在20世纪20年代后期和30年代初期，华盛顿特区的规划者和建筑师拆除了宾夕法尼亚大道和宪法大道之间的建筑，重新建造了一个名为"联邦三角"（federal triangle）的建筑群。这片三角区的设计缺乏想象力和创造力，同时又充满自命不凡的味道。艺术家当然会批评这种设计。但是它远比之前粗制滥造的楼群要好，也比旁边挨着的建筑好不少。这片建筑整体风格统一，与城市其他未曾投入类似努力的部分相比，已经很值得赞赏了。

我们也可以预计，政府未来在支持美学维度方面的工作会比过去做得更好。这将被视为高度的社会责任感。一时起意得到的结果很少会令人满意，但如果人们认为这项任务对自己的生活非常重要而非可有可无，那么自然会做得更好。我们相信，随着科教领域的影响力不断扩大，它会鼓励并推动美学标准的提高。这将是科教领域对公共生活所能发挥的最积极的影响。

七

许多年来，政客在完成任期并寻求连任的时候，为了衡量自己的胜任程度，往往会调查所在选区是否比其刚上任时发展得更好。如果是这样，而且自己的舞弊行为并非路人皆知，那么他们就会认为自己很有资格争取连任。然而，即使是最平庸的政治家也很难在这项考试中不及格。聪明也好，愚蠢也罢，勤奋也好，懒散也罢，所有的政客都会被产量增加的洪流席卷，然而这种增产通常与他们的努力没什么关系。

美学维度引入了一个崭新的同时更加强大的检验标准，即在市政厅完成任期的市长，在州首府完成任期的州长，在白宫完成任期的美国总统，在唐宁街10号完成任期的英国首相，都会被问及这样一个问题：当他们卸任时，他们的城市、州或国家是否比之前更美丽了。这可不是一项简单的测试。20世纪的大人物中还没有哪位可以通过这个测试。这一普遍失败的事实也是人们坚持美学维度并不重要的另一个原因,没有人会喜欢一个自己注定会失败的考试。但是与过于简单的生产测试相比,关于美学成就的测试终有一天会被一个进步的社会所采用。①

---

① 在本系列的第三本著作《经济学与公共目标》(Boston: Houghton Mifflin, 1973)中,我将再一次讨论美学维度的问题,并且设法更加充分地将这一问题置于更加全面的计划和市场体系背景下进行讨论。

第31章

计划的缺漏

一

计划体系的天才之处在于它对资本和技术有组织性的利用。正如我们看到的，这是通过用计划全面替代市场实现的。计划体系所有重大的成就都是通过这种计划实现的：如果只依赖市场激励来制造所需的设备，那么就不会有登陆其他星球的空间飞行器了，也不会有许多飞往洛杉矶的飞机。计划体系中从电话通信、雪佛兰汽车到牙膏的所有服务、设施、产品都是同样的道理。在任何情况下，企业都需要对产出进行仔细的预测，对价格进行小心的控制；谨慎地采取措施以确保消费者的反应可以在最大程度上验证企业的产出预测；还要采取谨慎的措施以确保生产所需的资料，包括劳动力、零部件和机械设备，可以在恰当的时间以预期的价格获得所需的数量。那些主要参与者认为，如果将这些事交给市场就无异于听天由命。

不过，如我们所见，关于体系的神话是相当不同的。这一观点认为，一个庞大的、昂贵的但不是普遍成功的教育体系也是这样教导的，即所有的功劳都属于市场，市场是一种具有凌驾于一切权力的力量。仅靠市场就可以鼓励和调控经济表现。世界上有不相信上帝存在的不可知论者，但是令人愤慨的是，人们对市场的信任比他们的信仰更为强烈和坚定。他们觉得，只要相信市场，就可永不犯错。

除了它无法与计划体系的实践行为和谐共存外，这种信念本身就不合理。在商业组织的其他所有方面，深刻的理性和因果决定论的态度被认为掌管一切，几乎没有什么是留给信念和希望决定的。但是当到了最后关头，企业需要做出生产什么、生产多少、定价多少的重大决策时，人们总是假设权力被让渡给了具有客观魔力的市场力量。这是不可能的，也是错误的。不过不管这种假设多么离谱，还是有人买账。

其中一个结果就是令人产生严重的生理不适。计划体系完成任务靠的是技术上的竞争力。这就是为什么它总是想方设法令高效的产品生产成为唯一的社会目的，以及检验社会进步的唯一标准。但是出于各种各样的原因，计划体系不会完成所有必要的任务。由于存在一种假设，即计划体系的运作是对市场的回应而不是通过计划进行供求计划的工具，所以人们自然会假设在计划体系力所不逮之处，市场依然可以在无计划的情况下产生良好的效果。

在计划体系之外的相当大的一片领域中，即由小型零售企业家、修理工、独立工匠、理发师、菜农和出版人组成的世界里，市场的运作有时是不充分的，有时是充分的，有时是很好的。东欧完全实行计划的经济体的一大显著特征就是不存在上述服务，或者即使存在它们的表现也很差。不过，还有一些产品和服务，虽然对生活而言非常方便或者非常必要，但是无法由市场提供。社会认识到了市场在这些领域的失败，但是由于人们假设市场一般来说是成功的，所以他们认为在这些领域进行计划是不正常的。人们在进行计划的时候总是毫无热情，觉得自己似乎背叛了原则；而且有效计划所需的条件也不会都被识别出并提供，结果这些任务总是完成得不好，从而令普通大众感到不快甚至更糟。人们如果认识到自己需要计划，而且意识到经济体的很大一部分是有计划地运行的，就会毫不犹豫、毫不愧疚地采用所有必要的计划工具，经济的表现也会好得多。

下面我会用一些具体的例子来详细说明上面这些抽象的概念。

二

最明显的例子就是城市之间的地面交通。回想起来，很明显的一点是，这需要建立一家企业来实现，也就是说需要一个能覆盖整个区域所有城市，包括城市间运输线路的计划工具；然后根据城市间和区域间系统发展本地系统，酌情共同使用道路权、终点站和其他设施。这样就可以对整个系统的未来发展进行系统化的有序预测，同时也能对不同部分和不同阶段的投资需要进行合理预测。拥有如此规模和权力的计划单位，在设定票价时可以在很大程度上不受地方压力的影响。换言之，价格完全或者说在很大程度上由计划控制。它在对需求进行管理（即促销）时，可以在与汽车行业和航空公司的竞争中占据有利地位。它也可以在获取公共财政对其设施的资金支持时，在与汽车行业和高速公路使用者的竞争中占据有利地位。如果相关的成本和风险超出了它的承受范围，它还可以像州际高速公路系统中的汽车行业和高速公路使用者那样，以军事必需品的名义请求赞助。在以军事必需品的名义提出请求后，政府可能就会对相关的技术发展提供资金支持。"军队需要更加快速地进行地面移动"的理由尤其具有说服力。这就使得它或多或少地与航空公司平起平坐了。在20世纪50年代到80年代的30年里，航空公司得到了政府以军用飞机开发（最终可用作民用飞机）和导航设施开发及安装为名义拨发的数十亿美元补贴。一个想成功的计划单位，要能从自己的盈利中获得内部的资本来源。因为这可以使它免于地方政府或其他资金来源方无关紧要的干扰。它可以就增长和技术创新的问题自己进行决策，也会倾向于以这方面的先进性来衡量自己的成功。它的规模以及技术变革的能力，包括自动化，都使得它在与工会打交道的过程中占据优势。还有很重要的一点是，这样的一个单位会拥有一个发展得很好的技术专家阶层，其中团队决策已经取代了参差不齐的个人能力。

这一切都不曾发生。美国地方的交通系统是在政府和私人的支持下发展起来的，因而受到当地政府的影响和调控。铁路则是由另一个系统进行调控，遵循的也是其自有的特殊发展模式。[1] 总

---

[1] 绝大多数美国铁路公司发展的模式都不同于计划体系中同等规模的企业的发展模式。铁路公司没有发展出类似的技术专家阶层，在其发展的整个历史阶段也几乎不存在类似的技术动态；铁路公司也没有类似的控制价格，对铁路服务的需求，劳动力和资本供给，以及成功进行计划所需的其他要素的能力。造成这一切的原因包括政府的管制、禁止并购和经营活动多样化的要求、传统的经营方式、高度仪式化却缺乏技术雄心和竞争力的管理层。在日本、法国、加拿大等国家，由于全国一个铁路系统，或者两个系统居于主导地位，所以产业对计划所必需的要素的控制更强，而且这些国家的产业的相对表现和存在价值也要好很多。虽然已经晚了而且也半是敷衍，但联合铁路公司（Conrail）和美国铁路公司（Amtrak）还是不得不向不可避免的计划妥协了，这既是眼下最恰当的做法，也是它们唯一的选择。

服务涉及地区内以及区域间的客运，每一处则负责提供其中的一部分，所以没有哪一处可以对整个服务进行计划。没有哪一处对价格、服务的使用、资本供给或劳动力供给有明显的控制，也没有哪一处有发展得很好的技术专家阶层。一个需要计划的行业却不具备任何计划所需的条件。因此，结果如此之坏也是情理之中了。

三

虽然不是完全具有可比性，但是仔细思考一下电话服务的不同发展也是很有趣的。电话服务行业利用的是一种老式的电子通信技术。就像铁路和城镇客运的情况一样，联邦政府出于军事目的对其他技术提供了巨额补助。但在电话行业，有一家公司拥有与整个任务相协调的计划权威。该公司同时包揽了本地通话和长途通话服务，有可以发展竞争性技术的资源，也有使政府支持这种发展的资源，当然通常情况下是以军事应用为借口。这家公司就是美国电话电报公司，它的规模赋予了它对价格设定的重大影响力；它可以积极地对其服务的需求进行管理，也可以控制自己的资本供给；规模和技术领先的双重优势更是使它可以对自己的劳动力需要进行计划，使劳动力保持在预期的供给范围内，并且维持对劳动力的控制。

如果每个城市、小镇和村庄都有一家或几家公司同时提供当地通话服务；如果所有的费用都受到地方的调控和影响；如果长途通话服务由许多家不同的公司提供，而且与当地通话服务商间的协调不是很紧密；如果行业中完全不存在或只有少量的研究和技术开发；如果地方单位强烈依赖从类似市政府或地方银行这样的外部渠道获取资本；如果没有按计划供给的劳动力或替代技术，电话通信似乎不可能以任何有用的形式继续存在下去。[1]无疑，电话通信业发展得如此之好，不是因为对自由市场的盲目回应，而是因为市场始终都服从于全面的计划。

近年来，通过对城际客运技术开发的支持以及对地方客运系统的多元化补贴，政府已经采取措施改善地面运输领域过去的糟糕情况。这是典型的亡羊补牢行为，它假设此类行动都是例外而非规则。按照这一规则，合理的做法应该是成立一家具有自主权的企业，且其资本充足到可以接手美国（例如阿巴拉契亚山脉以东）所有大型地面客运业务。这家企业将拥有铁路经营权以及对其他设施的完全控制权，在设定价格和促销选择方面将有很高的自由度。大规模的技术创新将得到鼓励和补贴，迫切的国防需要当然也会得到满足。通过这样的方法，持续、舒适的、高速的城市和城际客运完全有可能实现。[2]

四

计划的缺漏中最明显也最戏剧化的就是城市和城际客运，但这还不是最重要的。城市和郊区住房、商用和其他房地产开发领域才

---

[1] 可以佐证这一点的是，人们认为，如果没有电话自动转接功能，我们也许在很长一段时间里需要美国所有的女性劳动力来完成电话转接的工作（这项工作一向被认为是女性专属的）。

[2] 参见前文关于美国铁路公司和联合铁路公司的脚注。自本书的早期版本出版以来，就出现了这一方向的运动。我在这里还是保留原先提出的建议。

是因假定市场的至高地位而导致严重后果的行业。

人们早已认识到，贫民窟是不存在具有社会有效性的市场回应的。部分是由于空间有限而需求较大，在所能承受的人流量之内，租金往往能达到最高水平。由于已经达到了最高水平，所以即使现有的房产被更换、装修，甚至是很好地维护，租金也不会再提高了。此时最有利可图的行动就是尽量最小化对此处的资金投入，并尽可能地往里面塞更多的人。

商业城市的发展顺应了市场，也同样顺应了个人业主赢得收益的最佳机会。这往往与整个社区的最佳经济机会相矛盾：一家利润丰厚的屠宰场会极大地抵消周边购物中心的盈利或者减少周边房地产开发商的租金。绝佳的商业机会要么毫无美感可言，要么招人反感，位于现代曼哈顿的垂直温室就是如此。如果将空间留给行人简直无异于慈善行为。

郊区的住宅市场的反应也经常很反常。一所房子如果没有配套的污水处理系统、垃圾收集服务、警察保护，并且附近没有学校，价格会低到不可想象的地步。一个不配备上述设施的孤立的房子完全违背了它存在的本义。一个由这样的房子组成的社区也会是排外的、令人不快的。狭长的带状小镇属于当代经典，它将美国所有的中心城市连接在一起。这就是市场所鼓励的发展模式。

人们已经认识到这些缺陷了，但是他们又一次假设这不过是孤立出现的市场失灵的情况。所以纠正的方法是财务紧张、权力和自主权都有限的住房部门提供的拼拼凑凑的计划行为；设法强制实行利润更低但是更能满足社会期望的住房和建筑准则；设法使用分区条例，剥夺在土地所有者看来十分正当的获得最佳收益的权利；通过提供补贴使开发商放弃不当使用土地获得的利润，促进再开发。

或者还有一种做法是什么也不做，但是这种做法的不利后果会导致人们相信或者说希望市场的反应无论在当下有多么不好，最终都会自行变好。

补救的方法分两步。第一步是将市场的不良影响最小化或者中和。第二步是建立一个具有充分权力的计划权威机构。只有强大且全面的计划才能拯救现代城市及其环境并且使它们变得宜居。

由于市场力量的焦点在于土地的回报和资本利得，所以这种解决方案就意味着只要出现明显的不利的市场影响，就必须购入公共用地。到那时，在城镇和大都市政府管理下永远无法强大的计划，就无须在每一个决策上都克服来自市场的阻力。那些不当使用土地的既得利益者不太可能欢迎这样一个解决方案，但是最终历史将会证明我们别无他法。

对城镇及相关用地的获取以及管理的最佳途径是建立一个强大的计划和住房及开发的权威机构。而且和生产汽车或者殖民月球一样，它需要规模、财务自主权、对价格的控制以及发展出技术专家阶层的机会，这些是有效计划所必需的条件。

这种补救方案同样需要付出代价。只有第一次上台的自由派政客才会想象世上存在无须成本的社会收益。虽然就像在计划体系中的其他部分一样，金钱很重要，但是权力和组织也几乎同样重要。而且就像在别处一样，个人必须向组织的目标做出妥协。因而计划就像一般意义上的计划体系一样可以完成它的任务了。养马的人和马车制造商远不像通用汽车的员工那样受到组织的约束；在将自己的价值观强加给客户这件事上，他们也远不如通用汽车的员工成功；在帮助人们实现移动这件事上，他们也远不如通用汽车的员工高效。贫民窟的条件恶劣的自由就对应着马车制造商的个人主义。

五

从纯粹技术的角度看待整个经济体，我们会发现无论是市场还是计划都不该被赋予天然的优越性。在有些事情上，市场仍然在发挥作用，但是在很多事情上我们不能依靠市场的反应，市场必须让位给多多少少比较全面的对供求的计划。否则经济表现将会很不好，甚至可能惨不忍睹。保护自然资源、发展户外娱乐设施、保护美国东部的森林，以及最紧迫的医疗行业的发展，这些都是进一步的例子。我们不能假定市场具有天然的优越性，鉴于计划体系的增长情况，如果一定要做出什么假设，那也应该是相反的假设。如果我们在实际上需要计划的地方依靠市场，那将会产生重大麻烦。

要想客观地看待这些问题，我们就必须再一次和现有的经济学理论划清界限。正统经济学理论和消费者的至高无上性高度认可计划体系生产出的所有东西。如果任何时候的商品组合看起来都不令人满意，消费者的至高无上性会非常简单粗暴地断定，这反映出的是占主导地位的消费者的意志。经济体的趋势是达到消费者满意度最大化的均衡。任何不认同这一结果的人都在试图以不民主的精英方式来用自己的品位替代大多数人的品位。这种被教科书完全认可的混乱的思考，使他不承认消费者对住房或医疗不满的至高无上的权利。但是，如果我们假设修正序列成立，企业生产的商品组合就代表着生产者相对的竞争力和权力。如果私家车很多，城际、通勤铁路服务或城市中的快速客运很不足，这很可能是因为汽车行业在计划和劝说方面拥有更强大的权力。消费者至高无上性的概念通过将人们的注意力吸引到私家车太多、住房太少，即对消费者选择进行一种不民主的、精英式的干预，从而顺利回避了汽车行业具有将自身偏好强加给公众的权力的问题。这实际上就是现有经济学理论的结果。它以道德和科学为名高度认同了这种社会无差异性。

第 32 章

辛勤劳作

不用为我悲哀，朋友，

千万不要为我哭泣，

因为，往后

我将永远不必再辛劳。

——英国女佣的传统墓志铭

一

长时间以来，计划体系向它的参与者们做出了一项惊人的承诺，即他们最终会有机会享受大量的闲暇时光。他们每周和每年的工作时数将会大大减少，从而会有更多的自由时间。当这一天真正来临时，人们将如何利用这段总是被称为"新增加的"闲暇时光？在过去的 25 年里，对此问题的热议为计划体系轻而易举地赢得了一个值得称道的名声，这是普通人无法触及的。大家都认为，我们需要对这个问题进行非常仔细的研究。所有人都必须做好准备应对由新增的闲暇时光带来的严峻且十分不明确的危险。在过去 30 年里，工业部门每周的平均工作时数几乎保持不变。标准的每周工作时数虽然有所下降，但是这种下降被企业对加班时数需求的增加以及人们主动加班的意愿抵消了。①"二战结束以来的30年里，美国成年就业者的闲暇时间没有出现净增加。"②在此期间，人们每周的平均收入在扣除物价上涨后（但没有考虑税收）增加了约50%。③根据以上数据，我们可以得出这样的结论：随着收入的增加，人们想要获得的是更多的收入而不是闲暇时间。

"闲暇时间大大增加的新时代"这一概念其实是老生常谈了。它也不会继续起到传达出一种社会愿景的作用。现代经济体系的趋势已经不同了。

具体而言，在计划体系的早期阶段，辛勤劳作通常是沉闷、重复且伴有肉体痛苦的，持续的时间也非常长。监狱的重刑往往就包括繁重的体力劳动。毕竟，只有天堂是一个可以永远休息的地方。在沃伦·加梅利尔·哈定（Warren Gamaliel Harding）（和其他启蒙人士）介入之前，美国钢铁行业员工每天和每周的工作时长仍分别高达12小时和84小时，而且没有节假日。在钢铁工业镇上，人们每天的生活都差不多。换班的时候，一个工人需要连干两整天，作为回报，他可以在两周后休上一整天。对消费者欲望的管理当时仍然处于初级阶段，无法对钢铁工人产生影响，因为在没有广播和电视的年代，工人通常是文盲，他的需求显然只集中在穿衣吃饭上。

---

① 1941年，美国制造业中工人的平均每周工作时间为40.6小时，1973年为40.7小时，1976年为40.1小时。参见：*Economic Report of the President, 1962,* p. 238; *Economic Report of the President, 1977,* p. 226。

② John D. Owen, "Workweeks and leisure: an analysis of trends, 1948-1975," United States Department of Labor, Bureau of Labor Statistics, *Monthly Labor Review,* Vol. 99, No. 8 (August 1976), p. 3.

③ *Economic Report of the President, 1977,* p. 227.

因此，跟赚钱一样重要，甚至更重要的一件事是，尽量缩短这种艰辛劳作的时间。人们工作只是为了满足最低的生存需求，只是为了糊口。很少有非职工会认为工作时数的逐步减少不是普通劳动者追求的主要目标。

在计划体系之外，例如棉花田和菜地，工作仍然是艰辛乏味的。在计划体系之内，虽然也总有例外，但工作一般不会太艰苦，有时甚至是令人愉快的。而且，工人也已经被纳入现代需求管理充分调动起来的权力范围了，同样也受到修正序列的影响。所以，当钢铁工业镇上的前辈还在为生存而工作时，计划体系内的工人已经开始为满足自己不断增加的欲望而工作了。结果是显而易见的。由于工作比较令人愉快以及欲望的不断增加，人们选择继续工作的可能性就和选择闲暇时间一样大，甚至会更倾向于选择工作。

当一个人进入技术专家阶层并且不断升职时，他会越来越倾向于选择更多的工作和收入，并且越来越以自己对辛勤劳作、竞争性劳作无限投入的热忱感到自豪。当这种辛勤劳作达到最高水平时，人们产生的自豪感可以轻松超过购买和使用即使是最有想象力的商品、服务带来的满足感。

二

由此可见，认为工业界人士的本质目标就是追求更少的工作和更多的闲暇时间，是对计划体系特点的误读。没有什么内在的原因可以解释工作就一定比不工作要令人不快。在钢铁厂操作钢坯运送可能与夫妻温存一样令人愉快。只要计划体系还在继续劝导人们，让他们相信购买商品是件十分重要的事，那么要求更多闲暇时间的做法就是不明智的。只有当人们发现闲暇时光比工作时间更加有趣或更加有益，或者人们能从计划体系对其欲望的管理中解脱出来，或者二者兼具的时候，人们对闲暇时光的重视才会超过工作。只有当这些先决条件都具备时，人们才会对闲暇时光本身产生需要。

一个合理的假设是，培养业余兴趣爱好以及或多或少地从需求管理中解放出来，二者都是教育的结果。在思维领域有很大建树的人通常不缺乏打发业余时光的有趣方法。而且需求管理对他们似乎也不怎么奏效。在这方面，科教领域的风尚颇能说明问题。尤其是在学术界的高层，他们以夸张的方式抵制需求管理，并且坚持要求应很大程度上免除他们这类人的辛勤劳作。对商品的过度关注会被认为是有伤大雅的；一辆有年头的或者轻微破损的大众汽车、休闲的旧衣服、普通但是明显舒适的家具、自行设计的娱乐活动、毫不奢华的旅行、理直气壮的对彩电的抵制，以及衣着朴素的女人，这些都让人显得与众不同。学术声誉是与尽可能少的正式教学时间联系在一起的；只要每周教学时间超过6个或9个小时都会被认为是对学术自由的严重侵犯。长假、休假年以及其他事假都是学术界人士的既定权利。这些假期都被认为可以令学者培养出那些在辛勤劳作的正式教学时间里无法培养的兴趣爱好。就像早期的资本家认为受到社会的特别尊重是自己天生甚至神圣的权利，前文提到的假期特权也被学术界认为是自身恰当且独一无二的权利。只有像他们这样大脑经过训练，从而能做出类似良好反应的人，才能要求得到这种异于常规的权利，并且能很好地行使这种权利。不过也许并非如此。更大的可能是，这只是教育及其相关机会带来的附带好处之一。

绝大多数人认为，尽可能将个人从被管理中解放出来是一个有价值的目标，虽然按照计划体系的标准这会导致十分重大的损失。

而实现这种解放的最大机会要依靠教育。这反过来又要求科教领域能对自己的权力和责任有清晰的认识。我会在下面两章谈到这些问题。另外一个相当现实的问题是，我们要为计划体系中的个人提供更广泛的选择。这将使那些有能力自我解放的人实现自我解放。当务之急是提供机会，使人们可以在辛勤劳作和其他选项（而非闲暇时间本身）间进行选择。这件事可以很好地集结工会的剩余能量。

三

没有什么比对劳动力的安排更能充分地适应计划体系的便利和价值观了。人们假定，所有人每周都必须完成标准的工作时数，那些愿意加班或兼职的人可能会工作更久，但任何人都不能少于标准的工作时数。谈判通常是为了加薪或者类似的要求，如果有人要求获得闲暇时光，例如带薪假期，那么所有的人都应获得同样时长的假期。计划体系的精神体现在所有事上，它要求所有人都完成基本的最少时数的工作。所有人都对金钱有正常的偏好，也都一样渴求闲暇，也有同样的获得闲暇的能力。所有人都应得到相同的对待。

但这些都不是必要的。我们应该赋予雇员更广泛的选择，而不是现在这种不是工作就是闲暇的非此即彼的选择。我们应该为希望以每周工作10小时或20小时的劳动换取简单的衣食住行的人提供途径，也应该兴致盎然，甚至满怀敬意地看待人们创造性地运用剩余时间的行为。

不过，人们的选择不该被局限在工作周里。我们无法围绕"周"这一时间单位对闲暇时间进行有效利用。很长时间以来，以"月"或"年"为单位来计划人生（例如假期、旅行、工作任务）

都是拥有较高社会地位、受过良好教育以及具有较强经济实力的成功人士的特权。作为补偿，所有年薪较低的人士都应有选择数月带薪假期的权利，而且所有人都应有类似的延长休假的选择权。行使这些选择权的雇员将不会得到相应的工作时薪，他们得到的是一个机会，这个机会使他们可以通过不同的形式作为收入以外的选择来减免辛勤劳作。这会产生一些不便。但是不提供这样的选择，即认定所有人都必须在每周、每年完成标准工作时数的做法，就会让计划体系的需要而非个人按自己的意志存在的机会，成为占统治地位的社会关注点。那些常常将自由挂在嘴边的人不但要允许这种选择，还要加以鼓励。①

四

在美国，就跟在其他工业国家一样，社会关注的自然对象是工薪阶层、少数族裔、小农场主、精神病患者、老年人，以及地方性的贫困人口等符合当地环境的弱势群体，其他人则被认为都是可以自力更生的。虽然商人和富人偶尔也会呼吁公众对其报以同情，但是这通常与特定的公共压迫行为有关，例如税收问题。他们经常争辩说，他们的痛苦最终会落在某些体力劳动者身上，这些劳动者会被剥夺本可以用于投资的资本收益以及本可以得到的激励。表面上是商人和富人蒙受损失，实际吃亏的却是工人。吹毛求疵的人往往

---

① 这里再一次出现了这种情况：在本书的早期版本面世后，这里提到的方向在现实中出现了明显的变动。现实中关于更加灵活的每周工作小时数、每年工作小时数以及退休年龄都有了一定的协商余地。而且最有趣的一点也许是，许多公司给予文职人员更大的自由来选择他们每天的具体工作时间。

认为，为富裕阶层奔走呼吁的学者会特别关心那些也许会为他们提供生计的人。

不过，计划体系及其精神也许会将最沉重的负荷施加在其领导者，也就是居于技术专家阶层核心位置的人身上。这并不是因为他们让自己的个性服从于组织；这种情况是必然的，只有摆脱计划体系才能修正；而且在任何情况下，这种服从都是自愿的。之所以会发生这种服从，往往是因为人们发现组织的目标要优于自身的目标。①

不过除了组织的需求，技术专家阶层还受到其他限制。而且相较于工人，这种需求对其成员或者其他内部小圈子人士的生活产生了更大的影响，首当其冲的便是教育领域。技术专家阶层的成功要求其成员掌握与计划、技术、组织或需求管理相关的一项或多项技能。某些科技分支领域的研究确实十分有趣，但是在一个不强调教育的功利性的文化氛围中，可能很少会有人去学习人事管理、媒体分析、市场研究、成本控制或质量控制这样的专业。

在技术专家阶层的内部小圈子里，出于现实的目的，成员们无论是在精神能量上，还是道德目的上，对组织都必须完全投入。既然计划体系的目的与所有人的生活一致，那么服务于计划体系的人也必须使其与自己的生活一致。我们可以在道德上接受蓝领工人每周提供40小时的劳作，但是我们无法在道德上认可一位对自己的投入做出任何类似限制的高管。他一定要有工作之外的娱乐。他也不能对青少年犯罪、癌症、吸毒、心脏疾病或公民社会的发展漠不关心，至少在口头上不能。但是总的来说，这些都必须对他的本职工作形成支持。

---

① 参见第11章。

而结果并不吸引人。虽然他这一生的成败都是以是否牺牲了自身所有正常的爱好和享受，一心一意服从于企业的需要来衡量的，但到了65岁的时候，他就必须退休了。这是必然的。对这个依赖团队活动和口头交流的职业而言，没有什么比公认的老朽更令人恐惧了。他已经完全养成了对工作全身心投入的习惯，现在却无事可做，或者只能担任明显的闲职。他已经习惯了集体活动，现在却只有孤零零的一个人。这并不是一个非常美好的安排。自人类出现以来，数以百万计的人都过着这种不怎么有激情的生活，但他们不会像高管一样有如此之高的收入。

最终，计划体系的一大问题也许是重新组建技术专家阶层。而且，这方面现在已经出现了难以为继的迹象。商学院作为培养技术专家阶层的最常见的训练基地，一度是美国高等教育中最负盛名的学科分支机构。在外国学生的眼中，它们现在仍然具有崇高的地位。在缺少其他学术机会的情况下，它们也仍然吸引着众多勤奋刻苦的美国人。但是现在也有为数不少的人认为，这种教育是在为一种受到严重约束、牺牲个性且无趣（其高薪也不足以弥补）的生活做准备。

这样我们就得到了一个有趣的猜测性结果。如果我们从计划体系的束缚中解放出来，也许可以解救计划体系。这样一来，计划体系的纪律性会变差，但是也只有这样才能吸引到真正高素质的人才。不过，这确实只是个猜测，还有足够多的可靠的真相需要我们关注。

第33章

教育与解放

一

计划体系的基本倾向以及所需政策的要点现在都已经很清楚了。作为其运营不可分割的一个有机特征，计划体系全面向外延伸，以赢得外界对它的认可和信心，而这种信心又赢得了人们对其目标的接受，最后确保了它强烈依赖的组织的成功。绝大多数人会认为，这当中存在着一种令人不适的集体主义以及大一统的倾向。而任何能帮助个人逃脱这种顺从的行为都属于反击行动。这种要求分两步：首先是理解和质疑，这二者确保我们会对计划体系采用的信念进行系统性的质疑；然后是政治多元化，因为从理智上说，它可以让那些选择居于计划体系之外的人士公开表达想法和目标。

对于这一解放，教育，尤其是高等教育，显然具有战略意义。教育是除了其他许多工具外可以影响信念，并且（我们希望）可以引发更多批判性信念的工具。由于计划体系使训练有素的受教育人才成了决定性的生产要素，所以它要求社会上存在高度发达的教育体制。如果教育体制通常都在为计划体系的信念服务，后者的影响力整体性就会得到加强。同理，如果它独立且地位凌驾于计划体系，那么它就会成为创造出质疑、解放和多元化的必备力量。

当然，现代高等教育广泛适应了计划体系的需要。上一章提到的工商管理学院就是培养技术专家阶层的预备学校。纯科学、应用科学以及数学在现代获得的巨大声望和支持都反映出技术专家阶层的需要。可用于这些领域的研究及相关研究生培训的充足的款项，反映出其对这种需要的特定的适应，而艺术和人文领域相对低的声望和支持也反映出它们不能为计划体系发挥太大的作用。其实与口头说的不同，没有哪个现代大学的董事会会认为戏剧、美术或《贝奥武夫》(*Beowulf*)①方面的研究应当获得与电子加速器或计算机中心同等金额的资金。这就是计划体系的影响。

这种影响并不是没有受过质疑。如果这种服从计划体系需要的导向太过彻底会遭到人们的抵制，至少在更加成熟和自信的教育界会如此。商学院和工程学院因其发挥了令人放心的效用而受到重视，就好像科学家和数学家因其与重大且通常令人不安的变革间的关联而受到重视一样。不过，大学为个人审美、文化和智力上的享受做出的贡献仍然是受到坚定维护的。事实上，这种坚定维护确实构成了现代高等教育礼仪文学的最大的一部分。所有大学校长就职、几乎所有的毕业典礼演讲、所有的周年庆典以及所有伟大教育家退休的时候，都无一例外会提到自由教育本身持续的重要性。这也部分反映出可供以智慧闻名但缺乏特定信息的人士演讲的无争议话题的稀缺。但这也反映出现代大学校长们一种深刻的信念，即任何令人不满意的教育倾向都可以通过足够庄严的口头训诫移除。但在现实中将资金从工程学科转到美术学科还是很困难的，而且无论多空洞

---

① 完成于公元 8 世纪左右的英雄叙事长诗。——译者注

的口头训诫都暗示着这一问题。计划体系的发展也导致了教育的巨大扩张。对此人们当然十分欢迎。不过除非它的倾向被十分清晰地预见到或者受到强烈抵制，否则它一定会重点强调那些服务于其需求却不会质疑其目标的教育。

二

应该采取何种恰当的行动是显而易见的。高等学府必须寻求或保有自己对所提供的教育以及所进行的研究的至高无上的权威。对研究和学术的支持必须符合人类好奇心与竞争力的自然分布。需要指出的是，这是一个过于完美的建议。我们看待这一建议的方式，展现出我们是如何毫不迟疑地假定教育和研究必须服从于计划体系的需要的。如果人们意识到在这种情况下教育工作者才是真正掌握权力的人，他们就不必服从教育体系的需求了。教育工作者正是工业成功所依赖的生产要素的来源，他们必须意识到这一点并运用自己的权力，不是为了计划体系的利益，而是为了整个人类的利益。

教育机构要采取的第一步也是最现实的一步就是控制住自己的预算。许多年来这种控制不断受到侵蚀。学校的资金主要来自联邦政府，相对较少的资金直接来自工业企业，这些资金被用于特定目的或领域的研究、教学和奖学金。这些资金反映出工业部门在哪些领域存在需要。实际上，这意味着计划体系自身或通过联邦政府机构，绕过大学的管理部门直接对教育进行改造以适应自身的要求。19世纪的企业家利用其在大学董事会的席位干涉压迫教师中的异端邪说，并坚持要求教授对基督教和贪婪资本主义的基本原则保持恰当的尊重，他们所施加的影响力与其所利用的权力相比极其微小。

这种十分精妙的手段正是传统大学校长所缺乏的，后者总是将自己对学术自由的忠诚挂在嘴上，却很少意识到自己将这种自由拱手让出了多少。

如果大学的个别学科直接由政府或企业补贴，并且继续保持并扩展与这些资金来源的合约关系，那么结果几乎是肯定的。不仅是受到如此青睐的学科会顺应体系的需要出现畸形发展，那些牵涉其中的学者也往往会越来越认同与其学科签有合约的政府机构或企业的目标。他们一定会受到本书所分析的倾向的影响或多或少进入计划体系的轨道。他们与大学的关系会变成仅仅是在此挂职。但是，如果大学能重新夺回或者继续保有分配资源的权力，这些资源不仅有可能可以按照人文和知识而非工业的需求来进行分配，更重要的是，大学的职员会对大学这一法人实体及其目标产生认同感。目前的分析充分揭示了这一可能性及其重要性。

三

在分配教育资源的时候，应该有这样一条规则，即为人事管理、电视广告或计算机编程这样的未来职业做准备，也就是说，打算为计划体系服务的学生应该可以获得必要的教学资源以及所需的财务支持。学生对薪水丰厚的职业的向往确保此类专业会有足够多的申请者。但是那些关注诗歌或绘画却很少考虑个人财务前景的学生也应该享有同等的机会，包括公平竞争奖学金的机会。对学术研究的资源分配也是一样。正是计划体系为其人民的教育及其研究必须付出的代价，支撑着所有学术门类的发展。

对那些关注美学和智力体验的学者的支持和鼓励，就是对计划体系所需的监督的支持，就是对社会所需的多元化的维系。培养这些态度和兴趣绝不是毫无希望的任务，甚至都不算困难的任务。令人宽慰的是，年轻人总有一种从全新角度看待生活的倾向。与计划体系的需要相一致的教育，并非天生就是有趣、合理或新颖的，它们中有许多是无趣的。使个人能够有效参与前文描述的可以烙字的烤吐司机开发的学习，并没有一种内在的社会紧迫性。在一个满是交通工具的世界里，为生产汽车所做的准备也是如此。在一个已经充分做好自我毁灭安排的世界为生产更加有力、精确且具有多样化破坏性导弹所做的准备也是如此。在此背景下，纯粹为智力和美学兴趣服务并鼓励摆脱计划体系目标的教育，绝不会缺乏吸引力。

对其他目标的追求、相关的质疑以及多元化，这些也将成为规模更大的知识界和艺术界的特征。但是只有适当的教育方针才能直接培养出这样的追求。对于这一问题，任何一个严肃的教育工作者都不会漠不关心，因为漠不关心就意味着为计划体系目标排斥其他目标的作用间接地提供了支持。虽然计划体系的目标可以很好地服务整个体系，但它们是通过消灭生活的美学和智力维度来实现这一点的。任何一个严肃看待自己教师或知识分子身份的人，都无法赞同这一点。计划体系还构建了公共政策和外交政策中的国家形象，这一形象虽然在很好地为计划体系的需要服务，但如果无人质疑也许会产生致命的后果。

四

这些变革虽然重要，却不会轻易地在美国的教育界发生。原因之一是教育工作者也形成了彼此告诫应当承担社会责任感的习惯，这一点仅次于商人，但由于不可能对这种纷至沓来的告诫做出反应，所以他们也形成了另一种习惯，即对这种告诫视而不见。绝大多数教育工作者的第一反应是将这种告诫视为一种劝告。

此外，美国的高等学府在很长一段时间里都以富人盘中的"面包渣"为食，或者依靠政府为道路、法院、公共卫生、监狱和精神病院这些真正重要的机构拨款后剩下的资金生存。企业家或其指定的代理人往往紧盯着高等学府，以防异端邪说的出现。许多大学通过狡猾的手段而不是勇气保持自己的独立性，虽然我们决不能忽视一些大学惊人的决不妥协的意志，它追求思考的权利而非财富或权力。所有高等院校的管理者和许多教授都养成了一种坏习惯：在与金钱有关的问题上态度极其谄媚。许多学者用各种方式说服自己他们没有任何政治和公共责任。有些人还认为，身为学者，他们必须回避所有的公共责任，因为政治活动属于那些智力低下或思想堕落的人。

教育工作者还没有意识到计划体系对他们的依赖有多么严重。正是因为这种依赖，才有了相对宽裕的公共和私人资金，但是这一事实仍然令许多人惊讶。长期依赖慈善度日使得这种谄媚的习惯持续下去。那种认为大学即使冒着失去资金的危险也要大力维护自身目的的观点，似乎仍然有点不负责任。

这种想法既过时又危险。高等院校可以为技术专家阶层的需要服务，也可以强化计划体系的目标。它们训练出的人才和培养出的态度可以确保技术进步、有效计划，以及消费者和大众对其需求管理的接受。它们还可以公开强化国家的政策形象，包括后者所要求的在外交政策中的形象。这是所受阻力最小的一条线，是教育工作者纯粹被动地应对计划体系发展的结果。而这也正是教育工作者从传统角度看待自身角色的结果。高等院校也可以选择大力维护受教育者，即那些不是为商品生产以及相关计划服务，而是为人类知识和艺术发展服务的人的价值观和目标。很难相信它们真的可以这样选择。

科教领域有权去行使自己的选择权，它掌握着关键牌。计划体系为了能全身心投入技术、计划和组织，对这些活动所要求的人才十分依赖。在资本起决定性作用的时代，银行家不会意识不到自己的议价能力。今天的教育工作也不应比他们更无知。

为了顺应计划体系的需要，高等院校也在不断发展，它们的影响力也在不断扩大。但是，对应这种需要并不必然就会产生义务。社会机构间并不存在感恩和亏欠的关系。唯一的现实是正确的社会目的。

五

几乎没有人会怀疑，已经广泛适应计划体系需要并且付出巨大代价的高等教育是我们必须集中精力加以改变的地方。中小学教育较少适应计划体系的需要及其信仰，因此，青少年在相对有可塑性的环境中成长起来。同样，如果能认识到我们的社会信念、我们所教授的以及我们所假设的往往反映出计划体系的需要，那么这就是一件有益且安全的事。至少乍看之下并不存在危险或需要迫切修正的地方。与早期工业化的压力相比，我们只能对计划体系为改进中小学教育发挥的作用感到满意。

计划体系对于书面沟通的渠道几乎没有直接的影响力。这在很大程度上反映了大众公认的信念。但是这种相宜是灌输、劝导或者说缺乏具有说服力的其他选择的结果，而不是压制的结果。反对计划体系所需信念的人也可以自由表达他的反对意见，而不必担心出现任何问题或承担任何风险。如果不考虑别的，那么绝大多数书面交流的工具，包括报纸、杂志和书籍，都必须由知识分子操作，这一事实本身就确保了知识分子的目标会得到尊重。可以想见，这也在很大程度上解释了苏联和东欧国家的知识分子为何能在推动自由的言论表达方面发挥作用。

经检验，我们会发现，在美国，那些抱怨自己遭到审查的人其实并没有太多可以表达的内容。

虽然计划体系在观念宣传上不如在一般心理影响上那样强大，但是它在一个领域中特别强大，那就是广播和电视节目，尤其是后者。正如我们所见，这些对进行有效的需求管理来说至为重要，进而对工业计划来说也至为重要。这一管理完成的过程以及对商品或真或假的优良品质重复再重复的强调，都是对计划体系价值观和目标的有力宣传。它的触角触及各种文化层次的人。在美国不存在令人满意的非商业的其他选择。

如果有那倒是件好事。人们需要的不是对他们进行说教的广播电视内容，而是为他们提供广泛娱乐的广播电视内容，虽然这并不是为计划体系服务的广播电视的本意。现在的美国正朝着这一方向缓慢地前进，这是为了顺应某种需要，而我们现在已经可以清晰地看到这一需要的坚实基础。

第 34 章

政治领导

一

只有天真的改革派和愚钝的保守派才会把国家想象成一个变革的工具，而不考虑构成国家的人的利益和愿望。计划体系的利益或需求是通过精妙的手段和权势推动的。由于它们被有意塑造成似乎与社会目标相一致的样子，所以政府为计划体系的需要而采取的行动就表现出很强的社会目的性。而且，如我们所见，计划体系与政府间的界限已经变得越来越刻意、越来越不清晰了。大型企业的技术专家阶层往往会成为联邦机构的延伸，尤其是军队、美国航空航天局、美国核管理委员会和其他与技术开发有关的机构，因为这些机构对技术开发最为依赖。技术专家阶层会对机构的目标产生认同感，并且会改造这些目标来适应自身的需要。

前面几章已经提到，如果我们想拥有一个更加安全、持久、兼收并蓄、舒适并且在知识和审美上不断进步的社会，有些事就必须去做。显然，有些需求，尤其是一个更安全的支持技术开发的基础，以及工业社会之间（尤其是美苏之间）就这一点的理解，对于计划体系以及所有其他需要不断使用人力的组织的生死存亡是非常重要的。其他的措施，包括改进计划体系不曾支持的公共服务，肯定生活的美学维度，在收入和闲暇间提供更多的选择，以及对教育的解放，这些都需要打破计划体系在社会目标上的垄断。可以想见，并不是所有计划体系的参与者都会欢迎这一点。他们清楚地意识到，这是为了削弱他们和计划体系在人们生活中的作用。但是这与计划体系的继续存在并不矛盾。正如下一章将要提到的，这要由其他情况来决定。

不过，如果没有一个强大的一心想要实现这些变革的机构，这些变革也是不会发生的。又是哪一个机构承担了改革的重任呢？

二

所需的变革，包括塑造军事和外交政策的形象，都涉及人的情感和关注。因此它们自然而然地会受到知识分子的关注，当然，对它们感兴趣的并不只是知识分子。科教领域中拥有数量最多的具备职业认同的知识分子，所以，我们必须转向科教领域以寻求必要的政治方面的新方案。我们虽然可以从计划体系之中的个人那里获得帮助，但是不能指望计划体系会提出这些新方案。我们也不能指望工会，不但因为它们日渐衰落的权势，而且因为它们既没有特别强烈的质疑计划体系目标的动机，也没有令所有社会目的与那些目标保持一致的倾向。

在此类研究中，我们在涉及人类命运的概括上必须谨慎行事。没有哪种货币贬值得如此之快。我们最不敢将决定人类命运的职责相托付的人却偏偏总是第一个跳出来，宣称能对人类的命运做出决策。不过，还是可以放心大胆地说，我们所说的现代社会的未来取决于整个知识界，尤其是科教领域，是否心甘情愿、理智并有效地承担政治行动、政治领导的责任。

在这方面知识分子有许多优势。无论在美国还是世界其他地方，知识分子参与政治活动都是一项传统，这项传统虽然受到限制，但却有显著的影响力。我们泛泛称为知识分子的人是美国政治中一个常见的形象。典型的职业政客总是辞藻华丽，自信莫名，拥有难以言喻的亲和力，掌握回避问题的技巧并且对什么事都要求不高。因此记者和小说家对政客评价甚高，而政客也投桃报李，让他们感觉高人一等，二者也会定期为这些职业人士对知识分子在政治上无能的说法背书。尽管如此，最后幸存下来的总是知识分子，或者说至少是在智力上为社会目标付出的人。而此时，虽然政治学专家会对杰出的职业政客的敏锐性表达极高的赞誉，但是这些政客仍然经常遭受应得的失败。

与技术专家阶层的成员不同，科教领域并没有因为习惯于只作为组织的一部分进行运作而在政治行动中受到阻碍。它拥有进行社会创新的能力，所以能在这个具有社会复杂性的社会里获得权力。而且，尽管它的权力必须依赖其吸引组织内外人士支持的能力，但在未来它一定可以凭借自己数量上的优势赢得尊重。很长时间以来，在密歇根、威斯康星、明尼苏达和加利福尼亚这几个州，科教领域都在民主党的州级和地方组织中拥有实权。而高等院校也不断在外交政策的事务中表达自己的观点。虽然当局和军队的态度没有受到明显的影响，但是政界领袖对此并不是无动于衷的。如前文所述，科教领域权力不断增长的指标之一就是它介入外交政策所引发的反应。就像100年前的中产阶级和上一代的工会，不断有人建议科教领域应当避免进行此类干预，集中精力管好自己的分内事。也许有人已经感觉到，我们目前许多为外交政策和国家安全而塑造的形象经不起仔细的审视。

最终，自二战以来，科学家开始作为一股独立的力量涌现，尤其是在科学不断影响外交政策的领域。科学界使一般大众和政界意识到核战争的危害、缓解与苏联间紧张关系的必要，也为裁军在技术上提供了可能性。而军界、外交界和工业界对此却几乎没有贡献。

三

科教领域及其广大知识界的盟友，依然面对许多需要克服的困难。它像所有新兴政治力量一样缺乏自信，包括对自身目标的自信。科教领域对军备竞赛中的国家形象问题存在着广泛的质疑。计划体系的精神是以增加产出的能力来衡量成功，虽然这种产出所对应的需求是计划体系自己创造的。这种精神也同样令人质疑。科教领域也十分赞同有必要对生活的其他维度进行肯定，并使用社会权威来维护它们的利益。我们应该可以找到更多人来支持企业在工作和闲暇方面提供更多选择，也支持教育系统更加倾向于美学和知识层面的价值观，而不仅仅以计划体系的职业需要为导向。但不是所有人都会相信，我们有可能说服全国人民意识到这些事的重要性，甚至是意识到科教领域需要对这些事负责。还没有开战，科教领域就已经有强烈的向计划体系的目标投降的趋势了。

如果经济学家在这些事上发挥领导作用，并或多或少地视之为自己的一种权利，那么这种领导也存在危险。不是所有的经济学家都接受计划体系的目标；只要不影响最终的结论，原则上是鼓励经济学家对传统观念的起源和合理性进行猜测和质疑的。而许多经济学家都赞同经济学理论应该尽可能符合计划体系的需要。经济学家，尤其是年青一代的学者并不抵制目前的观点。

但是经济学中的刻板印象，例如符合流水线指令的生产模式，坚持的是公认序列。而且，出于对知识投资的保护以及便利的需要，他们还会继续坚持。他们的捍卫者认为，欲望源于人类本身，而社会的成功是用为满足这些欲望而提供的商品服务的数量来衡量的；这种对计划体系来说如此便利的衡量指标也是唯一合理的选择。以上观点深深植根于人类的天性，而社会也没有采取任何手段对它进行调节。既然人们认为其他目标和观点都不重要，那么他们也不会需要在政治上进行任何努力了。

在过去，不从事经济学研究的人总有一种印象，即经济学家与商业世界之间存在严重的冲突，尤其当涉及对总需求的调控时。经济学家提出，政府需要在广泛的商品服务上进行更多支出，并且倡导减税和保持财政赤字。商人对此感到恐惧。因而对科教领域中其他学科的人来说，经济学家似乎是就业和扩张这些更为广泛的社会目标的捍卫者，反对商业批判者不够宏大的目标。这是错觉。经济学家与企业家之间存在部分冲突，因为企业家不同于技术专家阶层，他们不是这些政策的主要受益人。经济学家具有的进行社会讨论和创新的能力使他们在推进某些政策时，在某种程度上领先于技术专家阶层，因此他们会显得很讨厌。而且，双方在追求充分就业和经济增长的目标时采用的方法以及热情度都有所不同。但这些观点上的差异及其引发的论战不涉及目标本身。经济学家和计划体系间就大规模扩张生产以及充分就业的重要性达成了一致。所以科教领域中其他学科的人在将实现社会目标的责任献给经济学家的同时，也是对计划体系的目标宣告投降了。

如果经济目标真的如此重要，合格的经济学家就会是令人放心的社会行动的指路人。随着经济目标的相对重要性逐渐减弱，经济学家这个指路人也渐渐变得不那么令人放心了。即使考虑到许多例外情况，经济学家仍然倾向于令所有人认同经济目标。所以，他们不能很好地支持那些生活的品质和安全性越来越依赖的优先事项，例如公众、美学和知识方面的目标。就现有的形象来说，经济学家是计划体系的隐身盟友。[①]

四

科教领域和知识界都被这一影响力不断减弱却依然普遍存在的观点束缚，认为自己的职业角色是被动的，即对问题有所感知并进行思考，但是不会采取行动。正义感和便利性都在为这种被动性开脱。政治不是知识分子或艺术家应当参与的活动。教育工作者和科学家也应该远离政治。他们所在的是更为纯粹的精神领域。对现实问题的关注只会破坏这种纯粹性。在发生核聚变前的最后一毫秒，人们会听到科学家说，他发现核控制和军事安全的问题真的只是政客及其军事外交顾问的问题。而当最后的视野只剩一片浓烟、毒气、强光和工业文明的废墟时，人们会听到自认为具有艺术敏感性的人说，很不幸，这些都不关一个真正的艺术家的事。事实上，没有哪个知识分子、艺术家、教育工作者和科学家会允许自己怀疑自己的责任。但是没有其他人可以挽救这些现在开始变得重要的目标。在一个对科学有很高要求的世界里，科学家必须为科技运用的后果承

---

① 重申一下，诸位读者可以参考本节之后的补遗。

担责任。艺术家在维护生活的美学维度这件事上也是责无旁贷。科教领域的个体成员也许希望回避责任，但他不能以自己投身于更崇高的事业为借口。

在经济发展的早期阶段，当学术界还很弱小、一定程度上还属于工业社会的装饰性附庸时，许多人自然会认为自己只要生存就好，不必发出声音。那时权力掌握在资本家和企业家的手中，所以不冒犯他们是明智的选择。如果能够让别人相信自己之所以小心谨慎，是因为自己将身心都投入科学和艺术事业，那就更理想了。其实这就是为自己的懦弱找借口。那些担心科教领域发挥更积极的作用会损害自己利益的人，自然希望即使科教领域在规模和权势上不断增长，也将继续以这样的理由为借口回避政治关注。然后，他们就会像"圣人"一样为这么做的人鼓掌。

科教领域就像整个知识界一样，也往往醉心于政治行动的那些替代品。在这一方面，突出的例子是写作、演讲甚至是坚定的谈话，这些就是知识分子用来交易的工具。既然这就是他们仅有的手段，那么他们必须像越战中空军将领强调轰炸机能阻止敌军穿过丛林一样，首先假定这些手段也存在价值，最终，他们成功说服了那些已经被说服的人，对于说服不了的人，他们就宣称是那些人的个性使然，然后就细节提出改进意见，这在学术争论中颇受欢迎，但会极大地损害政治有效性。

这也许是最重要的一点。有效的政治行动需要凝聚力。这就意味着为了实现给定的政治目标，人们必须愿意牺牲个人目标，服从更宏大的团队目标。这一点是无法避免的。联合起来追求良好的成绩而不是分头行动追求完美（并且失败），这在智力层面上也是可取的、符合逻辑的。

有了政治凝聚力和纪律性，还必须有劝导的能力，诡异的是，这对科教领域而言并非易事。此外，一旦失败，所要付出的代价也是巨大的。傲慢、不耐烦以及政治上的愚钝都是有害的。更糟的是科教领域中的新人（尤其是学生）认识不到政治上的劝导是一个缓慢的过程，需要持久、耐心且不间断地进行纠错；蜻蜓点水般不断转移主题，从民权到环境保护到军工集团再到女性解放，只会适得其反。最重要的是，劝导已经被那些因欠缺耐心而诉诸暴力的人破坏了。大众对和平进程的偏好也许会令人失望，但其重要性是不容否认的。

除了政治努力，别无选择。这里所有迫切需要解决的事，包括重新考虑军备竞赛的方向、保护环境、为个人提供更广泛的选择以及教育解放，都需要某种形式的政治行动。政治行动需要的是可以被说服的立法者，或者是无须劝说就已站在同一战线的立法者。我们必须让持相同观点的人通过选举或任命担任相应的公职，并且确保会有意志坚定的选民督促他们恪尽职守。

五

不过在其他方面，此类政治行动的前景就好得多。正如多次重申的那样，科教领域以及相关的知识界已经发展到相当大的规模，而这种发展又恰好发生在人们开始对既定目标产生怀疑的时点。无论是关于外交政策还是国内经济政策，人们都对所谓既得利益者未经检验或者自然而然拥有的地位产生了怀疑（这种说法并非不准确）。人们的这种态度需要的就是我们这里迫切要求的政治领导。

这种对目标的质疑之所以会产生，是因为一系列的自由改革已经完成。在过去，一提自由派指的就是经济自由派，一提改革指的就是经济改革。无数的政治纲领、演讲和宣言中都提到这一改革的目标——必须提高产量、收入，必须改进收入分配，必须减少失业。几十年来，这一直是自由派改革者的政治纲领，人们对它的熟悉程度甚至超过了"十诫"；而唯一确定的是，它们都没有很好地实现。除了改革者也许会（或者说应该）更强调收入的公平分配，这些老式的经济学目标与计划体系的目标是完全一致的。这个昔日的改革者除了会特别考虑穷人的利益外，已经变成计划体系的政治喉舌了。扮演这样的角色毫不费力，因为其中不会涉及严重的争议，也不会有过激的争吵，也没有人需要被说服。改革者只需要谦逊地立正，对着不断上升的国民生产总值行鞠躬礼就好。这样打发时间的改革者其实是无所事事的失业者。无须怀疑，许多人其实已经意识到了。

目前计划中对社会进步的衡量指标远不如国民生产总值的增加或失业水平的降低容易量化。这是因为计划体系的目标非常具体，可以很轻松地采用精确的统计量进行评估。但生活本来就是一件复杂的事，对成功的定义也有所不同，由此也会出现争议。关于计划体系以外其他目标的合法性以及实现这些目标的手段（例如从美学角度出发对环境的控制）都存在很大的争议。既得利益者和惯性思维者都反对出现新的目标，所以我们需要劝说他们。简而言之，现在又一次出现了值得现代改革者鼓起勇气大刀阔斧开展改革的任务。

第 35 章

计划体系的未来

一

在 19 世纪后半叶以及 20 世纪上半叶,讨论得最多的话题就是资本主义的未来。经济学家、博学多才的人、肖陶扩(Chautauqua)①的讲师、社论作家、知识渊博的神职人员和社会主义者都发表过自己的见解。人们在很大程度上理所当然地认为,经济体系正处于发展阶段,假以时日,它一定会转型成一种更好的体系。这是人们的一种希望,但它一定有所不同。社会主义者坚信自己所倡导的社会形态最有可能成为这一转变自然发展后下一阶段的成果。

与之形成鲜明对比的是,人们没有讨论过计划体系的未来。② 人们对农业发展的前景讨论得不少,因为人们假定农业正处于变革

---

① 19 世纪末期与 20 世纪早期在美国非常流行的成人教育运动(也指其集会教育形式)。——译者注
② 这里我没有考虑左派一般意义上关于推翻"体制"的言论。这种言论的受众很少,参与者也不会对即将发生的事抱有很高的预期,甚至都不会非常了解具体将会发生什么事。

的过程中；人们也在讨论小企业家和私人医生这些职业生存下去的概率；但像通用汽车、通用电气和美国钢铁公司这样已经实现终极成就的企业，没有人会好奇它们的下一步会迈向何处。

不过，认为计划体系已经到达终点的观点本身就是不合理的，因为计划体系本身就是过去80年大规模自发转型的成果。在此期间，单个企业的规模出现了极大的增长。创业企业的数量已经减少。技术专家阶层已经发展起来，摆脱了股东的控制并获得了内部资金的来源。它与员工间的关系有了很大的变化，不过变化更大的是它与政府间的关系。如果计划体系这样一种社会动态的表现形式就这样终止，会是一件很奇怪的事。所以提出它的终止是对体系本身的一条哲学原则的否定，而在所有正式的场合，无论是商业仪式大会、股东大会、董事会会议、执行委员会会议、管理层发展会议、预算会议、产品审核会议，还是高管招待会、经销商关系研讨会，人们都会严肃地提及这条原则，即经济生活的最大规律就是不断变化。

之所以不讨论计划体系的未来，部分原因是计划体系拥有对大众观念施加影响的权力。它已经悄悄地将"计划体系是一个短暂的现象"的概念从人们的脑海中擦除了，因为短暂在某种程度上意味着不完善。更重要的也许是，考虑未来就等于将注意力集中在我们已经到达的地方。商业词汇中最没有吸引力的就是"计划"、"政府管制"、"政府兜底"和"社会主义"。考虑这些事在未来发生的可能性，就等同于告诉人们这些可怕的事情已经是既成事实了。而且人们不会忽略，当这些严峻的事实发生时，计划体系至少是持默认的态度，甚至有可能这些都是计划体系本身主动要求的。

二

　　这种对未来的思考也会强调两类工业社会间的趋同性，尽管它们在意识形态上差异很大，但在组织和计划方面，它们确实是趋同的。这里我们也许需要回顾一下。趋同是从现代大规模生产开始的，这种生产对资本、先进技术以及这二者所造就的精密组织的要求极高；企业又需要控制住价格，并且尽可能地控制以这些价格购买的商品。这也就是说，必须用计划取代市场。在苏联式的经济体中，控制价格属于政府的职能。对需求的管理（因为了解到本国人民最想要的是欧美人已经拥有的，所以需求管理也变得更加容易）部分是通过满足那些精明的第一批进入商店的消费者完成的；部分就好像分配住房那样，直接将商品分配给消费者来完成；部分就好像汽车行业，通过耐心（以及政界职位或政治需要）裁定消费者是否有资格获得商品来完成。在欧美国家，这种管理是通过企业及其广告机构、销售人员、经销商和零售商等不那么正式的组织完成的。不过，这些显然只是两类经济体在方式上而非目的上的差异。在欧美和苏联两种情况下，大规模工业化都要求用计划全面取代市场和消费者的自主权。

　　大规模的组织也需要自主权。不了解组织内部情况的外界人士的介入是非常有害的。在非苏联体系中，这就意味着剥夺所有不参与公司实际管理的资本家的实权。在社会主义经济体中也需要采取同样的措施。在社会主义国家，企业也设法尽量最小化或者避免来自政府机构的控制。在很大程度上，令企业获得自主权就是现代共产主义理论学家所谓的改革。在我们这个时代里，最有趣的莫过于看到从前的资本主义企业和社会主义企业在组织的强烈要求下，一起成为各自成员的寡头统治集团。在这里，意识形态是无关紧要的。大型集团化的组织只有在充分掌握自主权的情况下，才能运用各种知识和人才进行有效运作。这里我们要再次重申，这种自主权并不是要求企业服从市场力量，而是允许企业彻底控制自身的计划行为。

计划体系本身并没有调控总需求的能力，也就是无力提供足够的购买力以购入体系生产的全部商品和服务。所以，它要依赖政府实现这一点。在充分就业的情况下，没有哪种机制可以稳定地维持住价格和工资水平。这种稳定作用也是，或者终有一天会成为人们认可的政府职能之一。苏联式的体系还会仔细计算相对于市场上供应的商品的价值所要提供的收入量。总的来说，稳定工资和价格水平当然是固定单个商品的价格和个人工资水平后的自然结果。

最后，计划体系还必须依赖政府获得训练有素的受教育人才，而这些人才正是当今起到决定性作用的生产要素。社会主义工业化中的情况也是一样。苏联第一颗人造卫星的成功发射迅速引起了美国对本国科技教育现状的极大关注。以前不曾觉得社会主义有任何优势的人也开始认为，由于苏联体制具有一切为教育这样的政府职能让路的机制，所以在相关方面拥有天然的优势。

因此这两个表面上明显不同的计划体系其实在所有基本的关键点上都趋于一致。这是一件非常幸运的事。假以时日，可能只需比我们想象的更短的时间，这种基于不可调和的差异因而不可避免的冲突论就会消失了。要想就这一点达成一致，我们还需要一定的时间。马克思并没有预见到这种趋同现象，但是他的追随者总是会从各种角度进行阐释，证实他具有这种惊人的甚至是超自然的预见一切的能力。而将"自由世界与共产主义世界、自由企业和共产主义企业间不可逾越的鸿沟"挂在嘴边的非共产主义者,也同样坚持这样一个信念,即无论自由企业如何演变,最后都不可能变成社会主义企业。但是这些观点都经不起时间的考验。只有最坚定的思想家和最狂热的宣传者才能经受住越来越多的人将他的思想视为过时落伍的考验。思想现代化的一个重要动力就是虚荣心。

人们认为,认识到两种计划体系在发展上的趋同性,将有助于欧美和苏联在关于军备竞赛的危险性上达成一致,最终终止竞赛或将竞赛转移到危险性更小的领域。也许最能解释计划体系未来的莫过于这种趋同性。因为不同于当前的形象所展示出的线索,它暗示着计划体系与市场体系以及相关的公共机构拥有一样的未来。

三

鉴于计划体系如此严重地依赖政府,以及它与政府间动机关系的本质,即它对公共目标的认同以及改造公共目标以适应自身需求的做法,人们很快就会将计划体系视作政府的一部分,尤其是一个更大的同时包含计划体系和政府的综合体的一部分。自古以来,私有企业的典型特征就是对市场的服从以及掌权者通过占有私有产权的方式获得权力。现代企业不再需要服从市场,经营现代企业的人也不再需要依靠财产所有权获得最高权力。在一个由各种目标构建出的框架下,他们需要掌握自主权。不过这也令他们可以更加轻松地与政府机构联络,并为政府机构完成一些它们无法实现或者做不好的任务。结果就如我们所见,在涉及尖端技术的任务中,计划体系与政府有着紧密的合作。技术专家阶层的成员与相应政府机构的工作人员不仅在产品的开发和制造上有密切的合作,前者也同样为后者的需求提供建议。如果不是政府如此强调意识形态上的差异，人们早就认为，在军事采购、空间探索和原子能这些领域中，划分公共组织和所谓私人组织的分界线早就模糊到无法察觉的地步了。[①]人们可以轻松地跨界行事。将军和政府高官们在退休后都或多或少地自发加入了与之密切相关的行业。一个经验丰富的观察家曾经将这些企业称为"半国有化"的经济部门。[②]有人指出："市场机制（已经被）……行政机制替代。就私人企业家的利润份额而言，它用固定费用替代了所放弃的利润。就独立的私人企业单位而言，它用整合后由机构……及其承包商组成的组织的等级架构来替代。"[③]耶鲁前法学教授曾经用更加具体的措辞来总结企业与政府间互相依存的关系："在1961—1967年的7年间，洛克希德公司获得了近110亿美元的国防合约，占到它总销售额的88%；通用动力公司拥有占其总收入2/3的90亿美元的合约。对于麦道（在1961—1967年间获得80亿美元合约，占其销售额的75%）、波音（70亿美元，超过其总收入的一半）、格鲁曼（海军的主要供应商，获得25亿美元合约，占其总收入的67%）以及凌-特姆科-沃特（几乎80亿美元，占其总销售额的70%）这样的公司来说，它们的情况其实都

---

① 也许在这一点上人们的意见确实是越来越统一了。大型武器制造商的发言人也不断强调它们的私有属性。我相信，没有哪个智力正常的人会继续相信这一点。那些不断重申私有性的人也许只是出于形式上的意义，而不是真的为了说服大众。

② Murray L. Weidenbaum, "The Defense-Space Complex: Impact on Whom?", *Challenge: The Magazine of Economic Affairs*, Vol. 13,No. 4 (April 1965), p. 46. 韦登鲍姆教授曾经就职于波音公司，之后在尼克松任期担任过负责制定经济政策的财政部长助理。

③ 出自理查德·泰伯特的一项研究，参见：Richard Tybout, *Government Contracting in Atomic Energy* (Ann Arbor: University of Michigan Press, 1956), p. 175。泰伯特教授指的尤其是那种成本加上固定费用的合约。

差不多。对这些公司以及其他许多在通信、电气设备和化工（聚硫橡胶的唯一买家就是政府）、造船领域的公司来说，联邦政府的国防、空间探测机构不仅仅是客户，还是它们继续存在的生命线和保证。"①

前文提到的都是将绝大多数或全部产出出售给政府的企业。有些企业虽然只将少部分产出销售给政府，但在调控总需求、兜底昂贵高风险技术以及供应训练有素的受教育人才方面更加依赖政府。

我们不能永远否认或是忽略这样一段全面关系的存在。人们也会逐渐意识到，随着成熟企业的发展，它们会成为与政府相关的更加庞大的管理集团的一部分。假以时日，二者间的界限终会消失。回过头来，人们会因那些缺乏想象力的高管和公关曾经将通用动力、洛克希德和美国电话电报公司这样的公司称为私有企业而感到好笑。

虽然这种认识不会受到普遍欢迎，但它是有益的。在社会事务中，人们相较于神话总是更喜欢现实世界。这里再次重申，技术专家阶层所拥有的自主权是计划体系顺利运作的必要前提。不过这种自主权所服务的目标其实是有一定的选择范围的。如果人们认为成熟企业是政府投影的一部分，那么成熟企业就更加有必要为社会目标服务了。它就不能以其内在的私有属性或其对市场的服从作为掩护，追求符合自身利益的不同目标了。公共机构无疑具有追求符合其自身利益和便利的目标的倾向，它也会改造社会目标以适应自身目标，但是它不能将这种追求视为具有优越性的权利。公共权力与经济权力的结合可能存在危险，但是如果这种结合得到了公众的承

---

① Richard J. Barber, *The American Corporation* (New York: E. P. Dutton, 1970), pp. 191-192.

认，那么相关的风险也会减少。

其他的变化也可想而知。随着成熟企业的公共属性得到认可，人们的注意力就会集中在股东在企业中的地位上。这并不正常。他（或她）作为一个被动的不起任何作用的形象，无须付出任何努力，甚至无须承担可见风险就可以分享企业增长带来的收益，而这种增长正是技术专家阶层衡量自身成功的标准。你的祖父母购买了1000股的通用汽车、通用电气或IBM股票后再将它们留给你，你毫不费力获得的收益是任何封建特权都无法比拟的。你只要一直持有这些股票，那么无须花费任何努力或思考就可以从祖父母的远见中获益。不过，我们这里并不打算讨论这些话题，因为涉及偶然暴富的平等和社会正义的话题属于另一个专业领域。

四

不客气地说，即使是最保守的人在面对绝大多数将导致成熟企业社会主义化的个别发展时都会有所让步。成熟企业对价格的控制、对消费者行为的影响，股东权力的安乐死，政府对总需求的调控，政府稳定价格和工资的努力，公费赞助的研发工作发挥的作用，军队、太空探索以及相关采购的作用，企业对这些政府行为起到的作用，以及教育在现代社会扮演的角色，或多或少都是公认的事实。

人们一直回避的是对这些现实结合在一起、视为一个体系产生的后果的反思。如果构成经济体系的横梁和支柱都发生了改变，那么我们无法假定它的整个结构还保持原状。如果局部发生了变化，整体也会有所改变。如果成熟企业与政府间存在千丝万缕的联系，那么任何一个经济学或政治学理论无论多么顽固地辩称政企分离都不能改变这一事实。

当然，人们会强调计划体系并不代表整个经济体，这个世界除了通用汽车、埃克森、福特、通用电气、美国钢铁公司、克莱斯勒、德士古、海湾、西部电气和杜邦，还有独立零售商、农场主、修鞋匠、书商、比萨店主、洗车店和宠物清洗店。在这些行业中，价格是不受控制的，消费者拥有至高无上的权力，金钱动机主导一切，运用的技术很简单，也不需要什么研究开发。这些行业也不需要政府合约，因为它们的确是独立于政府的。这些行业的企业家也不会定期前往麻省理工学院网罗人才。我当然承认计划体系之外的这些行业的存在，而且这一部分的经济也很重要。但是这部分经济体并不属于本书关注的范畴，[①] 本书关注的是由大企业组成的那部分世界。认识到这一点非常重要，因为我们所讨论的主要是现代工业界的典型特征，而不是宠物清洗店或心怀大志的小制造商的特征。我们要珍惜那些批评我们的人，并且尽可能令他们不犯错。我们不能以计划体系之外相反的趋势来否定计划体系内成熟企业终将成为与政府关联的行政管理集团的一部分的趋势。

关于计划体系终将在不断发展的过程中融入政府的观念，不认同的人针对的往往不是这一趋势，而是指出这一趋势的人。我们必须指出，这是不符合当代伦理和处事方式的。曾经我们会对带来坏消息的信使施以绞刑、剖腹或其他同样血腥的刑罚，现在这种过激的反应已经被视为欠缺考虑。如今医生已经可以坦然告知哪怕最暴躁的病人已是癌症晚期的消息，而无须担心自己会遭到患者的殴打。

---

① 不过，我在《经济学与公共目标》(Boston: Houghton Mifflin, 1973) 中讨论过这部分经济体与计划体系的关系。

同样，政客的助手在告知上司新一期的民意调查显示上司是如何不受欢迎时，也只需采取恰当的策略。那些对当前的消息不感兴趣的人也必须同样克制。

他们还需要意识到事情的原因。能够决定所处经济体系的性质，这构成了现代人虚荣心的一部分，虽然他实际上拥有决策权的范围非常之小。可以想见，他有权决定自己是否想要拥有高水平的工业化。之后，正如我们所见，组织、技术和计划的要素就以相似的运行方式在所有社会中产生了大致相同的结果。如果我们想要拥有现代化的工业，那么许多事情都是无可避免、注定会发生的。

五

关于经济体系被问得最多的两个问题就是：它是否在为人类的生理需要服务以及它是否与人类的自由保持一致。几乎没有人会怀疑计划体系为人类需要服务的能力。正如我们所见，它之所以能够管理好这些需要，就是因为它能大量供应各种商品和服务。它需要的是能够令人们对它所提供的商品和服务产生欲望的机制。但是如果物质的丰富性不能缓解人们的需求，这种机制是不会奏效的，即计划体系将无法操纵人们的欲望。①

关于自由则涉及一些更加有趣的问题。许多人，尤其是保守人士总是相信，将全部或者大部分经济活动与政府联系在一起就一定会威胁到自由。为了满足政府机构的需要和便利，个人及其偏好总

---

① 正如我在第 21 章指出的（我在其他几处也详细地探讨过），它将不符合资格者以及不走运的人排除在其受益人之外。

是会以这样那样的方式被牺牲掉,虽然这些政府机构最初设立的目的就是为个人服务。随着计划体系逐渐进化为政府的影子,它与自由间的关系也越发受到拷问。近年来在苏联式经济体中,政府和知识分子间存在明显的冲突。从本质上说,这就是一种矛盾,一方认为政府的需求(包括作为经济计划者和商品生产者的需求)压倒一切,另一方主张知识和艺术表达应不受约束,这是一种崇高但会带来不便的要求。这种冲突是否象征着某种警示呢?

直觉告诉我们,经济和政治权力联手会带来危害。这种直觉已经非常接近本书的主题了。但是关于这种危害,保守人士明显是搞错了方向,他们担心政府会过度介入最终摧毁富有活力且具有盈利能力的企业家,却没有注意到,企业家的继任者与政府间的合作已经紧密到前所未有的地步,而且这些继任者对合作的结果十分满意,也欣然接受合作导致的对自由的限制。个体对组织需要的服从其实就部分反映了这种妥协,而经典商业预期的精确模式就更加反映出这种妥协。麦道的总裁不可能公开批判甚至开诚布公地谈论美国空军,就像苏联统战部领导不会对他上面的首领这样做一样。福特汽车的现任总裁也不可能像福特的创始人那样,对华盛顿的愚蠢行为做出激烈反应。蒙哥马利·沃德的总裁也不会像当年的休厄尔·艾弗里那样胆敢违抗美国总统的意志,当年休厄尔·艾弗里曾因拒绝与工会达成一致而被警察从办公室带走。这种转变当然与社会风俗的变化有关,但一个更大的原因是,现在存在"太多的利害关系"。

不过,问题并不在于商人是否自由。在过去,商界发言人经常谈到自由的重要性,不过我们基本可以认定,那些最喜欢谈论自由的人往往最不愿意使用自由。那些大谈个人自由的高管在演讲前往往会将演讲主题交由公关专家审核,以避免出现具有争议的词语、短语或观点，从而为自己打造一个完美的组织成员的形象。会在部队和全世界面前宣布为自由而战的将军，往往乐于服从军纪的约束。既定外交政策的支持者总是很有感情地宣扬自由世界的价值观，但与此同时，他又十分认同自己观点的正统性。

真正威胁到自由的是大众信仰对计划体系需求的服从，政府和计划体系在这一点上狼狈为奸。我们已经评估了这一威胁以及将它最小化的手段。

六

如果我们继续认为计划体系的目标，包括扩大产出、增加相应消费、技术进步，以及维护计划体系所依赖的公共形象，都是生活中不可或缺的部分，那么我们的生活将完全为这些目标服务。与这些目标一致的东西，我们将拥有或被允许去做，其他一切都将受到限制。我们的欲望将会按照计划体系的需要得到管理，政府的政策也会受到相似的影响，教育将会按照工业需要进行调整，计划体系所要求的纪律性将成为社会应当推崇的正统道德观，其他所有目标都会被视为不重要或反社会……我们的一切行为都将受到计划体系目标的约束，政府会利用道德甚至是法律权力来落实这些目标。总的来说，最后的结果是，我们不会成为被迫在田地里干活的农奴，而是成为热爱自己的女主人，并且心甘情愿地像维护自己的利益一样维护她的利益的家仆。但这并不是自由。

另外，如果计划体系只是生活的一部分，而且还是相对式微的一部分，那么我们要担心的事就会少得多。美学目标会成为最重要的目标。那些为美学目标努力的人也不需要服从技术专家阶层的目标，计划体系本身也会服从这些生活其他维度的需要。知识上的储备只是为了知识本身，而不是为了更好地为计划体系服务。人们也不会被蛊惑，认为生活中除了实现计划体系的目标（包括生产商品和利用不断进步的技术手段提高收入），其他都不重要。

如上所述，随着时间的推移，我们可能会把计划体系看作一种技术安排，它实质上是为了提供充足的商品和服务。那些从计划体系相关机构中崛起的个人也会这样客观地看待自己的工作。公众的看法也会保持一致，因为如果经济目标是整个社会唯一关心的目标，那么计划体系自然就凌驾于政府之上，而政府也理应为计划体系的目标服务。如果其他目标得到强调，那么可以想见，计划体系就不再是政府独立的且享有自主权的分支，而是为社会更宏大的目标发挥作用的机构。

我们已经发现了救赎的机会。计划体系不同于之前的经济体系，它对智力的要求很高。它为了满足自身在知识和科学方面的需要而产生了一个共同体，所有人都应该希望，这个共同体将瓦解它对社会目标的垄断。

附录

关于经济学方法和社会争论本质的补遗

> 一个很普遍的观点是,政府认可的知识阶层和从事高等教育的神学院对所有创新都不屑一顾。
>
> ——托尔斯坦·凡勃仑

一

一般来说,回避争议或是批判并不是我的本能。那些想方设法回避的人总是认为这些与自己无关。不过,如果招来那些假装无辜实则是深思熟虑后的批判,很可能就是不明智的了。经济学就跟其他学科一样,具有特定的判断行为的准则。一般而言,这些都需要对特定问题进行仔细的研究思考,需要一个人在一段时间只研究一个主题,需要对纯粹的经济学判断给予很高的优先权;总的来说,还需要对变化抱有怀疑的态度。在之前的章节中,上述所有原则都被违反了。一些专业人士的怒火可能会被预先防止,如果明白有些事是经过充分考虑的,并且有不认同这些广为接受的理论的理由,那么有些愤怒当然是可以理解的。现在,我们先来谈谈关于研究思考的问题。

总的来说，经济学家总是觉得自己的研究成果比同行的要有意义得多。一名学者如果针对某一主题下的某一小块进行深入研究，通常会将研究范围更广的学者的成果视为流于表面的；后者则反过来会认为前者缺乏视野，或者说是所谓的广度。对越具体的领域了解得越多，研究面越窄，反而会有变得无知的风险。喜欢运用数学的人总认为其他人不够精确严谨；不喜欢运用数学的人则认为其他人只顾运用各种符号，不能切实地解决问题。统计学家认为那些只凭演绎法进行推断的人太依赖直觉；不过他们的同事又会认为那些只凭数字说话的人又太过小心谨慎，简直到了无聊的地步。学者的心理素质如此之强，总是自信地认定其他人的研究是不充分的。据说其他社会科学的情况也是如此。

读者将会发现，本书并没有局限在有限的几个观点中。不过我也并未与那些专注于某一主题的学者有过多争执。我在每一阶段都定性或定量地引用了他们的成果，如果没有他们之前的努力，我也无法完成本书。所以我对这些耐心地深入钻研的人只有敬佩和感激之情，无论他们研究的问题多么细微，我都支持他们向福特基金会申请研究经费。我希望这些学者能严肃客观地看待我在本书中对他们研究成果的引用方式。

不过我们必须提醒自己，专业化只是出于科学研究的便利，它本身并不是科学美德。撇开别的好处不谈，它可以对更多的人才加以利用。20世纪30年代以前，加州大学没有专门研究经济学理论、价格理论、农产品价格、水果价格方面的专家，只有研究李子价格和柑橘价格的专家。这些专家虽然不是什么伟人，但做出了实际的贡献，受到李子种植者及种植合作社的尊重。如果他们还关注更宏大的问题，或者哪怕仅仅是同时研究洋蓟，他们在李子方面的研究可能都不会那么深入。专业化使得必要的科学分工成为可能，也使得学术亚文化得以发展：同一个子领域的研究参与者彼此相识，可以轻松地交流，无论是合作、竞争、批判还是学术上的互相批评都加深了他们对自己专业领域知识的了解。不过，至少在社科领域，专业化也是谬误的源头。很遗憾，我们并不能非常清晰地划分不同的专业领域。这种划分最初是由院长、系主任或学术委员会做出的。他们本来想通过这种划分为学校聘用教授、设置课程、赞助研究提供指引，但是这种架构虽然很优秀，却不符合社会对其自身的天然划分。即使这种架构符合社会的天然划分，也依然存在这样的风险：专业人员因为集中研究自己的课题而无法接收来自外界的其他领域的知识。

在经济学中，经济学理论，即研究个人、企业及整个经济体的价格、产出和收入如何决定的理论，就属于专业领域。企业则是另一个研究领域。决策论，即复杂组织中如何形成决策的理论，又是另一个更加现代的领域。许多年来，那些专门研究企业问题的人关注的都是在没有追索权的情况下，大企业的控制权如何从股东手中传递到管理层手中。研究已经充分提及，管理层自主选择成员和继任者，进而形成具有自主权、自我渗透的寡头组织。在过去，专家会在自己的研究领域为此寻找原因，比如管理层对代理权机制的控制、剥夺股东知情权，以及一度受到欢迎的在新泽西州偏僻的小村庄中举行年度股东大会的行为（只有最大胆的股东才敢参加在这种地点举办的会议）。专家们也试图寻找这些涉及企业实际操作领域问题的解决之道（其实对于企业被控制的方式并无明显影响）。我们已经知道，企业中控制权的转移很可能是因为，相对于训练有素的人才，资本的重要性逐渐下降，而且现代企业中的决策也越来越复杂。股东从供应资本的行为中获得的权力越来越少，可以干预的决策也越来越少。有权决策的人士的议价能力也大大提高。然而，关于资本和劳动力供给的问题属于经济理论学家的研究范畴，而决策问题则是决策论专家的研究对象。总的来说，这二者的相关知识并没有被结合起来共同用于企业不断变化的构成问题的研究。①

因此，研究涉及范围较广、各种因素交错的变化，其实就是在补足并弄清楚专家在其专业领域取得的成果。虽然研究的着眼点很小，但是研究成果仍然是必不可少的，所以结论也很清晰了。在经济学和一般的社会科学中，人们也许可以准确地判断出哪些成果是有价值的，哪些是没有价值的。但是在不同工种间，这种判断除了可以维护那些对研究路数自我吹捧的人的自尊心外，并不是明智的做法。

二

除了十分优秀的杂耍者，大部分人抛球的经验证明，使一个球停留在空中要比使许多球停留在空中容易。同理，在同一时间，或者哪怕仅仅是接连处理这些塑造了计划体系和现代组织化经济体的互相关联的变化，也要比一次只处理一个或少数几个变化困难得多。

---

① 错上加错的是，研究企业的经济理论学家假定（绝大多数经济理论学家仍然这样认为），企业的经营者会得到所有的利润。而所有研究企业事务的专家都知道，经理人的（主要）收入来自薪水，他们独立于那些拥有企业并得到利润的企业主。但是教授微观经济学理论的老师并没有将这些专家的知识纳入教学内容，他们所在的是另一个不同的领域。

光是描述清楚这个问题就已经很复杂了。所有论述经济学问题的作者都必须决定，自己要阐述到何种程度，又有多少内容是应该留给读者去思考的。无疑，公平的做法是尽量将这个任务留给读者来完成。写作已经非常艰辛了，因此无须追求通俗易懂，所以学术界认为作者和读者之间应该进行劳动分工。

有时，我也觉得阐述一个问题比分析一个问题更加复杂。无疑，读者自会发现值得他努力钻研的段落，但是我并不打算测试读者的毅力。经济学中几乎所有有用的理论，都可以用平实易懂的语言来表达。语言晦涩不代表问题就真的复杂，也不代表作者的水平就真的很高；相反，它通常表明作者不具备良好的书面写作能力，或者作者的思路混乱或不完整，后一种更为常见。

虽然全面地应对变化是一件很困难的事，但这同时也大大简化了问题。现实生活中总是牵一发而动全身，某一处的变化会引发其他的变化，而后出现的变化又会作用于初始的变化以及这两处之外的变化。所以，处理复杂的变化就等于处理整个世界。某一处的变化会提醒人们另一处可能会出现的变化。在寻找变化的原因时，伴随出现的变化往往是最有可能的原因。

另外，由于在处理问题时要直面整个问题，所以也可以直接根据现实中的情况或是可能出现的情况验证结论的逻辑性。我大胆地认为，阅读到这里的读者将会见证这种方法是多么有效。全面看待变化，或者尽可能全面地看待，也是在为可能出现的非常规情况做准备。1215 年，一群衣衫褴褛、目不识丁的人从英格兰东部沼泽走了出来，南下来到兰尼米德，他们通过控制土地获取了权力。因此，《大宪章》最关注的是土地所有者正义与非正义的义务问题。只有哲学先知才能预见到《大宪章》之后会保障不拥有土地的平民的自由。对约翰国王来说，这种对天赋土地权力的干涉似乎是武断、鲁莽和无礼的，合法性备受质疑，所以他不打算照章办事。

在19世纪，资本已经变得比土地更重要了，权力也开始与资本而不是土地联系在一起。对老一代的统治阶级而言，资产阶级新贵同样显得突兀、缺乏教养，他们的合法性同样受到质疑。

近年来，由于工会的存在，大量的经济权力转移到了劳动者的手中。政治权力也又一次追随经济权力。工会行使的政治权力的合法性也受到很大的质疑。许多人建议劳工领袖远离政治。

而在这几年里，复杂的高新技术和高度发达的组织已经成为获得经济成功的重要因素了。可以想见，权力将进一步转移到那些有能力指引组织或为组织服务的人手中，而培养出这样的专业人才的机构也会赢得声誉和权威。当然，人们也要做好心理准备，对许多人来说，这种新权力的行使会显得鲁莽、突兀，并且在合法性上受到质疑。

现代公司的管理者并非拥有者，其中的合法性已经受到深深的质疑。拥有企业的股东被排挤出管理层，这已经引起了人们的警惕。为计划体系供应人才的高等院校越来越强势，这点也引起了人们的注意。高等院校的教职人员和学生在民权立法、教育政策以及最重要的外交政策中都发挥了重要甚至是战略性的作用。人们希望，在外交政策方面，他们已经终结了一个长期以来的习惯，即公众默认由军方和文职官员及其建制派助手宣称的任何美国国家政策。他们展现出的政治作用在部分州是非常重要的。对与商界和劳工界保持良好关系的职业政客，以及外交政策一贯的把持者来说，学术界的介入似乎是鲁莽、异常的，是对学术精力的高度不合法的滥用。他们强烈建议所有参与其中的学术界人士回到校园，不要再介入这些事由。

如果不结合其他变化只是孤立地看待管理者的新权力或高等院校更加积极的作用，那么就几乎无法体会它们的重要性。单独看来，它们只是生活中的小旋涡，只能吸引人们一时的注意。但是放到所有变化的大背景下，它们代表的是权力向组织和为组织提供人才的机构的新的和进一步的转移，正如本书所强调的，它们是具有持续重要性的新发展。

三

因此，全面处理变化会带来很多好处，考虑经济学范畴之外的变化带来的好处也很大，而且随着时间的流逝，这种好处会越来越多。这是因为，随着人们整体生活水平的提高，经济学的不足使它越来越难以成为进行社会判断的基础和制定公共政策的指引。这里同样需要一段简短的评论。

如果人们食不果腹、衣不蔽体、无瓦遮头又身患疾病，那么没有什么比改善生存条件更重要的了。要想改善生存条件，最基本的办法就是提高收入，所以人们面临的其实是一个经济问题。但是，当人人都能享有像样的一餐时，我们就要开始担心关于闲暇、思考、美学欣赏，以及生活中其他更高级的志趣了。人们只有填饱了肚子，才可以更好地捍卫个人自由、追求思想解放。在一个贫穷的社会里，经济学即使不是生活的全部，事实上也占据了生活的绝大部分。

当人们的收入提高后，经济学能力之外的问题就凸显出来了。这时候人们需要考虑：为了增加产出，要牺牲掉多少美丽的环境？

为了更加有效地销售商品，要牺牲掉多少文明价值（没有经验表明，冷静地叙述事实在促销时会和粗俗、喧嚣的广告一样有效）？为了符合生产而不是启蒙的需要，教育要做出多大的改动？为了确保更高的产出，要将多少纪律强加给人们？为了赢得新科技的竞争，要冒多大军事风险？为了服务于这个用来满足个人欲望的组织，又要牺牲多少个性？

很长时间以来，经济学家都承认这些问题，或者至少是其中一部分问题的重要性；教科书、老师以及身居高位的经济学家都不断警告说，经济判断不能替代我们对整个生活的判断。在给出了这样的警告后，经济学仍继续作为对公共政策进行最后判断的标准。国民收入和国民生产总值中收入和产出的增长率以及就业水平，仍然是衡量社会成就的不二手段。这就是现代的道德尺度。人们关注的只是为国民生产总值的增加做出了什么贡献。

人们有很好的理由来解释这种对总体经济目标的坚持，因为它阻止了经济学专业中可能出现的令人不安的过时现象。只要社会成就还与经济表现密切相关，经济学家就是社会政策的最高仲裁者；反之，经济学家的地位就会一落千丈，他们不会轻易放弃这种显赫的地位。

追求经济目标还有另外一重好处。生活品质是一个主观且有争议的话题，文化和美学方面的进步也不容易量化衡量。谁又能言之凿凿地说哪一种安排就最利于个性的发展呢？谁又能确定什么最能促进全人类的幸福呢？谁又能推算清新的空气和畅通的高速公路能带给我们多少好处呢？相反，国民生产总值和失业率却是客观的、可以测量的。对许多人来说，只要有可以衡量的进步，即使是朝着错误的目标前进，也好过朝着正确的但是无法衡量因而无法确定进步的目标前进。但是这种观念完全不符合本书的目的。

四

经济目标的超然地位对于经济学研究领域中的分工也至关重要，因为只有当不同研究方向的研究者因共同的目标联合在一起时，才有可能进行专业化分工。就目前的情况来看：一个人可以研究纺织、钢铁和化学行业中的经济学，也可以研究农业、劳动力和运输方面的经济学，他还清楚地知道，如果政策的影响使得企业可以利用给定的资源生产出更多的产品，这对整个社会都是有利的。如果在纺织厂、钢铁厂或化工厂工作的工人能得出这样的结论，即减少商品生产、降低工人劳动强度、减少大气污染和水污染将有利于整个社会，这就会引起很大争议。他无论如何温和地提出这一结论，都不得不退休。可悲的是，如果劳动经济学家得出"已经有太多工人在生产效用有限甚至致人患病的产品"的结论，那么他也会是相同的下场。如果一个财政政策方面的专业人士为了追求更低的增长率、更多的工作分摊和更多的闲暇时间而呼吁征收特别税种，这种情形是最困难的。如果真的关注更宏大的社会目标而不仅仅是口头说说，在实际操作的过程中会对经济学产生极其不利的影响。

甚至现在我们就可以发现某些不良的反应。对非经济目标的支持会令那些具有职业敏感性的人自动产生威胁感，进而退缩。他们不屑地将这些对经济以外目标的关注视为"软的"，也就是说，这些目标从职业角度来说是不合标准的。

但是职业便利性和既得利益并不是社会思想最合适的指导

者。那些超出经济学家能力范围的问题，包括生活中的美学、尊严、乐趣和可持续发展，虽然并不便于作为研究对象，但还是很重要的。

五

在一本着重描述变化的书中谈论经济学家对变化的反应也许是特别有意义的。经济学家的反应往往是很保守的，不仅极少数自称保守人士的经济学家如此，为数不少的毫不迟疑地自称自由派的经济学家也是如此。

至于原因，则要追溯到经济学中变化的双重属性中去。在化学、物理学、生物学这样的自然科学中，变化只与新发现和知识的进步有关，正在研究的问题不会出现变化。但在经济学这样的社会科学中，不仅知识在更新，正在研究的问题也会发生变化。如果对价格设立方式的认识出现更新，那么实际中价格设立的方式也会发生变化。当无力控制市场的小企业主被可以掌控市场的大型企业取代后，或者当二者都被政府的价格管制取代后，上述情况就会发生。

经济学家并不是生来就抵制创新，只是对这两种变化的反应非常不同：他们欢迎基于现有知识的新知识或是新阐释，但是却很难快速接受基本体制中发生的变化。

所以在过去60年间，关于竞争性市场中工资水平制定的任何新观点都会很快被经济学家接受，有些确实如此。但是在很长一段时间里，经济学家都不认可工会在工资理论中的存在。虽然劳动经济学家认为工会的存在是理所当然的，但是更有名望的经济学理论家仍然继续假设劳动市场中"不存在障碍"。① 企业理论也是一样，像企业如何在市场中最大化收入的理论在过去数十年间经过了无数次的完善。这一理论假设最大化收入的人将会得到全部收入或者至少是一大部分收入。当我们讨论的是威斯康星州奶牛厂厂主的时候，这种假设是成立的；但是当我们讨论的是现代大型企业中领取薪水为素未谋面的股东谋求利益的管理层时，这种假设就不成立了。虽然大型企业和工会一样，不是什么新鲜事物，但是它从未被真正纳入经济学研究主体。②

政府在高科技领域的全面采购，政府对工资和价格的广泛干预以及普遍的富裕，这些虽然部分地解决了经济学中的问题，并且对这些问题产生了明显的影响，但是仍然没有成为经济学理论的主要内容。

在这些问题上持保守态度也是情有可原的。长期以来，经济学讨论的边缘一直被半途而废的革命和后来被证明并无意义的革命破坏。废除银本位，建立国家复兴管理局准则，最低工资立法的影响，将寡头垄断纳入《谢尔曼法》约束范围的法庭决议，通过和修订《塔夫脱-哈特莱法案》，这些都是昙花一现。最终，它们几乎没有引起任何变化。这就使得经济学家对所有体制变化都持保守态度。

---

① E.g., F. H. Knight, "Wages and Labor Union Action in the Light of Economic Analysis," *The Public Stake in Union Power*, P. D. Bradley, ed. (Charlottesville: University of Virginia Press, 1959), p. 21 et seq.

② "……直到今天，企业制度的运作还没有得到充分的解释，或者即使有些解释被认定是充分的，似乎也很难证明是合理的。" Edward S. Mason, *The Corporation in Modern Society*, Edward S. Mason, ed. (Cambridge: Harvard University Press, 1959), p.3. 该作者是公认的现代企业研究领域的权威人士。

但是经济学还同样抵制意义深远的变化，因为这似乎是更科学的做法。物理学、化学、地质学和生物学无疑都是科学，它们的研究对象也都是固定不变的。如果经济学也具有这种科学性，那么它的研究对象也应该是差不多同样稳定的。如果这种研究对象不存在，我们也可以假设它存在。接受根基上发生的变化无异于怀疑经济学在科学上的雄心。直接否定这种根基上的变化的相关性，就等于展现出更加科学的姿态。

这种态度也很符合既得利益。知识对知识分子来说就相当于工匠的手艺和商人的资本。总之，担心落伍是知识分子的本能，但是知识分子在抵抗落伍上具备的优势远胜工匠和商人。取代工匠的机器是有形的。很明显，工匠只有通过罢工或直接砸烂机器，才能抵抗自己被时代淘汰的命运，但是这两种方式都会引起社会的不满。商人为保护过时的工厂而监管或抑制竞争性创新的任何努力也同样遭人谴责。但是知识分子永远可以否认任何变化的存在。他可以坚持认为，任何关于他的观点落伍的因素都不过是别人虚构出来的。他无须采用暴力，甚至在不知道"卢德分子"是什么的情况下就可以成为卢德分子。如果还有哪个知识分子不会利用这样的机会，那实在是出乎我们的意料。

本书重点关注变化及其影响，作为作者，我当然希望读者和评论家都能接受变化的事实及重要性，当然还有这些论证。

不过天助我也的是，本书考查的变化都是在现实生活中非常明显的。现代科学技术的成果是有目共睹的，绝大多数人都相信，这些成果对经济组织和社会行为一定是有影响的。大企业也很难将自己隐藏起来。没有人会以为通用汽车对其雇员、市场、顾客和政府的社会影响会等同于一家位于威斯康星的奶牛厂。政府在经济事务中发挥的力量显然也远远超过 60 年前的情形。科学、技术和组织对教育机构提出了新的需求，或者说它们改变了资本和组织之间的权力平衡，这些看来也并非不可能。

事实上许多人都会同意，举证的责任在于那些断言这些变化没有对经济生活相关结论造成影响的人。而我也正打算将举证的责任交给那些人。

致谢

至少对我来说,像这样修订一本书绝不是什么有吸引力的任务。当你第一次搜罗信息的时候,即使是在美国《统计摘要》(*Statistical Abstract*)这样枯燥的书中,你也会有发现新知的喜悦。但当你再次搜寻近期的数据或事实时,这种喜悦感就开始退去。寻找材料来支持一个论点远不如寻找能直接提出新论点的材料有意思,而寻找新信息来质疑本书早期版本中提出的观点就更缺乏吸引力了。

这里我要感谢戴维·托马斯,他曾经是我在哈佛大学最得力的助教,现在他在丹佛从事律师工作。1976—1977年,他在工作之余抽出许多时间来帮助我寻找他在教学工作中用到的材料,没有人比他更了解那些材料了。他不仅将我从单调乏味的苦差事中解救出来,还在许多问题上指引我、纠正我、为我提供灵感。我非常感激戴维·托马斯,以及他的律师事务所合伙人——感谢他们允许托马斯腾出时间帮助我。

在修订本书的过程中,艾美·戴维斯一如既往地帮忙打理我的日常生活,琳恩·范伯格两次为我录入手稿,安德里亚·威廉姆斯也像从前一样为我管理手稿并且重新梳理了本书的所有版本。我将爱和感激献给所有的相关人士。